全球32位顶尖广告人亲述文案创作心

文案之道

[瑞士] 阿拉斯泰尔·克朗普顿（Alastair Crompton） / 编著　　彭相珍 吕颜婉倩 祝士伟 / 译

中信出版集团 | 北京

“

这不是我想要的生活，
这份工作危险、辛苦又肮脏，但总得有人去做。
社会若是不需要我这样的人该有多好，
然而，只要社会需要，我就会挺身而出。

”

已故的里克·库克（Rick Cook）在向艺术总监布莱恩·拜菲尔德（Brain Byfield）解释自己为何从事文案工作时的自白。

目 录

序 XIX

前　言 XXI

戴维 · 阿博特 1
DAVID ABBOTT

与其他很多文案一样，我喜欢一边写，一边大声读出所写的内容。这能够帮助我检查语句的韵律，看看整篇文案是否流畅。

英国广告业传奇人物，全球知名广告公司 AMV BBDO 的创始人之一，1960 年开始从事文案工作，38 年后退休。2014 年，76 岁的戴维离世，他的前客户《经济学人》杂志特地撰文致敬和悼念。

代表作：
《经济学人》杂志《我从不看 < 经济学人 >》、芝华士“父亲节”主题广告、沃尔沃《要是车子焊接不结实，车下写广告的文案得被压扁！》等。

约翰 · 贝文斯 9
JOHN BEVINS

如果你写得不愉快，别人读得也不会愉快。创作成功文案的关键在于探索，追随直觉比遵循简报更重要。感情无法伪装，写文案时必须有真情实感。进入写作状态最好的

办法，是动起笔来。

作为广告公司的收发员入行，1972 年，入职奥美 4 年后，在 26 岁时升任悉尼奥美的创意总监。曾被亚洲顶尖广告媒体 *Campaign Brief* 杂志评选为澳大利亚“年度广告人物”和“年度创意人物”。1982 年，创办约翰·贝文斯广告公司；1991 年，该公司获评“B&T 年度广告公司”。

代表作：

澳大利亚医疗福利基金会《对一位艺术爱好者来说，这是一幅伦勃朗的古典名画；对一名医生来说，这是一个典型的乳腺癌病例》、信孚银行《瑞典黑猩猩的投资方法（一个发家致富的靠谱方法）》、标致汽车《一辆超乎完美的车，寻求志趣相投的驾驶者》等。

托尼·布里纳尔 TONY BRIGNULL

你必须非常了解客户，花点时间去拜访他们，问几个刁钻的问题：公司支持什么？发展目标是什么？是否为了赢利而放弃操守？怎样对待员工？最看重什么——利润、名誉，还是职业操守？

于恒美和 CDP 两家公司的巅峰期加入，其间获得 18 次 D&AD 奖石墨铅笔奖和 3 次 D&AD 奖黄铅笔奖。20 世纪 50 年代末开始从事文案工作，为沁扎诺酒、麦丝卷、其乐鞋业和大众汽车写过一些著名电视广告。

代表作：

奥尔巴尼人寿保险《回答下面十个问题，算一算你的死期》、自由食品《它们已经死了，那么它们曾经活得如何还重要吗？》、派克笔《重新发掘嘲讽的艺术》等。

马蒂·库克 MARTY COOKE

一张有吸引力的图片，能够让“拇指一族”停止滑动页面，而配图的文字则能够进一步引诱其驻“指”。

出生地：田纳西州哥伦比亚。最难缠的上司：埃德·麦凯布、杰伊·恰特（并列第一）。最具影响力的伙伴：赫尔穆特·克朗。最遭人讨厌的广告作品：《锐步，做自己》。最不相信的事：广告奖颁奖典礼。最自豪的事：有人砸碎玻璃，想偷我的海报。

代表作：

锐步《锐步，做自己》、尼康"我们给世界带来最好的照片"系列广告、日产汽车《一家有良知的汽车公司？》等。

好故事往往有一个抓人的开头，开门见山，直击要害，而不是在漫长的铺垫之后方才进入正题。广告文案要做的就是第一时间让读者明白它在说什么，否则它可能无人问津。

曾短暂就职于 CDP、DP 和 Hall's 三家广告公司。1986 年，成为恒美广告的创意总监。曾获多次 D&AD 奖广播、海报和电视类石墨铅笔奖，还获得过 *Campaign* 杂志广告奖金奖、创意圈荣誉奖和创意圈主席奖。

代表作：

大众汽车《我们是不是把汽修工逼得太紧了？》《在大众汽车里能听到的唯一嘎吱声》《大众奉行：人先于车》等。

手写。准备好与产品和产品类别有关的所有可用资料。在周日下午或在深夜写。总是拖稿。

15 岁时在收发室里开启广告生涯，34 岁时和伦敦盛世长城总经理李戈斯自立门户。曾任 1992 年 D&AD 主席、英国前首相詹姆斯·卡拉汉的顾问。

代表作：

百达翡丽《没人能真正拥有百达翡丽，只不过是为下一代保管而已》、全国安格利亚房屋互助协会 Flex 账户《银行如何变成全世界最富有、最有权势的机构，透支一次你就知道了》、泰特利苦啤《对一个约克郡的女人来说，通往产房，道阻且长》等。

西蒙・迪克茨 SIMON DICKETTS

每则广告都是一个机遇。你写下的每个字都将伴随你终生，所以找一个恰当的风格，一直用下去。别只是罗列事实，要明确态度。还有，要记住，一旦广告付梓，你就再也无法更改。

上思广告联合创始人，曾任盛世长城的联合创意总监。为英国航空公司、嘉士伯－泰特利、皮尔金顿、《独立报》、帝国化学工业公司、英国保守党和撒马利坦会等创作过不少经典广告。

代表作：

英国保守党《投票给工党就等于在这张纸上签字画押》、撒马利坦会《为何要更慎重地看待自杀问题？》、法律学会《哪个男人看起来更擅长打强奸官司？》等。

吉姆・德菲 JIM DURFEE

抛掉那些故弄玄虚、舞文弄墨的文案套话，让文案洗脱炫耀文笔的嫌疑。每件产品都有自身价值和可信度区间，一旦文案夸大其词，消费者瞬间就会知道。相信我，消费者没那么好骗。

1962 年，和他人合伙开广告公司，将埃德・麦凯布在内的众多广告天才收入麾下。14 年后，离开广告圈，进入艺术学生联盟学习。担任过德拉・费米娜・麦克纳米公司的副董事长兼创意总监，之后公司并入灵智精实，成了梅斯纳・韦泰雷・伯杰・麦克纳米・施梅特雷尔・灵智精实公司。

代表作：

赫兹《第二名说它比别人更努力？跟谁比呢？》、莲花汽车《至少生命的某些部分完

也需要一定的练习》等。

尼尔·法兰奇 NEIL FRENCH 97

首先，也是最重要的，要像压抑性冲动一般压抑动笔的欲望。看看同一类别的所有广告，以避免重复。带着明显的个人风格，仅代表客户与顾客聊聊。

生于 1944 年，16 岁时被一所普通中学开除。做过收租人、业务代表、保镖、服务员、歌手、斗牛士、摇滚乐队经理、推销员，又做回业务代表，然后是广告文案。创办过一家广告公司，七年后壮烈破产。1986 年，进入波记广告公司担任副董事长兼地区创意总监，1991 年被解雇。

代表作：

芝华士“这是一则皇家芝华士广告”系列广告、XO 啤酒“最好躺平了喝”系列广告、波记广告《本广告有一处拼写错误，第一个找出的人将获得 500 美元奖金》等。

史蒂夫·海登 STEVE HAYDEN 113

想成为高薪文案，请取悦客户；想成为获奖文案，请取悦自己；想成为伟大文案，请取悦读者。

乔治·奥威尔最喜爱的广告文案，为苹果公司效力 14 年，创造了经典电视广告《1984》。20 世纪 80 年代中期为保时捷撰写的平面广告文案，刷新了该品牌北美销量的历史最高纪录。叱咤职场二十余载，曾任奥美全球品牌服务总裁，获贝丁奖“最佳大赏”、戛纳金狮奖、克里奥广告奖、纽约艺术指导俱乐部年度奖、金铅笔奖、D&AD 奖。

代表作：

苹果电脑《IBM，欢迎入局》、KFAC 广播节目《古典乐怎样改变了我的生活？》等。

尽你所能增加文案的可读性。如果其他方法都不奏效，那就把句子写短点儿，让那些智商和猩猩差不多的人也能跟上。

1955 年，降生于台风中的中国香港。1978 年，荣誉毕业于牛津大学英国文学专业。1981—1985 年，任戈尔德·格林里斯·特罗特广告公司的广告文案。1985—1987 年，任怀特－柯林斯－拉瑟福德－斯科特公司的集团总监。1987 年，成立豪威尔·亨利·恰德克特·卢瑞公司（HHCL）。1989 年和 1994 年，HHCL 两度荣获 *Campaign* 杂志评选的“年度最佳代理商大奖”。1990 年，HHCL 为富士做的广告助后者获评“年度最佳广告主”。1992 年，HHCL 为 Tango 做的广告获评“年度最佳广告宣传”。没有其他任何一家公司能在创办的头五年里获得这三个奖项。

代表作：

MTV《MTV：电视有态度》、伊德里斯汽水《曾记否……》、泰晤士电视台《广告公司对客户所说的最糟糕的话莫过如此》等。

你只有一次吸引读者的机会，告诉他们一些闻所未闻、意想不到的东西。你得采用煽动性手段，提防落入陈词滥调的窠臼，尽量让文案听起来真实可靠。

1972 年开启广告生涯，曾效力于科金特·埃利奥特公司、法兰奇·戈尔德·阿博特广告公司和恒美广告公司，之后成为沃尔德伦·艾伦·亨利·汤普森公司的创始合伙人兼创意总监。获得 5 次 D&AD 奖。

代表作：

商业联盟保险《“我刚把一头牛赶出球道，又有四头从沙坑里冒了出来”》《“第一罐果酱爆裂的时候，我正在做一块卡尔菲利干酪泡菜面包”》《“假发肯定是在我弯腰点煤气灶时滑落的”》等。

我写在纸上的东西，最后 90% 都被删得干干净净。充分利用截稿日期。动笔之前，想好在哪儿结尾。让读者有劲儿读下去。别太爱惜自己的文案。优秀是伟大的敌人。

1976 年，在伦敦毕业于电影和摄影艺术专业，找到了第一份文案工作。1989 年成为劳·霍华德 – 斯平克广告公司的联合创意总监之前，就职过的广告公司不计其数，后成为劳·霍华德 – 斯平克公司的董事长。

代表作：

陆军军官《通缉：不愿为滑铁卢战役抛头颅、洒热血之人》、奥尔巴尼人寿保险《你为妻子的死亡做好准备了吗？》、英国耳鸣协会《看看我们从人们的脑袋里取出了什么》等。

永远要和卓越的艺术指导精诚合作；常与他共进午餐；勇敢无畏；打乒乓球；别兜售你的创意；让优秀的客户经理围着你团团转；先攻克标题，再着手创作正文；不要隐藏观点；开怀大笑。

1972 年，在先后担任客户经理、广告经理、广告文案和创意指导 11 年后，与艺术指导戈登·特伦巴斯联合创立了广告圣殿公司，并担任该公司的董事长兼全国创意总监。曾三次当选为澳大利亚“年度创意指导”，担任 AWARD 广告奖评审会成员，并荣登“澳大利亚广告名人堂”。作品屡获殊荣，包括戛纳金狮奖和银狮奖、金铅笔奖和 AWARD 广告奖。

代表作：

核保 & 保险《年过半百，没买医疗保险。你该如何为生命投保？》、安捷航空公司《如果空姐没穿制服，你知道自己乘坐的是哪家航空公司的航班吗？》、妇女节活动《怎样杀死一个婴儿？》等。

迈克・兰斯卡比 MIKE LESCARBEAU 165

最终广告呈现的内容往往取决于你前期对项目的判断和策划。如果广告需要文案，我们就得根据产品的实际情况来决定文案的基调、风格和长度。不管你愿不愿意接受，客户也能发挥作用。最有用的方法是“放一夜再看看”。灵感乍现并不是一个循序渐进的过程，而是在沉默孤独的漫漫长夜里枯坐良久的“偶然得之”。

曾在三家知名广告公司担任广告文案和创意指导，它们分别是：法龙・麦克利戈特、希尔・霍利迪和李戈斯雷尼。曾获金铅笔奖、D&AD 奖、戛纳广告奖。

代表作：

英国地形测量局《警告：本品可能会引发水疱、疼痛和呼吸短促》、添柏岚《在美国的一个州，裸露自己的惩罚是死亡》、布克波旁威士忌《“我可能是全国唯一为自己今年的成就感到高兴的人”》等。

鲍勃・利文森 BOB LEVENSON 177

你必须对自己所言之物保持觉知。你必须明白谁在说话。你必须知道对谁说话。

有“文案中的文案”和“有史以来最好的平面文案”之美誉。效力于恒美广告 20 多年，任至董事长兼全球创意总监。1972 年，荣登久负盛名的“广告文案名人堂”。著有《比尔・伯恩巴克之书》。

代表作：

恒美广告《要么这么做，要么就去死》、大众汽车《每磅 1.02 美元》、美孚石油公司《直至死亡将我们分开》等。

第一条规则就是没有规则。离开办公室。扔掉简报。放轻松。渔网捕鸟。不要“写”。精雕细琢。全力争取。想想在你宣传的产品类别中，最主流的做法是什么，然后反其道而行之。

上思广告联合创始人，作品曾被收录于《百佳广告》一书中。曾在牛津大学学习历史，在澳大利亚学剪羊毛。1977 年，加入盛世长城，并最终成为该公司的副董事长兼联合创意总监。在此之前，曾就职于霍布森・贝茨公司和瓦齐・坎贝尔・埃瓦尔德广告公司。

代表作：

车灯广告《要想让车消失，只需用手指盖住它的前灯》、HABITAT 家居《HABITAT 造反了》、卡索曼 XXXX 啤酒《澳大利亚人，千金不换 XXXX》等。

搜索客户过往的广告，看看里面有没有什么有意思且有说服力的内容。原始数据总比提炼过的观点更有说服力。刚起步时，不必因为模仿“文案偶像”的风格而感到羞愧。把最吸引眼球、最具说服力或者最有趣的事实放在开头。必须不断打磨，甚至重写事实，才能留下最强有力的论断。得开发出一种百分之百符合产品特性的语调。

广告生涯始于大众汽车英国广告主管。1974 年，加入法兰奇・戈尔德・阿博特广告公司，成为一名广告文案。1976 年，跳槽至当时公认的“世界上最具创意的广告公司”科利特・迪肯森・皮尔斯。1980 年，帮助弗兰克・劳和杰夫・霍华德 – 斯平克创立了劳・霍华德 – 斯平克广告公司。1987 年，辞去在劳・霍华德 – 斯平克的副董事长和创意总监的职务，加盟怀特 – 柯林斯 – 拉瑟福德 – 斯科特公司。

代表作：

奥尔巴尼人寿保险《你能幸运地找到第二职业吗？》、宝马《揭秘宝马零件的“前世今生”》、派克笔《难怪他们不像过去那样生产汽车了，造一支笔都已经够困难的了》等。

思考的时候，我就不工作；工作的时候，我从不思考。当你准备开始时，你应该处于一种厚积薄发、自然倾泻的状态。只有储备丰富，广告才能顺着笔尖自然而然地跳到纸面上。

36 岁荣登“广告文案名人堂”，成为有史以来最年轻的上榜者。芝加哥人，1938 年生。15 岁时，在麦肯－埃里克森广告公司的收发室里开启广告生涯。1964 年，加入卡尔·阿利公司，三年里让公司的营业额增长了 10 倍。1967 年，与他人联合创立了斯卡利·麦凯布·史洛斯广告公司。此后 19 年，创造了不计其数的经典广告，包括人们口口相传的沃尔沃广告。

代表作：
沃尔沃《沃尔沃经久耐用。不会影响生意吗？》、珀杜鸡《我的鸡都比你吃得好》、伟士牌摩托车《也许你的第二辆车不该是辆汽车》等。

我和所有的创意工作者一样缺乏安全感。以表扬赞美为喜，以自我怀疑为悲。

曾任戛纳广告节评审团主席，《独立报》联合创办人。20 世纪 60 年代开始为杂志撰稿。80 年代，出任盛世长城的创意总监，为英国保守党、英国航空公司设计过广告。90 年代初，出任戈尔德·格林里斯·特罗特广告公司的创意总监，创作了由喜剧演员保罗·默顿出镜的加信氏皇室香皂和阿里斯顿厨房电器等广告。

代表作：
阿维顿《阿维顿亚历克森非洲系列时装》、“多乐士狗”系列广告、舒耐止汗露“小勾”系列广告等。

芭芭拉·诺克斯 BARBARA NOKES

最重要的是“惜字如金”。毕竟，文案是用最少的话表达最多信息的艺术。言简意赅。如果只能给出关于文案创作的一条建议，那就是：修改、修改、修改。

全球知名创意热店百比赫广告公司的创始合伙人兼副创意总监。1993 年 1 月起，担任 CME.KHBB 的执行创意总监。曾在恒美广告公司工作九年，在 CDP 工作一年。

代表作：

怀特医生《你是否想知道，如果男人来月经会怎么样？》、潘诺酒《在巴黎，读“Pernod”不发“d”的音》、ICFC《“我要辞职。”“不行，你是老板。”》等。

克里斯·奥谢 CHRIS O'SHEA

带上铅笔和拍纸簿，带上往期广告年鉴。形成一个读者群的画面，想象一个具体的人——可能是朋友、邻居或其他与受众关系紧密的人。把文案写得像两个人之间的对话，而非品牌对消费者的公告。用口语而非书面语写作。文字游戏容易打动同行，却会让受众费解。吸引别人三分钟的注意力，肯定好过对六个产品卖点一笔带过。结尾要非常有启发性，或辛辣，或有趣。

16 岁辍学进入广告业。在阿博特·米德·维克斯广告公司任职五年后，意识到生活中应该有比做广告更重要的事，于是辞职成为一名卡车司机。半年后，又意识到自己错了，重新回到阿博特·米德·维克斯工作了四年。担任过劳·霍华德－斯平克广告公司的首席文案官、联合执行创意总监，以及夏戴广告公司伦敦办公室的创始人，1991 年，创立了自己的广告公司。

代表作：

牛栏食品《我们能否建议他此后以肝脏、培根为食？》、孟买蓝宝石杜松子酒《我们想谈论一些杜松子酒广告很少提及的事情》、戴尔电脑《没有人会因为采购 IBM 而被炒鱿鱼。是的，但是他们因此升职了吗？》等。

让标题包含尽量多的内容。实事求是，引人入胜。有什么就说什么。悬架就是悬架，不是什么“运动缓冲系统”之类的东西。与读者平和地交谈，而不是大喊大叫，当你说得有道理时，他们能听进去。

曾效力于 BMP、西蒙斯·帕尔默和李戈斯雷尼，1993 年 3 月加入百比赫。曾获得 1 次戛纳金狮奖、3 次 D&AD 奖石墨铅笔奖。

代表作：

耐克《守门员。坏消息是他穿着耐克，没有好消息》、健康教育委员会《并不是所有已婚男子，都与女人有染》、宝汀顿苦啤《正在消失的精华》等。

引人注意。激发兴趣。挑出你的目标受众，了解他们的问题、愿望及需求，请忽略其他人。尽一切可能展示产品优势。事实比空洞的主张更有说服力。创造一种欲望，或满足某种缺失。赋予产品某种可信度。成交。多多学习劝说型销售，任何一个有抱负的文案都需要走上街头，看看销售行家是怎么做的。

从实习文案一直做到世界级创意大师。三十多年里，为《星期日泰晤士报》、盛世长城、灵狮等各种类型和规模的媒体和广告公司效力，工作足迹远至澳大利亚、美国和远东。曾任英国电视广告奖评审会主席、D&AD 执行委员会成员。

代表作：

英国保守党《工人没工作》、健康教育委员会《你今晚怀孕的概率有多大？》、迦法西柚“如果没有迦法字样，就不是迦法西柚”主题广告等。

约翰·萨蒙 JOHN SALMON

人们不读文案，只读他们感兴趣的东西。你说得越多，你卖得就越多。对小组讨论持保留态度。用消费者信赖的、能产生共鸣的语言传达产品的利益点，好的文案读起来应该像是一封朋友来信。

曾任CDP集团董事长。从欧文·瓦齐广告公司完稿员开始广告生涯，1957年离开英国，去加拿大和纽约积累了八年的文案经验，随后加入恒美在伦敦新设的办公室。

代表作：

邓恩公司《世界狂野、肤浅、不负责任，邓恩公司成功（为你）保住了一方净土》、陆军军官《如何战胜陆军军官选拔委员会？》、伦敦警察厅《此情此景，你怎么办？》等。

保罗·西尔弗曼 PAUL SILVERMAN

广告文案通过放大产品的好，忽略产品的坏，为客户撰写有说服力的案例，但和说谎不同。少采用所谓的“头脑风暴”。若想成为金牌文案，首先要找一家尊重创意的公司工作。直面客户，不要依靠传真机贩卖你的创意。不能浪费任何一个词语。边写边否定，直到满意为止。避免停顿和犹豫。慎用双关。动词传递画面比形容词快。

曾任马伦·韦纳姆·马斯广告公司的首席创意官。20世纪70年代中期加入该公司，将只有3名员工的小公司发展到160多名员工。做广告之前，曾是一位小说作家和记者。广告作品斩获戛纳广告奖及其他美国主要广告奖项。《华尔街日报》曾用一整版报道其作品和经历。

代表作：

添柏岚《你自身的皮（外套）总有不够用的时候》《你也可以在华尔街的“峡谷”找到它们》《这只鞋有342个洞。你要怎么让它防水？》。

因德拉·辛哈 INDRA SINHA

好的文案流畅如音乐，它由逻辑、理性、感性三方面组成。别写那些你宁死也不愿意说的话。决定不讲什么，以及如何不去讲，需要更长的时间和更艰苦的练习。生命太过短暂，不值得为不喜欢的人工作，也不值得为你自己都不相信的产品和事物付出精力和智慧。文案会影响世上数百万人及诸多事情，这是一份很大的责任。

1950 年，出生于刚独立的印度。原本想拍纪录片，做了一段时间穷困的编剧之后，于 1976 年受雇于大卫·伯恩斯坦，转行做广告。1979 年，花了一年时间翻译《爱经》新英文版，这是该书自 1888 年版之后首次在西方出版。待过奥美、CDP，获得 6 次 D&AD 奖石墨铅笔奖，以及 4 次 *Campaign* 杂志广告奖最佳广告文案银奖。1991 年，联合创立了广告及多媒体公司安泰尼。1995 年，公司更名为凯奥斯。

代表作：

大赫国际《我们的孩子快死了，你却无动于衷。愿上帝保佑你们的孩子》、伦敦警察厅《你能把另一边脸转过来吗？》、帝国战争博物馆《在这张照片中的某处，埃里克·希顿少尉奄奄一息》等。

约翰·斯丁雷 JOHN STINGLEY

与表演相似，对多产的广告文案而言，跨度大是一个重要特征。要能够理解任何产品的问题和机遇，然后懂得如何在产品与受众之间建立关系。必须成为你想与之交流的人，内化他们的兴趣、恐惧、品味甚至偏见。甘当人性的研究者，人性的基本层面从来没有真正变过。你无法为一个糟糕的客户创作出伟大的作品。仔细留意你的第一个想法。满足基本的营销诉求，回归基本常识。

毕业于密苏里大学新闻学院，职业生涯早期在天联广告公司和马丁·威廉斯广告公司的明尼阿波利斯办公室服务荷美尔、3M 的产品。之后，在法龙·麦克利戈特工作近八年，后四年为保时捷美国市场做推广。1993 年，搬到洛杉矶夏戴，担任创意总监，专注服务日产豪华汽车品牌英菲尼迪。

代表作：

《世界箴言》杂志《通常，我们的作者是那些失去上一份工作的人》、温莎加拿大威士忌《幸好，夜晚每天都会到来》、保时捷《汽车就像孩子，有了才会懂》等。

路克・苏立文 LUKE SULLIVAN *297*

简单写下你想说的一些话，然后把它们做成广告。不要为了与众不同而与众不同，无论广告有何不同之处，这种不同都应该来自产品本身。不要在标题中使用假名字。如果感到压力巨大，请记住你并非在拯救生命，你只不过在做广告。遇到瓶颈，去做做别的事。规则总是被创新颠覆。

1979 年，在明尼阿波利斯的博泽尔 & 雅各布斯广告公司开启广告生涯。在弗吉尼亚州里士满的马丁广告公司工作了 5 年，自 1989 年起一直在法龙・麦克利戈特广告公司工作。

代表作：

善待动物组织《想象一下，当你还健在的时候，你就把身体献给了科学》、玛莎拉蒂《你在路上不会看到很多玛莎拉蒂，有两个原因：首先，路上确实没有很多；其次，它们毕竟是玛莎拉蒂》、艺术中心设计学院《想出这种东西，居然还有薪水拿》等。

汤姆・托马斯 TOM THOMAS *305*

用更好的洞察力去了解读者的需求。挑战传统价值观。既然事实比宣言更可信，那就把宣言讲成事实。给读者一些理由去相信。从难以置信到不得不信。培养购买欲望。

职业生涯始于为一家公司撰写商人传记。学徒期结束后，在奥美找到一份工作，随后分别就职于四家广告公司，导致多位银行信贷官员纳闷儿，为什么广告人换工作如此频繁。1985 年开办自己的广告公司，1992 年离开，以创意顾问的角色服务多家广告公司，直至在睿狮广告公司安顿下来。斩获 27 次金铅笔奖。

代表作：

宝马《去年，一辆汽车跑赢了纽约证券交易所的318只股票》、萨博《这款运动汽车，为那些继承智慧而不是财富的人量身定制》、《巴伦周刊》杂志《触达每个百万富翁的最低成本》等。

序

在广告领域，要弄清楚伟大创意的起源，并非易事，但这本书轻而易举地达成了这一伟大目标。1994 年夏，阿拉斯泰尔·克朗普顿来到英国设计与艺术指导协会，提出了编纂和出版这本书的建议。他想邀请全球最伟大的文案大师们，讲一讲广告创意背后的故事。提议的原因实际上很简单：以前从未有人出版过这种书。怀着教育和启发新一代创意人才的信念，我们决定放手一搏。

一些封神的广告文案到底是如何写就的，或将永远成谜，但这本书揭秘了 32 位文案大师的写作方法，向读者展示了背后的思考过程。

请广告文案大师们在有限的篇幅内清楚地讲述其创作过程，并非易事。但事实证明，愿意为这本书执笔的大师们对文章应该以何种方式及多长的篇幅呈现，都做到了心中有数。

在广告这种特殊的领域，内容呈现的方式与呈现的内容同等重要，为此我们并未试图设定统一的范式，而是选择原汁原味地呈现大师们提交的文稿。

尽管这些故事证明不同创作者之间的确存在高度的个性化，但在很大程度上，文案的创作依然存在很大的共性。比如说，他们敦促志向远大的文案工作者抛开耍小聪明的双关和文字游戏，写完之后，不妨用不标准的口音读一读自己写下的内容。我们得感谢戴维·阿博特提供了这条建议，事实上，我想感谢所有供稿者，他们将一个伟大的想法转变成了现实。此外，我还想诚挚地感谢赞助这本书的报纸出版商协会，并感谢劳·霍华德–斯平克广告公司（Lowe Howard-Spink）提供人手，使得这本书成功付梓。

这本书既有严肃正经的叙述，也有看似油腔滑调的调侃，是一座满是智慧、建议和技巧的宝库。希望诸位能够在轻松阅读的同时，获得有益的见解。

安东尼·西蒙兹–古丁

Anthony Simonds-Gooding

前 言

广告如今已臻于完美，百尺竿头更进一步，
恐非易事。

——塞缪尔·约翰逊博士 1759 年写于《懒汉》（*The Idler*）杂志

为免唐突，开篇之际，我需向诸位读者致歉，因本书并非收录了全球所有顶级文案创作者。事实上，我们能够在同一范围内（例如本书）同时收录的顶尖文案创作者的数量最多不超过 32 个，分别来自英国、美国、澳大利亚和亚洲国家。如果你对此存疑，不妨联系 D&AD，它能够提供充分的研究数据，告诉你为何是这样的。

D&AD 的调查结果证明，我们的确寻觅了来自上述国家和地区，以及来自非洲的诸多顶尖广告文案大师，并与他们沟通了创作的需求，但出于各种原因，很多人拒绝了为本书撰写内容的提议。

长距离或许的确是个原因，但有些广告大师哪怕距离 D&AD 办公室只有咫尺之遥，也拒绝了我们。我们就应该申请逮捕令将他们抓起来，关进小黑屋，胁迫他们为我们写文章。（当然，这不过是玩笑话！）

此外，还需要向那些我们并不知晓、未能联系或无意间（不可饶恕地）忽视的顶尖文案大师说一声抱歉。我相信你们就在某处，并且迟早会看到这本书。很抱歉与你们失之交臂，但我们发自内心地希望，在本书编写阶段就能聆听你们的真知灼见。

在动笔之前，本书收录的 32 位顶尖大师中也有几位表达了担忧：内容会不会没有新意？大家想说的话，是不是都差不多呢？

事实证明，完全不会。收到 32 位大师提交的文稿之后，我发现内容真是天差地别。内容的丰富性和多样性，完全不亚于邀请 32 位绘画大师谈论自己的画作，或邀请 32 位作家来创作 32 本畅销书。

这时候，立志成为未来“文案之星”的你或许会问：既然英雄所见如此迥异，那我们还能够从这本书中学到什么呢？

答案是：本书字字珠玑，无一字不可用，然个人需测试所读内容是否适用具体情境。简而言之，你或许会发现，有一些建议在解决某些问题上毫无价值，但却是解决其他问题的良方。换句话说，32 位大师所言即便皆为真理，也未必条条都适用于你。下面这个观点或许看起来最有悖常理：广告文案不应在接到需求的瞬间立即动笔。（这难道不是在搞笑？）

相反，花点儿时间思考，尽可能吸收更多的相关知识。这是因为对产品或服务的了解越深，灵感反而越容易涌现，并且越容易出现在出乎意料的地方，往往也能取得更好的效果。反之亦然：完全脱离了事实的广告文案，本质上就是胡编乱造。

切记不可按照简报中提供的关于目标受众的详细信息创作，例如“C1、C2 组别”“育有身高 1.57 米及以下儿童的家庭主妇”等信息，这样做有百害而无一利。相反，选定一个代表性客户作为广告文案的目标读者。

他可以是你现实生活中认识的某个人，也可以是一个虚构的人物，不管怎样，在动笔创作文案之前，作为潜在读者的这个人必须先于广告存在。在你的脑海中勾勒出他的形象，体会他的感受，了解他的想法。直到此刻，方可动笔与之对话。

最后，我想谈谈贯穿本书的一个真知灼见，它令我振奋、鼓舞我心。你翻开扉页，便可意识到它的存在；在释卷之后良久，或仍将铭记于心：本书所有文案，无一致力于嘲讽读者。本书想要描绘的诸多文案大师的形象，或与大众电影和低俗小说中描述的工于算计、冷酷无情的形象相去甚远。

本书收录的 32 位文案大师，无一不尊重读者的判断力。他们从不敷衍了事，毕生都致力于雕琢文案。毕生的文案创作经验教会他们，所有只为讨好创作者的文案都将毫无价值。如果文案创作者想要愚弄聪明的读者，那么聪明的读者也将以其人之道还治其人之身。

阿拉斯泰尔·克朗普顿

本书组稿编辑

法尔茅斯艺术学院创意广告系国家高等教育文凭课程负责人

戴维·阿博特
DAVID ABBOTT

我为柯达写过文案，还有马瑟 & 克劳瑟广告公司［Mather & Crowther，后来变成了奥美广告公司（Ogilvy & Mather）］、恒美广告公司（Doyle Dane Bernbach，缩写为 DDB，后来经业务合并改名为 DDB Needham］、法兰奇·戈尔德·阿博特广告公司（French Gold Abbott，后来这个名字作废了），以及阿博特·米德·维克斯广告公司［Abbott Mead Vickers，后来归入天联广告公司（BBDO）旗下，改名为 AMV BBDO］。在这个过程中，我成了资深的“老古董”。

● 创作文案时，我习惯用雅丽200 0.4mm细字笔，只用蓝色墨水，不用黑色；通常用A3纸，偶尔换成A4。都没有什么高科技含量。

讽刺的是，我的桌子上放着一台PowerBook（苹果公司早期出品的一款笔记本电脑），但我还没学会怎么用（我对笔记本电脑这个概念知之甚少，一开始甚至买了两台，一台放办公室，一台放家里）。或许有一天我也能熟练地使用电脑，但我估计，怕是要等到我能说流利的法语、彩票中奖了。

上一页的照片，真实地描绘了我工作时的样子。在写文案时，我通常将办公室的门敞开，我多半穿着外套（违背了母亲的教导），双脚跷到桌子上。不管用多大的纸，我都会按照专栏的篇幅一列列地创作文案的内容。这个习惯要追溯到我在20世纪60年代为大众汽车工作的时光。这能够让我知道每行需要写多少字，每篇文案需要写多少行。整齐的版式更便于统计字数。

在正文的旁边，我会随手写下灵感一现时脑中出现的想法或短语，以备未来之需。有时候它们会在边栏中待上很久，直到出现它们能够派上用场的场景。我还习惯性地将陈词滥调和华而不实的表述写在页边，这些东西塞满了我的脑袋，要想摆脱它们，只有将它们写下来。如果只是告诉自己别再去想这些东西，它们就会像青春期的痘痘那样，层出不穷，去而复返。

我很少刻意设计文案的外观，因为在动笔写作之时，我已经对论述的结构了然于胸。动笔之前，我会花大量的时间调研，直到不吐不快方才下笔。在我看来，如果写到一半还需要去调研，就很难写出一气呵成的文案。我的建议是：先调研，再动笔。

与其他很多文案一样，我喜欢一边写，一边大声读出所写的内容。这能够帮助我检查语句的韵律，看看整篇文案是否流畅。我经常会选择合适的语气或口音，但更习惯用大西洋中部口音（英美混合式口音）诵读文案（但如果办公室里有其他人，我就会选择默读）。

我通常写得很快，不喜咬文嚼字，表现为我没有同义词典，不玩儿填字游戏，而是使用带插图的字典（不高级）。因为在我看来，文字都需要为观点服务，所以我希望文案使用的语言浅显、平实和常见。我相信，文案创作者的职责是宣传产品，珠玑妙语虽然能给我带来乐趣，但打动人心的广告才深得我心。如果能够帮助更好地表达观点，那么玩儿文字游戏也未尝不可，但我依然很少这样做，或基本不做。特殊情况除外，例如我会在面向英国读者的广告中使用双关。

在构思时，我会用笔画出广告空间，然后将标题写在边框内（或信手涂鸦）。奇怪的是，如果不用线条将《经济学人》的标题框起来，我就没法儿判断它是好还是坏。年轻时的我习惯用很粗的笔、超大的纸，这让我看起来尤为高产，但这只不过是虚张声势。以前一页纸只写一则广告，现在我的广告篇幅短小多了，一页纸上可能会有六七个想法。不过，遭遇思路阻塞的时候，我也会重新用回粗笔和大纸。在想不出任何点子的时候，调整一下创作的过程，或许能够带来思路的转变。

从1960年起，我就已经在写广告文案了，现在我已经充分地掌握了这项工作。我不再惊慌失措，也知道在精疲力竭、灵感枯竭时最好放下创作，起身干点儿别的事情。这份工作仍然惊喜不断，有时候创作很轻松，但有时候异常艰难。为求表意精确、结构平衡，一个标题可能要修改五六十遍。我如果觉得一定存在一篇恰如其分的文案，就一定会不停不休地反复推敲，直至得到最恰当的表述。所以在我埋头创作的时候，时光往往在不经意间流逝，抬头一看，我已经摆弄一段文字 3 个小时之久。

在广告公司的办公室里，有时很难保证长时间不被打扰的专注，所以我有时候选择深夜在家写文案，或定一个酒店房间专心创作（这篇文章就是在我家厨房的餐桌上写就的）。我个人没法儿在开放式的公共空间里心无旁骛地创作，但我相信一定有优秀的文案创作者能做到。咖啡厅里、火车上、沙滩上、飞机上、汽车上，都曾孕育伟大的文案作品，偶尔有些也诞生于书桌上。简而言之，文案创作的内容比形式更重要。

我一直都不是一个理论派专家，但我认为以下 5 条原则多少有些道理。

1. 投身于工作之中，用真实的生活体验，赋予文案灵魂，如果某件事打动了你，它也很可能会打动别人。

2. 以视觉方式思考。描述螺旋楼梯时，人们多半会口手并用，所以有时候，无字文案反而能够达到无声胜有声的效果。

3. 如果你和我一样相信事实胜于雄辩，那么最好学学怎样把一份事实清单写得不像一份清单。

4. 坦诚的态度对灵魂有益，对文案亦然。比尔·伯恩巴克（Bill Bernbach）曾说，“小坦白能换来大接纳”，我至今仍奉为真理。

5. 别写那些令人昏昏欲睡的东西。

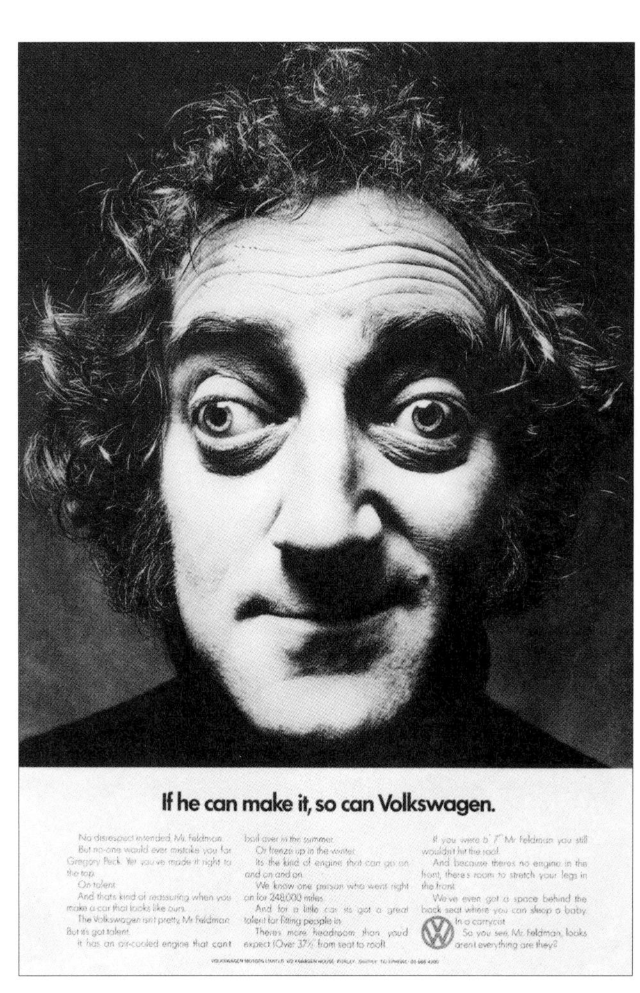

如果他可以做到，那么大众也可以

无意冒犯，费尔德曼先生，没人会将你错认为格利高里·派克（《罗马假日》男主演员）。
但你本人已足够功成名就。
凭借无人能敌的智慧。
这与我们的大众汽车不谋而合。
大众没有漂亮的外表，但有着智慧的设计。
大众的空气制冷发动机，夏天不会过热，冬天不会冻结，能使大众汽车一直行驶下去。
曾有人开着大众汽车不停不歇地走了 248 000 英里[①]的路。
大众虽然迷你，但依然包含了适合各种体形的智慧设计。
它提供了超乎想象的宽敞空间（座位到车顶的距离超过 37.5 英寸[②]）。
哪怕你身高一米八，也绝对不会碰到车顶。
车头不安装引擎的设计，能够让你舒适地伸展大长腿。
后座的空间一样宽敞，放得下婴儿车，让你的宝贝舒适安睡。
所以，费尔德曼先生，外表并不是最重要的，对吧？

① 1 英里约为 1.61 千米。——编者注
② 1 英寸为 2.54 厘米。——编者注

要是车子焊接不结实，车下写广告的文案得被压扁！

看到我了吗？那个神情紧张，躺在一辆全新的沃尔沃 740 汽车下面的男人。

多年来，我一直在广告文案中吹嘘，沃尔沃的每个焊接点都能承受整辆车的重量。

于是有人建议我亲自验证一下。于是我们把车吊起来，然后我爬到车底。

最终，沃尔沃没有辜负其盛名，而我也得以全须全尾地活下来，讲述这个精彩的故事。

但这则广告真正想要说的是：沃尔沃 740 有着不同的车身形状、高效节油的全新发动机、全新的内饰和悬架系统，但其质量与所有历史车型一样靠谱。

沃尔沃 740 的焊接结构令人惊叹，你可以放心地将生命交给它。

正如我亲身验证的那般。

新款沃尔沃 740 定价 9 249 英镑起。引擎排量 2~3 升。有化油器和喷油器的版本可选。价格包含汽车税、增值税（运费和车牌附加费）。适时向顾客提供相关信息。电话：（0494）33444。

致：沃尔沃，斯普林菲尔德，米尔大街，布里斯托尔 BS1 4SA。烦请邮寄详细资料。

______________ 先生 / 女士

地址 ______________

邮政编码 ______________

全新沃尔沃 740，定价 9 249 英镑起

与罗恩·布朗（Ron Brown）创作这则广告之前，我就已经在无数篇沃尔沃文案里提到过，沃尔沃的每个焊接点都能承受整辆车的重量。作为一个事实，它已经足够令人惊叹，而将其化作一张图片、一份证明、一次展示，便更具有动人心魄的力量。因此，写广告时别只干巴巴地重复事实，试着用充满戏剧张力的方法将其展示出来。

“我从不看《经济学人》”

管培生，年龄：42 岁。

《经济学人》上的这则广告不仅拥有其杂志标志性的外观，其表述更是别出心裁。它的风趣和魅力，使得原本平实的杂志定位（“本杂志助你成功”）变得更容易接受，且更有说服力。率真是广告的一个特点，但委婉和反讽依然在广告中占有一席之地。那些不便直言的东西，通过反向说服或许更有效。

我喜欢引人入胜的标题，提问显然是一个吸引注意力的好方法。在森宝利的这则广告中，图片在一定程度上诙谐地回答了标题的提问，剩下的工作则由文案来完成。我一度很想把“不亚于新鲜水果的罐头”作为标题，但还是忍住了。但话说回来，读广告时，你常能发现，有时候文案的主题比广告人选择的标题更合适。不妨看看你读的广告文案里有没有这种待发掘的宝藏。

猜猜森宝利超市全新罐装葡萄柚味道如何？

小小的一个独特改进，让全新的罐装葡萄柚成为一座了不起的里程碑。
它是真空包装（众所周知，这是全英第一款）。
真空包装让葡萄柚的口感不似罐头，更似鲜果。
但新鲜的口感并非唯一的优点，真空包装还让罐子能够装下更多的葡萄柚。
相较于传统罐装工艺，每罐葡萄柚加量 25%。
欢迎购买全新“密封口味”葡萄柚，有不加糖纯果汁版和加糖版。
不管选择哪种口味，你都能尝到更鲜美的滋味，享受更大份的水果。

森宝利超市，物美价廉！

Because I've known you all my life.

Because a red Rudge bicycle once made me the happiest boy on the street.

Because you let me play cricket on the lawn.

Because you used to dance in the kitchen with a tea-towel round your waist.

Because your cheque book was always busy on my behalf.

Because our house was always full of books and laughter.

Because of countless Saturday mornings you gave up to watch a small boy play rugby.

Because you never expected too much of me or let me get away with too little.

Because of all the nights you sat working at your desk while I lay sleeping in my bed.

Because you never embarrassed me by talking about the birds and the bees.

Because I know there's a faded newspaper clipping in your wallet about my scholarship.

Because you always made me polish the heels of my shoes as brightly as the toes.

Because you've remembered my birthday 38 times out of 38.

Because you still hug me when we meet.

Because you still buy my mother flowers.

Because you've more than your fair share of grey hairs and I know who helped put them there.

Because you're a marvellous grandfather.

Because you made my wife feel one of the family.

Because you wanted to go to McDonalds the last time I bought you lunch.

Because you've always been there when I've needed you.

Because you let me make my own mistakes and never once said "I told you so."

Because you still pretend you only need glasses for reading.

Because I don't say thank you as often as I should.

Because it's Father's Day.

Because if you don't deserve Chivas Regal, who does?

这篇文案既是在讲述芝华士的故事，也是在讲述我和父亲的故事（我的确拥有过一辆红色的拉奇牌自行车）。这则广告很冒险，有人认为它太过感伤，也有人认为它生动地描绘了自己的人生经历。此外，如果你碰巧尝试给这则广告拟一个标题，你就会明白它为什么没有标题。

因为你我已相识一生。
因为一辆红色的拉奇牌自行车，我曾是街头最幸福的男孩。
因为你允许我在草坪上打板球。
因为你以前总是腰上还缠着茶巾，就在厨房里起舞。
因为我们家总是充满琅琅书声和欢笑声。
因为在无数个周六的早晨，你放弃了睡懒觉，爬起来看我踢足球。
因为你从不对我要求过高，或让我放任自流。
因为在无数个夜晚，当我已经酣然入睡时，你却依然伏案工作。
因为你从不与我谈论性话题，以免令我难堪。
因为我知道你的皮夹里总是放着一张褪色的剪报，那是我获得奖学金的报道。
因为你总是要求我把鞋子擦得铿亮。
因为 38 年来，我的 38 个生日从未被你忘记。
因为见面时，你依然会拥我入怀。
因为你依然会给母亲送花。
因为你有着比同龄人更多的白发，而我知道这些白发都因我而生。
因为你是一位了不起的祖父。
因为你让我的妻子感到她是家庭的一员。
因为上次请你吃饭，你选择了麦当劳。
因为在我需要时，你总会在我身边。
因为你允许我犯错，并从来不曾说过“我早就告诉过你会这样”。
因为你依然假装只有在阅读时才需要老花镜。
因为我本应道谢，却羞于言表。
因为今天是父亲节。
因为如果你不值得拥有皇家芝华士，又有谁值得？

政府取缔家犬许可证，逼得人们将狗赶尽杀绝

在英国，每天起码有 1 000 条狗被杀死。

其中，大部分是健康的、家养数年的成年狗和幼犬。

它们在当地的动物诊所、英国皇家防止虐待动物协会（RSPCA）中心和全国各地的动物保护机构被杀死。

这些狗被注射了过量的麻醉剂，在几秒钟内死亡。

一辆货运车前往这些地点，定期收拾它们的尸体，运往当地的火葬场火化。

于是，那些叫作乔克、斯波特或珊迪的狗狗，瞬间化为灰烬。

对于一个禁止残杀动物的社会来说，这种每天都在发生的杀戮，是一种不正常的现象。

我们憎恨这种杀戮，对政府的这种肮脏勾当已经深恶痛绝。

我们需要你们的帮助，共同敦促政府施行一项家犬注册方案。

那些无家可归的、被人遗弃或走失的狗，在街道和公园游荡，通常被成批杀害。

目前，这样的狗起码有 50 万条。

若坐视不管，十年之内，这个数字将增加到 400 万。

流浪狗会引起交通事故，攻击家畜，使公园、人行道肮脏不堪。

尽管如此，我们却不能怪罪于狗，因为我们生活在这样一个社会里：拥有一台电视机，比拥有一只活生生的动物困难得多。

养狗不需要任何许可证。去年，政府废除了家犬许可证制度；现在，糟糕的后果已经开始显现。

英国皇家防止虐待动物协会希望推行一项动物注册方案。

看起来大多数人也认可这一方案。

民意调查显示，92% 的人对此方案投了赞成票。

注册费的收取，将督促狗主人更负责任。

每条狗都将获得一个专有的号码，以便追溯其主人，使其对狗的行为负责。

所收的注册费，可以用于资助一项全国范围的家犬管理计划，支持环境清洁工作更有效地开展，为家犬主人提供有关养狗的更多教育。

这些措施看起来是如此切实可行，你不禁会问：为何不早投入实施呢？

其实，全球很多地方已经实施了这些举措。

瑞典、美国、德国、澳大利亚、俄罗斯和爱尔兰，这些国家的养狗法规，都比英国更开明。

英国也不应该落后！

请写信给你的国会议员，呼吁实施家犬注册方案。

假如你不知从何着手，请拨打免费电话 0800 400478，我们将为你提供一揽子行动计划的选择，并将你的名字写入我们的请愿者名单。

立刻行动起来吧，因为每天都有 1 000 条家犬被杀死。

究竟是何种社会，竟会允许杀害健康的家犬呢？

RSPCA

合理的注册登记制度，而非赶尽杀绝。

写长文案时，要注意隐藏论述的逻辑过程。大部分广告文案都有自己喜欢的连接词或短语，当客户要求一条广告里包含大量信息时，这些词句就尤其有用（但另一个有用的词是“不”——拒绝甲方要求的长篇信息）。鉴于这则广告的每个事实都支持了论点，我个人觉得其篇幅恰到好处。

When the Government killed the dog licence they left us to kill the dogs.

One thousand dogs are killed in Britain every day.

For the most part, healthy dogs and puppies with years of life left in them.

The killings take place at local vets, in RSPCA centres and other animal charities throughout the country.

The dogs are given an overdose of anaesthetic and die within seconds.

A van makes regular collections and the dead dogs are taken to the local incinerator.

It doesn't take long to turn a Jock, Spot or Sandy into a small pile of ashes.

This daily slaughter is strange work for a society founded to prevent cruelty to animals.

We hate the killing.

We are sick of doing the Government's dirty work behind closed doors.

We want you to help us force through a dog registration scheme.

The dogs we kill are homeless dogs. Unwanted, or strays left to roam the streets and parks, often in packs.

There are at least 500,000 of them out there right now.

Left to themselves, the figure would be close to 4 million in ten years' time.

Homeless dogs cause road accidents, attack livestock and foul our parks and pavements.

And yet we can't blame the dogs, for we live in a society that makes it more difficult to own a television than a living, breathing creature.

There is no licence required. The Government abolished the licence last year and we are now seeing the consequences.

The RSPCA want to see a dog registration scheme introduced.

And so it seems do most of you. In a recent poll, 92% of you said "yes" to registration.

If there was a registration fee it would encourage responsible dog-ownership.

Each dog could be identified with a number so that its owner could be traced and held responsible for the dog's actions.

The money raised would finance a national dog warden scheme, more efficient clean-up operations and more education for dog-owners.

These measures seem so sensible you wonder why they haven't been tried before.

Well, many of them have.

Sweden, America, Germany, Australia, Russia, France and Ireland all have a more enlightened policy than Britain.

Help us catch up.

Write to your MP and press for dog registration.

If you're not sure how to go about it, call free on 0800 400478 and we'll give you an action-pack and add your name to our petition.

Do it now, for every day that goes by sees another 1,000 dogs put down.

And what kind of society kills healthy dogs?

Registration, not extermination.

约翰·贝文斯
JOHN BEVINS

1963 年，约翰·贝文斯还是悉尼汉森－鲁本松－麦肯－埃里克森广告公司（Hansen-Rubensohn-McCann-Erickson）的收发员，他的广告创作生涯由此开启。1968 年，他进入奥美担任初级文案。1972 年，26 岁的他升任悉尼奥美的创意总监。1982 年，他创办了自己的广告公司。1991 年，约翰·贝文斯广告公司获评"B&T 年度广告公司"。去年[①]，*Campaign Brief* 杂志针对澳大利亚顶尖广告公司的首席执行官和创意总监做了调查，将贝文斯评选为澳大利亚"年度广告人物"和"年度创意人物"。此外，他为美国信孚银行创作的长文案、纯文案和新闻作品，在 1993 年击败大制作的电视广告，荣获"B&T 年度广告奖"。

---

① 本书英文版原书首次出版于 1995 年。——编者注

● 写文案就是干坐着苦思冥想吗？我不这么认为。

为新西兰旅游局写广告时，我若是拿着市场调查员提交的片面之词，选择干坐着苦思冥想文案（市场调研员说，“澳大利亚人认为新西兰‘干净得叫人难受’，所以文案尽量‘调皮一点儿’”），就不会亲自前往新西兰，信步走在昆士敦的深街小巷，寻找……灵感吗？具体是什么，我也说不清。后来我在一块门牌上找到了它，写下了那则“偏执狂”广告。

为澳大利亚医疗福利基金会写广告时，我若是干坐着苦思冥想，就不会遇上具有奉献精神的琼·克罗尔医生。克罗尔医生对我的写作启发很大，她经营该基金会的乳腺检查诊所，欣然从宝贵的时间中为我抽出了一个小时。然而，最重要的是克罗尔医生的那一句：“哦，顺便说一下，早在医学界发现乳腺癌以前，有一幅画就描绘了乳腺癌。好像是达·芬奇画的，要么就是凡·高。伦敦的迈克尔·鲍姆教授在演讲里提过这幅画。”当晚我打电话问雷尼研究所的鲍姆教授，得知那幅画是伦勃朗的《沐浴的拔示巴》。“你肯定听说过这幅画吧？”鲍姆教授说。（事实上，我一无所知。）不过次日早晨，一看到那幅画，我就知道广告有着落了。拔示巴神情高贵庄重，诉说着彼时的政府绝口不提，但十分重要而有争议的一个问题。经过进一步的调查，我找到了拔示巴——其实是亨德里克耶·斯托菲尔斯（Hendrickje Stoffels，画中模特）——悲伤神情背后的故事，几个世纪过去了，故事依然动人。我脑中一个惊人的想法得到了印证：逛画廊的澳大利亚人，（甚至）比看足球的人还多。此外，它也符合我的信念：广告应开启民智，而非蒙蔽事实。（我是否太过较真儿？）但我坚定地相信，广告就应该具备这样的功能！

为信孚银行写广告时，我若是选择干坐着苦思冥想，努力完成甲方提出的电视广告委托，就不会试着去说服他们，那则广告根本不该上电视，而该上报纸。当然，我当时也不确定广告的篇幅应该有多长，只知道字数会很多（而且没有图片）。但如果他们允许我穿过重重安全门，进入这个神秘的组织，询问那些不寻常的员工，在走廊上找找企业文化的痕迹，那么或许我能写出点儿人们真正想读的东西。好吧！他们答应了。于是我找到了信孚银行的历史、谁是十年最佳基金经理，发现了复利的魔力，弄清楚了什么是成本平均法。接着，我没有关起门来苦苦思索，而是条件反射地在Macintosh（苹果公司出品的麦金托什电脑，简称Mac）上拨通美联社的电话，结果听说瑞典有一只黑猩猩近日在股市上大赚了一笔，连证券分析师都比不过它。

为标致汽车写广告时，我若是干坐着苦思冥想，就不会前往标致在法国的工厂和设计中心，和车主、机修工、工程师、设计师交流。法国标致惹眼地升起了澳大利亚国旗来欢迎我们这家澳大利亚的广告公司，尽管澳大利亚消费的标致汽车数量，它只用半天就能生产出来。但我如果选择闭门造车，就永远不会发现，有一份热情根植于标致心中：让前路由驾驶者掌控。

对我来说，创作成功文案的关键在于探索，追随直觉比遵循简报更重要。听起来是否很讽刺？

搜集没用的东西也很关键，它们迟早会派上用场。写文案就是经由语言的催化，把那些东西融会于产品和潜在消费者之中。记住，尽管了解产品必不可少，但了解消费者远比了解产品更重要。

而当你终于坐下来，花数个小时写文案——打草稿、炼字句时，牢记这个至高无上的准则：“如果你写得不愉快，别人也不会读得愉快。”这是我奉行的一句格言，还有一些格言，虽然看似陈词滥调，但助益匪浅，比如“说话太直白，就会索然无味”和“广告写得再好，客户不满意也白搭；客户再满意的广告，写得不好也没用”。这些格言，让我更加了解写文案这个奇特的谋生方式。

“如果你写得不愉快，别人读得也不会愉快。”这句话很有用，它时刻提醒我，一切书写的目的，皆在于赋予文字意义，而不单单是罗列信息，除非你写的是使用说明之类的东西。至于这“意义”是什么，我也说不清。尽管言之有物的广告不一定会有读者，但言之无物的广告一定不会有读者，除非是人们不得不读的东西。你听过哪个人享受阅读使用说明的过程吗？

因此，我认为优秀的广告文案，不完全是为了客户或公司而写作，甚至不是为了读者……他们只为自

富有表现力的文案能连接作者和读者。
赋予文案灵魂，别只是干巴巴地罗列信息。

一辆超乎完美的车，寻求志趣相投的驾驶者

沿着派克峰爬坡竞赛车道的弯弯曲曲的土路向上行驶，仿若在激流中冲浪，刺目的阳光千丝万缕地从不同角度射入眼帘，和汗水一起狠狠地刺激着眼眶。就像解开一团乱麻那样，如果在起点处就出了岔子，那么再多的技巧也白搭。你要知道，稍有不慎，或将万劫不复。

竞速选手阿里·瓦塔宁有两个明确的目标：首先，避开那条通向山脚的秒速32英尺[1]的捷径；其次，在最短的时间内超越其他选手登顶。他坚定地相信，只有标致才能够帮助他，完成这两个看似相互矛盾的目标。

他成功了！不仅安然无恙地驾驶完全程，还在最短时间内攀上了高达14 110英尺的派克峰顶峰！

瓦塔宁选择驾驶一辆改装后的标致405。

市面上不乏伪装成高性能汽车的普通车辆，而盘山道上行驶的标致405，绝非其中之一。为致敬驾驶的优美和典雅而生的这款车，存在的意义就是驾驶。而标致最响亮的口号，就是低调行事。

它不为冒充者、自命不凡者、哗众取宠者、显摆者而生，而是为与其志同道合者而生。

极少数了解标致汽车的人会知道，驾驶感是其至高无上且隐秘的奥妙之处。

但他们也会很快地承认，这种说法其实忽略了至关重要的一点，即标致绝非只关注发动机，它甚至根本没有吹嘘其发动机，而是专注于驾驶感。驾驶感才是标致追求的终极目标。

驾驶这辆车，你就会知道，其他的车子在前端设计上多少有点儿缺憾。哪怕是公认代表了发动机最高成就的昂贵欧洲汽车，也是如此。这并不是挑剔其他汽车，而仅仅是为了强调，标致对驾驶性能的要求有多高。

驾驶感是标致汽车至高无上的追求，也是这家全球第二历史悠久的汽车制造商一直以来的信念。

无论你提出多么严苛的要求，标致405都能够令你满意。它甚至似乎精准地预判了你的许多需求，而这种超乎寻常的能力，源自标致汽车长达100多年的汽车制造历史和底蕴。

标致汽车在底盘设计方面花费的时间，就比那些匆忙入市的制造商花在整辆汽车设计上的时间更长。

这或许也解释了为什么标致汽车从不令人失望，以及为什么标致大多数的新款汽车总是卖给了老主顾们。标致的客户，总是不会被花哨的外表和华而不实的点缀影响。这些手段，不过是为了将低端设计的汽车卖给那些要求不高的客户。或者，更糟糕的是，将标价过高的汽车卖给那些被迫购买溢价汽车的客户。

促使标致的客户花钱的，只有标致无与伦比的驾驶感。

如果说标致405看起来不过是一流的底盘加上耐用的车身，那它实际上是标致中的标致。

在1988年问世时，它就获得了57个裁判投出的54票，高票当选年度欧洲汽车，远远甩开位居第二的车。

长轴距和计算机辅助设计的内部空间，使其提供了超乎寻常的宽敞空间。

这就使得这款主打驾驶感的经典汽车，也成为备受乘坐者青睐的选择。

所以，你是标致想要寻找的人吗？（要知道，并非人人都是哦！）

你是习惯双手放在方向盘上呢，还是更随性的驾驶者？你是否认为，选择一辆深得个人心意的车，比向人炫耀更重要？你是否认为，一辆车在任何车道上的稳定性是最重要的品质？还是说，你不介意开车时令你肠胃不适的颠簸？

简而言之，你喜欢开车吗？

当然，这听起来像是一句废话……不喜欢开车的人，怎么会读到这则广告！

这显然是一则汽车广告，但强调的是驾驶感。

既然你已经读到此处，不妨进行下一步操作。给标致展厅打个电话或写封信，预约试驾。

标致的试驾绝对不会弄虚作假，带你在停车场兜一圈就结束了。因为销售标致的人首先都是热衷于驾驶标致的人，其次才是汽车销售员。相信你一定能够与标致405共享一段美妙的试驾之旅。

可供选择的车型包括简单大方、燃料喷射的405SRI（手动挡和自动挡两款）、激动人心的竞赛车型DOHC和16-valve Mi16。

标致

只有标致，才是经典

① 1英尺约为0.3米。——编者注

己写作，如果这话没错，那可真是妙趣横生的讽刺。这即是说，文笔虽和文案一样重要，但终究不是文案最重要的东西。概因文案之中，最重要的不是文字的渲染，也非技艺的表达，仅靠文笔，技艺再高超的文案创作者也难打动人心。

而感情无法伪装，写文案时必须有真情实感，但与写书人和写歌人不同，文案创作者只有短短几天或几周的时间寻找灵感、创作文案，而客户还期望我们时刻保持高产状态。这就使得持续地保持适当的情绪，将文案创作视为一种乐趣而非一份工作，成了文案创作者获得成功的前提。享受文案创作的过程是一个基本原则。

就我所知，进入写作状态最好的办法，是动起笔来。与合适的人共事也很重要，选择合适的同事、合适的客户，以及对你的作品能提出让你尊重且信任的意见之人。这意味着不惜一切代价找一家合适的广告公司，如果实在找不到合心意的广告公司，那么不妨自己创造一家。

在这里，“偏执狂”只是一个字典里的词

在新西兰的昆斯敦，一户人家的门上挂着一块牌子。
上面写着：“请小心狗。”
的确是这样几个字：请小心狗。
这算是什么恐吓呢？请小心狗？
为什么新西兰的警告，不像在悉尼随处可见的“入侵者将遭枪击，未毙命者将被指控”呢？
理由显而易见。
当你从一个充满敌意的世界来到这儿住上几天之后，你就会明白为什么。
“你知道吗？”你会对同伴们说，“这儿的人们信任彼此。”
简直闻所未闻。
在这样一个满是人间奇景——温泉、冰山，甚至还有一种完全不同的绿色的地方，更令人惊奇的，就是人们之间的相互信任。

永远的信赖

人际信赖的一个极好的例子，就是诚实货摊。
沿着奥塔戈中心大道驶往昆斯敦，在米勒尔斯弗拉特和罗克斯堡之间，你会发现有许多这样的诚实货摊。
一个典型的诚实货摊，其实就是一家无人店铺。在一个大棚屋下，满是大袋大袋的胡桃、桃子、干杏、梅子和苹果。新鲜的苹果上还带有绿叶——货真价实的绿叶，而不是黏糊糊的小标签。要买东西，只需将钱扔进一个已经装满纸币和硬币的瓦罐——对你百分之百地信任——自己拿回找钱，然后潇洒地离开，同时为这种人际信任感到心满意足。

远离尘嚣之所，
而非旅游胜地

显然，新西兰与众不同。
它将告诉你生活本应该是怎样的，生活以前是怎样的，这样一来，当你回到现实中的生活时，你就知道该如何应对了。
因此，这将是你度过的最美好的假期。
一个使你头脑轻松、心情愉快的假期；一个开启心智、开启愉悦灵魂的假期。
上帝啊（并非亵渎神灵，上帝是最伟大的建筑师），单是景色本身就能使你得到精神上的满足。站在乡间的任何一个角落，远眺或环顾四周的美景，回到家之后，你依然会感到神清气爽。
但真正的满足来自丰富的体验与经历——这种享受，比收集纪念品之类的东西更有趣。比如在欧尼坦基酒馆享用午餐（4品脱啤酒加上一个馅饼），或者溜到达斯基湾的“巴恩斯悬崖号”渔船上待上几天。船夫会替你做饭，但你得抓鱼。（水里到处是鱼，你不会挨饿的。）

新西兰还有什么迷人之处？

根据最新统计，已有51.28亿人居住在地球这颗小星球上。
他们大多缺乏对彼此的信任。在东角的希库朗伊山，当太阳升起时，你可以好好思索一下“人类进步”所带来的这种奇异特性。
这个启迪人们心智的地方沐浴着每天太阳升起后洒下的第一缕阳光。因此和其他5 127 999 998个人相比，你和你的同伴将更早一步看到新一天的黎明。
或许会令你感到惊奇的是，新西兰并不落后于世界其他地方，反而比其他地方更早一步看到全新的一天。
它不只每天比其他地方早了几个小时，而且比其他地方进步数十年。在这里，你会领悟到，真正的进步，是保存人类身上有价值的东西，但讽刺的是，那些有价值的东西不需要你花一分钱便可拥有，直到某天被我们丢失。
比如人际信任、清洁的空气、洁净的水。
北美印第安人说过，我们的土地不是从祖先那儿继承来的，而是从子孙那儿借来的。而唯一印证这些话的地方，仿佛就只剩下了新西兰。
比如，你是否知道，世界上最大的无污染水域就在新西兰？它的名字是陶波湖。
陶波湖水非常纯净，当地人甚至会怂恿你直接去湖边喝一口。
“去吧，”他们说，“喝一口。”
问题是：你是否信任他们？
找到这个问题的答案，或许是到访新西兰的又一大乐趣。

我十分期待您给我邮寄一本《新西兰旅游指南》，请尽快寄到：
姓名 ________
地址 ________
邮政编码 ________
请将上面的单子寄至澳大利亚悉尼NSW 2001克拉伦斯街，NZTP，G.P.O.614号信箱，或者最好是致电新西兰旅游局友善的工作人员，电话号码为（02）233 6633、（03）650 5133、（07）221 3722和（008）331 106。

“新西兰，待着别动，等我前来领略你的美景与奇观。”

追随直觉，比遵循简报更重要。

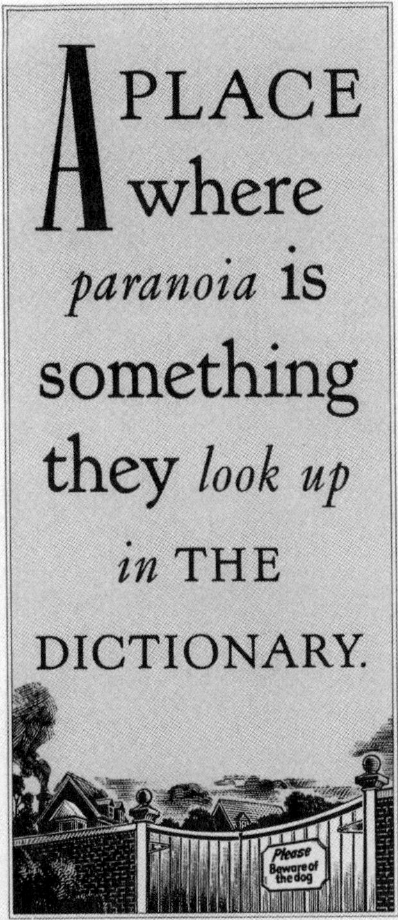

THERE IS A SIGN on the gate of a house in Queenstown, New Zealand.

This is what it says:

Please beware of the dog.

That's right, *please* beware of the dog.

What kind of a threat is that? *Please* beware of the dog?

Why doesn't New Zealand have the kinds of signs we have here in Sydney? You know, signs like: "Trespassers will be shot. Survivors will be prosecuted."*

Well, there's a very good reason.

A reason that will dawn on you after you've spent your first few days in this haven from a hostile world.

"You know what," you might say to your companion, "the people here *trust each other*."

Wonder of wonders.

There you are in country crammed with all kinds of wonders — geysers, glaciers, even a whole new kind of *green* — yet the wonder of wonders is that The People Trust Each Other.

TRUST NEVER SLEEPS

A good example of this trust is honesty stalls.

Driving down the Central Otago Road to Queenstown, for instance, between Millers Flat and Roxburgh, you'll find lots of honesty stalls.

Indeed, one that's not so much an honesty stall as an honesty emporium. A huge shed packed with huge bags of walnuts, peaches, dried apricots, plums and apples — apples that still have their leaves on. *Leaves.* Instead of sticky, little labels. To buy something, you simply drop some money into a jar that's temptingly — nay, trustingly — full of notes and coins. You help yourself to the change, and then leave with your bounty. Feeling, well, enriched.

A RETREAT, NOT A RESORT.

Clearly, New Zealand is different.

A place where you can be reminded of what life should be about, what life used to be about, so that when you return to what life is about you are equipped to deal with it.

Accordingly, it is the best holiday you can have.

A holiday for the heart and the head, a holiday for the soul and spirit.

Good God (not blasphemy, He was the architect), the scenery alone will replenish you. If you simply hopped over and stood on any square metre of countryside, turned 360°, and returned home immediately, you'd still feel replenished.

But the real replenishment comes from collecting experiences — a pastime far more rewarding than collecting, say, souvenirs. Experiences like the five-course lunch they serve at the Onetangi Pub. (Four pints and a pie.) Or a few days spent bunking aboard Cliff Barnes' fishing boat on Dusky Sound. Cliff'll cook you dinner, but he expects you to catch it. (You'll never go hungry, mind you. The waters are *rich* with fish.)

The islands of the sunset – Dusky Sound

OH, SOMETHING ELSE THAT WILL DAWN ON YOU IN NEW ZEALAND.

At last count, there were five thousand one hundred and twenty-eight million people on this little planet.

Most of them don't trust each other. A good place to ponder this peculiarity of "progress" is at Mt. Hikurangi, East Cape, as you watch the sun rise.

The new dawn – East Cape

This enlightening place is where the first rays of each new day tickle the earth. So you and your companion will have the goose-bump-inducing privilege of seeing the new day dawn well before any of the other 5,127,999,998 people.

And what will also dawn on you is that New Zealand isn't

Roadside fruit stall – Central Otago

behind the rest of the world. It's actually ahead.

Not just several hours ahead. Several decades.

Real progress, it will dawn on you, is preserving what we have that's of value. And the most valuable things that we have are those that, ironically, cost nothing.

Until we lose them.

Trust. Clean air. Clean water. Stuff like that.

The North American Indians said that we don't inherit the earth from our parents, we borrow it from our children. It seems the only place anyone heard them was way down there in New Zealand.

Did you know, for instance, that the largest body of unpolluted water in the world is in New Zealand?

It's called Lake Taupo.

Lake Taupo is so unpolluted, the locals will encourage you to drink from its shores.

"Go on", they'll say, "have a sup."

The big question is, can they be trusted?

Well … finding out is one of the great pleasures of visiting New Zealand.

— — — — — — — —

I am trusting you to send me the 70-page New Zealand Book. Please deliver it, post haste, to:

Name ____________

Address ____________

____

____

________ Postcode ______

Send this coupon to NZTP, G.P.O. Box 614, Clarence Street, Sydney, NSW 2001 or, better still, call the nice people at the New Zealand Tourist Office direct on — (02) 233 6633, (03) 650 5133, (07) 221 3722, or (008) 331 106.

— — — — — — — —

"Stay where you are, New Zealand. I'm coming over."

*On the gate of a house in Terrey Hills, Sydney

John Bevins NZ05005

启智的文案总是能吸引读者，广告宜循循善诱，不宜居高临下，本文就是绝佳示范。

对一位艺术爱好者来说，这是一幅伦勃朗的古典名画；
对一名医生来说，这是一个典型的乳腺癌病例

这是一幅令人难忘的名画，描绘了拔示巴[①]和大卫王的故事，由伦勃朗绘于1654年。一个致命的细节，是拔示巴收到大卫王的来信。

信中大卫王约她出来幽会。而对已婚的拔示巴来说，这无疑将造成悲惨的结局。但画中还有一个更致命的细节，直到最近才被发现。这个细节对正在忧伤沉思的拔示巴做出了新的解释。

仔细观察画中模特的左乳房，你能看到有一处微微凹陷，这个被伦勃朗在无意之中画下来的细节，其实是乳腺癌晚期的症状。

画中的模特后来怎么样了？她几年后就离开了人世。

她就是亨德里克耶·斯托菲尔斯，伦勃朗的情妇。在伦勃朗为她作画后的一年里，她为他生了一个女儿（也许她在担任这幅名画的模特时就已经怀孕了）。

在那个年代，不论是这幅画的模特还是绘画者，都未听说过乳腺癌这种病。根据现代医学专家的推测，她极可能死于乳腺癌。

早期检查和发现是女性群体最佳的保护措施

乳腺癌是女性最常患的一种癌症。近年来，医生已经能在乳房开始形成不明显的无痛肿块之前将乳腺癌检测出来，远早于伦勃朗笔下的那种典型橘皮状凹陷的形成。对许多妇女来说，早期发现意味着完全治愈。

对乳腺癌最好的防治是早期发现。及时发现，能挽救生命，且常常无须做乳房切除手术。

唯一有效的早期检查，是定期进行胸部肿瘤X光筛查

医生建议40岁以上的妇女，以及有家族遗传病史的年轻女性，定期进行乳房病变筛查。

这项检查不包含在政府医疗保险中，除非已出现症状或家族病史有此疾患。

如果你未满40岁，家族中也无人患有此病，那么最好咨询你的私人医生，探讨乳房健康及最合适的检查方法。

MBF悉尼广场乳房保健所

MBF（澳大利亚医疗福利基金会）旨在为其成员提供医疗保险不包含的乳房健康服务。基于这个原因，MBF最近买下了受人尊敬的悉尼广场乳房健康诊所（现在的MBF悉尼广场乳房保健所）。

根据上面的医疗方针，MBF的成员现已可获得资助进行早期胸部肿瘤X光筛查，费用仅为20美元（对非成员进行筛查，则一律收取60美元）。

请务必提前预约，可拨打电话（02）2859999预约

每日早期胸部肿瘤X光筛查的名额有限。

不是设备不足的原因——MBF完全有能力买到设备，满足其成员的需求。主要原因是缺少操作X光筛查和解读成片的专业技术人员。

MBF为其成员买下此诊所，是因为它有澳大利亚技术最精湛和经验最丰富的一些乳房保健专家和放射专家。

该诊所每年进行10 000多例X光筛查。现在MBF悉尼广场乳房保健所每周能做100次早期胸部肿瘤X光筛查。因此烦请提前预约。如果你想了解更多信息，请拨打电话（02）2859999。

如果你是MBF的成员，请记住你的会员卡号。

澳大利亚医疗福利基金会

澳大利亚医疗福利基金会是一个登记在案的非营利健康福利组织。

① 拔示巴曾是乌利亚之妻，后与大卫王通奸，二人结婚，生下了所罗门，见《撒母耳记下》。——译者注

YOU WILL NEVER forget this masterpiece. It tells the story of Bathsheba and King David. It was painted by REMBRANDT in 1654. A fateful detail is the letter being read by Bathsheba. It is from King David.

It asks that she meet him in secret. The consequences for Bathsheba – already wed – can only be tragic. But there is an even more fateful detail, discovered only recently. It gives new meaning to the brooding poignancy of "BATHSHEBA."

Look closely at the model's left breast. Can you see the dimpling? This detail, recorded unknowingly by Rembrandt, is advanced breast cancer.

The consequences for the model? Well, she died several years later.

She was *Hendrickje Stoffels*. She was also Rembrandt's common-law wife and, within a year of the painting, mother of his daughter. (Was she pregnant as she posed?)

In those days, neither model nor artist, nor anyone, had heard of breast cancer. Expert medical opinion now is that, almost certainly, she died of breast cancer.

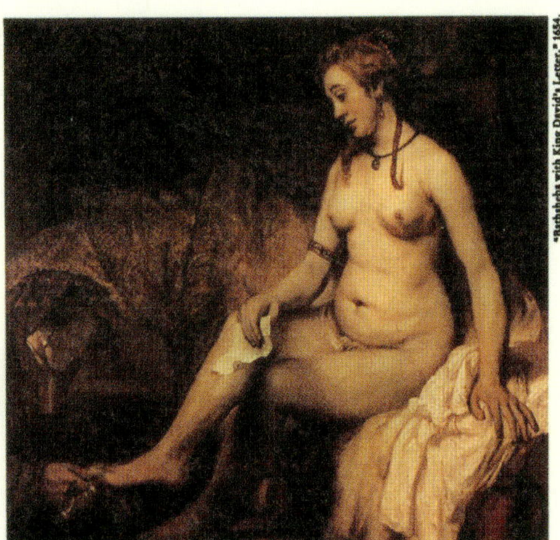

TO AN ART LOVER, *THIS IS A CLASSIC REMBRANDT.* TO A DOCTOR, *IT'S CLASSIC BREAST CANCER.*

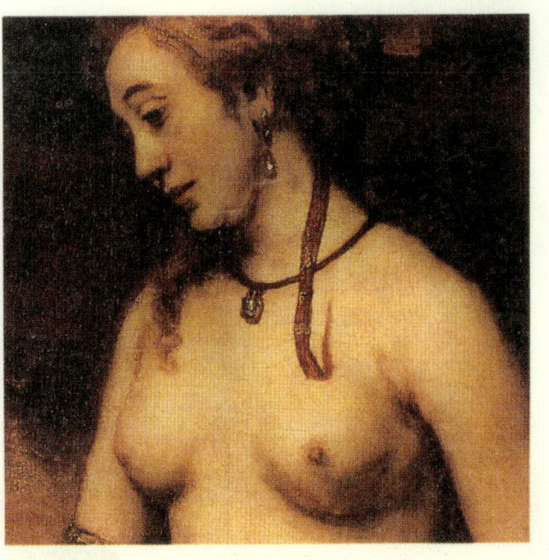

A WOMAN'S BEST *PROTECTION* IS EARLY *DETECTION.*

Breast cancer is the most common cancer in women.

These days, doctors can detect breast cancer long before it becomes even an unseen, unfelt lump. And long, long before it becomes the classic *"orange peel dimpling"* recorded by Rembrandt. For many women early detection can mean a complete cure.

Early DETECTION is your best PROTECTION from the consequences of breast cancer. It can save your life, often without the need for a mastectomy.

THE ONLY EARLY DETECTION THAT WORKS IS REGULAR *SCREENING MAMMOGRAMS.*

Regular screening mammograms are recommended for women over 40 and for younger women where there is a family history of breast cancer.

Screening mammograms are not covered by Medicare unless symptoms are present or unless there is that family history.

If you are under 40, with no family history of breast cancer, your doctor is the best person to talk to about breast health and a detection regimen most appropriate for you.

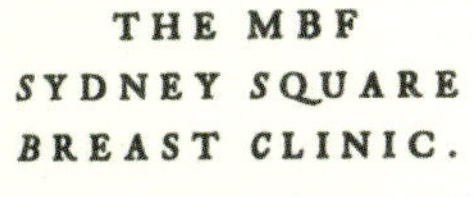

MBF is determined to provide for its members what Medicare does not. For this reason, MBF recently acquired the respected Sydney Square Diagnostic Breast Clinic, now the MBF SYDNEY SQUARE BREAST CLINIC. Subsidised screening mammograms for MBF members, according to the medical guidelines above, are now available.

The fee is JUST $20. (Screening mammograms are available to non-members for the standard $60 fee.)

There is a limit to the number of screening mammograms that can be carried out.

Not because of the equipment – MBF can always buy more equipment to meet the demand of its members. The limiting factor is the *highly-skilled personnel* essential to perform and interpret the X-rays.

MBF acquired the Clinic for its members because it is run by some of Australia's most skilled and experienced breast health experts and *specialist radiologists.*

The Clinic views more than 10,000 X-rays each year. The MBF Sydney Square Breast Clinic can currently handle 100 screening mammograms a week, so naturally, advance booking is essential. For more information, call the Clinic on (02) 285 9999.

If you are an MBF member, please have your membership number handy.

John Bevins MBN 00511/1

Medical Benefits Fund of Australia. Incorporated in NSW. A non-profit, registered health benefits organisation.

瑞典黑猩猩的投资方法（一个发家致富的靠谱方法）

你如果能够坚持读完这篇随处可见的文章，或许就能够了解到一种被称为“美元成本平均法”的投资策略，这是一个能够帮助你发家致富的妙招儿。然而，首先让我们去斯德哥尔摩了解一只名叫欧拉的黑猩猩背后的故事。

去年8月，一家瑞典报社分别给五位股市分析家和黑猩猩欧拉提供了1 250瑞典克朗的启动资本，目的是看一看在斯德哥尔摩股票市场中，谁能够赚到更多钱。结果黑猩猩欧拉赢了。一个月以后，欧拉手上的股票市价上涨了190瑞典克朗。在五位专业的股市分析家深思熟虑地判断应该选择哪只股票投资时，黑猩猩欧拉通过投掷飞镖来决定。其中一次投掷选中了Forsheda公司，一家小型的多元化经营公司，但其股票价格在一个月内上升了44%。

投资就这么简单？!

当然，这种随机选择的风险相当大，不仅仅是因为飞镖可能射中别人的眼睛（如果是黑猩猩投掷，风险就变成你的眼睛被射中）。

这种方式与另外一种“中与不中”的方式类似，都是如此冒险，尽管后者是投资者听从自己的内心，而非投掷飞镖进行投资目标的选择。作家马克·吐温曾说：“真实的情感都是自发的、盲目的。”例如，投资者或许会真情实感地说：“我并非有意在股票上涨时买进，在下跌时着急忙慌地卖出。”但正是这种真实的情感，驱动大多数愚蠢的投资者转让了不动产。

那么，到底是什么令那些成功投资者选择的股票上涨了呢？

有时是亮眼的业绩，但大多数时候，是严苛的自律！什么？自律？别着急，接着往下看。这是因为即使是最沉闷、最老套的投资准则，结合“美元成本平均法”都能够带来激动人心的回报。

美元成本平均法？

美元成本平均法是一种投资策略，不需要思索，不需要决策，不需要分析，不需要绞尽脑汁在是与非之间做选择。你所需要做的就是，不管市场行情如何，只要定期投资同样数量的钱就行了。譬如，你在某一信托公司每月投资100美元，不管它是涨还是跌，不管股市是飞涨还是暴跌，是熊市还是牛市，你只需要坚持投资，就像耐克那句经典广告语那样：“只管去做！”

这是一个再简单不过的投资策略，但非常管用，其原因同样简单：在固定间隔时间以固定金额买进的投资操作，将使你在股市上涨时买进量少一些，下跌时买进量多一些，这些都是自动操作。这就使你避免了预测股市时机的麻烦，股票市场是一个凶险莫测的市场，即使是最老练的分析家，也不能保证其操作的股票一定能赢利。美元成本平均法自然也无法保证获利。你如果在股市处于最低谷的时候卖出，就会跟其他人一样亏损。然而，如果你能够坚持美元成本平均法的投资策略，你将持续地买进，而不是卖出。此乃问题的关键，幸运往往垂顾那些有胆识的人。

听起来似乎挺有道理，而实际上是否行得通呢？

认识露西尔·汤姆林森

对那些经验丰富的投资者来说，再简单不过的美元成本平均炒股法，早在20世纪50年代早期就已经出现了。彼时，为了对投资计划进行综合研究，分析家和作家露西尔·汤姆林森用华尔街股票价格检测了美元成本平均法的准确性。本杰明·格雷厄姆在他著名的《聪明的投资者》一书中提到了汤姆林森的研究，他表示：“她测试了23个十年购买计划，第一个在1929年结束，最后一个结束于1952年。每一项测试都显示股票在购买期结束时或结束后5年之内赢利。23个购买期结束时，平均利润为21.5%，不包含股息。无须多言，在某些情形下，股票的市场价格会有暂时性的大幅下跌。”

当然，美元成本平均法也并非致富捷径，而是一个日积月累的致富计划。这个计划比强制性储蓄高明得多，因为它是一种强制性投资。

就股票投资而言，你不可能跌跌撞撞、迷迷糊糊、运气爆表地无意间找到暴富的密码。当然，跟风投资也要不得，因为哪怕是最厉害的投资者，也会偶尔迷失方向。而股民群体自杀的现象，也非罕见。要想致富，还是得做到心中有数。

美元成本平均法，就是你需要的那个计划。如果你有兴趣了解详情，有兴趣看一看该计划如何在上涨的股市、下跌的股市和上下波动的股市中显示其效果，不妨看一看信孚银行为此准备的小册子《如何在波动起伏的股市中赢利》。

你也许还想顺便了解一下“信孚终身信托”计划书的准确性，该计划书为“美元成本平均法”策略提供了简单而又理想的储蓄方法。值得一提的是，信孚终身信托是为客户提供不同单位信托项目的诸多专家力推的一个选择，也是一个被证明可提供长期收益的信托项目。

感谢你在百忙之中读完这篇不算策略的……策略！

信孚银行澳大利亚分行

如欲了解更多美元成本平均法或信孚终身信托的信息，请咨询金融投资顾问，或致电008 022 555。也可以将以下附单填好后寄至悉尼NSW 2000，澳大利亚广场，信孚银行澳大利亚分行13号询问处，邮政信箱H184。

__________先生/女士

地址__________

邮政编码__________

电话（座机/移动）__________

信孚金融服务公司，以及信孚银行澳大利亚分行，并不保证资金的偿付及信托基金未来的表现。

现行的信孚终身信托计划书的副本已经提交，日期为1993年12月21日，可向任何信孚银行办事处索取。必须填表，方可提交投资申请。信孚金融服务公司是该信托基金的管理人。

信孚金融服务公司为你带来一系列的投资洞见

THE SWEDISH CHIMPANZEE METHOD (PLUS A SOUNDER WAY TO GET RICH).

N°6* IF YOU PERSEVERE with this wall-to-wall text, you will be rewarded with an introduction to Dollar Cost Averaging, the minor marvel that could help make you rich. But first, to Stockholm, and a chimpanzee named Ola.

Last August, a Swedish newspaper gave five stock analysts and Ola 1,250 kronor each. The idea was to see who'd make the most money on the Stockholm stockmarket. Ola won. After just one month, Ola's portfolio went up by 190 kronor. While each of the five experts expertly considered What Exactly To Do, Ola tossed darts at names of listed companies. One dart hit Forsheda, a small diversified company whose share price went up 44 per cent over the month.

Easy.

Except, of course, such a method is rather risky. And not just because you might hit someone in the eye with your dart (or get hit yourself if you commission a chimpanzee).

Every bit as risky is that other 'hit or miss' method. You know, the one where the 'investor' lets his heart, rather than a dart, decide for him. Mark Twain said *all emotion is involuntary when genuine*. Genuine emotion – as in "I didn't mean to buy the shares when they were priced high, and I didn't mean to panic and sell them when the price fell" – drives the demise of most mug investors.

So what *drives the rise* of the successful investor?

Sometimes it's sheer brilliance. Mostly, it's sheer discipline. Yerk. Discipline? Hold on, and read on. Even dull old discipline becomes exciting when it's combined with something called Dollar Cost Averaging.

Dollar Cost Averaging?

Dollar Cost Averaging is an investment strategy that requires no thinking, no decision making, no analysis, no will-I-or-won't-I hankie wringing. All you do is invest the same number of dollars at regular intervals, no matter what. You invest, say, $100 every month in a unit trust ... *no matter what*. No matter whether the share markets are up or down, soaring or crashing, bear weather or bull. You simply grit your teeth and, Nike*-like, Just Do It.

This very simple strategy works. For this very simple reason: your regular, set-amount investment buys less when the market's up, and more when the market's down. It does this *automatically*. And therefore frees you from the worry of trying to time the market, something not even the world's most sophisticated analysts can do well enough to guarantee a profit. Sure, Dollar Cost Averaging doesn't guarantee a profit either. If you have to sell at the bottom of a falling market you will lose money – just like anyone who's forced to sell at the bottom. But when you stick to a disciplined Dollar Cost Averaging plan, you are forced *to buy ... not sell*. That's the whole point. And fortune does favour the brave.

Sounds good in theory, doesn't it? But what about in practice?

Introducing Lucile Tomlinson.

For sophisticated investors the defiantly simple discipline of Dollar Cost Averaging has been around at least since the early fifties. Way back then analyst and author Lucile Tomlinson tested Dollar Cost Averaging on Wall Street share prices, as part of a comprehensive study she did of formula investing plans†.

Benjamin Graham, in his classic text, *The Intelligent Investor*, tells of Tomlinson's study: "Tests were made covering 23 ten-year purchase periods, the first ending in 1929, the last in 1952. Every test showed a profit either at the close of the purchase period or within five years thereafter. The average indicated profit at the end of the 23 buying periods was 21.5%, exclusive of dividends received. Needless to say, in some instances there was a substantial temporary depreciation at market value."

Of course, Dollar Cost Averaging is no Get Rich Quick scheme. Just a Get Rich Slow scheme. And it's a scheme that's even better than forced saving, because *it's forced investing.*

You see, you can't eeny, meeny, miny, mow your way to greener pastures. And you can't really follow the herd there ... because even the most bullish, especially the most bullish, herds get lost. Or turn out to be lemmings. You must have a plan.

Dollar Cost Averaging could be such a plan for you. If you are interested in finding out more about it, interested in seeing an example of how it works in rising markets, falling markets and fluctuating markets, you might like to read a leaflet BT has prepared on the subject: *How you can benefit from investing in the downs as well as the ups.*

You also might like to examine at the same time the prospectus on the BT Lifetime Trust because it offers a simple savings plan that is ideal for a Dollar Cost Averaging strategy. The BT Lifetime Trust, incidentally, is an investment that is spread by experts across, primarily, *a range* of BT unit trusts. Trusts that have proven long-term performance.

For reading all this ... *tack*.**

Bankers Trust
Australia Group

For additional information on Dollar Cost Averaging or on the BT Lifetime Trust, speak to a financial adviser or call 008 022 555. Or cut and post this coupon to: Reply Paid No. 13, Bankers Trust Australia, PO Box H184, Australia Square, Sydney NSW 2000.

Mr/Mrs/Ms__________

Address__________

__________P/code__________

Phone (BH)__________(AH)__________

BT Financial Services Limited and member companies of the Bankers Trust Australia Group do not guarantee the repayment of capital or the future performance of the Trust.

A copy of the current BT Lifetime Prospectus has been lodged and is dated 21 December 1993 and is available upon request from any BT office. Applications for investment may only be made on the form contained therein. BT Financial Services Limited is the Manager of the Trust.

*N°6 IN A SERIES 'INSIGHTS FOR INVESTORS', BROUGHT TO YOU BY BT FINANCIAL SERVICES.

*Nike is a registered trademark of BRS Inc. †Practical Formulas for Successful Investing, Wilfred Funk, Inc., 1953. **Tack means thank you in Swedish.

吸引潜在的消费者，比推销产品更重要。

THIS IS PERHAPS THE MOST INFURIATING AD YOU WILL EVER READ. UNLESS YOU ARE 21.

Nº5 WHAT YOU ARE about to read will fascinate you, or infuriate you, or both. It will also present you with a delicious paradox, by proving that a person who decides to stop saving can save considerably more than someone who decides to save diligently all the way to 65. Come again? Let's put it another way. This insight is about the saving ethic and as with its cousin, the work ethic, the underlying truth is that saving smarter beats saving harder. Disciplined saving is the ethic's essence. Discipline is even more important than dollars when it comes to producing a result.

You will probably wish someone had explained all this to you when you were young enough to really learn and profit from it. Still – and this is your consolation – you can be the someone who explains it to someone else; to a young person who still has the time to profit from it. It? "It" is the "magic of compound interest", and it isn't really magic at all – it's simple mathematics. But magic for most is more intriguing than maths, so let's think of it as magic.

Imagine you are 21 again. You decide, because someone explained this magic to you, to save $2,000 a year – until you turn just 30. Then you stop saving altogether and leave your nest egg alone until you turn 65. Let's say, for the sake of the exercise, that you earn an average return of 8% p.a. (after fees and taxes) which you always reinvest. Let's say, again for the sake of the exercise, that inflation is 0% (so your *real* return is a healthy 8%).

Now imagine an alternative scenario. Again, you are 21 but decide to do nothing about saving until you turn 31. At 31, you begin saving $2,000 a year and you continue to do so *every* year until you turn 65, again reinvesting the 8% p.a. average return. You figure you will more than make up for lost time by saving harder – i.e. for 35 years rather than 10 years.

Which is the better strategy?

The 10-year plan, in which you will have invested $20,000 will reap $428,378. The 35-year plan, in which you will have invested $70,000, will reap considerably less: $344,634. Here are the basic calculations for you to check. The bold type represents those years when you contribute $2,000.

21 *years old*	**$2,000**	
22 *years old*	**$4,160**	
23 *years old*	**$6,493**	
24 *years old*	**$9,012**	
25 *years old*	**$11,733**	
26 *years old*	**$14,672**	
27 *years old*	**$17,846**	
28 *years old*	**$21,273**	
29 *years old*	**$24,975**	
30 *years old*	**$28,973**	
31 *years old*	$31,291	**$2,000**
32 *years old*	$33,794	**$4,160**
33 *years old*	$36,498	**$6,493**
34 *years old*	$39,418	**$9,012**
35 *years old*	$42,571	**$11,733**
36 *years old*	$45,977	**$14,672**
37 *years old*	$49,655	**$17,846**
38 *years old*	$53,627	**$21,273**
39 *years old*	$57,917	**$24,975**
40 *years old*	$62,551	**$28,973**
41 *years old*	$67,555	**$33,291**
42 *years old*	$72,959	**$37,954**
43 *years old*	$78,796	**$42,991**
44 *years old*	$85,100	**$48,430**
45 *years old*	$91,908	**$54,304**
46 *years old*	$99,260	**$60,649**
47 *years old*	$107,201	**$67,500**
48 *years old*	$115,777	**$74,900**
49 *years old*	$125,039	**$82,893**
50 *years old*	$135,042	**$91,524**
51 *years old*	$145,846	**$100,846**
52 *years old*	$157,514	**$110,914**
53 *years old*	$170,115	**$121,787**
54 *years old*	$183,724	**$133,530**
55 *years old*	$198,422	**$146,212**
56 *years old*	$214,295	**$159,909**
57 *years old*	$231,439	**$174,702**
58 *years old*	$249,954	**$190,678**
59 *years old*	$269,951	**$207,932**
60 *years old*	$291,547	**$226,566**
61 *years old*	$314,870	**$246,692**
62 *years old*	$340,060	**$268,427**
63 *years old*	$367,265	**$291,901**
64 *years old*	$396,646	**$317,253**
65 *years old*	$428,378	**$344,634**

The table shows the dramatic effect that compound interest can have on a disciplined saving plan, even when you decidedly stop saving. Imagine now a savings plan that goes beyond regular saving into regular investment:

Discipline pays dividends

A plan that teaches the essence of sound, balanced investment. Imagine getting that kind of opportunity, that kind of education, that initiation to the magic, when you were just 21.

The BT Lifetime Trust is a unique managed unit trust with such a savings plan. $1,000 and $100 a month can get an investor started. It cannot guarantee, it does not promise, the minimum 8% essential to the example given earlier (what can these days?) but it has earned, through its Future Goals Fund, 37.1% net of management fees over the year to 1 Sept, 1993.

If you are a parent or a grandparent who would like to get a young investor started, or if you are someone who believes it's never too late to start saving yourself, you might like to investigate the BT Lifetime Trust.

BT will be happy to send you full details ...

Bankers Trust Australia Group

For more information, see your financial adviser, call BT toll-free 008 022 555 or send this coupon to: Reply Paid No. 13, Bankers Trust Australia, PO Box H184 Australia Square, Sydney NSW 2000.

Mr/Mrs/Ms ____________

Address ____________

____________ P/code ______

Phone (BH) ________ (AH) ________

BT Financial Services Limited and member companies of the Bankers Trust Australia Group do not guarantee the repayment of capital or the future performance of the Trust.

A copy of the current BT Lifetime Trust Prospectus has been lodged and is dated 21 June 1993 and is available upon request from any BT office. Applications for investment may only be made on the form contained therein. BT Financial Services Limited is the Manager of the Trust. Performance returns are quoted in accordance with IFA Performance Standards.

'Nº.5 IN A SERIES 'INSIGHTS FOR INVESTORS', BROUGHT TO YOU BY BT FINANCIAL SERVICES.

这是一则极可能令你暴跳如雷的广告，希望你还没到 21 岁

你即将读到的东西可能令你惊叹不已，或暴跳如雷，或又惊又怒，也会使你领略到一个神奇的矛盾见解：一个决定不再存钱的人最终存下来的钱，可能比一个辛辛苦苦存钱到 65 岁的人所存的钱更多。不会吧？让我们换个说法。这种观点，实际上是一种储蓄原则，正如工作法则那样，其背后的真理是：明智的储蓄，胜过辛苦的储蓄——事半功倍。要做到这一点，严格地按照科学的方法进行储蓄才是关键。谈到投资和储蓄，如何存钱比存多少钱或许更重要。

你现在或许很后悔或遗憾，为什么没人在你还年轻、还有机会真正地学会这个方法并从中受益的时候教你怎么做。当然，你还可以自我安慰：现在学会它，然后成为那个教导别人的人，好像也挺不错，至少你能够告知一个仍来得及从中受益的年轻人该如何去做。这个神奇的方法到底是什么？它就是“复利的魔法”。但事实上，这根本不是什么魔法。话说回来，魔法听起来比数学公式酷多了，所以我们不妨将其看作魔法。

假设你又回到了 21 岁，有人告诉了你这个神奇的投资方法，于是你决定每年存 2 000 美元，一直存到 30 岁。然后你决定不再存钱，并将已经存下来的钱留在户头上不动，直到你 65 岁。让我们假设，你平均每年可以获得 8% 的利润（扣除了手续费和税费），并将这 8% 的收益继续投入账户。为了方便计算，让我们再度假设，通胀率为 0，这就意味着你净赚的利润率为 8%。

现在，让我们设想另一种情况：你又回到了 21 岁，但是决定不存钱，直到 31 岁再开始。从 31 岁开始，你每年存入账户 2 000 美元，并坚持这么做，一直存到 65 岁。同样，你将每年平均获得 8% 的利润。你或许会觉得，虽然你前面几年没有存钱，但是你把存钱的年限从 10 年变成了 35 年，总可以弥补这个损失吧。

你觉得哪种方法更好呢？

通过第一种方法，即为期 10 年的储蓄计划，你的总存储额是 20 000 美元，总收益额是 428 378 美元。第二种方法，即为期 35 年的储蓄计划，你的总存储额是 70 000 美元，可能获得的总收益是 344 634 美元——怎么反而更少了？下面是基本的计算过程，供你参考（加粗的文字是你存储 2 000 美元的年份和金额）。

21 岁	**2 000 美元**	
22 岁	**4 160 美元**	
23 岁	**6 493 美元**	
24 岁	**9 012 美元**	
25 岁	**11 733 美元**	
26 岁	**14 672 美元**	
27 岁	**17 846 美元**	
28 岁	**21 273 美元**	
29 岁	**24 975 美元**	
30 岁	**28 973 美元**	
31 岁	31 291 美元	**2 000 美元**
32 岁	33 794 美元	**4 160 美元**
33 岁	36 498 美元	**6 493 美元**
34 岁	39 418 美元	**9 012 美元**
35 岁	42 571 美元	**11 733 美元**
36 岁	45 977 美元	**14 672 美元**
37 岁	49 655 美元	**17 846 美元**
38 岁	53 627 美元	**21 273 美元**
39 岁	57 917 美元	**24 975 美元**
40 岁	62 551 美元	**28 973 美元**
41 岁	67 555 美元	**33 291 美元**
42 岁	72 959 美元	**37 954 美元**
43 岁	78 796 美元	**42 991 美元**
44 岁	85 100 美元	**48 430 美元**
45 岁	91 908 美元	**54 304 美元**
46 岁	99 260 美元	**60 649 美元**
47 岁	107 201 美元	**67 500 美元**
48 岁	115 777 美元	**74 900 美元**
49 岁	125 039 美元	**82 893 美元**
50 岁	135 042 美元	**91 524 美元**
51 岁	145 846 美元	**100 846 美元**
52 岁	157 514 美元	**110 914 美元**
53 岁	170 115 美元	**121 787 美元**
54 岁	183 724 美元	**133 530 美元**
55 岁	198 422 美元	**146 212 美元**
56 岁	214 295 美元	**159 909 美元**
57 岁	231 439 美元	**174 702 美元**
58 岁	249 954 美元	**190 678 美元**
59 岁	269 951 美元	**207 932 美元**
60 岁	291 547 美元	**226 566 美元**
61 岁	314 870 美元	**246 692 美元**
62 岁	340 060 美元	**268 427 美元**
63 岁	367 265 美元	**291 901 美元**
64 岁	396 646 美元	**317 253 美元**
65 岁	428 378 美元	**344 634 美元**

上面的数据展示了在一个严格有序的存储计划中，复利所产生的戏剧性效果，即使你在 10 年后决定停止存钱入户。现在设想一下：在一个从定期存储的计划转变而来的定期投资的计划中，复利又将发挥什么样的魔法？

定期投资带来的分红

这个绝佳的投资计划，能教会你合理、组合均衡的投资技巧。想象一下，你在年仅 21 岁时就获得这样绝佳的投资机会，如此睿智的投资教诲，令你初尝复利魔力的甜头。

信孚终身信托是一个独家管理的单位信托，为客户提供明智的储蓄计划。每月投资 1 000 美元或 100 美元，就可以成为本公司的客户。尽管本公司不保证、不承诺你可获得上述的最低 8% 的利润（这年头又有什么可保证的呢？），但截至 1993 年 9 月 1 日，本公司已通过“未来目标基金”赚取了 37.1% 的经营费用。

如果你已身为父母或祖父母，想要替家中的晚辈开始投资，或者你是相信多晚开始存钱都不会太迟的有识之士，那么你可能希望了解一下信孚终身信托。信孚将会荣幸地为你送上更详细的资料。

信孚银行澳大利亚分行

如欲了解更多信息，请咨询金融投资顾问。也可拨打免费电话 008 022 555，或将以下附单填好后寄至悉尼 NSW 2000，澳大利亚广场，信孚银行澳大利亚分行 13 号询问处，邮政信箱 H184。

__________先生 / 女士

地址 ___________

邮政编码 ___________

电话（座机 / 移动）__________

信孚金融服务公司，以及信孚银行澳大利亚分行，并不保证资金的偿付及信托基金未来的表现。

现行的信孚终身信托计划书的副本已经提交，日期为 1993 年 12 月 21 日，可向任何信孚银行办事处索取。必须填表，方可提交投资申请。信孚金融服务公司是该信托基金的管理人。

信孚金融服务公司为你带来一系列的投资洞见

如果你写得不愉快，别人读得也不会愉快。

托尼·布里纳尔
TONY BRIGNULL

我踏足广告文案领域已有 35 年之久，有时候还感觉不止这么久。尽管我写过一些著名电视广告——沁扎诺酒（Cinzano，与罗西特和柯林斯共同创作）、麦丝卷（Shredded Wheat，我打赌你一次吃不了 3 个）、其乐鞋业（Clarks Shoes，足部描绘主题）及大众汽车（赌场篇），但人们总说我是个纸媒文案工作者，而我也渐渐相信了他们。我很荣幸能在恒美广告公司和科利特·迪肯森·皮尔斯广告公司（Collett Dickenson & Pearce，缩写为 CDP）的巅峰期为它们工作。我在这两家公司工作期间获得了 18 次 D&AD 奖石墨铅笔奖、3 次 D&AD 奖黄铅笔奖（我希望再得几次）。这些成就都应归功于与我共事的优秀艺术指导。当然，最值得感谢的是我的好友尼尔·戈弗雷（Neil Godfrey），本文 6 则广告中有 4 则的视觉效果由他负责。自由食品（Freedom Food）的广告由斯图·贝克（Stu Baker）担任艺术指导；芝华士的广告由马丁·沃尔什（Martin Walsh）担任艺术指导。

● 下面的文案是谁写的？

一个80岁的老人给我来信。
他说："我无法满足我的妻子，你有什么建议吗？"
我给他回信："找个房客。"
三个月后，他又给我写了封信："你的建议真有效，我妻子怀孕了。"
"那个房客怎么样？"我回信问。
"挺好的，"他说，"她也怀孕了。"

不仅笑话好笑，写作技巧也十分了得。没有一个多余的字，每一句都与下一句紧密相连，直到抖出最后的包袱。

这则文案如此优秀还有一个原因：你能猜出它的作者是乔治·伯恩斯（George Burns）。不需标题，也不需商标（更不需要在公司标志下方添加的简介），我敢说，上了点儿年纪的人，一眼就能够看出他的独特风格。

同样，我认为每家公司也应该有自己的风格，而我们给不同公司创作的文案，要能够帮助传达这种独一无二的风格。

显然，这意味着你必须非常了解客户，那么就花点儿时间去拜访他们（绕过那些充当保护伞角色的客户总监和规划师），问他们几个刁钻的问题：公司支持什么？发展的目标是什么？是否为了赢利而放弃操守？怎样对待员工？怎样对待顾客？最看重什么——利润、名誉，还是职业操守？

你将会逐渐得到一个画面，或一个日益清晰的声音，如果你在文案创作的过程中能够屏蔽外界的杂音，那你就能够将它传递给目标读者。

随文所选的广告，都曾得到人们的肯定，传递了企业的声音。

奥尔巴尼人寿保险（Albany Life）是一家新兴的保险公司（我估计没有几个人愿意看保险公司的广告），所以我想方设法展示其活力和新颖理念。

在广告中，我并未将潜在顾客的未来设想得一片光明、生活富裕，而是讨论了白领在生活开始走下坡路时需要面对的真实焦虑。

我问他们：若是生活每况愈下，被炒了鱿鱼，又在妻子面前雄风不再，会怎样？然后我针对可预见的未来，向他们提供储蓄计划方案。这样，奥尔巴尼人寿保险就得以与顾客谈论真实的生活，而不是梦想。否则，奥尔巴尼人寿保险并不悠久的历史可能会让顾客心生退意。

在另一则广告中，动笔之前，我先亲自拜访了邓恩公司（Dunn & Co），一家为50岁以上的男士裁制成衣的公司。我发现，那里的人即使在同一个办公室共事了20年，也会彼此以"先生"相称。在为该公司撰写的文案中，我将顾客称为"阁下"，并尽量使用他们年轻时的流行用语，比如"棒极了""老伙计""了不起"。

毫无疑问，在每一则文案中，我总会尝试展示所有客户最好的一面，对其产品充满热忱。

为派克笔撰写文案时，我（用一支钢笔作为隐喻）盛赞写作的乐趣，还时不时地引用经典文学作品。我写道，圆珠笔写字令人泯然于众，让自己的笔尖流淌出"闪耀的墨水"，才能彰显自我的个性。

近期，我为英国皇家防止虐待动物协会的新行动写了文案。“自由食品”运动，旨在保障农场动物的基本自由。写作时，我尽量保持冷静，诉诸理性，避免过度义愤填膺。（一般来说，越是在愤怒之际，我便越能以杀手般冷静的眼光看待自己的写作。）

上文提到过拜访客户的重要性。若没有和部队的军官们长久相处，我永远都不可能写出下文那则陆军军官的征募广告。

我发现军官们出人意料地有教养，而且十分善解人意。他们深感自己的职业目标崇高（不仅仅是杀人），并希望平民也能了解这一点。

因此我在广告中突出了这份工作的维和性质，强调了捍卫个人自由的重要性，以及在不同意识形态的围剿之下民主本身的重要性。

最后，我想谈谈我早期创作的一则芝华士广告。广告的语调不是我创造的，起初我出于自负，想改掉它，不过比尔·伯恩巴克只花了 60 秒便说服了我放弃那么做。当然，事实证明他是对的。芝华士的语调独特而珍贵，延续了 25 年之久，直到另一个傻瓜改变了它。希望这些小技巧对你的文案创作有所帮助。倘若如此，你的进步也将是我给那些曾给予我巨大帮助的前辈的部分回馈。

芝华士：

经典语调，理应永流传。

“当”

当你倾倒芝华士威士忌时，让客人喊停并非明智之举。
通常在这种情况下，他们会往嘴里塞满花生，张不开口，或假装失声。
唯一的慰藉是，他们在品尝你的芝华士时，品味的正是我们酿造了 12 年之久的格兰威特混合威士忌。（它的酿造时间、口感顺滑度至少是常规威士忌的两倍。）
因此，没过多久，你会发现你的客人们自己也买了瓶芝华士。
这一回，轮到你假装失声，美酒满杯了！

它们已经死了，那么它们曾经活得如何还重要吗？

一头牛是躺在新鲜的干草上，还是只能卧于坚硬的水泥地，是否重要？

一只母鸡是否有宽敞的觅食空间，能否在安静的鸡舍里下蛋，是否重要？

母猪能否自由地拱食、探索自然，而不是被拴在一个逼仄的角落，是否重要？

我们都知道，对动物而言，这些自然的生存条件至关重要，但问题是：你是否觉得这很重要？

如果你觉得很重要，那么不妨在你家附近的超市里看看肉制品上是否有“自由食品”标签。

这是英国皇家防止虐待动物协会发起的一项大胆倡议，其目标是赋予农场里的动物们下面五项基本权益：

1. 免受担心和危难的自由。
2. 免受痛苦、伤害和疾病的自由。
3. 免受饥渴的自由。
4. 免受恶劣生存环境的自由。
5. 自然生活的自由。

自由食品，意味着母鸡不再被关在鸡舍里，母猪不再被拴住，牛不再被塞进过度拥挤的卡车；意味着农场主、承运人和屠宰场必须遵循严格的相关条件。

自由食品的监督员的定期检查和英国皇家防止虐待动物协会的突击现场检查，将确保各方严格遵守自由食品的标准。

首先，你会发现带有“自由食品”标签的猪肉、熏肉、火腿和鸡蛋率先在乐购（Tesco）和消费合作社（Co-op）上架。

但我们计划迅速将此项行动拓展到牛肉、羊羔肉、家禽，以及汉堡和意大利千层面等含肉产品，并将在更多的商场加以实施。

带有标签的产品价格或许略高，但所获盈利将被用于资助英国皇家防止虐待动物协会的农场动物福祉研究项目。

如果你发自内心地愿意支付更高的价格，那么终有一日，这些肉用动物将过上更快乐的生活。而如果你无法认同，那么它们的命运将持续悲惨下去。

很抱歉，我们将问题抛给了作为消费者的你！

自由食品 /RSPCA 监制

自由食品：

选择诉诸理性，避免义愤填膺。

Does it matter that cattle have fresh straw to lie on not bare concrete?

Does it matter that hens have room to forage and a quiet box to lay their eggs in?

Does it matter that sows should be able to root and explore instead of being tied to one spot?

We know it matters to the animals. The question is, does it matter to you?

If it does, look for the 'Freedom Food' mark in your supermarket.

A new venture initiated by the RSPCA, it aims to give farm animals five basic freedoms:

1. Freedom from fear and distress.
2. Freedom from pain, injury and disease.
3. Freedom from hunger and thirst.
4. Freedom from discomfort.
5. The freedom to behave naturally.

With Freedom Food there'll be no battery hens. No tethered pigs. No overloaded cattle trucks.

The farmers, hauliers and abattoir owners have to agree to very strict conditions.

Freedom Food assessors visit them regularly and the RSPCA does unannounced spot checks to keep them up to the mark.

To begin with, you can find our stickers on a range of pork, bacon, ham and eggs in Tesco and the Co-op.

Soon we're extending the scheme to beef, lamb, poultry and meat products such as hamburgers and lasagne, in more shops.

Some may cost a little more, it's true.

But any profits Freedom Food makes will help fund RSPCA farm animal welfare research.

And if you can find it in your heart to pay the extra, one day all animals raised for food will lead happier lives.

If you can't, they won't.

Sorry to leave the problem on your plate.

FREEDOM FOOD
RSPCA MONITORED

They're dead. So does it matter how they lived?

回答下面十个问题，算一算你的死期

男性以 77 为基数，女性以 81 为基数（假定你现在已满 20 周岁），根据提供的答案进行相应的加减。

1. 你现在的年龄是？
A. 50 岁及以下，不加减
B. 51~55 岁，加 1 年
C. 56~60 岁，加 2 年
D. 61~65 岁，加 3 年
E. 66~70 岁，加 4 年

2. 你是否吸烟？
A. 每天 40 支以上，减 9 年
B. 每天 20 支以上，减 6 年
C. 每天 20 支及以下，不加减

3. 你是否饮酒？
A. 酗酒（每天 5 瓶以上），减 10 年
B. 适量饮酒，不加减
C. 完全不饮酒，减 2 年

4. 你是否有性生活？
A. 如果你每周过一次性生活，加 1 年

5. 你是否有家族病史？
A. 如果家人中有人在 50 岁以前死于心脏病，减 4 年
B. 有家人在 51~65 岁死于心脏病，减 2 年
C. 直系亲属患有糖尿病或精神病，减 3 年

6. 你是否超重？
A. 如果你超重，减 6 年

7. 你的工作是？
A. 专业工作者、技术性工作者或管理者，加 1 年
B. 半技术性工作者，减 1 年
C. 体力劳动者，减 4 年
D. 经常活动者，加 2 年
E. 成日伏案者，减 2 年

8. 你是否进行锻炼？
A. 适当地锻炼（有氧运动），一周至少 2 次，加 3 年

9. 你的生活方式是什么？
A. 单身、独居，减 1 年
B. 寡居或者分居不到 2 年，减 4 年

10. 你的健康状况如何？
A. 每年进行一次身体检查，加 2 年
B. 过去 5 年中患有任何一种严重疾病，或者患病需要住院治疗，减 10 年

以上是保险统计员在投保前会向你提出的问题。

如果你认真回答，你就会知道自己大概能活多久，没别的。

但这些问题并不会告诉你，你是否会因为车子撞上路灯柱，是否会一时想不开从窗户跳下去，或是否会被一根鱼刺卡住喉咙而死亡。

这些不过是调查成千上万人的生死后得出来的统计数字。

在这个周日的清晨，我们提出了死亡这个令人心寒的话题，是因为下面两个原因。

第一，是让你想一想，该替哪些人做准备了。对于这些人，你无法做到不为他们提供生活所需。

第二，更重要的是，让你想想你的后半生，你该怎样活下去呢？

根据数据调查结果，很可能你还将有第二份职业。但这第二份职业究竟是很有吸引力、富有挑战性，还是枯燥乏味、随波逐流，就不仅仅是你能力的问题了。

它还取决于你有多少钱创办一家公司，或者赚取填补日常开支的收入。

如果你担心 20 年后，由于令人难以忍受的高税收，你会变得一贫如洗，那么不必担心，我们能帮你。

如果在接下来的 10 年中，你每个月都能存下一点儿钱以备不时之需，那我们就能够帮助你投资。

在这方面，我们的独特之处在于，我们有不亚于华宝投资管理有限公司的顾问。华宝投资管理有限公司是华宝股份有限公司（S.G. Warburg & Co. Ltd）的子公司。

同时我们还获得了国内财政部门的支持。税收官员允许我们从你的个人所得税中抽取一部分，替你进行投资。

最终我们能帮助你免除个人所得税，或者至少大大减少这笔须上缴的费用。如果你已阅读到这一部分，那么你将不再有所畏惧，并且肯定想了解更多的情况。我们乐意为你提供更多信息，让你了解我们的储蓄计划详情。

将以下这张附单填好寄给我们，你将很快收到我们的小册子。

欲了解更多详情，请邮寄此单给彼得 · 凯利，奥尔巴尼人寿保险，波特斯巴 EN6 1BR。

姓名 __________

地址 __________

电话 __________

如果你已经有保险经纪人，请写下他 / 她的名字 __________

奥尔巴尼人寿保险

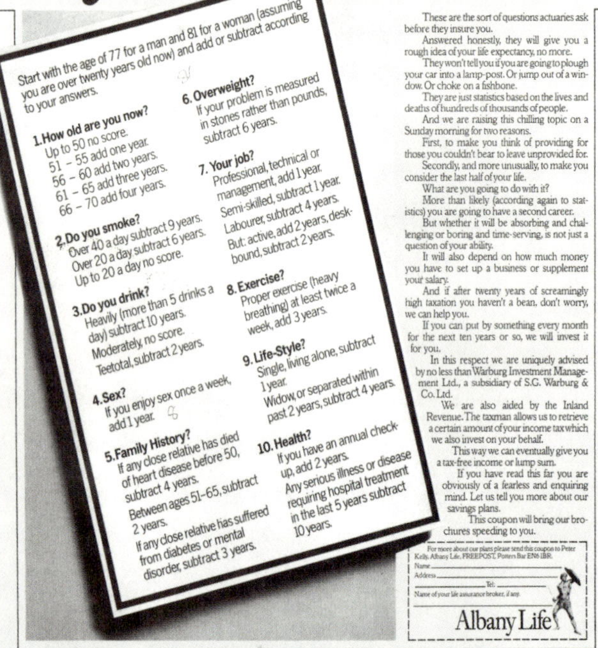

奥尔巴尼人寿保险：

一家深谙年轻人苦楚的年轻公司。

▶ *陆军军官：*

赋予你寻常工作无法给予的崇高使命感。

Russian armour entering Kabul.

Next?

Will Russian tanks roar across the plains of Germany?

Will crises erupt somewhere so remote we all have to scour maps to find out where it is?

Will one of our NATO allies call for moral support on its borders?

Will we be asked to join an international peace-keeping force to separate the sides in a civil war?

Frankly, your guess is as good as ours.

The world is so unstable it could go critical at any time without so much as a warning light.

This is why we have made the Army much more mobile.

And why we always try to recruit the type of young man who can add calmness and good humour to a tense situation.

Now we need another 900 young Officers whom these men will follow, if necessary, to the ends of the earth.

A job with no guarantee of success.

You may well argue that your joining the Army would not have saved one life in Afghanistan.

We would go further, it might not save anyone's life, including your own.

On the other hand, it might.

It might, if enough like-minded men join with you, help to prevent a nuclear war.

And it might, just might, hold the world together long enough for the powers of freedom and sweet reasonableness to prevail.

Some hopes?

Perhaps. But the alternative is no hope at all.

Hoping for the best, preparing for the worst.

Your part in this will be to prepare for a war everyone prays will never happen.

Depending on the job you choose, you will rehearse battle tactics in Germany.

Confront heat in Cyprus, Belize or Hong Kong.

And heat of a different sort in Northern Ireland.

You will practise, repair, train and try to forge links with your men that will withstand fire.

Occasionally, you may be asked to clamber into a VC10 on the way to, well, somewhere like monitoring a cease-fire in Rhodesia.

But more often, the worst enemy your men will face will be boredom, when it will take all your skills as a teacher and manager to motivate them.

Then it will be difficult to remember that you are still protecting your country and all you love most.

An easy question to dodge.

The question is, are you prepared to take the job on for three years or longer?

No one will accuse you if you don't.

Women won't send you white feathers and children won't ask what you did in the war.

All we ask is that every young man at least takes the question seriously and answers it to the satisfaction of his own conscience.

This way we are bound to get our 900 new Officers.

If you are undecided but want to take the matter a stage further without committing yourself in any way, write to Major John Floyd, Army Officer Entry, Department A7, Lansdowne House, Berkeley Square, London W1X 6AA.

Tell him your date of birth, your educational qualifications and why you want to join us.

He will send you booklets to give you a far larger picture of the life and, if you like, put you in touch with people who can tell you more about the career.

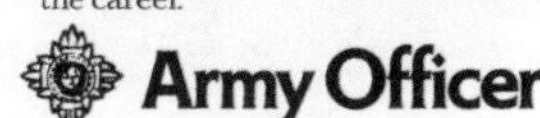

（苏联的坦克都开到了喀布尔，）接下来会发生什么？

苏联的坦克，是否会咆哮着穿过德国的平原？

危机是否会在那些边远的地方爆发？偏僻到我们需要查找地图才能知道在何处？

北约组织的一个联盟成员，是否会在自己的边界上要求我国提供人道支援？

我们是否会被要求加入一支国际维和部队，来平息他国内战？

坦白说，我们跟你一样茫然。

这个世界是如此不安定，任何时刻都可能变成紧急时刻，却根本不给你任何预兆。

所以，我们要让自己的部队具备更强的反应能力。

这也是我们一直试图招募这类年轻人的原因：他们能够在紧张的情形下，给部队带来镇定的力量和积极的幽默感。

现在我们另需 900 名年轻的军官来带领这些年轻人。如有必要，一直带领他们战斗到地球的最后一刻。

这是一份不保证成功的工作

你有充足的理由认为，就算参军了，也不一定能够解救阿富汗的一条生命。我们甚至可以进一步说：这可能救不了任何人的生命，包括你自己的。

但从另一方面来说，也可能会。

只要有足够多的和你一样志同道合的人共同加入这支部队，帮助阻止一场核战争，我们就可能拯救生命。

我们或许还有机会（哪怕只是渺茫的机会）使全世界站在一起，并赢得足够的时间，直至自由的力量和人类美好的理智可以主宰世上的一切。

只是一些希望而已？

可能吧！要不然我们就连希望也没有了。

盼望最好的未来，为最坏的世界做打算

你的任务将是为了每个人都祈祷不要发生的战争做好准备。

根据选择的不同职务，你可能会在德国演习作战策略，可能会忍耐塞浦路斯、伯利兹的热浪，或者可能在北爱尔兰面对另一种形式的热浪。

你可能会和你的士兵一起操练、整修、训练，一同锻造那种经得起烈火洗礼的合作关系。有时候，你可能需要服从命令，爬上一辆路过的 VC10 到某处去执行任务，比如，去罗得西亚监督停火协议。

但是在更多的时候，你和你的士兵们面对的最大的敌人会是日复一日的单调，而这时就需要你运用老师或者管理者所拥有的各种技巧来激励他们。

那时，你可能很难感觉到，你仍然是在保护你的国家和你所深爱的一切。

一个容易逃避的问题

这个问题就是：你是否做好了在部队里待上 3 年甚至更长时间的准备？

如果你退缩了，不会有人谴责你。女人们不会谴责你的懦弱，小孩们也不会问你到底为阻止战争做了些什么。

我们真正希望的是，每个年轻人至少应该认真考虑一下这个问题，然后给出一个使自己的良知感到满意的回答。

这样的话，我们就一定能招到部队所需的 900 名新军官。

如果你还是犹豫不决，想在对此事做出任何形式的承诺前做进一步了解，请写信给陆军军官招募处的约翰·弗洛伊德少校（地址：伦敦 W1X 6AA，伯克利广场，兰斯当大厦 A7 栋，陆军军官招募处）。

提供你的出生信息、受教育程度和想要加入我们的原因。

有人将会寄给你一本小册子，更全面地呈现军旅生活。如果你愿意，他还可以帮你与一些人进行联系，告诉你关于军旅生活的更多信息。

陆军军官

Rediscover the lost art

派克笔：

用钢笔写作的无尽乐趣。

重新发掘嘲讽的艺术

你预约的管道工从未如约现身？

你的理发师想重操旧业当屠夫？

你的干洗工将衣服上的污点以及衣物一并清除了？

今天，派克笔给你提供一个报仇的机会。

我们不仅为你提供一种拥有 2 000 年中国古老技术之菁华的精美钢笔——Laque 系列，还试图挽回那些在电话诞生后逝去的东西：精准打击的、风趣的、充满羞辱的嘲讽。

例如，想象你自己正坐在寂静的房间里，里面摆着一张崭新的信纸，你那支派克 Laque 系列的钢笔，就像一支平稳前进的标枪。

下面这句话，送给那些总在你家门口倾倒垃圾的清洁工怎么样？

“但愿玛丽 · 马隆与她的九个无知盲童下咒，把你赶到遥远的惩戒山去，让上帝举着望远镜也寻你不着。”

一句古老的爱尔兰式咒语，就已使你感觉舒服多了。

下面再给那些不停给你发送垃圾邮件的读书俱乐部也送上一句嘲讽吧。

伴随着笔尖倾泻的字符，Laque 系列钢笔毫不费力地就把你的愤怒化成致命一击。

“你们这些象牙塔里的寄生虫。”

这句话源自丁尼生的一句不错的押头韵的话，可他们是不懂这些的。

接下来，给弄丢你行李的航空公司写一张卡片如何？

“你愚弄了‘准确’二字。”

不妨嘲讽一下那个厨艺糟糕透顶的主厨。

“两只松鸡，一只没绑好，一只没烤熟；一只老野兔刚被宰就被胡乱地加入填料；几许芹菜，一些残片；总之，一顿糟糕透顶的饭菜。”

你可以理直气壮地说，你不需要花 34 英镑去买这支有金笔尖的钢笔，才能写些体面的风凉话，即使那笔尖对称得两边都可以用。

我们的意见是，正如一辆性能优良的靓车诱使你去驾驶一般，一支精美绝伦的钢笔将诱使你动笔写下文字。

对那些老是不停询问你对他的作品有何意见的讨厌鬼，不妨试试下面这句话。

“你的手稿不错又有新意，遗憾的是，高明之处并非原创，原创之处并不高明。”

当然，你肯定能轻而易举超过这些文丐。

快，让自己拥有一支派克 Laque 钢笔，让它随意挥洒。

总有某人或某处，值得你费心嘲讽一番。

派克

嘲讽值拉满的 26 个词

Amateur：外行

Bodger：拙劣的

Cretin：傻瓜

Dunderhead：榆木脑袋

Egomaniac：极端自我主义者

Feckless：软弱的、不负责任的

Goatbrained：笨头笨脑的

Has-been：过气的人

Idiot：蠢货

Jumped-up：无耻自大的

Know-nothing：无知的

Lemming：跟帮起哄者

Meat-head：笨蛋

Oik：乡巴佬

Pusillanimous：懦弱的

Quack：说蠢话

Rip-off：骗人的东西

Sycophant：马屁精

Toady：谄媚者

Unprofessional：不专业的

Verminous：卑鄙的

Wally：白痴

Xantippe：泼妇

Yes-man：应声虫

Zombie：麻木不仁者

成功不总是体现在脑袋上

当你开始初创事业时，你可能更适合邓恩公司旗下裤腰前部设计平整的套装。

而到了需要整日埋头苦干的奋斗期，你的腰身处可能需要增加两个缝褶了。

当你不得不忙于应付各种商业午餐时，那就要多打两个褶了。

一位绅士的腰围，本应是他个人的事情，无涉他人。

正因如此，我们是经过长久而慎重的考虑，才印制了上面几张照片的。

他们看起来是否有丝毫的不体面？我们问自己。这么做，是否存在导致顾客被置于如下嘲讽的一丝丝嫌疑？

“你需要的不是在裤腰上打两个褶，你需要的是葡萄柚饮食计划（节食瘦身）。”

请考虑一下我们的尴尬处境。

仍然有一些人坚定地认为，找不到适合自己身材的成衣。

即使我们已经无数次申明：邓恩公司提供了适合不同身材的男士成衣，无论是瘦削、高壮、矮壮、超重还是矮胖的顾客，都能找到满意的选择。

更不用说，我们多次提到，我们为长臂、短臂、长腿、短腿的顾客提供量身定制的套装。

为此我们才下定决心，不惜泄露缝制裤腰的秘密，只为了告诉全世界，邓恩公司如何将岁月的刻痕和商业午餐的摧残用线缝平。

希望这则泄密广告能够说服你走进邓恩男士成衣连锁店，试一下店中的每一套西服。有一点请你放心，即使你没挑中店里任何一款成衣，我们也不会向你索要一分钱。

邓恩公司

Success doesn't always go to your head.

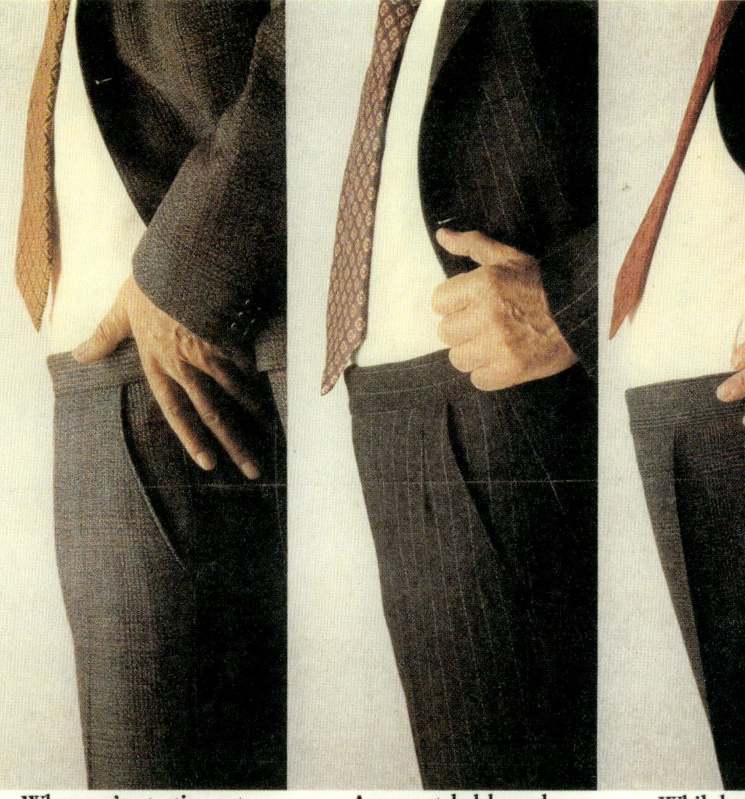

When you're starting out you can probably wear our suits with flat-fronted trousers.

As you get desk bound you might need a couple of darts at the waist.

While business lunches usually mean you need two pleats.

A gentleman's waistline is nobody's business but his own.

For this reason we thought long and seriously about publishing the above photographs.

Are they indiscreet? we asked ourselves. Are we in the slightest way opening our customers to such smirking remarks as:

"You don't need a couple of darts at the waist, old man, you need a grapefruit diet."

But consider our predicament.

There are still some men who just won't believe a ready-to-wear suit will ever fit them.

Even though we have related countless times that we have different fittings for slim, portly, short portly, stout and short stout men.

Not to mention how many times we've mentioned that we also cater for men with long arms or short arms, and men with long legs or short legs.

So we decided to release our waistband secrets and tell the world how we can soften the ravages of time and the business lunch.

Hoping that you will be persuaded to walk into Dunns and try on every suit in the shop.

Safe in the knowledge that even if you hate them all, it won't have cost you a penny.

Dunn & Co

邓恩公司：
用中年男士群体的语言，
说到他们的心坎上。

马蒂·库克
MARTY COOKE

出生地：

田纳西州哥伦比亚。

目前职位：

纽约夏戴广告公司创意总监。

最难缠的上司：

埃德·麦凯布、杰伊·恰特（并列第一）。

最具影响力的伙伴：

赫尔穆特·克朗（Helmut Krone）。

最遭人讨厌的广告作品：

《锐步，做自己》。

最不相信的事：

广告奖颁奖典礼。

最自豪的事：

有人砸碎玻璃，想偷我的海报。

献给"万宝路牛仔"幕后创作者的颂歌

我不知道他的名字，有人说他已经死了。

刚入行的时候，我还嘲笑过他。在芝加哥，我们这些年轻上进的广告文案，都笑他干的是行当里最轻松的工作。我们常得挑灯夜战，只为想出更妙的标题，所以我们不懂得欣赏他的天才。在我们绞尽脑汁地想把正文的每个句子都变成一语双关的表达时，他总是能精妙地正中要害。

原始版"万宝路牛仔"广告的作者明白，一张图片胜过千言万语，好的广告意象根本无需言语的修饰。标题、标语或许换了又换，那个面容粗犷的万宝路牛仔却只是换了顶帽子。

我对视觉效果的推崇可能与生俱来。我打小就喜欢涂涂画画，像是美国南北战争的战争场面、水星太空舱的剖面图之类，都画过不少。但我的好友罗德尼·亨米始终比我画得好，他后来成了建筑师。

我则成了广告文案。倒不是因为我热爱阅读，并且在大学里念了新闻学专业，而是因为我身边总会有一个画画比我好的"罗德尼"，于是他们理所当然地成为我的广告文案的艺术指导。

不过，千万别以为我会因没有成为艺术指导而失意，我只不过是一个敢于面对惨淡现实的人。时代变了，图片加标题的广告文案一统天下的时代一去不复返。我们服务的不再是深度阅读的一代，而是"拇指一族""网页一族"，以及在平面媒体上只看不买的人。一张有吸引力的图片，能够让"拇指一族"停止滑动页面，而配图的文字则能够进一步引诱其驻"指"。在此我得重申一遍，我不是个落魄的艺术指导，不是的，我是个被人误解的广告文案。我曾经无数次地受到竞争对手的奚落——"恭喜你！那则广告还真是好看"，字里行间满是蔑视。他们真正想说的是："这则广告显然跟你半点儿关系都没有。"我曾因为这样的误解而与一份工作失之交臂。有人原本想雇我，但他觉得我给锐步做的广告纯粹是艺术指导的功劳，于是决定不雇了。回过头想，即便他雇用了我，我们也不一定能够相处愉快，毕竟彼此的理念严重相左。

其他擅长以视觉形式呈现文案的广告人也往往遭受类似的误解。我的一个好朋友杰夫·戈尔曼（Jeff Gorman）几乎拿到了美国广告业颁给文案撰稿人的所有奖项，而且屡次拿奖。最后，在洛杉矶夏戴广告公司工作的他，创作了著名的"耐克运动员"创意广告。真是异类中的异类，广告中全是精彩的运动员照片，一个字也没有，只有一个小小的耐克商标藏在角落里。那个广告获得了所有殊荣，然后杰夫从广告文案这行退休了。"殊荣在前，我还能如何赶超啊？"他抱怨道。于是，他转型成了一个成功的电视商业广告导演。

这么一想，万宝路牛仔的创作者在那个年代一定遭受过诸多恶意中伤。然而，"广告文案应该是什么样的"，到底由谁说了算呢？随文的尼康广告中，照片就是文案的主体。我们的理由是，大部分摄影师更擅长通过图像而非文字来讲述故事，我们选择尊重摄影师们的表达方式。

我还喜欢探索利用键盘上的其他非文字符号表达信息的可能性。双引号在随文的尼康广告中就产生了不错的广告效果。我记得埃德·麦凯布为柏杜鸡（Perdue chickens）做过的一则广告，用了最上一排键钮中的大部分（！ *@% ?），效果出乎意料地棒。

我还探索过不同单词拼写的广告效果，比如“锐步，做自己”（Reeboks let U.B.U.），还把符号用作字体，比如水果国度（Fruitopia）的标语。有一次我还用倒置的“this”来说明贝尔豪威尔（Bell & Howell）放映机绝不会出现画面上下颠倒的问题。

简而言之，我总是在不遗余力地尝试文字的不同视觉效果。

随文所选的这些广告，一方面是想要向万宝路广告的创作者致敬，另一方面是为了确保这本讲述文案撰稿人的书里，至少能有几张图片。此外，鉴于我个人依然对“你太像一个艺术指导”这一说法耿耿于怀，于是我加了一则配有大量文字的日产汽车广告。

锐步，做自己

根据你所拥有的、所处的环境，
做你能做的事。
——西奥多·罗斯福

活用文字拼写，凸显广告效果的范例。

锐步，做自己

我们丧失了自己的四分之三，只是为了和别人一样。
——亚瑟·叔本华

▶ **锐步，做自己**

一个人走，两天就能动身；和别人一起旅行，就得等别人准备好才行。
——亨利·戴维·梭罗

"THE MAN WHO GOES ALONE CAN START 2-DAY; BUT HE WHO TRAVELS
WITH ANOTHER MUST WAIT TILL THAT OTHER IS READY." -HENRY DAVID THOREAU

REEBOKS
LET U.B.U.

IF WE CAN'T FIND A WAY TO LIVE WITHOUT THE CAR, WE'D BETTER FIND A CAR WE CAN LIVE WITH.

A CAR COMPANY WITH A CONSCIENCE?

After years of trumpeting its virtues, it's time a car company faced up to the car's darker side.

Cars have been involved in 4,221 fatalities this year alone. (Of course, drunk drivers must take much of the blame.) Cars, along with many other products, threaten the future of the planet. And despite the fact that they cost more each year, cars still break down.

But admitting the problems isn't solving the problems.

Let's take safety first. Last year alone, Nissan invested over $2 billion in research and development. From airbags to air conditioning. (An uncomfortable driver is an unsafe driver.)

In addition, no other import offers Anti-Lock Brakes (ABS) on a broader range of cars. Not just on our high-end sedans, but our compact economy cars as well.

We believe that you shouldn't have to be rich to be safe.

We also believe automobile manufacturers must be environmentally responsible.

Every Nissan dealer in Canada now recycles 100% of the freon (CFC-12) in our air conditioners.

Nissan is introducing the world's first mass-production electric car.

And this year's Nissans burn less fuel than ever before. But herein lies the typical Nissan paradox: while this year's Sentra uses 4.2% less fuel than the 1990 Sentra, it delivers 22% more horsepower.

Responsibility can be fun. Lots of fun.

But problems are no fun. So we're introducing the Nissan Satisfaction Commitment.™ It's the most comprehensive full-line customer care program in Canada.

Six-year warranties against major component failure, rust perforation and harmful emissions.

Three-year complete vehicle warranty and emergency roadside assistance. And a 24-hour toll-free Helpline.

We believe it's about time companies took responsibility for the products they sell. This may be why the Nissan Sentra is the only car ever to win the CAA* Pyramid two years in a row for reliability and customer satisfaction.

In terms of sales, Nissan is number four in the world. But in terms of automotive awards collected this decade, Nissan is number one.

Maybe the old moralists were right after all: having a conscience does have its rewards.

BUILT FOR THE HUMAN RACE

这是一则文字满满的广告。

如果没有车就活不下去，那就去找一辆能做伴的车

一家有良知的汽车公司？

多年鼓吹汽车的优点之后，汽车公司应该要直面其缺点了。

就今年而言，汽车就与 4 221 起死亡事故脱不开干系（当然，大多是因为司机酒后驾驶）。汽车，连同其他许多产品，威胁着这颗星球的未来。尽管事实上，汽车造价逐年增加，但毛病仍旧不断出现。

然而，承认问题的存在，并不等于解决了问题。

让我们先来谈谈安全问题。光是去年，日产公司就投资逾 20 亿美元用于从安全气囊到空调的研发（毕竟，司机觉得不舒服就很难安全驾驶）。

此外，没有哪一家进口公司能给众多类型的汽车都配上防抱死制动系统（ABS）。但日产不仅在高档轿车上配备了这种装置，在经济型小车上也配备了。我们的观点是：驾驶安全不应该只是富人的特权。

我们还认为，汽车制造商应担起环保责任。

如今加拿大的每一家日产经销商，都能将空调中的氟利昂百分之百回收再利用。

日产正在推广世界上首批大规模生产的电动汽车。

今年，日产汽车比以前耗油更少，但出现了一个典型的日产悖论：今年的日产森特拉型轿车耗油比 1990 年款森特拉少 4.2%，但马力多输出了 22%。

所以你看，企业责任可以很有趣，非常有趣。

但若出了问题就不好玩儿了，所以我们推出了“日产满意承诺书”。它是加拿大最完备细致的保障顾客权益书。

凡所购车辆出现主构件损坏、齿轮生锈、排放有害气体等问题，购买者享有 6 年保修。

所有购买者均享有 3 年内整车保修及路面援助、24 小时免费电话求助热线等服务。

我们认为，汽车制造厂家应该为出售的产品承担责任。这或许就是为什么日产森特拉系列是唯一因其责任感及顾客满意度而连续两届获得加拿大汽车协会 Pyramid 奖项的轿车吧。

从销售量来看，日产排名世界第四，但从近十年所获机动车奖项来说，日产排名世界第一。

或许那句古老的谚语是有道理的：有良知必有回报。

日产汽车

为人类而生

▶ *图片给人一种不言自明的效果。*

皮特·特纳总是用尼康镜头拍摄的原因。

尼康

我们给世界带来最好的照片

埃里克·米奥拉用尼康镜头拍摄的照片。

尼康

我们给世界带来最好的照片

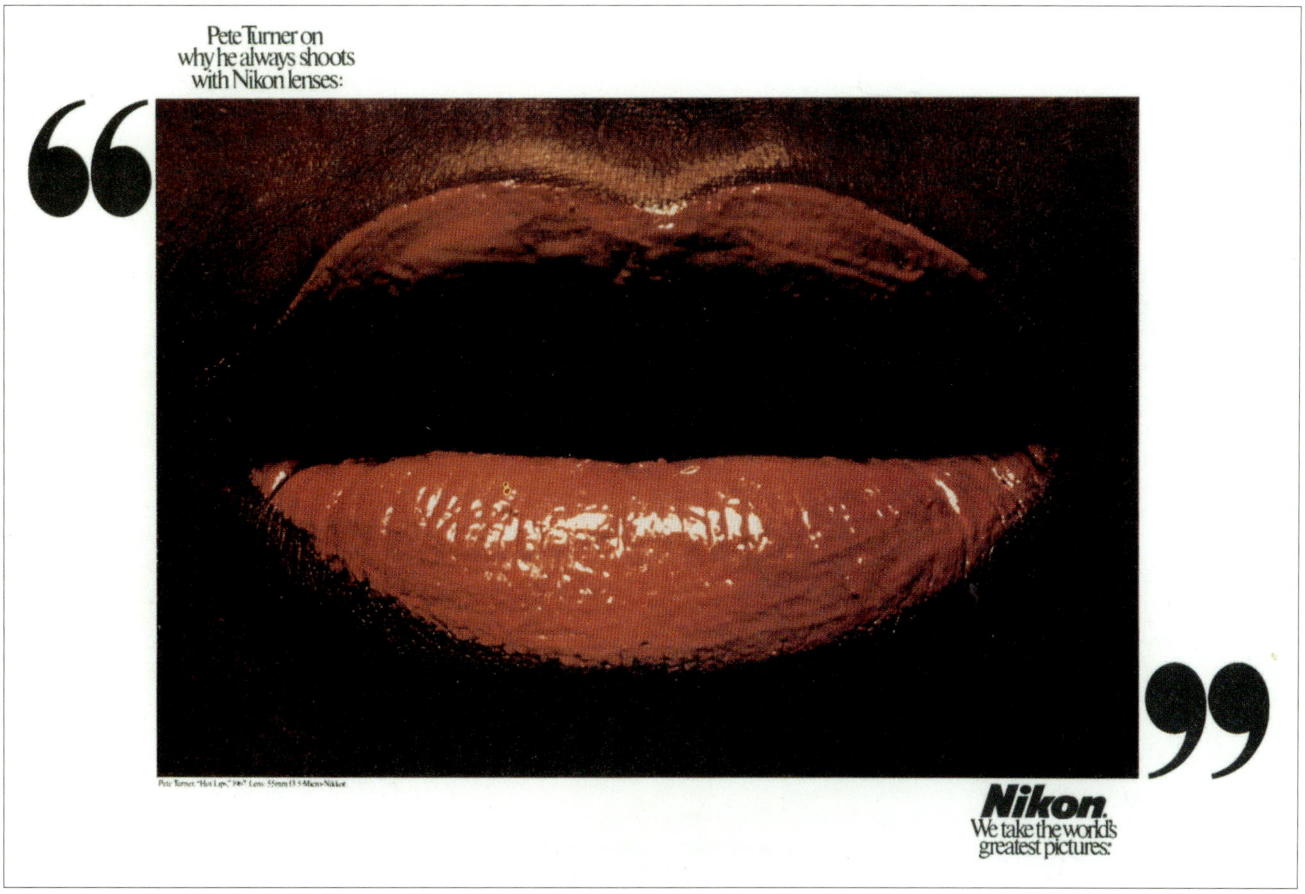

Pete Turner on
why he always shoots
with Nikon lenses:

“ ”

Nikon.
We take the world's
greatest pictures.

Eric Meola on
Nikon lenses:

“ ”

Nikon.
We take the world's
greatest pictures.

托尼·考克斯
TONY COX

托尼·考克斯毕业于爱丁堡大学，取得了硕士学位。他在 CDP、戴维森·皮尔斯广告公司（Davidson Pearce，缩写为 DP）及霍尔斯广告公司（Hall's）短暂工作了一段时间后，于 1986 年成为恒美广告的创意总监，并继续在恒美下属的博厄斯·马西米·波利特广告公司（Boase Massimi Pollitt，缩写为 BMP）担任创意总监。托尼曾获多次 D&AD 奖广播、海报和电视类石墨铅笔奖，还获得过 *Campaign* 杂志广告奖金奖、创意圈荣誉奖和创意圈主席奖。

● “天啊!”公爵夫人说，“我怀孕了！谁干的?”

好故事往往有一个抓人的开头，开门见山，直击要害，而不是在漫长的铺垫之后方才进入正题。正如美剧《犯罪的都市》(*The Front Page*)里的那位主编在面对自负的二流作家时用更现实的口吻毫不客气地问道:“谁还会读到第二段!”论及广告这种使出浑身解数，只为吸引读者注意力的行当，广告文案要做的就是第一时间让读者明白它在说什么，否则它可能无人问津。

幸运的是，广告文案并不是单打独斗，他身边还有一名艺术指导负责配图。有人说，一张好图胜过千言万语，但这句话只有10个字，我还是要想办法补上剩下的990个字。想象一下，我要根据下面这些广告创作的原则发挥出多少内容，例如“我爱你”“功能决定形式”“少即是多”等。

然而，这样的句子再简洁，也无法成为一则伟大的平面广告，因为其自身的表述已经十分完整。而一则好广告应该让读者自己来完成交流。

听上去合情合理，不是吗？广告由两个要素组成——文字和图片，它们合则传神，分则无力。就拿大众汽车广告为例，如果缺了文字，图片的意义就不完整，而如果缺了图片，文字的意义也残缺不全。读者必须将二者都破译出来，才能看懂广告，只有读者看懂了广告，文案的交流工作才算完成。

显然，这意味着广告文案必须以视觉的方式思考。他得“看到”图片试图传达的信息，要不然写下的文字内容就将导致文不对图的效果。

艺术指导也应如此，假设图片不能与文字匹配，那它同样会被曲解。这就是为什么连一则中等水平的广告制作起来都难上加难，更不用说大众汽车的广告了。

这将我们引向一个不容争辩的事实，即文案创作与所有其他形式的写作截然不同。广告本身并不是创作的终点，广告总是为了宣扬自身之外的事物：产品。此外，正如所有类型的故事创作都只有六大要素那样，汽车产品也通常只有六大卖点：速度、实惠、工艺、风格、环保、操控。

这些卖点已经被重复过无数次了。戴维·阿博特为大众汽车写过广告，托尼·布里纳尔也是，还有蒂姆·梅勒斯、道森·约曼（Dawson Yeoman)，以及其他好些薪水多得要靠装甲车才能运回家的知名文案大师。一路走来，他们为广告业留下了宝藏，给大众汽车建立了好名声。

要知道，大部分人在他们一生里的某个时候都被一则大众汽车广告逗笑过，最起码也赞赏过它的诙谐和格调，或是享受过被大众汽车广告真诚地当作聪明的老友来对待的感觉。大众汽车广告的文案大多谦逊自嘲，而非自吹自擂；语调轻松，而非玩世不恭。

随文展示的所有平面广告，都是我与马克·雷迪（Mark Reddy）合作创作的。《在大众汽车里能听到的唯一嘎吱声》这则广告旨在突出大众汽车的超强工艺。在此之前，我构思的几十个标题都被否定了，而马克一听到这个标题，立刻就画出了铅笔草图，后来便有了那张经典照片。

随后这则大众汽车广告《大众奉行：人先于车》，旨在称颂大众汽车的环保意识。当时大约有6个广告团队花了好几个星期的时间竞争这则广告，最终，我们的作品成功地脱颖而出。时至今日，我仍不确定图片是否选用得恰到好处。或许让汽车朝着镜头开来，让孩子面对我们坐在汽车前面的效果会更好？我也不知道。

不过，我倒是知道，大众汽车广告的“精神病医生篇”完全是意外收获。我十分凑巧地在《纽约客》上找到一幅漫画，画的是汽车修理工躺在精神病医生的沙发底下。就在当天，我接到甲方委托，要为大众汽车的服务写广告。我一次就写出了标题，将其发送给马克，他问安德烈亚斯·休曼（Andreas Heumann）能否拍一张照片，重现弗洛伊德的心理诊察室画面。正文的大部分内容选自一则古老的美国广告，我很满意这则广告呈现的整体感觉，简直像是在回报那些被扔进废纸篓的无用功。

从这些年的广告创作经历中，我学到了什么？例如：人会本能地排斥盛赞言辞；形容词更容易取信于人；哗众取宠难以博得尊重；夸夸其谈只会遭人抵触。还有，每则冗长的广告里都有一则更短、更优秀的广告试图脱颖而出。简而言之，说得越少，效果越好。

我们是不是把汽修工逼得太紧了？

对大多数人来说，钻到车子底下往往意味着事业的终结。
对一名大众汽车的汽修工来说，则恰恰意味着工作的开始。
从最不起眼的电插头开始，一直到复杂高级的电子系统。
他要把每个零件拆开，再一个个装回去。
一次又一次，如此循环往复。
直到他能向我们展示，那些螺栓、垫圈、螺母在什么部位运转，每个部件有什么作用，以及如何保养。
我们确实对他处处施压。
因为，如果他没有在鼓捣一辆大众汽车，大众汽车就要折腾他。
在大众汽车的维修培训学校里，汽修工每天要花 7 个小时学习汽车机械原理。
只有这样，学习期满时，他才能对大众汽车的构造了如指掌，从保险杠到车窗，无一不熟。
这一切，不过是大众汽车吸引人的理念的一部分：售后服务必须和车子的质量一样过硬。
正是这种执着与偏执，打造了无与伦比的大众汽车：全球最安全、最稳健的汽车。
大众

在大众汽车里能听到的唯一嘎吱声

谁会抗拒车子后座传来的孩子的嬉闹声呢？

谁会讨厌安静的车内轻声细语的交谈声，或从收音机传出的音乐？

我们不喜欢的，只是那些由粗制滥造、偷工减料造成的嘎吱声。

这就是为什么大众热衷于将自家的汽车打造得尽善尽美。

对大众汽车来说，绝对安静不是特色，最重要的是，大众用一种暗灰色的高强度金科玉材为使用者铸造一座坚实的安全堡垒。

在这座安全堡垒的内部、底部和四周，引擎、部件和汽车系统安静地运转。

数万次的实验，确保大众的车门只需轻轻一带就可关上，而非重重一摔。

我们不厌其烦地打磨车身、车轮、车轴装置。

一旦有部件在 300 个小时的严苛测试中发出一声“嘎吱”，等待它的命运就是淘汰。

为什么要测试这么长时间？

这就是你在购买私家车时应该了解的信息。

这不仅仅关乎车内杂音的问题。

大众高尔夫

大众奉行：人先于车

在大众，我们总是为小不点儿们绞尽脑汁。

大众是最早制造适用无铅汽油车辆的汽车制造商之一。

大众率先制造出使用标准化催化剂的 Polo（波罗）系列小型轿车。

大众最早批量生产出世界上最清洁的轿车 Umwelt Diesel，也是最早用水基涂料取代有毒涂料的制造商之一。

也就是说，我们并不希望你是因为别无选择而购买大众汽车。

我们也不希望，你购买大众汽车的理由，仅仅是我们获得了年度“环保制造商”的殊荣。

毕竟，我们是最早在车头和车尾的撞击缓冲区使用增强版安全车体结构的汽车制造商之一。

第一个将后排安全带列为安全标准的汽车制造商。

最早生产出自动驾驶汽车的汽车制造商之一。

在保护你的家人安全方面，相信我们，没有任何东西可以阻挡大众的努力。

大众

蒂姆·雷尼
TIM DELANEY

15 岁时，蒂姆 · 雷尼在收发室里开启了个人的广告生涯。1980 年，34 岁的他创办了李戈斯雷尼广告公司（Leagas Delaney）。他的客户包括哈罗德百货、《卫报》、保时捷、有声读物、阿迪达斯等，他为这些客户所做的广告，在英美两地获奖无数。1992 年，他担任 D&AD 主席。他做过英国前首相詹姆斯 · 卡拉汉的顾问，参与过皇家马斯登请愿、世界特殊奥林匹克运动会等慈善活动，并且常在国内外的研讨会上发言。

- 我怎样写文案：
  - 手写。
  - 准备好与产品和产品类别有关的所有可用资料。
  - 在周日下午或在深夜写。
  - 总是拖稿。

追忆西部拓荒的男人们和女人们

古老的美国西部，绝无懦夫和胆小鬼的容身之处。

那些在西部淘金的勇者，往往顽强、坚韧、不畏荒野，时常为食物与野兽搏斗，用最原始的工具建造小木屋，赤手空拳地与印第安人搏斗。

男人们曾强壮勇猛。

然而，正如历史书上说的那样，女人才是美国真正的拓荒者。

当男人们去猎杀野牛，采矿，与敌人或猎物厮杀、受伤时，在长达数月的时间里，女人们要在一片荒野中存活下来。

那么具体有哪些保护措施呢？

她们自行制作了全身上下几乎所有的武装，具有讽刺意义的是，除了脚上穿的鞋子。

这种特殊穿戴物已经超出了她们的能力范围，这也合乎情理。

在西部的荒野之中，合格的鞋子需要牢固、经久耐穿，但也不能厚重到不适合女性穿着。最重要的是，要防水防寒，将令人生畏的平原冬季的雨雪遮挡在外。

这是一个很高的要求，即便是现代的鞋履也难以满足。

这些勇敢无畏的先辈需要长途跋涉数日，才能到当地的集市上购买一双鞋子。与她们相比，现代的女性幸运得多，只需要前去购买一双添柏岚的鞋子就足矣。

添柏岚所有的鞋履都拥有帮助了勇敢的女性先驱们横跨整个美国的诸多品质。

当然，我们今天使用的材料，远比那时候精细。

只需将添柏岚目前运用在鞋履上的材料与她们当年有限的选择相比，结果一目了然。她们当时使用的牛皮怪味浓郁，甚至能把男人们都熏跑。

而添柏岚使用的牛皮则恰恰相反：从美国境内声称能制出牢固、耐用、柔软且有弹性的皮革的工厂中挑选出来的顶级牛皮。

可以想象，一个被男人丢弃在印第安人领地自生自灭的女人，不会过多地关注靴子的颜色是否磨损或脱落，或靴子的防水性是否如商贩宣称的那般持久。

（毕竟，在她们外出拓荒时，这些东西并不是最重要的关注点。）

然而，在新罕布什尔州汉普顿的荒野之中，这却是添柏岚的工匠持续考虑的问题。

这就是为什么皮革被运抵工厂之后，我们立即给它染色，并用硅油浸泡。

这样一来，就能使靴子不仅经穿多年不掉色，而且经受得住暴风雨的洗礼。

回首当年，我们或许很难理解，早期的拓荒者为什么不拦下一个印第安人，询问制鞋的确切方法。

当然，如今人们得承认，抄袭了印第安人设计的厚鹿皮靴的造型，的确无比舒适。

这也正是我们对所有鞋靴采用全裹造型、单皮制作的原因。

诚然，无论鞋子怎样温暖、舒适，如果水渗进来了，再多的辛苦也是徒劳。

让我们确保你的身心（还有双脚）的舒适和温暖。

与那些开拓了俄勒冈小道（美国西进运动中的重要通道）的女性先驱者不同，你不必担心突如其来的大水和10英尺深的积雪。

以本图中的靴子为例，它保证100%防水。

首先，每只靴子由一根高强度尼龙线缝制，打双结、小孔缝合，所有缝线均刷上两层而非一层乳胶。内贴一层Gore-Tex[①]。再加上手套革的内里和加了柔软填充物的靴领，这双靴子就绝对舒服了。

我们不满足于仅仅确保你的双脚不会遭遇当年许多拓荒女人的那种套上靴子后痛不欲生的感受。

添柏岚鞋履的鞋底夹层被缝到轻质量的聚氨酯做成的鞋底上，然后和上鞋面粘起来。

毫无疑问，即便是对那些西部拓荒、成日长途跋涉的女性先驱来说，仅仅一两双添柏岚的鞋，即可满足所有需求。

她们还可以从添柏岚全新“Weathergear”女性户外系列中选择一些衣服。

哪怕是我们的一个袋子或一条皮带也会派上大用场。

但这可能会使她们看起来太过美丽，男人们不舍得离家去拓荒，这样就可能导致狂野的大西部一直荒下去。

添柏岚（英国）有限公司，第五单元，圣安东尼路，费尔特姆，米德尔塞克斯 TW14 0NH。

添柏岚

① 戈尔特斯面料（Gore-Tex）是美国戈尔公司独家发明和生产的一种轻薄、坚韧、耐用的面料，它具有防水、透气和防风功能，突破一般防水面料不能透气的缺点，所以被誉为“世纪之布”。——译者注

FROM THE DAYS WHEN MEN WERE MEN. AND SO WERE THE WOMEN.

The old West was definitely no place for wimps and faint hearts.

Those foolhardy enough to go in search of Eldorado were hard-bitten, unfeeling brutes who often had to wrestle with wild animals for their food, build entire cabins with the most rudimentary of tools and had to dispatch Apaches with their bare hands on a daily basis.

The men were pretty tough too.

Yes, as the history books show, it was women who were America's true pioneers.

While the menfolk went buffalo hunting and killing, gold-mining and killing or sometimes just shooting and wounding, the girls were left to fend for themselves in the wilderness for months on end.

And exactly what kind of fending was involved?

Well, they made almost everything they stood up in except, ironically, their boots.

This particular item of clothing proved beyond even their resourcefulness. Which is totally understandable.

In these circumstances, footwear needed to be tough and long-lasting, though not so heavy that it could be thought unlady-like. Most important of all, their boots had to keep out the rain and snow of the appalling prairie winters.

A tall order. One that even today would be hard to fill.

And while those intrepid womenfolk had to trek for days to their local trading post to obtain such a pair of boots, their descendants are more fortunate. All they have to do is buy a pair of boots made by Timberland.

For enshrined in all our boots are the very same qualities that helped those brave women slog gamely across America.

Naturally, the materials we use today are a little less, shall we say, rustic than in those days.

You only have to compare the leathers we have at our disposal today with the rather limited choice they had.

Their rawhide was often just that, with an odour which was not at all helpful to relationships with menfolk.

Our hides, on the other hand, are hand-picked from tanneries across the country who pride themselves on making strong, durable leathers soft and supple.

Understandably, a woman abandoned in uncharted Indian territory would not have been overly concerned about the colour scuffing or flaking off her boots.

Or whether, indeed, the degree of water repellency was all it was cracked up to be.

(When women were out pioneering, such things were not exactly top of the agenda.)

Way up in the wilds of Hampton, New Hampshire, however, this is precisely the kind of thing our craftsmen worry about constantly.

Which is why immediately the leathers are brought to the workshops, we dye them right through, then impregnate them with silicone oils.

Not only does this preserve the colour of the boot after years of wear, it also acts as a seal against the elements.

Looking back, it is difficult to understand why the early settlers didn't stop a passing Red Indian and enquire as to the precise method employed in the making of their footwear.

Certainly, it is now acknowledged that the original moccasin design was uniquely comfortable.

Which is exactly the reason we utilise the wraparound construction, using one piece of leather, for all our boots and shoes.

Of course, however warm and comfortable we make the actual boot, if water gets in all our painstaking handiwork counts for nothing.

Let us put your mind (and feet) at ease.

Unlike the womenfolk who blazed the Oregon Trail, you won't have to worry about the occasional deluge or ten foot snowdrift.

The boot in our picture is, for example, guaranteed 100% waterproof.

First, we sew each boot with a high strength nylon yarn, using a double knot, pearl stitch. Then, we seal each seam with not one but two coats of latex. Add a Gore-Tex inner bootie, glove leather lining and a soft padded collar and the boot becomes positively luxurious.

Although just to make absolutely certain your feet never have to encounter the kind of hardship that caused many a pioneer woman to die with her boots on, we didn't stop there.

The midsole is stitched to a lightweight polyurethane mini-lug outsole after which it is bonded to the upper.

No doubt all those hardy travel-weary females who opened up the West could have done with a pair or two of our boots. Or some clothes from our new womens' Weathergear outdoor collection.

Even one of our bags or a belt would have come in handy.

But then they might have looked like women, the men would have stayed home and the wild West would still be wild to this day.

Timberland (UK) Limited, Unit Five, St. Anthony's Way, Feltham, Middlesex. TW14 0NH.

Timberland

YOUR EYES ARE FROZEN. YOUR SKIN HAS TURNED BLACK. YOU'RE TECHNICALLY DEAD.

LET'S TALK BOOTS.

The retina begins to freeze at minus 2·2°C. The skin on your body has a freezing point of minus 0·53°C.

It goes red, then starts to blister when it's exposed for relatively short periods at minus 1·9°C.

Even unexposed areas, like gloved hands, can turn black from frostbite within minutes.

And according to the eminent doctors who wrote a book called High Altitude Medicine and Physiology, someone with profound hyperthermia can be indistinguishable from someone who is dead.

At Timberland, we make boots and shoes for people who love spending time outdoors in conditions like these.

People who, while not exactly Arctic explorers, are nonetheless willing to push their bodies to the limit of human endurance.

People, in fact, who quite often find themselves in situations where the only thing between survival and the alternative is the clothing they stand up in.

Naturally, this puts a heavy responsibility on their clothing and our boots.

But we're used to it.

Timberland does, after all, sponsor the Iditarod, generally acknowledged to be the last great race on earth.

This 1049 mile dog sled race is run from Anchorage to Nome in the Alaskan wilderness.

A little exercise that also serves as a testing ground for boots like our Super Guide Boot, pictured right. A boot that will protect your feet all the way down to minus 40°F.

And just what do we do to our boots to be able to make a claim like that?

Well, we certainly don't do what everyone else does.

Our hides, for instance, aren't picked up from any old bulk wholesaler.

Instead, we scour the entire United States for tanneries who find no contradiction in our demand for full grain leathers that are strong yet supple, tough but soft.

When we get the leathers back to our workshops in Hampton, New Hampshire we impregnate them with silicone to keep water and snow out.

To ensure your feet are comfortable from the moment you try our boots on, we employ our famous moccasin construction.

This entails using one piece of leather, pre-stretched on a special geometric last, then sewn by hand into a kind of cradle for the foot. Making the uppers in this way is expensive and time-consuming but we figure the Arctic Circle is no place to discover that your boots are rubbing you up the wrong way.

At sub-zero temperatures, moisture inside the boot is as dangerous as water on the outside.

The Super Guide Boot solves this problem by utilising a Gore-Tex lining.

This remarkable man-made fabric has 9 billion pores per square inch, each one 20,000 times smaller than a raindrop, but 700 times larger than a molecule of perspiration.

As a result, we can guarantee to keep water away from your feet yet still allow them to breathe normally.

Of course, keeping your feet warm isn't just a matter of thwarting the cold.

On the Super Guide Boot, we augment your body's natural warmth by using Ensolite in the toes and Thinsulate in the shaft, tongue and quarter.

Just to make sure none of this heat escapes, the padded collars follow the contour of your ankle forming a kind of flexible seal.

Having built an upper that can withstand the worst conditions known to Man, we then attach the lightest, most slip-resistant sole known to Timberland.

Made from an exclusive triple density polyurethane, the sole is injection-moulded and then permanently bonded to the upper using one of the many patented processes we employ at Timberland. Apart from being more flexible than a traditional rubber sole, it also provides higher insulation.

The Lug design is even self-cleaning to prevent ice getting trapped in the tread and conducting cold through to your feet.

At sub-zero temperatures you can't afford anything that's sub-standard.

Not even seemingly insignificant things.

Take stitching. Other boot-makers are content to sew up their boots using one or maybe two rows of thread. Not Timberland.

Call us old-fashioned but we like four rows of high-strength nylon yarn on all the important seams.

These seams are then tape sealed with latex to make sure that water can't sneak in.

The lacing system may not strike you as something that could mean the difference between life and death, but we're not prepared to take that chance.

Our quick-acting system lets you get in and out of the boots in no time, even though it runs right down to the toe.

The D-rings are made from toughened stainless steel for the simple reason that they won't rust or rot with time. While the laces themselves are made from premium grade nylon for extra strength.

We could go on but we've talked boots enough.

Your eyes are still frozen. Your skin is still black. You're still technically dead.

Maybe we should just sell you a pair.

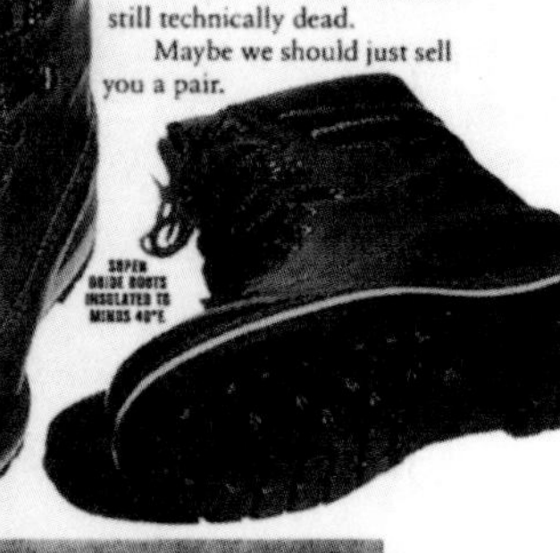

双眼凝冻，皮肤变黑，看起来要冻死了。不妨换双靴子吧！

视网膜在零下2.2℃时开始凝冻，皮肤在零下0.53℃时到达结冰点。

皮肤暴露在零下1.9℃的环境中，只需一会儿就会变红，然后开始爆裂，甚至没有暴露的部位，比如戴着手套的手，也会在数分钟内受冻变黑。

根据几位知名博士著述的《高纬度医药及动物心理学》一书，遭受极低温冻伤的人，外表与死去的人相差无几。

添柏岚为那些喜爱在这种极端气候条件下进行室外活动的人制造鞋靴。

这些人尽管并不都是北极探险者，但依然十分乐意将自己的身体推向人类忍耐的极限。

事实上，身处极端的环境之下，决定这些人生死的东西就是他们身上的衣着。

因此，他们身穿的衣物和脚上的添柏岚靴子就承担起了挽救生命的重任。

不过我们已经习惯了。

怎么说添柏岚也资助了艾迪塔罗德（Iditarod）——举世公认的全球最伟大的狗拉雪橇比赛。

这场比赛的赛道全程1 049英里，自阿拉斯加荒野中的安克雷奇至诺姆。这场比赛，也成为添柏岚“超级向导靴”（右图所示）小试牛刀的测试场地。这双靴子可以在零下40华氏度的极寒中一路保护你的双脚。

我们如何做，才能达到承诺的目标呢？

当然是独辟蹊径了。

例如，我们不会从任何一家老牌牛皮供应商处挑选牛皮。

取而代之的是，我们踏遍全美，寻找符合标准的制革商，他们需要能够提供牢固但不乏灵活、硬挺而又不失柔软的全纹牛皮。

等把牛皮送至新罕布什尔州汉普顿的工厂后，我们用硅油将其浸泡过，它才能防雨防雪。

为确保上脚的舒适感，我们采用了赫赫有名的莫卡辛软皮鞋结构。这种结构制法必须用单块皮革，以特殊几何形状拉伸，再通过手工将其缝到一种鞋托上。这样做鞋面价格不菲，工期长。但我们认为，北极圈可不是一个允许靴子造成麻烦的地方。

在零下的温度中，靴内的湿气和靴外的水一样危险。

“超级向导靴”运用Gore-Tex内里解决了这个问题。

这种颇有名气的人工织物，每平方英寸有90亿个小孔，每个小孔小于雨滴的2万分之一，却比每个汗液分子大700倍。

因此，我们敢保证靴子的透气性和防水性。

当然，保持脚部温度，并不只是唯一的御寒措施。

在“超级向导靴”中，我们通过在脚趾部位运用Ensolite闭孔泡沫垫，在鞋身、鞋舌及鞋后跟运用新雪丽棉来保持和提升自然脚温。为确保这些热量不流失，环绕脚踝的软垫设计形成了一个灵活可调的密闭空间。

制作好了能抵抗已知的最恶劣环境的鞋面之后，我们附上添柏岚最轻、最防滑的鞋底。

这种鞋底由一种高级的三重密度的聚氨酯制成，鞋底成型后，经过添柏岚多重专利操作程序，与鞋面紧密结合。除比传统的橡胶底灵活之外，它还具有更强的隔热性。

外底的设计，甚至具备自洁功能，能杜绝行走时带来的冰雪进入鞋内，进而驱走寒气。

在零下的温度里，任何不合规的东西都可能令你付出生命的代价。哪怕是那些看上去微不足道的细节。

拿缝线来说吧，其他制鞋商一般都用一根，也许两根线来缝制皮靴，添柏岚可不这样。

你可以说我们老派，但添柏岚依然喜欢用四根高强度尼龙线，在重要的部位将其缝上。

然后用乳胶封线，以确保雨水不会渗入。

你或许觉得，鞋带不是什么关乎生死的东西，但添柏岚绝对不愿意冒一丝丝的风险。

添柏岚的简易鞋带设计，使你能快速穿脱自如，尽管添柏岚鞋履的鞋带一直延伸到鞋头。D型环扣是用强化不锈钢做成的，只为了确保随着时间的推移，环扣不会腐化生锈，而鞋带则由顶级尼龙制成，以保持弹力。

添柏岚的优点还有很多，但相信我们说的已经足够。

你的双眼仍然凝冻，皮肤呈黑色，看起来依然感觉要被冻死了。

也许我们应该卖给你一双合适的靴子了。

添柏岚

这个情人节，让对方感动到流泪吧！

谨献给我唯一爱过的女人。（卡片上的文案）

很难相信，一年之中仅有一天的时间，让我们可以表达内心的爱意。

哪怕我们常说，是爱让世界转动。

或许正因如此，一年一度的情人节总有一种近乎中世纪盛宴的狂欢气氛。

这是一个宣读庄严誓言的日子，是泄露隐藏的内心秘密的日子，也是一个玩笑和欺骗都变得合情合理的日子。哦，你甚至可以写下爱人的名字，绑上气球，让它飞向天堂。（难道还有其他更合适的去处吗？）

在各种花样的庆祝活动中，始创于1774年，一直服务尊贵客人的Mappin & Webb银器珠宝商行，将给情侣们增添一分更典雅的气质、一种更庄重的表达爱意的方式。

你绝对值得拥有。

我们所选用的材料和近乎苛刻的加工工艺，就如爱情一般永恒久远。

也如同爱情一般需要你的精心呵护。

银器固然不可漫不经心地对待，金饰也不可轻视，更无须说肆意亵渎钻石了，否则上天也会发怒的。这就是为什么在情人节这样一个日子里，我们的产品是最合适的礼物。

比如，请看图中这枚精致的“玫瑰花蕾”。

用勃姆石（又称水软铝石）在陶瓷上镶刻而成，插在配套的镀银花瓶内，标价75英镑。

可能它比纯天然的玫瑰花略贵，但它不会枯萎，也绝不会在暮色中褪尽芳华。而那位幸运的拥有者，绝不会觉得你悄悄地将她比喻成这朵玫瑰有任何不妥之处。

有可能，你的心上人恰恰对真花过敏。

又或者，她是如此有魅力，以至于任何玫瑰与她相比，都会黯然失色！

那你最好的选择，就是送她这条18K金项链，上配一粒钻石坠子，标价1 450英镑。

如果你力求低调，又想经济实惠，那么我们给你推荐货真价实的银质相框，当然，这是一个心形相框。图中所示相框标价18英镑，提供各种尺寸，价格据尺寸大小而定。

（假如你想隐瞒自己的身份，不妨将婴儿时代的一张照片放到相框中，这样或将带来一种意想不到的效果。）

深陷爱河的人，或许想要让这个情人节变得更有纪念意义。这样的话，建议你在我们这里挑选这款精心设计的心形钻戒作为求婚戒指，标价2 500英镑。

正如你已知道的那样，Mappin & Webb深谙什么是真正宝贵的“馈赠”，并将其升华为艺术。

海兰德（Herend）、德雷斯顿（Dresden）、斯波德（Spode）、巴卡拉（Baccarat）、莱俪（Lalique）和沃特福德（Waterford）等大名鼎鼎的品牌和产地，或许能够给你带来一些激动人心的期待。

同时，我们相信，一家名为Mappin & Webb的银器作坊，作为全球公认的最出色的品牌，已经代表了一种品质和格调的追求。

所以，当你需要庆祝生日、结婚典礼、周年庆，或只为表达一声“我爱你”时，欢迎你光顾本店，挑选心仪之礼。

你将会发现，这里仍然是一个传统超越了时尚的世界，也是一个恒久战胜了短暂的世界，还是一个美丽统治了平凡的世界。

事实上，没有一个地方比我们这里更适合购买你的情人节礼物了，你意下如何呢？

（从左至右）

钻石镶嵌戒指，

标价：3 220英镑

18K金项链配钻石吊坠，

标价：1 450英镑

心形钻石镶嵌戒指，

标价：2 500英镑

心形银质相框，

标价：18英镑起

方形钻戒，

标价：975英镑

Mappin & Webb

THIS ST. VALENTINE'S DAY, MAKE SOMEONE CRY.

IT IS HARD TO BELIEVE THAT ONLY ONE DAY A YEAR IS SET ASIDE FOR THE EXPRESSION OF FEELINGS WHICH WE ARE TOLD MAKE THE WORLD GO ROUND.

PERHAPS FOR THIS VERY REASON, ST. VALENTINE'S DAY HAS DEVELOPED AN ATMOSPHERE AKIN TO A MEDIEVAL FEAST DAY.

PROCLAMATIONS ARE MADE. DARK SECRETS DIVULGED. PRANKS AND DECEPTIONS ARE DE RIGUEUR. WHY, YOU CAN EVEN GET BALLOONS TO TRANSPORT YOUR TRUE LOVE'S NAME TO THE HEAVENS. (WHERE ELSE?)

AMIDST ALL THE REVELRY, MAPPIN & WEBB, SILVERSMITHS AND JEWELLERS TO GENTLE FOLK SINCE 1774, OFFER LOVERS OF AN ALTOGETHER MORE SERIOUS DISPOSITION THE CHANCE TO EXPRESS THEMSELVES A LITTLE LESS FRIVOLOUSLY.

THIS IS ONLY TO BE EXPECTED.

THE MATERIALS WE WORK WITH AND THE SKILLS WE SO PAINSTAKINGLY EMPLOY ARE AS TIMELESS AS LOVE ITSELF.

AND JUST AS DEMANDING.

YOU CANNOT DALLY WITH SILVER. OR TRIFLE WITH GOLD. OR, HEAVEN FORBID, PLAY FAST AND LOOSE WITH DIAMONDS.

WHICH IS WHY ON OCCASIONS LIKE ST. VALENTINE'S DAY THEY ARE SO APPROPRIATE.

TAKE, FOR INSTANCE, THE DELICATE ROSEBUD IN OUR PICTURE.

SCULPTED IN PORCELAIN BY BOEHM, IT COMES WITH ITS OWN SILVER-PLATED VASE, PRICED £75.

AND WHILE IT MAY BE A LITTLE MORE EXPENSIVE THAN ITS NATURAL COUNTERPART, IT WILL NOT WILT OR FADE COME THE DAWN.

A METAPHOR WHICH WE ARE SURE WILL NOT BE LOST ON THE FORTUNATE RECIPIENT.

BUT SUPPOSING YOUR HEART'S DESIRE IS ALLERGIC TO ROSES?

OR, HER BEAUTY IS SUCH THAT A ROSE WOULD PALE BESIDE IT?

THEN YOU HAVE NO CHOICE BUT TO PRESENT HER WITH AN 18 CARAT GOLD NECKLACE WITH A SINGLE DIAMOND PENDANT, PRICED £1,450.

IF YOU WISH TO BE MORE DISCREET AND SPEND LESS MONEY, MAY WE SUGGEST A STERLING SILVER PHOTOGRAPH FRAME, HEART-SHAPED OF COURSE, PRICED £18 AND UPWARDS DEPENDING ON THE SIZE.

(SHOULD YOU DECIDE TO CONCEAL YOUR IDENTITY, A PHOTOGRAPH OF YOURSELF AS A BABY INSERTED IN THE FRAME COULD PROVE AN AMUSING DIVERSIONARY TACTIC.)

INCORRIGIBLE ROMANTICS MIGHT WELL WANT TO MAKE THIS ST. VALENTINE'S DAY PARTICULARLY MEMORABLE.

IN WHICH CASE, THE THIRD FINGER OF HER LEFT HAND SHOULD BE ADORNED WITH OUR HEART-SHAPED SINGLE DIAMOND ENGAGEMENT RING, PRICED £2,500.

AS YOU MAY HAVE GATHERED, OVER THE YEARS MAPPIN & WEBB HAS GAINED VALUABLE INSIGHTS INTO THE ART OF GIVING.

HEREND, DRESDEN, SPODE, BACCARAT, LALIQUE, WATERFORD. THE VERY NAMES ARE CAPABLE OF PRODUCING A SHIVER OF JOYOUS EXPECTATION.

AND WHILE ON THE SUBJECT OF NAMES, A CERTAIN SILVER PLATE MAKER CALLED MAPPIN IS REGARDED BY THOSE WHO KNOW AS BEING THE FINEST IN THE WORLD.

SO WHEN NEXT YOU WISH TO CELEBRATE A BIRTHDAY, A WEDDING, AN ANNIVERSARY OR SIMPLY TO SAY 'I LOVE YOU' PAY US A VISIT.

YOU WILL FIND A WORLD WHERE THE TRADITIONAL STILL TAKES PRECEDENCE OVER THE FADDISH. WHERE PERMANENCE DEFEATS TRANSIENCE. WHERE BEAUTY HOLDS SWAY OVER ORDINARINESS.

IN FACT, WE CAN'T THINK OF A MORE APPROPRIATE PLACE TO BUY A PRESENT FOR YOUR VALENTINE. CAN YOU?

SAPPHIRE AND DIAMOND CLUSTER RING £3,390.

18 CT. GOLD NECKLACE WITH DIAMOND PENDANT £1,450.

HEART-SHAPED SINGLE DIAMOND ENGAGEMENT RING £2,500.

STERLING SILVER PHOTOGRAPH FRAMES FROM £18.

ART DECO STYLE SAPPHIRE AND DIAMOND RING £975.

Mappin & Webb

170 REGENT STREET, LONDON W1. TEL. (01) 734 3843. 65 BROMPTON ROAD, LONDON SW3. TEL: (01) 584 9361. 2 QUEEN VICTORIA STREET, LONDON EC4. TEL. (01) 248 6661. 125-6 FENCHURCH STREET, LONDON EC3. TEL. (01) 626 3171. 88 GEORGE STREET, EDINBURGH EH2 3DF. TEL. (031) 225 5502. 67 ST. VINCENT STREET, GLASGOW G2 5TE. TEL. (041) 221 7683. 12-14 ST ANN STREET, MANCHESTER M60 2LJ. TEL. (061) 832 3381.

Whose countryside
would you rather see?
Thomas Hardy's?
Or John McAdam's?

Can you imagine curling up with a novel entitled 'Tess of the M4'?

Or how about 'Far from the Madding Service Station'?

Perhaps 'The Mayor of Motorbridge' would have you digging into your wallet next time you're in the bookshop in eager anticipation of a thundering good read? No? We thought not.

Yet sadly, these titles are probably an accurate reflection of the way most of us experience the landscapes that Nature so generously gave our great writers, composers and painters for inspiration.

Why is this? Why do more and more people seem content to limit their enjoyment of our wondrously beautiful countryside to a sort of high-speed slide show, conveniently framed by a car window?

A show where no sounds are allowed. They might, after all, clash with the pop music coming from the hi-tech dash board.

A show devoid of smells. Own up. Don't your own children turn up their noses at the unusual scents and pungent aromas which characterise the countryside?

Yet this sorry state of affairs needn't exist. The glorious, undulating landscape described in Thomas Hardy's books is there still. And it is waiting for you to discover it in the very same way he did.

Not at 70 miles per hour. Not cushioned in velour. Not protected from the sounds of the first cuckoo and the smell of newly-mown hay by shatterproof glass.

But by leisurely strolling or cycling along the lanes and by-ways of the Dorset countryside he loved.

The only difference between you and Thomas Hardy is that while he knew the area well, you might have to call on the services of an experienced and trusted guide. *Ordnance Survey.*

The subject of our Touring Map and Guide number 15, for example, is *Wessex*, the Anglo-Saxon kingdom used as a backcloth to Hardy's lyrical stories of rural intrigue.

Like all Ordnance Survey maps, this particular guide is both friend and tutor.

Do you need a telephone? A picnic spot? A camp site? Allow us to give you their precise location.

Are you interested in old battlesites? Historic houses? Or what about those caves you've heard tell are in the area?

Once again, an Ordnance Survey map can show you the way. [We will even furnish you with the date that battle took place].

And though our maps are invaluable in assisting you in getting from the proverbial A to B, they can also greatly enrich the journey.

On the reverse side of most Ordnance Survey Touring Maps is a heading: Where to go and what to see.

This masterpiece of English understatement conceals deep and expert knowledge of the area, its history, geography, crafts, even local curiosities and follies.

Map 15, for instance, will direct you to the smallest pub in Britain. Or to a monument shaped as a pyramid in honour of a horse that saved its owner's life.

It reveals the whereabouts of the local vineyard that is open to the public. Pin-points the lesser-known Elizabethan manor which has interesting additions by John Nash and gardens landscaped by Capability Brown.

It will also take you on a guided tour of Thomas Hardy's old haunts. The church where Tess was married. The cottage where he wrote Far from the Madding Crowd. The graveyard which, rather gruesomely, contains the author's heart. [*His ashes are interred at Westminster Abbey*].

You will also learn which particular roads Hardy liked to travel and why.

But how, you may be wondering, does Ordnance Survey unearth these little nuggets of information? What drives us to leave no stone, cobble or pebble unturned to bring you these insights into our countryside and its famous inhabitants?

It's quite simple. This year is our two hundredth anniversary.

We drew our first map at the end of the eighteenth century when Britain was faced with invasion by Napoleon. The British Army desperately needed accurate maps of the South Coast and this was duly carried out by the Board of Ordnance.

And while Napoleon failed to show up, the age of the map certainly arrived.

So you see, map-making has been in our blood for a very long time.

To the extent that Ordnance Survey originated practically all the maps of Britain that are around today.

[Indeed most of the maps with other brand names on were originally drawn by us. But don't tell them we told you].

Of course, nowadays our maps are used less for the defence of the realm and more by those people who wish to appreciate it.

If you like going for regular jaunts into the countryside, you might like to take one of our Landranger maps with you next time you head off.

Usually more detailed than our Touring Maps, a Landranger will show you what kind of trees populate your local forests or woodlands, point out particular rock formations in the region and, perhaps most important of all when you're walking in the countryside, where to find a public convenience.

If Landranger maps are for people who like a little information on their rambles, our Pathfinder Series is for those who like a little rambling with their information.

Thomas Hardy enthusiasts following our Pathfinder 1318, for instance, will be able to amble around the outskirts of his beloved Dorchester certain in the knowledge that they are walking on the remains of an old Roman road, that ahead lies ground covered in bracken and that half a mile in front of them there's a natural spring still burbling away.

Coming into the main part of town, the same narrow streets Hardy meandered along are drawn up in such detail that even houses and their boundaries are clearly marked.

Do we really need to provide you with this degree of accuracy? We think so.

Every day the face of our towns, villages and countryside changes. Sometimes it is imperceptible. At other times, when property boundaries are moved or roads are added, the changes actually reshape our country.

The better your knowledge of these changes, the greater your appreciation will be of what the British countryside in its many guises has to offer.

Then, who knows? Perhaps one day, with the guidance of Ordnance Survey, you may get to know Wessex almost as well as Thomas Hardy did.

Even see it through his eyes. Feel what he felt when he wrote '*Wessex Heights*'.

'There are some heights in Wessex, shaped as if by kindly hand

For thinking, dreaming, dying on, and at crises when I stand,

Say, on Ingpen Beacon eastward, or on Wylls-Neck westwardly,

I seem where I was before my birth, and after death may be."

Now, isn't that the kind of countryside you want to see?

Ordnance Survey.
The most detailed maps in the land.

哪种乡村景色是你所欣赏的？
托马斯·哈代笔下的还是约翰·马卡丹式的？

你能想象自己蜷缩在窗边，读一本名为《M4 家的苔丝》[①]的小说吗？

或是《远离污脏的加油站》[②]一书？

或许《摩托桥市长》[③]这本书，会让你下一次在书店里热切地期盼一场轰轰烈烈的畅快阅读时，掏出更多的钱？不，我想应该不会。

令人遗憾的是，这些书名，或许已经成为我们大多数人在观赏风景时看到的真实场景，而这些大自然的美景，曾如此慷慨地给予这些伟大的作家、作曲家、画家灵感。

为什么会变成这样？为什么越来越多的人似乎甘愿限制自己欣赏美景的乐趣，任凭车窗框住乡村的奇特美景，将其变成一组高速放映的幻灯片？

有着三个高耸烟囱和百叶窗的伍尔布里奇庄园，成为托马斯·哈代笔下的威尔布里奇庄园。德伯家的苔丝在这里度过了她的蜜月。女主人公的名字，取自这座房子曾经的主人德伯维尔家族。再往前走，是一座名为伍尔村的小村庄。

这是一场没有大自然声音的观赏，当然，坐在车里看风景的人可以打开车载音响，用喇叭里传出的流行音乐凑数。

这也是一场没有大自然气味的观赏。坦白说，你自己的孩子不会对乡间那些不寻常的刺鼻气味嗤之以鼻吗？

然而，这种令人遗憾的事情本不必存在。托马斯·哈代在小说里描绘过的那种令人惊叹、连绵起伏的景色依然存在。它们在默默地等待，等待你像哈代一样，去发现它们的存在。

如果你将时速开到 70 英里，舒坦地倒在后座的绒面靠垫上，任由防震玻璃隔绝杜鹃鸟的欢唱和新鲜割下的野草发出的草木香，那你将永远领略不到真正的田园美景。

哈代在热爱的多塞特郡的乡间小路上悠闲地漫步和观赏，充满闲情逸致。

此时，你与哈代的唯一区别就是，他熟悉这里的地形，而你却需要一位经验丰富、值得信赖的向导来提供服务——我们向你推荐英国地形测量局绘制的地图。

以第 15 号导航地图为例，它描绘了威塞克斯这个盎格鲁－撒克逊王国，此地曾在哈代描写田园风流韵事、激情洋溢的故事里被当作背景。

像英国地形测量局绘制的其他地图一样，这张地图囊括了日常信息，也提供了旅游信息。

你需要电话、野餐地点、野营场所？让我们来告诉你确切的位置。

你对古战场感兴趣吗？历史遗迹？或者这个地区声名在外的那些山洞？

相信我们，英国地形测量局的地图能够为你精准指路（我们甚至会为你标上战争发生的日期）。

尽管从出发地指向目的地的导航功能方面来看，我们的地图似乎并不具备超乎寻常的价值，但我们能够提供许多其他信息，令你的旅程变得更加充实。

英国地形测量局绘制的大多数地图的背面，都有一个提供简要信息的标题：去哪里和看什么。

这段典型的英式简明陈述，包含了关于本地区的丰富专业知识，包括它的历史、地理、代表行业，甚至还有本地值得一看的地方和不推荐去的地方。

以第 15 号地图为例，它会把你带到英国最小的酒吧里，或者带你去参观一座荣誉纪念碑，它纪念的是一匹救了自己主人的马。

它还会告诉你，对公众开放的当地葡萄园在哪儿，并且标示了不为人知的伊丽莎白时代的庄园，那里有约翰·纳西设计的有趣扩建物和兰斯洛特·布朗设计的花园风景。

它还会把你带到托马斯·哈代时常散步、徘徊的地方：小说女主角苔丝结婚的教堂；写就了《远离尘嚣》这本书的小木屋；看起来有些阴森，埋葬着哈代的心脏的砾石方院（他的骨灰埋葬在威斯敏斯特大教堂）。

你也将知道哈代最喜欢在哪条路上闲逛，以及为什么。

但是，你可能会疑惑，这份英国地形测量局的地图，怎能发掘出这些小闪光点和信息呢？是什么使得我们不放过每一块石头、大卵石、细砾石，刨根问底地为你了解这片乡野所有的信息，以及此地名人背后的故事呢？

这个问题不难回答，今年是我们成立的二百周年纪念日。

在 18 世纪，英国地形测量局就绘制出了第一张地图，当时英国正面临拿破仑的侵略。英国的军队无疑需要精确的西海岸地图，于是军用器械部承担了此项艰巨的任务。

尽管拿破仑最终没有登陆，但地图绘制的时代开启了。

所以你瞧，我们拥有悠久的地图绘制历史。

在这个意义上，今天的英国广泛运用的地图，都是在这张测绘图的基础上衍生而来的。

（事实上，其他牌子的大多数地图都是照我们的原样画的。不过不要告诉它们，这是我们说的。）

当然，我们现在绘制的地图也较少运用于国土的防卫，而更多为人们在旅游时所使用。如果你想在乡间做一次常规的远足，下次出发时，记得带上一张我们的 Landranger 地图。

Landranger 系列地图比我们常规的旅行地图更详尽一些，它将告诉你当地的森林里主要有哪些树种，当地的岩石构成情况，也许最重要的是，当你在乡间漫步时，它能帮你找到最近的公厕。

如果说 Landranger 系列地图更适合那些对即将去探索的乡村所知甚少的人，那么我们的“探路者”系列地图，则更适合那些希望获得更多闲谈或趣闻逸事等信息的探索者。

比如说，跟随着“探路者”1318 号地图的指引，那些对托马斯·哈代尤其感兴趣的人就能够循着他的足迹，在他热爱的多塞特郡的乡间漫步，并且知道自己正在古罗马道路的遗迹上散步，地面布满了欧洲蕨，在前方半英里外就有一汪汩汩流动的清泉。

威塞克斯郡境内大多数的河流和溪流都会流经索尔兹伯里平原的高地及门迪普丘陵，然后流经白垩土地。这里有丰富的褐鲑鱼等鱼类资源，还有大量的水生动物种群，也供养了河鸟和灰鹡鸰等以河鲜为食的鸟类物种。在这附近还可以观赏到金盏花等花卉植物。

来到小镇的中心地带，与哈代漫步在同样窄窄的小道上，地图把每个细节，甚至房子和它们之间的分界都标示了出来。

一张地图有必要提供如此精确的信息吗？我们认为是有必要的。

每一天，小镇、山村和乡野的面貌都在改变，有时这些变化十分微妙。有时，房屋的边界改变了，或者道路拓宽了，这些变化都在改变着整个国家的面貌。

对于这些变化，你知道得越多，就越能欣赏英国乡间现存的诸多礼仪和风俗。

那么，谁知道呢？也许有一天在这张地图的引导下，你对威塞克斯郡的了解将不亚于本地人托马斯·哈代。

多塞特郡最著名的文学大家托马斯·哈代的纪念雕像，就矗立在多切斯特的核心区，在他的小说中，这里被称为卡斯特桥。哈代小说中用到的地点，时至今日依然存在。但要前往这些地方，你需要额外的指引，因为哈代为了避免引起当地人的厌恶，在小说中刻意更改了这些地方的名字。

你甚至可以通过哈代的眼睛来了解这些地方。感受一下哈代在写《威塞克斯高地》一诗时的心情：

威塞克斯有些高地，似乎由仁慈的手开辟，

供人思索、梦想、安葬，紧要关头我常去那里，

看，从英格潘灯塔向东，或在威利斯乃克西边，

仿佛那是我生前的所在之地，和死后的归宿。

现在，这是不是你想见到的乡村？

英国地形测量局
只做全英最详尽的地图
200 周年纪念

① 借用了哈代的小说《德伯家的苔丝》之名。——译者注

② 借用了哈代的小说《远离尘嚣》之名。——译者注

③ 借用了哈代的小说《卡斯特桥市长》之名。——编者注

两位吗？当然，你这眼瞎的老家伙！

你是否曾经怀疑意大利服务员的微笑是否真诚？你是否想知道自己说了什么让那些西班牙店员傻笑？ 或者你是否曾怀疑为什么那个法国医生针对你的食物中毒症状开了治头痛的药？

我们都有过这样的经历，对不对？

但是，想象一下，如果你在国外能听懂别人的话，和别人交谈，这些窘境是不是就根本不会发生？

在过去的60年里，灵格风一直专注于帮助人们实现无障碍沟通。事实上，自成立以来，灵格风已经成功帮助500多万人学习另一门语言。一路走来，我们也学到了一些非常重要的经验教训。

经验教训一：使人快乐的学习，总会让人学得更快。

经验教训二：在开始阅读训练之前，先训练听说，会更容易上手。

这个道理听起来简单明了，但事实就是如此，婴儿们就是这样学会说话的。

使用当代最杰出的语言学家开发的方法，灵格风已经采取了这种最基本的学习方法，并提升了掌握全新语言的速度。

我们聘请母语者提供真实情境下的对话教学，同时利用丰富有趣的教科书（你不会认为自己可以逃脱教材的魔咒吧），通篇都是带有新名称的熟悉物品的插图。

我们用同样的方法，在101个国家，教授30种不同的语言。

日本人用它来学习英语（为什么没有更多的英国商人学习日语？如果是那样，也许英国的摩托车行业能够幸存），威尔士人用它来学习威尔士语，还有人用它来学习冰岛语。

灵格风已经帮助我们国家的男性、女性和儿童进一步接受教育和推动事业、学业的进步。

已经有超过27所英国大学使用灵格风，世界上许多行业巨头也在使用，如福特、联合利华、英国石油公司、美国运通和英国航空公司等。

如果你想了解更多关于我们的语言课程的信息，只需填写下方的回执，寄回即可。

下一次，当服务员说了一些难听的话时，你就不必因为听不懂而假装亲切地笑着同意他的说法了。

灵格风

亲爱的灵格风，在国外时，我想要与他人（哪怕是与不那么文明的侍者）进行文明的交谈。

请标注你想要学习的语言。

灵格风，灵格风大厦，伦敦W6 98R。

电话：0800-400485（24小时免费热线）。

__________先生/女士

地址__________

邮政编码__________

想要学习的语言__________

想要修伞？改短衬衫袖子？抻帽？
欢迎光临伦敦西南区布朗普顿路 87 号

抻开帽子令其变得更舒适贴合，改短衬衫的袖长使其更合身，将雨伞辐条拉直使其匀称，在这样一个宣扬万物皆可抛、喜新厌旧的时代，谁还会提供这种修修补补的服务呢？除了哈罗德百货，还有谁？

哈罗德的确是一家全球知名的商店，其 300 多家分店的庞大规模，是一个不容置疑的事实。然而，在许多方面，哈罗德百货依然固守维多利亚时代小商场的优秀传统。与维多利亚时代一样，哈罗德如今依然相信，及时的修缮往往比一时冲动、花费高昂的全新购置更好（当然，前提是需要维修的物品购于哈罗德门店）。

这就是为何哈罗德十分乐意为你提供下列服务：给你经久耐用的公文包更换锁具和饰物；为你最中意的网球拍更换手柄和网线；如果你的收音机或电视机突然失灵，我们乐意为你修理，使其恢复正常；我们很乐意为你修理手表、鞋子、添柏岚牌靴子、打火机，甚至卡地亚的 Les Must de Cartier 系列饰品。

服装修补也是哈罗德的一项专长。哈罗德提供技艺高超的缝补，尤其注意维持原始设计的完整性和细节。服装修补服务包括男装和女装，还提供孕妇胸罩的试穿和改衣服务。我们甚至能帮助你延长你最喜爱的马靴的寿命，只需要哈罗德专门的马靴修补匠为你服务。如果你心爱的巴博风衣外套变得漏风，我们会重新打蜡，或对外套进行彻底的整修。

除此之外，哈罗德还有能力将你从最重要但最耗费精力的装修设计工作中解放出来。例如，哈罗德旗下的设计工作室能为任何空间提供超乎想象的室内设计——从单个房间到整栋豪宅。设计工作室还能够帮你设计橱柜、地毯或者整个厨房，并确保丰俭由人，不会超出预算。

在设计工作室为你设计、安装一个全新的衣柜之后，哈罗德还提供置衣服务，帮你将衣柜装满。哈罗德百货二楼的商务套装专区，特别为没有时间浏览和选择最适合自己的服装搭配和颜色的人提供购物服务。在与你进行一对一的咨询和交谈之后，商务套装专区的置衣顾问将在店内为你挑选合适的衣服、配饰和其他物品，放到私人试衣间供你试穿和选择。

哈罗德银行以其周到的个人服务自豪。为此，该银行的营业时间与商店相同，周六营业至下午 6 点，周三、周四和周五营业至晚上 7 点。而且你会发现哈罗德旗下每个部门都将客户的需求放在第一位。

如你需要，哈罗德能为你制作庆祝蛋糕，购买伦敦、巴黎和纽约所有最佳演出的剧场门票，帮助你将一个装满美食的礼篮送到世界任何地方。在哈罗德，你还可以全面检查视力，并在一个小时内拿到令你感到最舒适的新眼镜；或者可以根据个人的身高和握力，定制一根高尔夫球杆。哈罗德提供的服务，只有你想不到的，没有我们做不到的，但这对哈罗德而言不过是稀松平常的需求。在来到哈罗德百货的数十万名顾客中，每个人都有不同的要求。

你可以说我们老派，但我们相信，哈罗德的职责是提供适当的服务，满足客户们各不相同的需求。因此，欢迎你带着破损的雨伞、过紧的帽子和袖子过长的衬衫，光临伦敦西南区布朗普顿路 87 号。如果你不再寻求我们的修缮服务，那哈罗德就肯定不再是哈罗德了。

哈罗德百货

骑士桥，哈罗德有限公司，SW1X 7XL。
电话：071-730 1234。

对一个约克郡的女人来说，通往产房，道阻且长

命运没有善待约克郡的女人们。

假如生活就是一家大剧院，这些女人在出生时就没有占到好的位置，她们一出生就被安排在被巨大柱子挡住的位置，对生活的全貌、命运的馈赠只能获得有限的认识。

这并不是因为这些女人天生存在残疾或缺陷，而仅仅因为作为一个约克郡的女人，她就无法像约克郡的男人那般自由地生活。

正如众所周知的那样，男性，是在约克郡得到官方认可和接受的唯一性别。因此，这些不幸的女人发现自己身处约克郡主流社会的底层。

或更确切地说，处于社会的第七层。在这个社会中，男性居于首位，随后是（排名不分先后）垂钓、橄榄球联盟、无礼的兰开夏郡、足球、家养宠物、板球，当然，还有绝对不可被遗漏的泰特利苦啤。

为了逃避这种低人一等的命运，约克郡的许多女人选择逃离家乡，去寻找一个新的社会，至少是一个将女人的地位放得比橄榄球高的新社会（但事实证明，这通常很难）。

无论她们流浪到多远，无论她们的终点站如何偏僻，每个想要自尊自爱的约克郡女人被迫回家时总有一件事发生。

那就是另一个约克郡人的出生。

（与许多未开化社会一样，在约克郡，每一个怀孕的女人都被默认要生下一个儿子。如果生下女儿，那这个母亲肯定道德不检点，例如在星期日烧煳了一大块肉，或者忘了在本地街上的超市买上六箱泰特利啤酒什么的）。

这些充满艰险的返乡故事往往成为传奇，在整个约克郡的休憩室和客厅的窃窃私语或公开讨论中传播。为了确保可信度，这里讲述的故事都有证人可加以证实。

诺拉·皮尔金顿的故事就很具有代表性。

1893年年末，她离开了约克郡的斯林斯比，作为传教士来到了巴布亚新几内亚。在两天内，她因为“过度参与”传教的工作，当上了当地酋长的夫人。

在村庄外短暂地度过蜜月期后，他们过上了修剪花花草草的悠闲生活。

当诺拉·皮尔金顿宣布怀孕，并且想回到约克郡，确保儿子有权利代表约克郡打板球时，她的丈夫勃然大怒。

哪怕她献上了最后一罐泰特利啤酒（这是她留着纪念自己无忧无虑的少女时代的唯一念想，一直舍不得喝），也没能平息丈夫的怒火。他威胁要用毒镖杀了她，并把她的头砍下来风干。

知道丈夫根本无法接受这个想法之后，诺拉想方设法说服丈夫，让他放自己回家探亲，虽然她心中明白，自己再也不会回到新几内亚了。回家的旅程花了近一个月，回到约克郡后，诺拉与青梅竹马威廉·威格尔斯沃思一起生活。他为诺拉奉上了那首著名的诗歌《哀伤的约克郡》：

多年来我流浪在遥远的地方，
穿过广袤的荒原、峡谷，
丘陵与小溪多得可怕，
还有如此多的烟囱。

然而，53对巴恩斯利的夫妇却没有这么幸运。1936年，他们从澳大利亚新南威尔士州的伍伦贡返回约克郡。

一个奇怪的巧合是，这些返回约克郡的女人，预产期都在同一天。事实上，一家当地医院为纪念这件事还修建了一栋配楼。

但她们没能活着亲眼看到这栋楼。在加勒比海的某处，他们的船彻底消失了，这一地区后来以“The Barnsley Triangle”（巴恩斯利三角，这个名字后来被改成更时髦的百慕大三角）闻名于世。

在这场悲剧发生的几个星期后，几只泰特利啤酒桶被冲上乌拉圭海岸，因为这些啤酒没有被喝过，专家们断定它们不可能来自这艘船的酒吧间。

另一个故事，关于在战争期间生活在芬奇利的一个约克郡女人。在前往谢菲尔德医院的途中，她已经开始生产。

沿着A1路，这段旅程有165英里。她乘坐一辆美国诺顿公司制造的500CC三轮摩托车，整个旅程花了57分钟，刷新了当时的纪录。

在这段打破纪录的旅程中，据说三轮摩托车发出的噪声启发了发明报警器的想法，后来它在全世界范围内被安装在警察的交通工具上。

在妻子声嘶力竭地生孩子时，有人看到她的丈夫耸着肩膀走进一家当地旅馆。一进去，他就迫不及待地要了一品脱泰特利苦啤解渴，这种啤酒醇厚柔和的口味和泡沫为那些约克郡的男人回家提供了充足的正当理由，不管他们的妻子能不能活着跟他们一起回去。

泰特利苦啤从1822年起在约克郡酿造，现在已输往英国南部各优质酒馆，你在小酌时，不妨看看酒馆是否提供这种啤酒。

毕竟，在这么多的妇女为约克郡做出巨大的牺牲时，一个约克郡男人所能做的，仅仅是品尝本郡最好的啤酒。

泰特利苦啤

一个约克郡的男人，只会为泰特利苦啤倾倒

（从左往右、从上往下第1幅图）返程的半张票永远用不上。

（从左往右、从上往下第3幅图）约克郡人独创力的体现。

（从左往右、从上往下第4幅图）格林顿招呼法，这是北约克郡给即将做爸爸的男子传统的祝贺方式。

（从左往右、从上往下第5幅图）让优秀诗人威廉·威格尔斯沃思获得《哀伤的约克郡》一诗创作灵感的风景。

（从左往右、从上往下第6幅图）大云酋长和他的女人（曾是里布尔河谷的一位小姐，拍下这张照片之后不久就返回家乡并生下了他们的第8个孩子）。

（从左往右、从上往下第7幅图）为迎接约克郡新生儿而戴上规定的头饰的产科医生。

（从左往右、从上往下第8幅图）1892年，坦噶尼喀。英国领事馆的职员在庆祝大使的儿子在哈德斯菲尔德出生。

（从左往右、从上往下第9幅图）阿瑟和弗洛拉·米尔奇普在他们创纪录的奔波旅程中面向摄影师摆出拍照姿势。

银行的规模和盈利，并不是一开始就像现在这样庞大的。

无论你相信与否，商业街上那些银行巨头也曾是小公司。

（1955 年，巴克莱银行只赚了 250 万英镑的利润）。

那么，商业街的这些银行是如何取得今天的地位的？

是因为创新的想法吗？并非如此，全球第一张支票在 1659 年就出现了。

是因为充满活力的管理吗？尽管在不同的时代，我们对银行主管的称呼各不相同，但我相信，“充满活力”这个词从未被用过。

那么是因为客户满意度吗？对此我不予评价。

绝对不是。

其实答案很简单，是因为你们，亲爱的读者们，是你们让这些银行变成了富可敌国、权势滔天的机构。

没错，就是你，以及数百万与你一样的人，经年累月地将辛苦挣来的血汗钱存到银行的账户里，每年只拿到堪称可怜的回报。

事实上，你一旦鲁莽地陷入赤字的境地，就要为此付出昂贵的代价。

谢天谢地，现在，除了银行账户，我们还有别的选择。

全国安格利亚房屋互助协会的 Flex 账户。

这个账户尊重一个基本的事实：账户里的钱都是客户的，而且这是一个不可遗忘的事实。

因此，就算你的 Flex 账户透支，你也不会被收取莫名其妙的“服务费”。

你不会发现自己仅仅因为某一天的透支，而不得不支付长达三个月的定期订单和直接借记费用。

我们也不会收取费用，但因为透支而产生的“银行接待手续费”是否应该收取，尚在讨论之中。

我们只会收取透支部分的利息，直到你的账户里再次出现正余额。

我们认为这是合理且直截了当的做法。

此外，如果你的 Flex 账户中有余额，我们也将支付相应的利息。

不管金额多少，我们都会支付利息，而不仅仅是向大额存单客户支付。

每个 Flex 账户的持有者，在余额为 99 英镑及以下时，能获得 2% 的净年利率；余额在 100~499 英镑，则可获得 3% 的利息；余额达到或超过 500 英镑时，可获得 4% 的利息。

（这两种较高的利率都是根据全部余额支付的，而不仅仅是超过 100 英镑或 500 英镑的金额）。

利息按天计算，并按年支付。

但所有这些收益，在商业街的各大银行看来，都是它们的收益。

这种逻辑有点儿奇怪，因为这些利息都是用客户的钱赚来的。

难道银行活期账户就没有任何好处吗？

当然有：支票簿、支票担保卡和现金卡。别忘了还有其他服务，比如常年订单和直接借记。

多么优秀的服务选项啊！

这就是为什么 Flex 账户的持有人同样可以享受这些服务。

但我们并未止步于此。

出于我们一贯的创新精神，我们还为客户们提供家庭银行账户的服务，这就是一个为你提供 24 小时账户服务的贴心管家。

你只需拨打一个电话号码，输入个人账户代码。然后，点击几个按钮，就可以轻松付清账单。

此外，你还可以同样轻松地了解账户余额，或立刻订购一份完整的账目清单。

只需要 10 英镑押金（可退还），不管你身处世界何地，在何时拨打电话（白天或夜晚），你都可以轻松享受前述服务。

我们知道，并不是所有人都想要或需要这样的服务。

但这并不重要，它体现了我们服务至上的原则。

这也是帮助客户更好地理财并从中获得更大收益的新途径。

这听起来是不是美好得不像真的？这就是真的，毕竟，这些不过都是常识性的服务罢了。

这无疑是为什么第四频道的《赚大钱》节目将其单独列出，作为“商业街的各大银行最应该注意要提供的服务”。

到目前为止，商业街的各大银行还没有注意到。你不妨看看银行上一次给你发送的清单。

如果你透支了，你就会发现银行已经进行了相应的扣减。

但费用是如何计算、如何分类的？没有相关信息，没有明细，什么都没有。

这真的是对待客户的最佳方式吗？

我们不这么认为。也许这是因为我们并不是这世界上富可敌国、权势滔天的老派银行吧。

欲了解更多信息，请到访当地的全国安格利亚房屋互助协会分会。

或者现在就写信给克莱尔·亚当斯，地址是：全国安格利亚房屋互助协会，切斯特费尔德大厦，布卢姆斯伯里路，伦敦 WC1V 6PW。

Flex 账户

我们永远记得这是谁的钱

全国安格利亚房屋互助协会

银行如何变成全世界最富有、最有权势的机构，透支一次你就知道了

If you want to find out how banks became the richest, most powerful institutions in the world, go into the red one day.

Banks have not always been as big and profitable as they are today.

Believe it or not, all the big boys on the High Street were small businesses once.

(In 1955, Barclays only made just over £2½ million profit.)

How then, did the High Street banks achieve the status they enjoy today?

COMMISSION
OVERDRAFT ADMIN £26.00
****

Innovative ideas? Hardly. The first cheque was issued in 1659.

Dynamic management? You have called your bank manager a lot of things in your time, we bet 'dynamic' isn't one of them.

Customer satisfaction, then? No comment.

No.

Quite simply, it is you, dear reader, who have made the banks so rich and powerful.

You, and millions of people like you, who over the years have put your hard earned money into their coffers and received little in return.

Indeed, when you have had the temerity to go into the red, you have paid dearly for it.

Thankfully, there is now an alternative to a bank current account.

Nationwide Anglia's FlexAccount.

An account based on a very simple idea: that it is your money and we should not forget the fact.

So if you go into the red with a FlexAccount you don't start attracting mysterious 'service charges'.

You won't suddenly find yourself having to pay for standing orders and direct debits for a whole three month period when you have only slipped into the red for one day. And we won't slap in a bill, sorry, 'arrangement fee' just for discussing and sorting out an overdraft.

All we ask of you is interest on the money you borrow until you're in the black.

We think this is reasonable, straightforward and, most important of all, easily understood.

Of course, the reverse is true with most bank current accounts.

Which is no doubt why they have Hollywood-style adverts telling customers how much they care for them.

At Nationwide Anglia, we believe in deeds not words.

So we pay FlexAccount holders interest on the money in their current account.

Not just to people with lots of money in their account, mind.

Every FlexAccount holder gets 2% net per annum on anything up to £99. 3% interest on sums between £100 and £499. And 4% when you're £500 or more in credit.

(Both the higher rates are paid on the whole balance, not just the amount over £100 or £500.)

All calculated daily and paid into your account annually.

This is the interest the High Street banks have traditionally believed is theirs.

Somewhat strange logic as it is your money that earns it.

Isn't there anything good about a bank current account?

Of course there is.

Cheque books, cheque guarantee cards and cash cards. Not forgetting other services like standing orders and direct debits.

All excellent facilities.

Which is why they are all available to FlexAccount holders.

But that's not all.

Being rather keen on new ideas, we also offer our customers something called a Home Banking Unit.

Which works like an unusually helpful, round-the-clock counter clerk.

You simply ring one phone number and punch in your personal code. Then, by pressing a few more buttons, you can pay your bills.

Or, just as easily, get instant confirmation of your balance or order a full statement.

From any telephone in the world, at any time day or night. And all in return for a £10 deposit, which is refundable.

Not everyone will want one, we know. But that's not the point.

It's another expression of our philosophy.

Another way of helping people manage their money and, ultimately, get more from it.

Does all this sound too good to be true? It shouldn't. It is, after all, common sense.

Which is no doubt why Channel Four television's 'Money Spinner' programme singled it out as being a service "which High Street banks would do well to take notice of."

So far they haven't. Just check your last statement.

If you went into the red, you'll find a deduction has been duly made.

No information about how it's computed. No breakdown. No nothing.

Is it really the best way to treat a customer?

We don't think so. Maybe that's because we are not one of the richest, most powerful institutions in the world.

For further information, just call into your local Nationwide Anglia branch.

Or write now to Claire Adams, Nationwide Anglia Building Society, Chesterfield House, Bloomsbury Way, London WC1V 6PW.

FlexAccount

We always remember whose money it is.

Nationwide Anglia Building Society

西蒙·迪克茨
SIMON DICKETTS

西蒙曾任盛世长城（Saatchi & Saatchi）的联合创意总监兼文案。他创作过不少优秀的平面、电视和电影广告，在业界获过多项大奖，客户包括英国航空公司、嘉士伯－泰特利（Carlsberg-Tetley）、皮尔金顿（Pilkington）、《独立报》、帝国化学工业公司、英国保守党和撒马利坦会（The Samaritans）。他也是盛世长城的新公司上思广告（M&C Saatchi）的联合创始人。

宝贵的一课

我想每个人在职业生涯中都经历过转折点，我指的转折点并非得到了第一份工作或母亲看见了你第一条付梓的广告等司空见惯的转折，我指的是那种在从业过程中学到了经验教训，并永久地改变了行事方式的转折。

我经历的这个转折至今仍令我记忆犹新，正好借此机会讲给你们听。故事大概是下面这样的。

1984年大选前夕，我正在为保守党撰写宣传语。(唉……只能感叹目标读者已经没了……我想到一条文案写作规则：开篇切记不要疏远读者。但不管怎么样，故事还是要往下讲……）

当时的保守党已经掌权，试图寻求连任。他们担心选民们可能已经忘了工党掌权时的悲惨生活——这对他们来说当然是万万不能接受的。

保守党要求我写一则广告警示民众：一旦工党执政，他们就会面临诸多困境。

接到委托之后，我和弗格斯·弗莱明（Fergus Fleming）两人在一个属于创意部门的闷热角落埋头苦干，我们把这个偏僻的角落戏称为“弥尔顿·凯恩斯”（Milton Keynes）。最终我们认为自己搞定了那则广告。

我们的标题是“投票给工党就等于在这张纸上签字画押”，接着列举了一串可怕的事实。更绝的是，我们最后还加了一条虚线请读者签名，如同一份恐怖的买卖协议。

我们自己激动得不行。

我花了很多时间做调研、写文案，确保所有可能购买报纸的潜在读者都被囊括在内。

接下来就是全国人民投票支持保守党，我们以为自己可以跷起二郎腿好好享受胜利的滋味了。

不，接下来我学到了宝贵的一课。

门开了，查尔斯·萨奇（Charles Saatchi）就站在门口。

“这广告是你们写的?”他问，手里挥舞着那则广告。

“是的。”我们回答，像凡人突然看见了众神一样，不自觉地站了起来。

“写得不错。”他说。

“哦……哎呀……谢谢。”我们一边回答，一边放松地坐了下来。

“弗格斯，”他进一步说，“广告看上去棒极了。”

弗格斯神采奕奕，那样的神色，我后来只在他宣布第一个儿子出生时见到过。

“现在，”查尔斯继续说道，“我想和西蒙谈谈。”

就在此刻，我学到了那宝贵的一课。

“每则广告都是一个机遇，这则广告有可能成为一则伟大的广告。你写下的每个字都将伴随你终生，所以找一个恰当的风格，一直用下去。别只是罗列事实，要明确态度。还有，要记住，一旦广告付梓，你就再也无法更改。所以，付梓之前，最好确保你的广告经得起考验，让自己多年以后再读到它时仍然感到自豪。”

我听从了他的建议，这家伙说得对，我今天又读了随文的这些广告，它们依然令我骄傲。

皮特·史密斯正在为《每日邮报》做赛事报道

作为一个养老金领取者，他最好投票给保守党

1979 年，作为一个养老金领取者，迈克尔·福特每周能获得 31.2 英镑的养老金。
现在，保守党上台执政后，他每周会收到 52.55 英镑的养老金。
养老金增加了 68%，远远超过了同时期的物价上涨幅度。
在保守党执政期间，他每年都会收到圣诞特别补贴。经历了 1975 年和 1976 年工党执政的寒冬之后，这是一个令人愉快的变化。
因此，作为一个养老金领取者，他最好投票给保守党。
希望这次，他能把选票投进保守党的盒子里。
这不会使他成为首相，但对所有人来说都是好事。

AS A PENSIONER HE'D BE BETTER OFF VOTING CONSERVATIVE.
As a pensioner in 1979 Michael Foot would have received £31.20 a week.
Now, under the Conservatives, he would receive £52.55 a week.
An increase of 68 per cent, way above any rise in prices over that period.
Under the Conservatives he would have received a Christmas bonus every year. A pleasant change after the cold Labour winters of '75 and '76.
As a pensioner he's better off voting Conservative.
Let's hope this time he puts his cross in the Conservative box.
It won't make him Prime Minister. But that's just as well for everybody.

投票给工党就等于在这张纸上签字画押

1. 我放弃为我的孩子择校的权利，并且绝对服从国家以我个人的名义所做的一切决定。

2. 我允许工党带领英国脱欧，即使我的工作和其他 250 万英国人一样，靠的是英国与欧洲其他国家的贸易往来。

3. 眼睁睁看着警察机关受制于政治控制，即使这样一来会削弱它们维护法律与秩序的能力。

4. 我同意英国现在就放弃使用核威慑计划，哪怕这一计划已经在欧洲维持了近 40 年的和平。与此同时，我完全能理解俄国人不会做出同样的决定。

5. 我愿意让自己的存款即刻缩水，以此紧随工党希望英镑贬值的步伐。

6. 我允许政府向其他国家借钱，能借多少就借多少，我也愿意让我的孩子们来还债。

7. 我完全赞同大规模地国有化，尽管对我而言这意味着要缴纳更高的税。

8. 即使我被强迫加入某个工会，我也一点儿都不介意。我并不奢望投票选举工会的领导，也不介意在被告知要举行罢工之前没有接受过无记名投票的询问。

9. 我放弃购买政府福利房的权利。

10. 我不介意支付更高的地方税。

11. 我同意让政府把我的养老保险金用来投资任何它认为合适的项目，不论这些项目能否带回好的收益与回报。

12. 我能够理解工党的一揽子计划可能意味着物价会再次翻倍，跟他们的上个任期一样。

13. 我意识到我必须马上放弃在保守党政府那儿获得的减税政策。

14. 我放弃自己和家人去任何私立医院就诊的权利。

15. 我知道一旦我签字同意了，五年之内我将无法改变主意。

____
已签字

保守党

PUTTING A CROSS IN THE LABOUR BOX IS THE SAME AS SIGNING THIS PIECE OF PAPER.

1. I hereby give up the right to choose which school my children go to and agree to abide by any decision made by the State on my behalf.

2. I empower the Labour Party to take Britain out of Europe, even though my job may be one of the 2½ million which depend on Britain's trade with Europe.

3. I am prepared to see the Police Force placed under political control even though it could undermine their capability to keep law and order.

4. I agree that Britain should now abandon the nuclear deterrent which has preserved peace in Europe for nearly forty years. I fully understand that the Russians are not likely to follow suit.

5. I agree to have the value of my savings reduced immediately in accordance with Labour's wishes to devalue the pound.

6. I empower the government to borrow as much money as they wish from other countries and I agree to let my children pay the debt.

7. I fully agree to a massive expansion of nationalisation, whatever the cost to me in higher taxation.

8. I do not mind if I am forced to join a union. I do not expect to vote for the leaders of that union and do not mind if I am not consulted by secret ballot before being told to strike.

9. I sign away the right to buy my own council house.

10. I do not mind paying higher rates.

11. I am prepared to allow my pension fund to be used by the government to invest in any scheme that they see fit whether or not this shows a good enough return on my investment.

12. I understand that Labour's plans could mean that prices will double once more, as they did under the last Labour government.

13. I realise that the tax cuts from which I will have benefited under a Conservative government may be withdrawn at once.

14. I waive my right to choose any form of private medicine for my family.

15. I understand that if I sign this now I will not be able to change my mind for at least five years.

SIGNED.

CONSERVATIVE X

Why you should think more seriously about killing yourself.

We wouldn't want to alarm or shock unnecessarily.

But it is alarming that every year over 200,000 people in this country try to kill themselves.

And it is shocking because only a very few of them really want to die.

Over 95% of these people who try to kill themselves and survive are glad that they survived.

Out of those who didn't survive there will sadly be many who didn't really want to die because in most cases, an attempt at suicide is first and foremost a cry for help.

So is a call to the Samaritans.

The difference is that it's a cry that will always be answered.

That's exactly why a call to the Samaritans is a serious alternative.

This isn't to say that you have to be about to kill yourself to call the Samaritans.

We hope that people will call long before they reach that point.

The Samaritans are there to listen to anyone who needs someone to talk to, no reason for calling is ever too trivial.

A Samaritan will never censure, criticise or pass judgement.

All conversations, whether face to face or over the telephone are conducted in absolute confidence.

Samaritans are on call for 24 hours a day and 365 days a year. Anywhere in the country.

And there are daytime centres you can visit in nearly 200 cities and towns so there is bound to be one near you.

Anyone who does try to commit suicide and succeeds will never have the chance to change his or her mind.

That's why everyone should think more seriously about taking the easy way out and call the Samaritans.

Please.

The Samaritans.

为何要更慎重地看待自杀问题？

我们不想引起不必要的恐慌或震惊，但令人震惊的是，这个国家每年有 20 多万人试图自杀。更令人震惊的是，其中只有极少数人真的想寻死。

在这些试图自杀但最终幸运地被救回来的人中，超过 95% 的人表示能活下来很高兴。在那些不幸自杀身亡的人中，可悲的是有许多人并不是真的想死，因为在大多数情况下，自杀的行为首先是一种呼救和求助的举动。

如需求助和呼救，也可以给撒马利坦会打电话。

与自杀不同的是，你的呼救永远都能得到回应。

这正是为什么给撒马利坦会打电话是一个值得考虑的选择。

当然，这并不是说你必须在寻死之前才给撒马利坦会打电话，我们希望人们在有自杀的念头之前，在需要帮助的时候，第一时间给撒马利坦会打电话。

撒马利坦会时刻准备倾听人们的需求，没有什么打电话的理由是微不足道的。

因为撒马利坦会永远不会指责、批评或评判。

所有形式的谈话，无论是面对面谈话，还是电话谈话，都是在绝对保密的情况下进行的。撒马利坦会一年 365 天、每天 24 小时随时待命，在全国各地都是如此。

撒马利坦会在近 200 个城镇都设置了人们可以随时到访的日间接待中心，所以你附近一定会有一个向你敞开怀抱的撒马利坦会。

任何试图自杀并成功的人，都不再有机会改变自己寻死的想法。

这就是为什么每个人都应该更认真地考虑，是否采取更简单的呼救方式，打电话给撒马利坦会。

拜托诸位，在放弃生命之前三思。

撒马利坦会

招募宇航员，无需历史经验

苏联航天局航天技术设备总公司（Glavcosmos）给英国的宇航员提供了1991年太空飞行的一个席位。无论是谁中选，都没有过往经验可以参照，因为此前还未有英国人在太空中飞行过，这就意味着这个幸运的英国人的名字将因此被载入史册。巧合的是，这次太空之旅计划在1991年4月12日（尤里·加加林历史性的首次载人太空飞行30周年之际）开启。代号为“朱诺”任务的此次飞行，将在8天后着陆。

英苏首次联合太空之旅

在太空中的8天，宇航员们将在苏联的“和平号”（MIR）空间站度过，英国宇航员将在该空间站做科学实验。“和平号”轨道空间站是一个永久运行的太空实验室，自1988年2月首次全面运行以来，一直围绕地球运行。除了做一系列的科学实验，英国宇航员将成为英苏宇航团队的正式成员，执行宇航员的各项任务。此次宇航任务不携带其他乘客。

宇航任务的使命

此任务的目的是，利用轨道上的航天器几乎不受任何有效重力影响的特点，在太空中做一系列科学实验。

大多数微重力实验的开展，是为了推进人类在基础科学方面的了解，其他的实验将展示教育领域的重要原则，还有一些将测试空间技术方面的进展。具体的实验将包括涉及植物、细胞、细菌和航天员的生物实验。

材料科学方面的实验将包括晶体的生长，特别是蛋白质的生长，可能还包括合金的生成，以及在地球上不可能复制的条件下对流体进行研究。

首次商业性质的太空飞行

这项任务是苏联航天局和英国工业界之间的首个商业性合资项目。事实上，它是世界上第一项商业赞助的载人航天任务（截至目前，商业赞助的太空飞行仅限于无人卫星发射），赞助形式将包括赞助研究设备和器材，以及赞助空间飞行等（以往东西方国家的太空飞行均由国家政府或航空局资助。尽管这是第一次由私营企业赞助的太空飞行，但它已经获得了各参与方政府的完全知情和同意）。

毫无疑问，随着太空飞行在技术层面和商业层面可行性的增加，此次飞行将开启商业赞助的太空飞行时代。

本次飞行如何融资？

本次太空之旅背后的主要赞助商是莫斯科人民银行。这家位于伦敦市金融区的银行，于今年刚刚庆祝了其作为一家老牌英国注册银行的70周年历史。这家银行专门从事合资企业和项目融资，并为营销和筹集赞助活动提供种子资金。通过与Licensintorg公司（苏联航天局航天技术设备总公司的外贸代理）密切合作，该银行帮助苏联航天局航天技术设备总公司首次进入国际商业市场。苏联方面将其称为“改革”。这项任务将从赞助研究设备的机构和总赞助商处筹集到1 600万英镑的资金。商业机构可以选择赞助太空飞行、宇航员，甚至为任务提供产品或服务。

本次太空飞行还将包含一个媒体宣传方案，在全球范围内提供关于此次飞行任务的报道。此外，本次太空飞行将提供教育项目、展览和讲座等。

谁来负责任务控制中心？

英国宇航员的选拔过程，以及由行业机构和大学研发并将被用来做实验的诸多设备，将在布鲁内尔大学进行安排和部署。

布鲁内尔生物工程研究所是英国为数不多的在微重力领域有经验的机构之一，它将作为这项工作的重点参与机构。

一个创造历史的机会

符合条件的男性和女性英国公民都可递交申请。

年龄需在21~40岁，接受过生物学、应用物理学、工程学或医学方面的正规科学训练，并具有良好的动手能力。

申请者将需要证明自己具备外语学习能力，且具备高标准的身体素质。同时，申请者需要具备团队协作能力，能够与来自不同背景和文化的人有效沟通。

选拔过程

候选人评估从本月开始，入选者在后期阶段将参加一系列苛刻的医疗、心理、能力和压力测试。

选拔工作将于1989年11月完成，届时将选出两名最终候选人，在苏联星城的加加林中心接受全面的培训。一名候选人将执行航天任务，而另一名则作为后备人员负责在地面上做对照组实验，这些实验将在发射场附近的一个实验室里开展。

如何申请

本次招募不接受邮寄申请，招募工作已经委托MSL国际（英国）有限公司负责。它的地址是艾尔布鲁克街32号，伦敦W1M 3JL。如需申请表，请在工作日的上午9点到下午7点、周末的上午10点到下午5点致电01-2242211（转16号机）获取，热线将一直开放到1989年7月14日星期五。申请截止日期是7月24日星期一。只接受通过正式申请表递交的申请。

朱诺

第一个英苏联合太空任务

ASTRONAUT WANTED NO EXPERIENCE NECESSARY.

GLAVCOSMOS, the Soviet Space Administration, has offered a place to a British astronaut on a space flight in 1991.

Whoever is chosen will have had no experience because no Briton has ever flown in space ■ He or she will automatically write themselves into the history books ■ It is fitting that the flight is scheduled to take off on the 30th anniversary of Yuri Gagarin's historic first manned space flight on the 12th April 1991. It will be called the 'Juno' Mission.

The flight touches down eight days later.

The First ANGLO-SOVIET *Space Mission.*

The eight days in space will be spent on the Soviet Space Station MIR from which the British astronaut will conduct scientific experiments ■ The MIR Orbital Space Station is a permanently operating 'laboratory in space' which has been orbiting earth since it first became fully operational in February 1988.

The British astronaut will become a full member of the Anglo-Soviet flight team fulfilling the tasks of an astronaut as well as conducting a series of scientific experiments ■ The mission is carrying no passengers.

The PURPOSE *of the Mission.*

The aim is to conduct a series of scientific experiments in space which exploit the virtual absence of effective gravity in an orbiting spacecraft.

Most of the microgravity experiments will be carried out in order to advance our knowledge in basic science, others will demonstrate important principles in education and a few will test advances in space technology ■ The work will encompass biological experiments involving plants, cells, bacteria, and the astronaut.

Experiments in material science will include the growing of crystals, particularly of proteins, possibly the development of alloys, and the study of fluids under conditions which it is not possible to replicate on Earth.

The First COMMERCIAL *Space Flight.*

The mission is the first commercial joint venture between the Soviet Space Administration and British industry.

In fact it's the first ever commercially supported manned space mission of its kind anywhere in this world. (Up until now commercial opportunities in space have been limited to unmanned satellite launches) ■ The mission will be funded by companies paying for the research capabilities of the mission as well as by sponsorship ■ (Previous flights from both East and West have been funded by their governments or space agencies and although it will be the first private enterprise space mission, it is operating with the full knowledge and consent of the respective governments).

This will without doubt be just the first of many commercial flights into space, as space becomes an increasingly viable product both academically and commercially.

How is The Mission FINANCED?

The catalyst behind the mission is the Moscow Narodny Bank ■ This is a City of London bank which this year celebrates its 70th birthday as an established British incorporated bank.

It specialises in joint ventures and project finance and has provided the seed finance for the marketing and sponsorship raising campaigns ■ By co-operating closely with Licensintorg (foreign trade agents for Glavcosmos), the bank helped Glavcosmos enter commercial markets, internationally, for the first time ■ The Russian word for it is Perestroika.

The mission will raise £16M in revenue from the research capability and sponsorship ■ Commercial organisations will be able to sponsor the flight, the astronaut, or even supply products or services for the mission.

There will naturally be a programme of media events providing coverage of the mission around the world and it will also generate educational programmes, exhibitions and lectures.

Who's at The Mission CONTROLS?

The selection process for the British astronaut, and the design and construction of much of the equipment which will be used to carry out the experiments devised by industry and universities, will be carried out at Brunel University.

The Brunel Institute for Bioengineering is one of the very few organisations in the UK with experience in the microgravity field and will act as the focus for this work.

Your OPPORTUNITY *to Make History.*

The chance to become the first Briton in space is open to both men and women.

Applicants will be aged 21-40 and possess a formal scientific training in either biology, applied physics, engineering or medicine, combined with good manual dexterity.

Successful applicants will have proven ability to learn a foreign language and have a high standard of medical fitness ■ They will also have the ability to work as a member of a team and communicate easily with people from a different background and culture.

The SELECTION *Process.*

Candidate assessment starts this month and at later stages will include a series of demanding medical, psychological, aptitude and stress tests.

These will be completed by November 1989 when two final candidates will be selected to undergo a full schedule of training in the Soviet Union at the Gagarin Centre, Star City ■ One candidate will fly on the mission, whilst the other acts as back-up with duties in the running of control experiments at ground level which will be based at a laboratory close to the launch site.

How to APPLY.

There is no coupon to clip and send.

The Mission has employed MSL International (UK) Limited as recruitment consultants. They are at 32 Aybrook Street, London W1M 3JL ■ To obtain an application form please phone 01-224 2211 (16 lines) between 9am and 7pm on weekdays and 10am and 5pm at weekends ■ The line will remain open until Friday 14th July 1989.

The application closing date is Monday 24th July. Only applications on the formal application form will be considered.

JUNO

ДЖЮНО

THE FIRST ANGLO-SOVIET SPACE MISSION ■

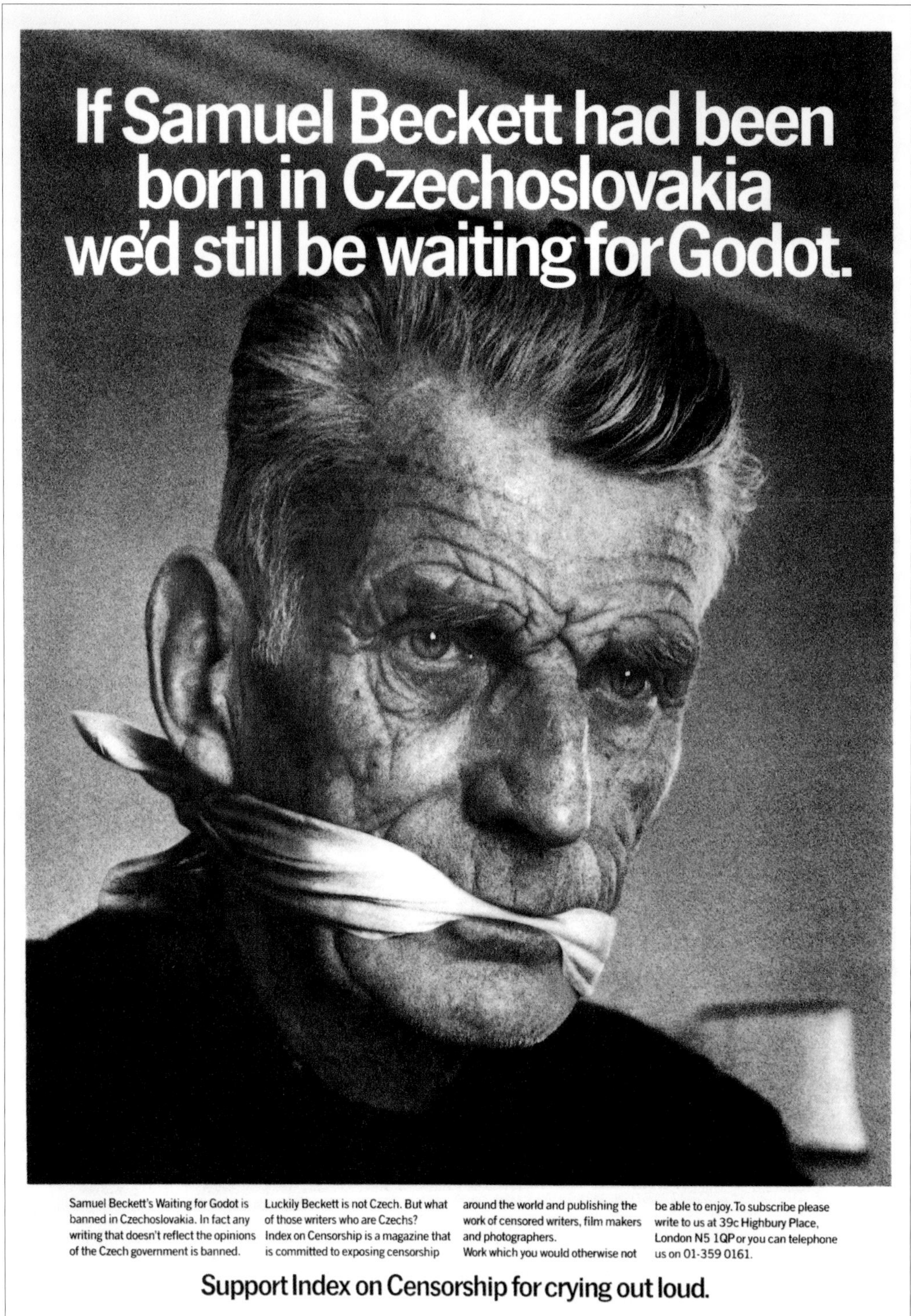

如果塞缪尔·贝克特出生在捷克斯洛伐克，那我们可能仍在“等待戈多”

塞缪尔·贝克特的《等待戈多》，在捷克斯洛伐克是一本禁书。事实上，任何没有遵从捷克斯洛伐克政府意见的写作，都是被禁止的。

幸运的是，贝克特不是捷克斯洛伐克人。但是那些捷克斯洛伐克的作家该怎么办呢？《查禁目录》（*Index on Censorship*）是一本杂志，致力于揭露世界各地的审查制度，并出版被封禁的作家、电影制作人和摄影师的作品，让你有机会欣赏这些不得面世的作品。如需订阅，请写信给我们，地址是海布里大厦 39c，伦敦 N5 1QP，还可以致电 01-359 0161。

支持《查禁目录》，反对过度审查

哪个男人看起来更擅长打强奸官司？

这三个男人都是律师，但一个擅长破产案件，一个擅长财产案件，一个擅长刑事案件。光从外表来判断，你很难区分他们的专长，也没办法通过政府发布的黄页信息进行分辨。这就是为什么法律学会制作了《律师区域名录》，它列出了英格兰和威尔士的律师，并大致告诉你每个律师的经验和擅长的案件类型。

它甚至还能够告诉你他们讲什么语言。

这样一来，在寻求建议时，你就能够确保自己得到的是最佳建议。

法律学会

《律师区域名录》

可在当地图书馆、咨询中心和律师办公室获得

吉姆·德菲
JIM DURFEE

在过去，一家广告公司的衡量标准是其广告质量，而非规模大小。

我就是在那时遇上了卡尔·阿利（Carl Ally）和阿米尔·加格诺（Amil Gargano）。1962年7月2日，我们成立了卡尔·阿利股份有限公司（Carl Ally, Inc.）。自此，奇妙的旅程正式开启，我们的公司曾大放异彩、功绩丰硕，也曾遭遇惨重损失，成为报纸头条的争议话题。

在那个年代，炫目的创意是一切的主宰。惊声尖叫、相互打斗、暴跳如雷、欢呼喝彩、言笑晏晏、不眠不休，是广告人的常态，夜夜如此。从未有哪家广告公司，汇集了如此之多的广告天才，我们的阵容可谓空前绝后：戴维·阿特希勒（David Altschiller）、罗恩·伯杰（Ron Berger）、埃德·麦凯布、汤姆·梅斯纳（Tom Messner）、史蒂夫·彭奇纳（Steve Penchina）、马丁·普里斯（Martin Puris）、迪克·拉伯伊（Dick Raboy）等。

作为首席文案，我负责广告团队的招募、培训、指导，但也向他们学习。14年后，我长久以来的梦想成真了，我离开广告圈，进入艺术学生联盟（Art Students League）学习。经过一年的学习，我发现我还能作画。我现在仍在坚持画画，算不上出色，却也勉强合意。接下来的10年里，我和朋友兼同行马丁·索洛（Martin Solow）一起经营德菲 & 索洛股份有限公司（Durfee & Solow, Inc.）。我们坚持小规模经营，但取得了出人意料的成功。随后我经历了三年相当令人振奋的职业生涯，出任了德拉·费米娜·麦克纳米公司（Della Femina McNamee Inc.）的副董事长兼创意总监。再之后，公司并入灵智精实，成了梅斯纳·韦泰雷·伯杰·麦克纳米·施梅特雷尔·灵智精实公司（Messner Vetere Berger McNamee Schmetterer Euro/RSCG）。我再一次成了合伙人，公司只有一间办公室，也只遵循一个衡量成功的标准——广告的质量。这种感觉真是棒极了！

“杀死汝爱”

假如一个新手作家应该在脑海中烙印下一句格言，那么就应该是这句话。假如每个写作老手都应该反复吟诵一句咒语，那也应该是这句话。

马克·吐温写下这句话，并将其奉为圭臬，我亦如此，缘由如下。

抛下在广告文案创作中最深得我心的东西——一语双关的标题，我就能抛开所有的赘述，直奔主题，潜在顾客最爱的也莫过于此。抛掉那些故弄玄虚、舞文弄墨的文案套话，能够让我的文案洗脱炫耀文笔的嫌疑。

每当我写下行云流水、格调高雅、令人怦然心动的长句（例如本句）时，我就知道陷入骄傲自满情绪的风险又出现了，而它恰好是理性思维的大敌。于是我从头写过（当然，仅在大部分情况下）。

广告文案通常不要求创作者遵循既定的规矩或条条框框，所以说，是个人就能够创作文案。

然而，掌握一定的指导原则和参考要点，依然很有帮助。下面是一些适用于我个人的方法，排序不分先后。

发自内心地相信自己写下的每一个字都有人读，这将令你写得更好，继而带来更多读者。但切记不可说教，还记得你为什么在大学课堂上昏昏欲睡吗?

如果你的标题需要添加副标题说明，那就意味着你需要进一步优化。

不要落入针对特定目标群体写作的圈套。事实上，不要带着“写作”的心态创作文案。想象你需要打动一个人，他/她就坐在你的对面。现在，用你手中的钢笔、铅笔、打字机、文字处理软件或任何沟通的工具，与之对话。

美国微波通信公司对决美国电话电报公司，
这并不是两家公司的战斗，而是两种理念的抗衡

我们觉得有必要明确地告知诸位，MCI与AT&T两家公司发展前景的不同。乍看之下，这看起来像是两个行业巨头之间的广告战。但是事实绝不止如此，两家公司之间的分歧日渐加深。

AT&T诞生于太平盛世，成立即巨头，彼时行业规则清晰易懂：不管电话公司提供什么服务，客户都别无选择，只能接受。MCI生于乱世凶年，直接在激烈的竞争环境中与对手短兵相接。MCI的发展历史的关键词是“响应”，利用世界上最先进的技术定制解决方案，来满足特殊的商业需求。对于MCI这种独有的商业之道，商界给予了非常热烈的回应，使得MCI公司也成为迄今为止工业史上发展最快的公司。举个例子，短短5年时间，我们建立了800数字服务，与超过13万家公司签订了合作协议。

如今，可转网的800号码已成为美国商界的现实，美国企业可以把自己的800号码从一个运营商转到另一个运营商。

结局颇为戏剧化。成千上万的公司正在将它们的800电话业务从AT&T转移到MCI。而且我们的用户名单每小时都在不断增长，包括小公司、中型企业以及《财富》500强企业。

对于MCI业务的猛涨势头，金融服务业的领导者Diebold股份有限公司用一句话做了总结：“从本质上来说，我们花更少的钱从MCI那里得到了相同的服务。在商界，这就叫作理性选择。”

另一家大型医疗保健公司金佰利用完全不同的方式来概括MCI的成功，这句话被写在了我们的布告栏上：“我们很乐意将最后的40个800号码转网到MCI，这家公司是800市场竞争中的佼佼者。”

可转网的800服务，击垮了通信服务业垄断领域的最后一座堡垒。每一款产品、每一类服务，都必须靠自身的独到优势才可存活。市场竞争将是两种文化的激烈碰撞，只有一个能笑到最后。就是你，我们乐见于此。

MCI
为你提供更好的服务
1-800-677-6767

每件产品都有自身价值和可信度区间，一旦文案夸大其词，消费者瞬间就会知道。相信我，消费者没那么好骗。

不要指望艺术指导能够拯救糟糕的文案，一个有感染力的创意，哪怕以不加修饰的方式表述，也比依赖花里胡哨的视觉效果呈现的糟糕创意更有效。

文案没有所谓长短之分，只有“过于冗长”的说法，如果选词不当，文案哪怕只有两个词，也是又臭又长。

一旦你找到了一套所谓的文案创意哲学，你的成长就宣告终止，自此只会止步不前。

永远不要写竞争对手也可以套用的广告文案。

在你写出自己超级满意的文案后，将内容再砍掉三分之一。

不妨做一个令人尴尬的测试。想象自己站在家人面前大声朗读自己写下的文案，你仍然引以为豪吗？

写作时用心聆听潜在消费者的心声，能否听到他们在大声地呼喊“没错！没错！这就是我想要看到的东西！多写点儿！多写点儿！”？

为取悦自己而写，不要为了取悦创意总监而写，否则你写出来的东西谁都不会满意。

每个创作者都需要一个专业的编辑把关，如果你已经找到一个好编辑，就请好好地维护彼此的关系。我不仅十分幸运地找到了一个超级优秀的编辑，还三生有幸地在22年前娶了她。

下面，来看看我创作的广告文案吧。

MCI VS AT&T.

IT ISN'T TWO COMPANIES AT WAR. IT IS TWO PHILOSOPHIES AT WORK.

It is time, we feel, to give you a clear perspective of the relationship between MCI and AT&T. At a glance, it may look like an advertising battle between two leaders. But it is more. And the differences run deep.

AT&T is a company born into monopoly where the rule was easy to understand: you took whatever the phone company gave you. MCI was born into the turbulent, toe-to-toe arena of hard competition. Ours is a history of response, satisfying specific business needs by drawing on the world's latest technologies for tailored solutions.

The corporate world has responded so enthusiastically to our way of doing business that MCI is, by far, the fastest growing company in the history of the industry. In five short years of offering 800 number service, for example, over 130,000 companies have signed with MCI.

And now 800 portability is a reality, freeing American business to move their 800 numbers from carrier to carrier.

The response has been dramatic. Thousands of companies are right now in the process of moving their 800 numbers from AT&T to MCI. And the list grows by the hour. Small companies, medium size companies, Fortune 500 companies.

A world leader in financial services, Diebold, Inc., summed up the swing to MCI in one statement: "Basically, MCI offered us the same type of service for less money. In the business world, that's called making sense."

A major health care company, Kimberly Quality Care, put it another way, which made many of our bulletin boards: "We're pleased to move the last 40 of our 800 numbers to MCI, the company that pioneered competition in the 800 market."

800 portability erased the last vestige of monopoly in the telecommunications industry. Every product, every service must now survive on its own merits. It's going to be an all-out competitive clash of two cultures with only one sure winner. You. And we welcome it.

MCI
BETTER FOR YOUR BUSINESS
1-800-677-6767

这则文案尝试了倾向性的表述。AT&T（美国电话电报公司）是行业的老牌巨头，而MCI（美国微波通信公司）则是新兴的初创公司，这则广告的精妙之处在于突出前述泾渭分明的对比。对文化和观念差异的强调，使得MCI用户激增，而这恰好是其竞争对手AT&T最欠缺的特性。

It makes you a little angry. Like what the hell's going on. Locked away in those PCs of yours is all the power you need.

And you shouldn't have to spend a small fortune to get at it. Or not be able to get at it at all.

The culprit? Look on your shelf.

There it sits. An ever-growing inventory of single-purpose software. Inconsistent commands. Incompatible files. Difficult to learn. Expensive to maintain. Impossible to customize.

And you pay the price: under-utilized equipment, low productivity, spiralling costs.

As a friend succinctly put it, "I need a computer just to keep track of the problems caused by my software."

That same friend recently had many of his problems solved in one fell swoop.

He simply gave up on single-purpose software. And put our product to work for him.

Enable. Hailed as the first system to combine the power and functionality of single-purpose software with the ease and productivity of an integrated program.

"The great thing about Enable is that it gives you all the benefits of a collection of top-notch stand-alone packages—plus integration to boot. It's what Symphony was supposed to be." (Software News, January, 1985)

"Enable...may be the first program to make you give up your dog-eared WordStar, dBASE II, Smartcom and Lotus 1-2-3 disks." (Business Software, April, 1985)

We put it all in. Word processing, spreadsheet, graphics, database management, telecommunications.

And we made it all file compatible with major single-purpose programs. So your investment in Lotus 1-2-3, MultiMate, WordStar, dBASE II and others is fully protected.

And...we made sure Enable would be usable at all levels.

Neophytes are not overwhelmed by it, sophisticates find all the depth they can use. Including our "power users tool kit" with 1-2-3/type macros, procedural language, window to DOS and a system-wide menu-generator for customizing Enable to meet your own special needs.

These considerable resources are all yours on the standard IBM PC up through the PC/AT. And true compatibles.

Further, there's just one common system for everyone to learn. So your training costs will drop. Often dramatically.

Productivity levels will rise. Frustration levels will fall. Again, dramatically. Because everyone will be talking the same software language, sharing data, handling complex tasks far more easily.

Finally. You no longer have to buy five different single-purpose packages to get the productivity of one Enable.

At a cost several times more than Enable's $695.

What if you don't need everything Enable offers? Just use what you do need, Enable will still put you light years ahead.

"A powerful production tool that can serve everyone in the office, from data entry personnel to the vice-president of marketing." (PC Magazine, February 19, 1985)

Like to give Enable a tryout? We'll send you a demo system for a token $14.95 (check or money order).

If you have 25 PCs or more, we'll be happy to give you an on-site demonstration.

Or, we'll put you in touch with an authorized Enable dealer.

One way or another, help is on the way.

Just dial 1-800-932-0233 (in New York: 1-800-338-4646). Or write The Software Group, Northway Ten Executive Park, Ballston Lake, N.Y. 12019.

如果你恼羞成怒、不知所措，那么锁上这些台式电脑，就是你需要的功能。

你根本不应该花一大笔钱去尝试搞懂电脑，或者说根本不可能搞懂。罪魁祸首？看看你的书架。

问题就在那里：一个不断增长的单一用途的软件库存，不一致的命令，不兼容的文件，难以掌握，维护费用昂贵，无法定制。

而你付出的代价是：设备利用率低、生产率低，成本却不断飙升。

正如一位朋友所言：“我甚至需要一台电脑，来专门记录软件触发的问题。”但这位朋友最近的一个举动一下子解决了他的诸多烦恼：他彻底放弃了单一用途的软件，并且让我们的产品为他服务。

赋能：被誉为第一个整合了单一用途软件的力量和功能，将其与集成程序的便利性和生产力结合的系统。

“赋能的伟大之处在于，它为你提供了一系列顶级独立软件包的所有好处，外加集成启动。这就是协同操作应该有的样子。”(《软件新闻》，1985 年 1 月）

“赋能……可能是第一个让你放弃你的字星处理软件（WordStar）、dBASE II 数据库、Smartcom 和 Lotus 1–2–3 磁盘的程序。”(《商业软件》，1985 年 4 月）

我们将前述所有单一用途软件的功能整合到一起：文字处理、电子表格、图形、数据库管理、通信，并确保重要的单一用途程序实现全部文件兼容。因此，你投资在 Lotus 1–2–3、MultiMate、WordStar、dBASE II 和其他软件中的钱不会被浪费。

而且……我们确保任何人都能使用赋能，新手不会被其复杂程度吓到，老手能充分挖掘系统的深度功能，包括“高级用户工具包”，其中有 1–2–3 类型的宏、程序性语言、直达磁盘操作系统的窗口和可定制的一个全系统的菜单生成器。

赋能，将满足每一个用户的独特使用需求。

这些海量的资源都可在 IBM（国际商业机器公司）的标配电脑和 PC/AT 电脑上使用，实现了真正的兼容。

此外，用户只需要学习一个通用系统的使用，因此员工培训成本将大大降低，但同时效率得到大大提升，挫折感也将显著降低。

鉴于每个人都将使用同一种软件语言，数据共享和复杂任务的处理，也将变得更轻松。

最后，你无须再购买五个不同的单一用途软件包，以获得一套赋能系统的功能。就成本而言，这些软件的总价或许比赋能 695 美元的售价高数倍。

如果你用不上赋能提供的所有功能，只需使用所需功能即可，赋能仍会让你远超他人。

“一个强大的生产工具，可以为办公室里的每一个人服务，从数据输入人员到市场营销的副总裁。”(《个人电脑杂志》，1985 年 2 月 19 日）

想要试用赋能系统？我们将向你发送一个演示系统，你只需象征性地支付 14.95 美元（支票或汇票均可）。

如果你计划安装 25 台或更多数量的电脑，我们将很高兴为你提供现场演示。

或者，我们会帮你联系一家赋能软件系统授权经销商。

不管是哪种方式，我们都希望能够为你服务。

请拨打 1–800–932–0233（如果你在纽约，请拨打 1–800–338–4646），或致信软件集团，纽约 12019，波尔斯顿湖，北路十号行政公园。

文案创作，有时候要跳出思维定式，打破常规。赋能（Enable）作为一款新型多功能软件包，设计精巧。创作这篇文案时，与其为一家寂寂无闻的公司新推出的一款未曾听闻的产品绞尽脑汁地想一个吸引人的标题，我选择让读者自己构思心仪的标题。这个方法十分奏效，尽管没有标题导致了部分匆匆浏览的读者流失，但这则广告最终吸引了大量读者，他们仔细地研读内容，并最终购买了产品，效益远超损失。

至少生命的某些部分完全由你掌控

不要只是枯坐原地，认同他人的选择。给我们留个电话，我们会让附近的莲花经销商与你联系。

莲花——性能卓越的汽车。胡桃大街 LP530 号，诺伍德，新泽西州 07648。

莲花

有时候，零文案的广告更具感染力。

如果一篇文案的标题能够引起读者的情感共鸣，读者自己就会创作出专属的文案，而且通常比专业选手写出的文案效果更好。

如果排名第二的租车公司说，它比别人更努力，那我们绝对不会与它争辩，我们相信它说的话。

唯一的问题是，很多人认为，它比较的对象是我们，它觉得自己比我们更努力。

但这并不是事实，我们相信，第二名会第一个认同这个说法，尤其是考虑到下面这些因素。

在需要用车的地方，提供一辆车

租车的第一步，是找到一辆车，赫兹让你比别人更容易找到一辆车。

我们在美国的每一个主要机场，以及不那么重要的机场，都提供了租车服务。

你有没有曾经飞到蒙大拿州的怀特菲什机场？少数人飞过。

那里也将有赫兹的车在等待。

不管你飞往的机场规模有多小，只要它享有商业航空公司提供的服务，100 个中就可能有 97 个机场有赫兹提供服务，或者在 20 分钟车程范围内有赫兹的服务办公室。

赫兹在全世界超过 2 900 个地方提供了取车或留车服务，这几乎是排名第二的租车公司的两倍。

不能来找我们？我们会去找你

我们在美国大多数主要的酒店和汽车旅馆都设置了直拨电话，上面写着赫兹，就安装在酒店大厅里。接到要求派车的电话后，我们就会把车送到酒店门口，比打出租车还方便。

你想要什么样的车？

当你从赫兹租车时，如果你想要一辆红色的敞篷车，那我们绝不会提供一辆米色的轿车。我们的汽车数量是第二名的两倍以上；我们的车队不仅规模大，而且种类多，并且乐意竭尽全力地为你提供想要的车型，从福特、野马、雷鸟到林肯，以及此范围内其他所有价位、风格和档次的汽车，包括相当神奇的谢尔比 GT350-H。

谁是完美的？

当你从我们或其他任何租车公司那里租到一辆新车时，你希望得到现车，随时能够出发，并且车子看起来像全新的一样。

在这一点上，我们并不追求比竞争对手更有优势。他们偶尔会犯错，我们偶尔也会犯错。

只是当我们犯错时，我们的负罪感会更重，因为人们并不期望巨头公司犯错。为了弥补这一点，

被竞争对手诋毁时，别只是苍白无力地自我辩护，不如主动出击。在那场著名的租车公司大战中，安飞士（Avis）的广告诋毁赫兹（Hertz）已有多年，不过凭借这则广告，赫兹只花了 90 天，便瓦解了安飞士塑造的强势地位，而“赫兹是行业第一”的呼声自此深入人心。

No. 2 says he tries harder.

Than who?

We wouldn't, for a minute, argue with No. 2. If he says he tries harder, we'll take him at his word.

The only thing is, a lot of people assume it's us he's trying harder than.

That's hardly the case. And we're sure that No. 2 would be the first to agree.

Especially in light of the following.

A car where you need it.

The first step in renting a car is getting to the car. Hertz makes that easier for you to do than anybody else.

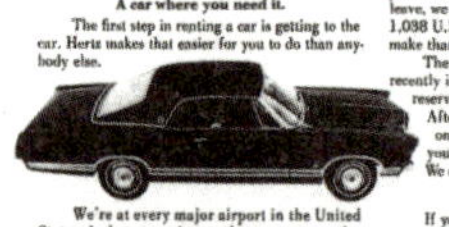

We're at every major airport in the United States. And at some airports that are not so major. Ever fly to Whitefish, Montana? Some people do. And have a Hertz car waiting.

No matter how small the airport you fly to, if it's served by a commercial airline, 97 chances out of 100 it's also served by Hertz or by a Hertz office within 20 minutes of it.

In all, Hertz has over 2,900 places throughout the world where you can pick up or leave a car. Nearly twice as many as No. 2.

Can't come to us? We'll come to you.

We have a direct-line telephone in most major hotels and motels in the U.S. It's marked HERTZ and it's in the lobby. Pick it up, ask for a car, and we'll deliver one to the door. You often can't get a cab as easily.

What kind of car would you like?

When you rent from Hertz, you're less likely to get stuck with a beige sedan when you want a red convertible. We have over twice as many cars as No. 2.

Not only is our fleet big, it's varied. We do our best to give you what you want. From Fords, to Mustangs, to Thunderbirds, to Lincolns and everything in between. Including the rather fantastic Shelby GT 350-H.

Who's perfect?

When you rent a new car from us or anybody else, you expect it to be sitting there waiting, ready to go, looking like new.

On that score we claim no superiority over our competition. They goof once in awhile. We goof once in awhile.

Except when we goof it bothers us more because people don't expect the big one to goof. And to make up for it, if our service is not up to Hertz standards we give you $50 in free rentals.* Plus an apology.

No. 2 gives a quarter plus an apology. And advertises that he "can't afford" to do more.

We feel the other way about it. We can't afford to do less.

Besides, the $50 comes out of the station manager's local operating funds. This tends to keep him very alert...and our service very good.

Hot line.

When you're in one city and you're flying to another city and you want to have a car waiting when you arrive and you want it confirmed before you leave, we can do it for you. Instantly. In any one of 1,038 U.S. cities. No other rent a car company can make that statement.

The major reason we can do it is because we recently installed one of the world's most advanced reservations systems.

After all, with the supersonic jets in sight and one hour coast to coast flights in prospect, you'll need some quick answers.

We can give them to you today.

About credit.

If you've got a national credit card with most any major company, you've got credit with us.

About rates.

You can rent a car from Hertz by the day and the mile, by the weekend, by the week, by the month, by gift certificate, by revolving credit, by sundry other ways in between.

We offer all these rates for two reasons. To stay ahead of competition. To get more people to rent cars.

When you go to rent a Hertz car just tell the Hertz girl how long you want the car and roughly how much driving you'll be doing. She'll figure out the rate that's cheapest for you.

Speak up No. 3.

Is it you that No. 2 tries harder than?

Hertz

第二名说它比别人更努力？跟谁比呢？

赫兹的政策是：如果服务没有达到赫兹的标准，我们会提供 50 美元的租金减免作为补偿，再加上一次诚挚的道歉。而第二名则提供 12.5 美元的补偿，外加一次道歉，声称其“没有能力”提供更多的补偿。

赫兹的观点恰恰相反，我们只恨自己不能做得更多。

此外，这 50 美元来自各个站点的经理的地方运营资金。这往往会使其非常警觉，这就确保了赫兹一贯高质量的服务。

热线

当你即将从一个城市飞往另一个城市，并且想在抵达时有一辆车在机场等候，希望能够在起飞前确认需求时，赫兹就能够为你办到。我们可以瞬间为你确定用车信息，并在美国的 1 038 个城市提供预租车服务，没有其他租车公司能做到这一点。

我们能做到这一点的主要原因是，赫兹最近安装了全球最先进的一个预订系统。

毕竟，随着超音速喷气机的出现，美国东西海岸之间的行程有望缩短到一个小时，这就意味着客户需要更迅捷的答复，只有赫兹能够提供如此迅捷的服务。

关于信用

如果你持有任何一家大银行的全国通用信用卡，你在我们这里就拥有足够的信用值。

关于价格

赫兹租车的服务，可以按天、按千米、按周末、按周、按月、按礼品券、按循环信贷、按其他各种各样的方式计费。

我们提供上述不同的计费方式，考虑到两个因素：第一，为了保持竞争优势；第二，吸引更多的人去租车。

当你去租一辆赫兹的车时，只要告诉赫兹的接待员，你想要租多长时间的车，以及你大概要开多远的距离，她就会帮你计算出最合适的租赁价格。

喊话行业第三

第二名是在尝试比你更努力吗？

赫兹

要学会随时随地发掘标题的灵感。在写下这个标题之前，卡尔在一次会议中大声咆哮：“你可以把沃尔沃开出去，驱之如仇。”这句话精准地描述了沃尔沃的精髓。我写下了这篇文案，把视觉设计交给了阿米尔。我曾写的一些备受称赞的文案标题，灵感均来自他人，有时候来自客户。

Drive it like you hate it.

When Volvo came to the U.S. from Sweden in 1956, Chevy was the "hot one," Ford was the "safe one" and Volkswagen was just catching on as the "funny one."

We'd like to say that Volvo immediately caught on as the "tough one." It didn't.

At first only the "car nuts" bought it. They figured that if a Volvo could hold up under Swedish driving (no speed limits), survive Swedish roads (80% unpaved), withstand Swedish winters (30° below), that a Volvo would hold up under anything.

They figured right. Volvos were driven right off showroom floors onto race tracks where they proceeded to win more races tl ny other compact ever made.

Volvos are still nning races. But that isn't why they're bought today. Volvos are now being used and misused as family cars. They're safe. And on the highway they run away from other popular-priced compacts in every speed range, yet get over 25 miles to the gallon like the little economy cars.

Volvo is now called the "tough one." And it's the biggest-selling imported compact in America today.

You can drive a Volvo like you hate it for as little as $2565. * Cheaper than psychiatry.

像讨厌它一样驾驶它

1956年，当沃尔沃从瑞典来到美国时，雪佛兰是“热门车型”，福特是“安全车型”，大众作为“搞笑车型”刚刚流行起来。

我们希望沃尔沃打造“强悍车型”的形象，并且能够立即占据市场，但事实并非如此。

起初只有“汽车发烧友”会买它。他们认为，如果沃尔沃能按照瑞典的驾驶风格（没有速度限制），在瑞典道路（80%为非铺装路面）上行驶，在瑞典的冬天（零下30度）续航，那么沃尔沃在任何苛刻的环境下都能行驶。

他们想得没错。刚从汽车展厅的陈列室里开出来，沃尔沃就被开到了赛道上，并且在那里赢得了比任何其他小型汽车更多的比赛。

时至今日，沃尔沃仍然在赢得比赛，但这并不是客户们购买沃尔沃的原因。过去被用于竞速的沃尔沃汽车，现在被当作家庭用车来使用，因为它们很安全。而且在高速公路上，它们在每一个速度阶梯内都能跑赢同价位的其他小型汽车，但能像小型经济型汽车一样，每加仑[①]油支撑超过25英里的行驶。沃尔沃现在被称为“强悍车型”，也是当今美国销量最大的进口小型汽车。你可以疯狂地驾驶一辆沃尔沃，就像你讨厌它一样，价格低至2 565美元（比看心理医生便宜多了）。

沃尔沃

① 美制1加仑约为3.79升。——编者注

保罗·菲什洛克
PAUL FISHLOCK

人生中的前四次跳槽，让保罗·菲什洛克在全球好几块大陆留下足迹：先是跳到伦敦智威汤逊（James Walter Thompson，缩写为 JWT），接着到约翰内斯堡 BLG&K，然后到伦敦 CDP，再进入悉尼盛世长城。他与广告界的精英并肩工作，并谦逊地表示，自己取得的所有成就，都要归功于团队的精英们。

1993 年，保罗加入广告圣殿公司（The Campaign Palace），与艺术指导沃伦·布朗（Warren Brown）共事。很快，他们便成为澳大利亚获奖最多的广告团队。

多年来，我一直生怕被人识破，概因我自认并不是一个优秀的文字工作者。我心中并没有太多不吐不快的新鲜事（大概是因为我一年也读不了几本书），也从未在高质量出版物上发表过文章，甚至在学校里都没有拿过任何一个作文比赛的名次。

一旦要写的东西超过了一张海报的篇幅，我就会深陷恐惧之中，动弹不得，宁愿自己是个“概念创作者”，而非文案创作者。我无比希望自己能够想出一个标题，然后将内容创作的要求甩给文案部，让他们那里一个嘴里叼着烟斗，衣服肘部缝了皮质衬垫的专职文书把这些灰色的格子填满。

我热爱广告文案这份工作的一切，除了写文案。但我也知道，如果找不到解决的办法，全世界最好的工作（我稀里糊涂地踏入了这行当）就将离我而去。于是我开始钻研获奖文案，直到自认为能将所有的诀窍倒背如流。例如，从备选的标题入手（绝对不要浪费这个创意），以及确保段落超级简短。

就像这一段。

写广告时要善用括号，在括号里写些奇奇怪怪的内容（你还在看吗？如果还在看，很好，那我就继续）；倒数第二段话绝对不要以“所以……”开头；总是尝试用笑话结尾（哪怕铺垫笑话要占用半栏空间，并且不那么好笑）。

这些所谓诀窍，我全部尝试过，但不知为何，写出来的文案依然一如既往地自说自话、无人理解。年度优秀广告年鉴发布之后，我依然榜上无名，唯一合理的解释只能是我的文案里依然欠缺了某种至关重要的东西。

在不久后的某一天，对着一篇直白得恼人，但又没办法再拖延的文案，我双手一摊，正式宣告放弃。

是时候直面惨淡的现实了，我永远也不可能登上文案名人榜，我天生就不是写作的料，不如趁早转行。我下定决心，从今往后，我绝对只按照最少字数要求写作，并尽可能简洁明了，只使用普通人都能看懂的常用词和日常短语。

备用标题和故弄玄虚的文字游戏一概禁止，除非它们能够像平实的语言那样，直截了当地表达至关重要的信息。在写完必须呈现的所有信息之后，立刻停笔。哪怕这意味着文案的结尾是一串电话号码，而不是一个俏皮的笑话。

然后，我会通读全文，看看有没有什么地方一不小

标题不言自明，无须在内文中多做解释。

心还是要了小聪明，或是能不能将一些陈词滥调写得更新颖有趣，但需要注意不可新颖过头，以至于读者还要转换成老旧的说法，才能理解我想要说些什么。

在写作的过程中，我会想象有一个编辑用刺耳的声音冲我大喊：“我可不管你是不是詹姆斯·乔伊斯，你就直说吧！”为此我开始阅读《如何简洁明了地写作》——一套面向高中生的教材。

这听起来像是尴尬地承认自己的失败。要想成为广告界的名人，纸媒广告我可能已经没有希望了，那我不如更努力地提升自己在电视广告方面的能力。

谁承想，峰回路转，我的平面广告忽然比之前好多了。我的文案恐惧症也消失了。我的文案作品首次入选了广告年鉴的文案版块。而最令人惊奇的是，我竟受邀为 D&AD 的书撰稿，和其他了不起的广告文案一起教人如何写文案。

死狗在此，我的奖杯呢？

今年的评奖，将限制慈善领域广告的奖项。

在广告奖项评选方面，社区服务和慈善广告一直都是一个特殊的类别。

全球各大广告节均为慈善广告单独设置了类别，AWARD 广告奖（澳大利亚文案与艺术指导奖）也不例外。然而，我们发现了一个问题。

社区服务和慈善广告不仅能够在本类别内评奖，还可以参加其他通用广告类别的评奖。例如，一则小幅慈善广告，能够在根西参加三个奖项的评选，分别是：社区服务和慈善广告类别、小幅广告类别和纸媒广告类别。

相应地，对只能够参加一个类别的其他广告，例如袋装汤料的广告来说，这十分不公平，并会导致一本广告书看起来像是慈善广告的获奖年鉴。

因此，我们调整了 1991 年度 AWARD 广告奖的部分奖项设置，确保社区服务和慈善广告只能在专属的类别中进行评审。同样，小幅广告也是如此。

同时规定了海报的最小尺寸，以避免那些被钉在墙上的新闻广告以此为由参赛。

圣诞卡、婚礼邀请函、出生通知书等有了专属的评审类别，不再直接威胁到直邮广告类别的评选。

调整的细则，详见第 13 届 AWARD 广告奖征集作品手册。如果你还没有拿到手册，请致电玛丽或桑德拉，电话为（02）2676907 或（02）2676916。

但请抓紧时间，参赛作品的投递截止日期是 6 月 7 日。如果你把所有的获奖希望都押在一则慈善广告获得几座奖杯上，那么现在醒悟为时未晚。

反过来想一想，只需要参加一个奖项的评选，实际上还能给你省下不少钱呢。

1991 年广告作品征集

我，否，晒伤。有充分的理由时，连语法也可以改变。
改成“我不会被晒伤”，就失去了原有的味道。

我，否，晒伤

写给那些被困在地铁上的无所事事之人。

We're not allowed to tell you about Winston cigarettes, so here's something to pass the time.

Look at the person sitting opposite you.
Just a quick glance. Try not to stare.
What do you think they do for a living?
How much do you think they earn?
More than you?
Could you do their job?
Think of five possible christian names for them. And one nickname.
Are they married? To what kind of person?
Imagine their home. Their furniture.
What do they keep on their mantelpiece?
What colour bathroom do they have?
Consider the ANY DISTINGUISHING MARKS section of their passport.

What does it say? What should it say?
Where are they heading now? And why?
To meet somebody? Who? For what reason?
Do they look as if they're late?
And if they suddenly leant forward and offered to buy you dinner, what would you do?
But before you pass too harsh a judgement on this poor, unsuspecting fellow-traveller, here's something else to think about. There's another Winston ad, just like this one, directly above your head.

KING SIZE WINSTON FILTER CIGARETTES TWENTY CLASS A

LOW TO MIDDLE TAR As defined by H.M. Government
DANGER: Government Health WARNING: CIGARETTES CAN SERIOUSLY DAMAGE YOUR HEALTH

我们不被允许给温斯顿香烟做广告，所以不妨看看下面的东西，打发无聊的时间

看看坐在你对面的人。
只是快速地看一眼，尽量不要盯着看。
你认为他们是做什么工作的？
你觉得他们能赚多少钱？
比你多吗？
你能做他们的工作吗？
为他们想出五个可能的基督徒名字，再加上一个绰号。
他们结婚了吗？对象是什么样的人呢？
想象一下，他们的家里摆着什么家具？
他们的壁炉架上放着什么？
他们的浴室是什么颜色？
想象一下，他们的护照上的“任何特殊标志”部分。
上面写了什么？应该怎么写？
他们现在要去哪里？为什么？
去见什么人吗？是谁呢？出于什么原因？
他们看起来像是要迟到了吗？
如果他们突然向前倾身，提出要请你吃饭，你会怎么做？
但在你对这个可怜的、毫无戒心的旅行者做出过于严厉的判断之前，这里还有一个值得思考的问题。
有温斯顿的另一则广告，和这则广告一样，就在你的头顶上方。

温斯顿香烟
政府定义的中焦油香烟
警示：政府健康警告——吸烟有害健康

如果女性能解决缺铁问题就好了。

如果女性能像大力水手一样，
轻松地解决缺铁问题就好了！

大力水手在快速吃完菠菜后，可以征服世界，但奥利弗·奥尔（大力水手的女友）却办不到。

如果一个女人尝试“大力水手式”饮食，她将难以维持日常身体所需。

原因很简单：女性每天需要的铁，是男性的两倍以上。

这就是为什么女性必须了解，食物中存在两种不同类型的铁。

蔬菜、谷类和谷物中的铁被称为非血红素铁，鱼肉、鸡肉和红肉中的铁被称为血红素铁。

人体吸收血红素铁的能力比吸收非血红素铁强最多 10 倍。

而且肉越红，含血红素铁就越多。

这就是为什么瘦牛肉是公认的每日铁元素的最佳摄取来源。

饮食专家建议女性群体保持均衡的饮食，包括丰富的血红素铁来源，比如瘦牛肉。

如果奥利弗·奥尔听从了他们的建议，她肯定会比之前更有活力。

瘦牛肉

每天必需的铁元素的最佳来源

澳大利亚肉类和家畜公司

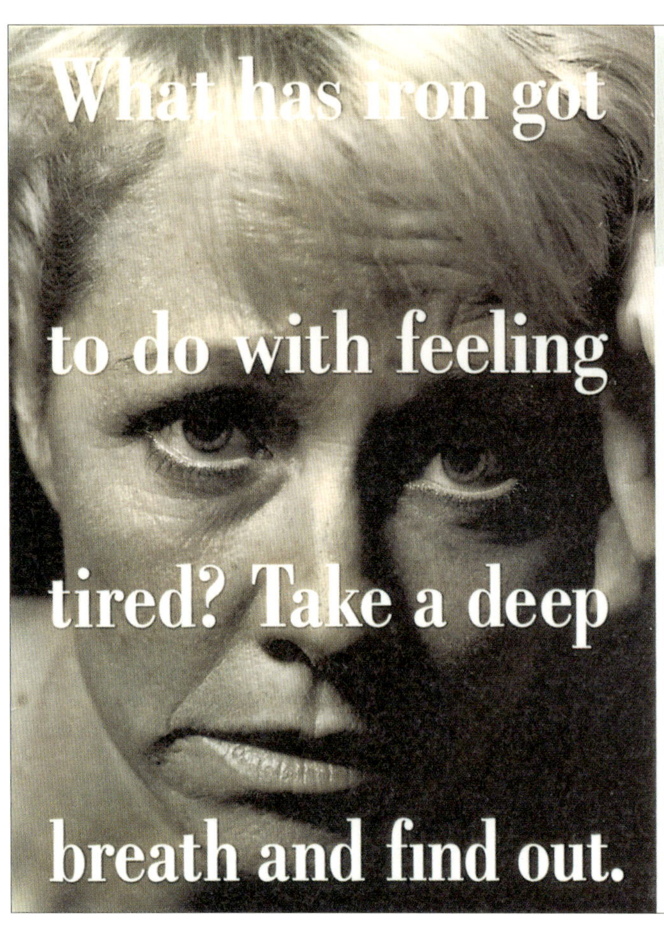

Your lungs are now full of air, the most important part of which is oxygen.

But it's not just your lungs that need oxygen, every cell in your body does.

So how do you get it to your toes, the tips of your fingers and your ear lobes?

By attaching it to the iron rich cells in your blood stream. Simple and efficient.

Unless like seven out of ten Australian women aged 25-54, you're not getting your recommended intake of iron.*

Or worse still, you're among the one in three running an increased risk of iron deficiency and quite possibly experiencing symptoms such as fatigue, lethargy and lack of concentration.*

You may also find yourself more prone to illness and infections.

And in severe cases, become anaemic.

All because you haven't got enough iron to carry oxygen to where it's needed.

The early warning signs of a possible iron problem are so familiar that many women dismiss them as 'normal.'

Others blame their tiredness on another aspect of their life: Stress, raising a family or lack of sleep, for instance.

All of which may be contributing factors. But lack of iron could be another.

So how can you tell if you're not getting enough iron?

And what can you do about it if you aren't?

Firstly, if you recognise any of the symptoms we've described, ask your doctor to check your ferritin level (iron stores).

If it's particularly low your doctor may prescribe an iron supplement in the short term.

However, nutrition experts agree that for most women a change of diet to include iron rich foods is by far the more natural and effective long term solution.

(Especially for those who can barely remember the last time they weren't on some kind of fad diet.)

One of the best iron rich foods readily available is lean beef.

As part of a balanced diet, the Australian Nutrition Foundation recognises it as one of the richest sources of iron.

It also helps you absorb up to four times the iron from other foods, like vegetables.

If you'd like more information on iron and how to make sure you're getting enough, please write to Nutrition Communications, PO Box 4129, Sydney 2001.

The good news is that lack of iron is one womens problem that's, more often than not, very easily solved.

Doesn't that make you breathe easier?

SUPPORTED BY AUSTRALIAN NUTRITION FOUNDATION

Are you getting your essential daily iron?

*Source. National Dietary Survey of Adults, 1983.

告知女性群体她们的身体健康危在旦夕，
并不是什么好笑的事情，所以通篇无包袱。

铁元素与疲惫不堪之间有什么关系？深呼吸，找出答案

现在你的肺里充满空气，其中最重要的成分就是氧气。

但是绝不是只有肺部需要氧气，身体的每个细胞都需要它。

所以，你是如何将氧气输送到你的脚趾、指尖和耳垂的呢？

你需要通过血液中富含铁质的细胞来运送氧气，简单而又高效。

假设你和七成年龄在 25~54 岁的澳大利亚女性一样，没有摄入足够的铁元素。*

或者更糟糕的是，你跟 1/3 澳大利亚女性一样，面临持续缺铁的危险，并极有可能感到疲惫不堪、昏昏欲睡、神思恍惚。

你还会发现自己很容易生病，更容易被感染。

严重的话，则会演变成贫血。

这些问题都是因为没有摄入足够的铁元素，无法把氧气运送到身体的各个部位。

缺铁的早期症状十分常见，以至于很多女性都会将其视为“正常现象”。

还有一些女性将身体的疲劳归咎于生活的其他方面：工作压力、养育子女或缺少睡眠等。

这些都可能诱发疲劳，但缺铁则是另一个很容易被忽视的重要诱因。

因此，如何判断你体内是否有足够的铁元素？

如果缺铁你该怎么办？

首先，如果你发现自己出现了上述症状，请让医生为你检查铁蛋白含量（铁元素的含量）。

如果该项数值很低，医生就可能会给你开补铁的药物，让你在短期内服用。

但是，营养专家认为，从长远来看，对大多数女性而言，改变膳食、多吃富含铁元素的食物，更有营养也更有效（尤其是对那些长期吃减肥餐的女性而言）。

唾手可得的最好的富含铁元素的食物，就是瘦牛肉。

作为均衡饮食的一部分，澳大利亚营养基金会认定瘦牛肉是最富含铁元素的食物。

从瘦牛肉中摄取的铁元素，最多可达蔬菜等其他食物中铁含量的 4 倍。

如果你想了解更多有关铁元素的知识，并想要确定自己是否摄取了足够多的铁元素，请写信给营养通信部的 4129 信箱，悉尼 2001。

值得庆幸的是，缺铁对女性群体而言是一个很容易解决的问题。

这些建议，是否让你大大地松了一口气呢？

你摄入了每日所需的铁元素吗？

澳大利亚营养基金会赞助

* 来源：全国成年人膳食调查，1983

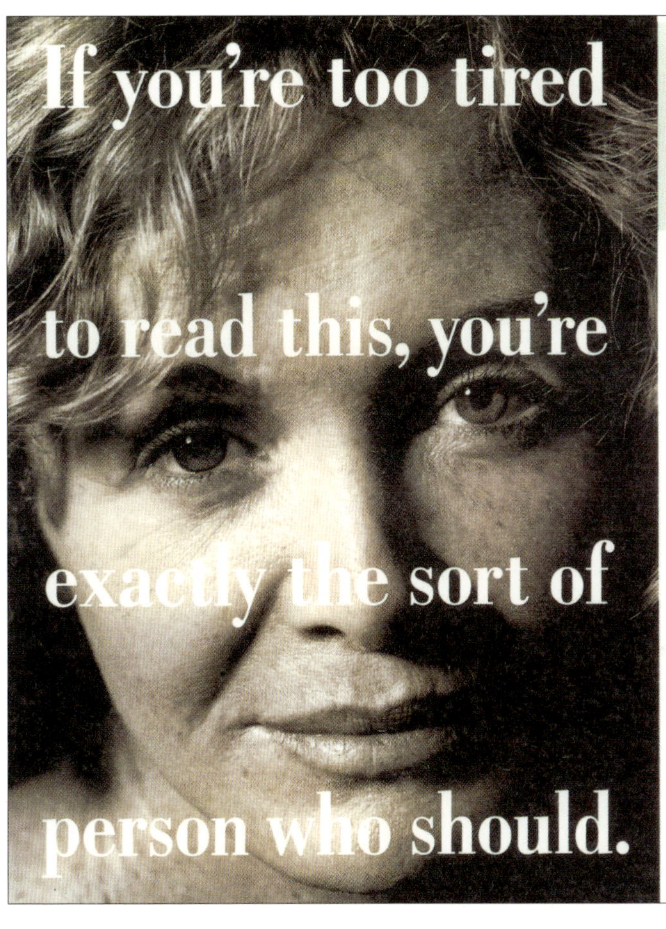

Do the words run down, listless, worn out, lethargic or sluggish ever describe you?

You are not alone.

A great many women feel exactly the same and lack of iron may be to blame.

Perhaps it's time you did something about it.

Reading this could be your first step.

You may be wondering why everyone is suddenly talking about iron.

Is it mineral of the month? Another dietary fad that will disappear as miraculously as it came to light?

Unfortunately not. The iron issue is very much a fact of modern life.

Seven out of every ten Australian women aged between 25-54 years aren't getting their recommended intake of iron.*

With at least one in three running an increased risk of iron deficiency which may eventually progress to anaemia.*

Most of us always knew we needed iron. But no one ever told us why. So let's start right at the beginning.

Iron is important for several reasons.

Maintaining a healthy immune system and energy production are two of them.

But by far its most vital function is carrying oxygen in our blood.

If we don't have enough iron, our muscles don't get enough oxygen and that's when we can start to feel tired and run down.

Unfortunately, this is so familiar to many women that they simply dismiss it as being, well, normal.

Others blame something else in their life.

A busy schedule, stress, not sleeping well, sometimes even the weather.

All of which may be contributing factors, but lack of iron may well be another.

So what can you do about it?

What sort of things should you be eating to top up your iron stores?

Are iron supplements the answer?

Not according to the nutritional experts who agree that for most women it is much better to obtain nutrients from natural food sources.

The Australian Nutrition Foundation recommends a balanced diet including foods rich in the two types of iron.

Haem iron (found in red meat, poultry and seafood) and non-haem iron (found in breads, vegetables, cereals etc).

Of the two, haem iron foods contain iron in a form that is much more easily absorbed by the body.

For instance, a moderate 125g grilled lean rump steak has about three times more iron than a regular 70g serving of cooked spinach.

On top of which, twelve times as much of the iron present is absorbed.

As a general rule, the redder the meat, the the higher the iron content.

Which is why lean beef is recognised as one of the best sources of daily iron.

If you think you might have an iron problem see your doctor and ask about your ferritin level (iron stores).

Or if you'd like more information why not call 008 675 898 right now.

And if you're too tired to pick up the phone? You guessed it.

You're exactly the sort of person who should.

Are you getting your essential daily iron?

SUPPORTED BY AUSTRALIAN NUTRITION FOUNDATION

*Source: National Dietary Survey of Adults, 1983.

如果你疲倦到连这篇文章都读不下去，那你更应该坚持读完

疲惫不堪、无精打采、心力交瘁、昏昏欲睡、萎靡不振，这些词是否描述了你的状态？

如果是这样，放心，不只你一个人是这样，许多女性也存在同样的感受，而缺铁可能是罪魁祸首。

也许，是时候做些改变、调整状态了。

阅读这篇文章，可能是你需要迈出的第一步。

你或许会疑惑，怎么突然之间，每个人都言必及铁了。

它是每月必须摄入的矿物质，还是一种饮食风尚，来得快也去得快？

遗憾的是，缺铁在很大程度上已经成为现代生活的一种常见病。

在25~54岁的澳大利亚女性中，每10人就有7人没有摄入足够的铁元素。*

至少有1/3的人存在缺铁的风险，并最终可能发展为贫血。

大多数人一直都知道身体需要足够的铁元素。

但是从来没有人告诉我们，为什么铁元素的摄入如此重要。因此，让我们从头开始吧。

铁元素如此重要，有下面几个原因。

保持免疫系统的健康和提供能量，是两个重要的原因。

但迄今为止，铁元素最重要的功能是在人体的血液中运输氧气。

如果身体缺乏足够的铁元素，肌肉就得不到足够的氧气，这时我们就会开始感到疲劳，甚至筋疲力尽。

遗憾的是，大多数女性因为经常感到疲惫而将疲倦的状态简单地视为“正常现象”。

还有人将其归咎于生活中的其他东西，比如满满当当的日程安排、压力、睡眠不好，有时甚至是天气。

这些都可能引发疲倦，但铁的缺失，很可能是另一个因素。

那么你能做些什么呢？

你应该做哪些事情，来补充缺失的铁元素呢？

铁元素补充剂是答案吗？

营养专家认为并非如此。他们认为，对大多数女性来说，从天然食物中获得营养物质是更有效的解决办法。

澳大利亚营养基金会建议均衡饮食，包括富含两种类型的铁的食物：血红素铁（存在于红肉、家禽和海鲜）和非血红素铁（存在于面包、蔬菜、谷类等）。

在这两种食物中，血红素铁食物所含铁元素更容易被人体吸收。

例如，一份125克的烤瘦牛排的铁元素含量比70克熟菠菜多3倍左右。此外，瘦牛肉所含的铁被吸收的数量是后者的12倍。

一般来说，肉越红，铁元素含量就越高。

这就是为什么瘦牛肉会被认为是每日铁元素的一个最佳来源。

如果你发现自己可能存在缺铁的问题，请让医生为你检查铁蛋白含量（铁元素的含量）。

如果你想了解更多有关铁元素的知识，请直接拨打008 675 898。

如果你累得连电话都不想拿起来，毫无疑问，你就是缺铁一族。因此你更应该了解相关信息，并补上缺失的铁元素。

你摄入了每日所需的铁质吗？

澳大利亚营养基金会赞助

*来源：全国成年人膳食调查，1983

文案工作的经验：
文案过长势必表意不足，故作聪明难免适得其反。

奥林巴斯镜头下的野人足印

1987年4月14日，一群登山者在喜马拉雅山偶然发现了雪地上的神秘脚印。

它们会不会是雪人的足迹？

幸运的是，克里斯·波宁顿的团队，当时带着几台奥林巴斯小型相机。所以他们咔嚓咔嚓地拍下照片，相信世界很快就会看到清晰的证据。

这些足迹，是由一个两腿直立行走的生物在雪地上快速奔跑时留下的。仔细观察后发现，这不是人或人类已知的任何生物的足迹。对此，随行的西藏搬运工心中毫不怀疑。

这些足迹属于Chuti——两种雪人中较小的一种，据说生活在该地区的高山森林中。

当时的登山队长吉姆·福瑟林汉说："这是一个非同寻常的时刻，四个经验丰富的登山者，像婚礼摄影师一样拍下了这令人惊叹的一幕。"

我们中的大多数人都不太可能有在门隆则峰的半山腰上记录雪人足迹的神奇经历。

但是，在你需要拍摄度假照片的时候，知道一台小小的奥林巴斯可以拍出一套很棒的照片，也同样令人欣慰。

奥林巴斯相机

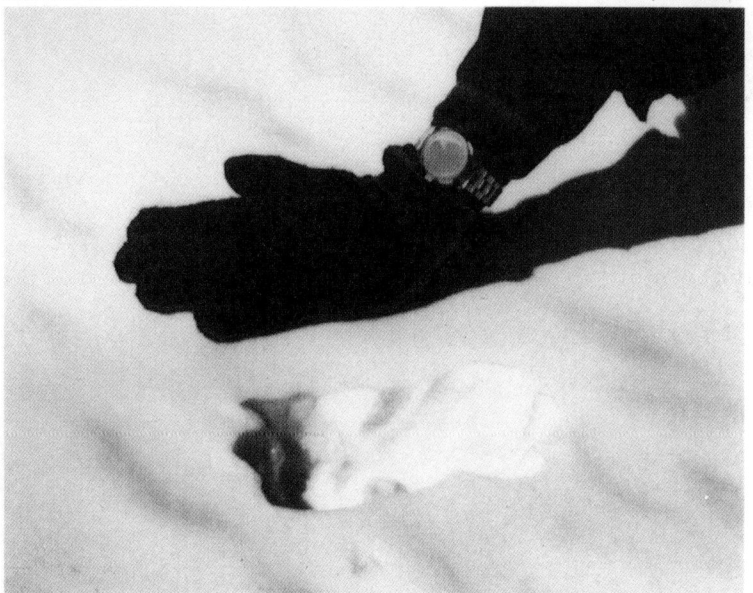

A rare sight indeed. Abominable prints from an Olympus.

On April 14th 1987, a group of climbers in the Himalayas stumbled across mysterious footprints in the snow.

Could they be the tracks of an Abominable Snowman?

Fortunately, Chris Bonington's team were armed with a couple of our Olympus compact cameras at the time. So they clicked away, confident that the world would soon see clear evidence.

The tracks had been made by a two-legged creature moving fast across the snow in running bounds. Closer inspection proved that they were not those of man or any creature known to man.

The Tibetan porter had no doubt in his mind.

These were the marks of the 'Chuti' – the smaller of the two Yeti – said to live in the high mountain forests of the region.

"It was an extraordinary moment" said Jim Fotheringham, leader of the climbers at the time "four experienced mountaineers snapping away like wedding photographers."

Most of us are unlikely ever to be called upon to record the tracks of a Yeti half way up Mount Menlungtse.

But when it comes to your holiday snaps, it's reassuring to know that a small Olympus can take a great set of prints.

OLYMPUS CAMERAS

理查德·福斯特
RICHARD FOSTER

理查德·福斯特的广告生涯，始于职场最底层——布伦宁公司（Brunnings）的财务部。

那一年是 1968 年，第二年他在多兰氏（Dorlands）谋得了第一份文书工作。从那时起，他便连遇多位贵人，接连得到业内顶尖公司的录用：1970 年，托尼·布里纳尔聘用他为弗农氏（Vernons）的初级文案；1971 年，彼得·梅尔（Peter Mayle）聘用他为天联广告公司的文案；1976 年，约翰·萨蒙聘用他为 CDP 的创意组长；1980 年，戴维·阿博特聘用他为阿博特·米德·维克斯公司的董事兼资深文案。

他的作品在各大广告创意比赛中都获过奖，其中包括 1 次 D&AD 奖黄铅笔奖和 5 次 D&AD 奖石墨铅笔奖。

● 今天我要为塞恩斯伯里超市的橄榄写广告文案。

广告的视觉草图，就钉在我面前的墙上（写文案时，我总会把视觉草图放在面前，它能帮我尽快落笔）。画中是一颗塞恩斯伯里超市的皇后橄榄，浸在一杯马提尼中。皇后橄榄个头很大，占据了杯子大部分的空间。视觉文案的标题是：“想为你的橄榄，配一杯马提尼吗？”

首先，我要做的是告诉人们，不要误以为图上的马提尼杯子太小，显得橄榄大，而是橄榄真的就这么大。此外，我的桌子上还放着一罐皇后橄榄和一罐普通橄榄。我从两个罐子里分别取出一颗橄榄，将它们并排摆在盘子里。如我所料，皇后橄榄看上去差不多是普通橄榄的两倍大。于是我写道（一如既往地手写）：“皇后橄榄是普通橄榄的两倍大。”

这一句还没写完，我就已经想好了下一句——“而且美味加倍”，但我瞬间意识到“美味加倍”略显主观，于是改为描述客观事实的语调：“而且，有人会说，美味加倍。”

我需要在“美味”上做更多文章。我从盘子里拿起皇后橄榄，吃了它，并写下我的感受：“它肉质丰满而紧实，带有甘甜果味，是开胃菜的不二之选……”我突然想起，马提尼也有开胃作用，于是加了一句（当然用了括号）——“……不论加不加马提尼”。

如前所述，这是一则关于塞恩斯伯里超市的橄榄的广告，也就是说，广告要囊括塞恩斯伯里超市里所有的橄榄品种。该超市共有九种橄榄，其中八种都产自西班牙。不仅如此，这八种还都产自塞维利亚，那是西班牙最好的橄榄产地。至于那个格格不入的品种，很不幸地产自希腊。

八种西班牙橄榄中，七种是绿色的，一种是黑色的。希腊产地的橄榄也是黑色的。七种绿橄榄中，其一是皇后橄榄，其他六种则是曼萨尼亚橄榄。六种曼萨尼亚橄榄中，一种是带核的，一种是去核的，两种是填馅的，两种是腌渍的。两种黑橄榄中，西班牙橄榄口味浓郁，希腊橄榄就是普通的橄榄味。

一篇文案要如何介绍五花八门、特征迥异的九种橄榄？我选择了重点描述塞维利亚橄榄。把开头几句重读了一遍后，我继续写道：“和塞恩斯伯里超市里所有产自西班牙的橄榄一样，我们的皇后橄榄也来自塞维利亚——西班牙最著名的橄榄产地。”

下面就该介绍这个系列里其他八种橄榄了。我决定用一句话带过曼萨尼亚出产的橄榄，于是我写道：“我们还销售更广为人知的曼萨尼亚橄榄，有带核、去核、填馅、腌渍的品种可选。”

但我随后进一步解释：两种填馅的橄榄，分别是红甜椒馅和杏仁馅的；腌渍橄榄有一种以橄榄油加入蒜和辣椒腌制而成，另一种则浸在带香料的橄榄油之中腌制而成。

还是太啰唆了，我得凝练一点儿。于是我重写了这一段的结尾（充分运用了括号）：“……填馅（红甜椒馅或杏仁馅）、腌渍（以橄榄油加入蒜和辣椒或加入香料腌制）。”

胜利在望了，我只需要再谈谈那两种黑橄榄，提一下塞恩斯伯里超市的橄榄品种最为丰富，然后写一个号召消费者购买的结尾，就万事大吉了。

我开始重读整篇文案，只读到开头便卡壳了。“皇后橄榄是普通橄榄的两倍大。”我不喜欢“普通”这个词，它太普通了。“平常”？不行，“平常”我见过太多次了。“一般”？不行，有贬损意味。等等，皇后橄榄……皇室……平民。

“皇后橄榄是平民橄榄的两倍大。”

收工大吉！

想为你的橄榄，配一杯马提尼吗？

皇后橄榄是平民橄榄的两倍大，而且，有人会说，美味加倍。

它肉质丰满而紧实，带有甘甜果味，是开胃菜的不二之选（不论加不加马提尼）。

和塞恩斯伯里超市里所有产自西班牙的橄榄一样，我们的皇后橄榄也来自塞维利亚——西班牙最著名的橄榄产地。

我们还销售更广为人知的曼萨尼亚橄榄，有带核、去核、填馅（红甜椒馅或杏仁馅）、腌渍（以橄榄油加入蒜和辣椒或加入香料腌制）的品种可选。

这些都是青橄榄，但如果少了风味独特的黑橄榄，一切都不够完美，其中一种是塞恩斯伯里超市的卡拉马塔橄榄，另一种是欧西布兰卡橄榄。卡拉马塔橄榄来自希腊，通常搭配乳酪沙拉。欧西布兰卡橄榄的口味比青橄榄更浓郁，尤其适合搭配海鲜饭或比萨。

如你所见，塞恩斯伯里超市提供的橄榄种类，比其他任何超市都更丰富多样。

要想找到橄榄之王，一定要前来塞恩斯伯里超市挑选。

塞恩斯伯里超市：物美价廉之首选

塞恩斯伯里超市——
想为你的橄榄，配一杯马提尼吗？

请给我们时间，给我们时间

英国有38 000家加油站，其中大约360家是我们的。

别笑。

要知道，1963年12月，我们才开了第一家加油站。

就像随后开张的每一家加油站那样，它们都是由承租人运营的，而不是经理人。

区别在于：承租人赚多少钱，取决于他们卖了多少汽油。

而经理人无论生意好坏，拿的都是固定薪水。

我们无须告诉你，谁将提供更热情的服务。

麻烦在于：阿莫科的加油站太少了，可能在你家附近找不着。

别泄气。

7年间我们建成了360家加油站，差不多每周都会新开一家。

下周可能就开到你家附近啦。

我的第一则全页巨幅彩色广告，彩色的品牌商标不到一英寸见方。令人惊讶的是，广告投放两个星期后，客户更换了商标。

这篇文案敦促读者把广告塞到吸烟者的眼底下，我真心希望有人这么做了。

但愿无人再吸烟

从未有人抽完一整支香烟。
事实上，一支香烟冒出的烟雾，有 2/3 都散入了空气。
这些散逸的烟雾，严重地污染了房间、酒吧、餐馆或电影院等场所的室内空气。
吸入其他人制造的二手烟不仅会令不吸烟的人感到鼻子不舒服，这些二手烟还会进入咽喉和肺部。
《英国医学杂志》表示（此处引用原文）："散入空气的烟草物质，被认为是部分肺癌的主要诱因。"
文章还表示，父母吸烟的儿童遭受呼吸道感染的概率，大于不吸烟家庭的儿童。
如果你吸烟，那么我们恳请你考虑一下不吸烟人群的健康。如果你不吸烟，但是不得不与吸烟的人共事或一起生活，那么我们希望你能够将这则广告放在他们无法忽视的地方。
直接塞到他们的眼底下。
请勿胁迫他人吸二手烟
健康教育委员会

将屏幕的部分剪下来，再将这页纸举到窗户上，
很逼真，不是吗？

我们绝对应该好好表扬一下想出这则广告的人。
他们搞定的一些事情，在我们看来是不可能完成的：在报纸上展现了高质量的、独一无二的索尼特丽珑图片。
（尽管如今彩色印刷技术已非常成熟，但它仍无法媲美彩色照片的质感。）
如果以这种方式自证，简单却又不失聪明，亦如索尼特丽珑系统。
放弃使用传统的三个小号电子透镜，特丽珑只采用一个大号电子透镜。
通过聚焦穿过透镜中心的彩色光线，可以得到异常清晰的图片。
索尼树立的另一个标杆，是亮度。
也正是在这块领域，索尼的栅状式显像管尽显其才。
它由条纹构成，而非小孔，可以让更多的彩色光线射到屏幕上。
但也许索尼电视的最美之处源于它的固态电子器件，以及运行时不过热的特质。
这些因素，让特丽珑值得信赖。
能让一张逼真的图片相形见绌的唯有一物。
那就是持续不断的逼真画面。
索尼

我实在太满意这则广告了，甚至在文案的开头，预先祝贺了自己。

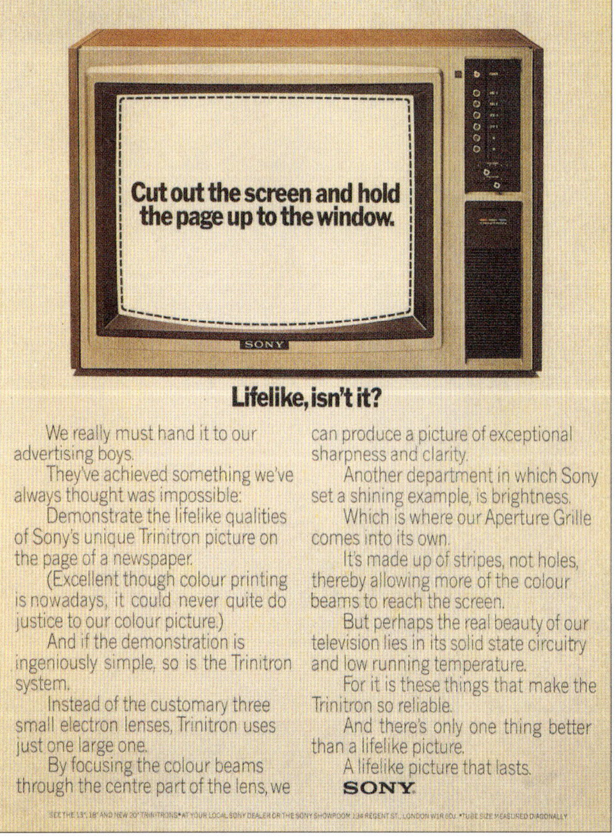

▶ 这则广告，是公司游历极广的电视部主管向我提议的。文案结尾预告了另一则即将发布的广告（后来也确实发布了）。

即便泡在水里，沃尔沃也能率先启动

旱鸭子们或许不太熟悉沃尔沃遍达 6 缸 4 冲程直喷式涡轮增压船用柴油机。

但威尼斯的出租车司机们很熟悉。

他们称赞它是业内最可靠的一款船用发动机。当你每年需要行驶 50 000 海里时，可靠性就是一切（如果发动机半途坏了，肯定没法儿像在陆地上那样轻松地靠边停车）。

这一切对沃尔沃汽车的司机来说，并不是新鲜事。

事实上，沃尔沃汽车发动机，特别适合在极端天气条件下稳定地运作（这里的极端，包括从零下 30 摄氏度到零上 40 摄氏度之间的任何天气状况）。

除了汽车发动机和船舶发动机，我们还制造喷气式飞机发动机。

事实上，沃尔沃的发动机也为萨博的同胞制造的全新超音速“鹰狮”截击机提供动力。

但让我们放到下一则广告中细谈。

沃尔沃

如欲了解沃尔沃产品详情，请写信寄至布里斯托尔，公主街，斯普林菲尔德大厦，沃尔沃公司，邮政编码 BS3 4EF。

丽尔莱思——

和生活中的大多数事情一样，放置卫生棉条也需要一定的练习。这则广告的目标受众是11~14岁的女孩。我读完了市面上能找到的所有青少年读物，只为确定这则广告的叙述语气。

和生活中的大多数事情一样，放置卫生棉条也需要一定的练习

还记得你第一次系鞋带的样子吗？
或是第一次尝试使用刀叉？
第一次磕磕绊绊地尝试写连笔字？
我们现在习以为常的很多事情，一开始看起来就像是不可能完成的任务。
对年轻的女孩儿们来说，放置卫生棉条也不例外。

你的第一根卫生棉条

如果你以前从未用过卫生棉条，那么第一次尝试的时候，你可能会感觉有点儿紧张。
请放心，一旦你掌握了诀窍，用起来就很轻松了，丽尔莱思卫生棉条尤其如此。
丽尔莱思卫生棉条的设计师就是女性，难怪它也被认为是放置最简单、感觉最自然的卫生棉条。
部分品牌的卫生棉条选择使用硬纸板制成的推放器，但丽尔莱思不同，它建议用手放置。
不难想象，我们的手指肯定比硬邦邦的纸板管柔软和敏锐得多。
即使一开始觉得有点儿困难，也别气馁。
你可能会惊讶地发现，全球有2 500万女性在使用丽尔莱思的卫生棉条，其中肯定有人跟你一样，一开始觉得有点儿难搞。

你是否以舒适的姿势坐着？

如果感觉放置卫生棉条困难，那可能是因为你太紧张了。
因此，成功的黄金法则就是放松。然后，给自己找个舒适的姿势，你可以坐在马桶边上，或抬起一条腿，搭在浴缸边上。

Like most things in life, inserting a tampo takes a bit of practice.

Remember when you first tried to tie your shoelaces?

The first time you used a knife and fork?

Your first wobbly attempts at joined-up writing?

So many of the things we take for granted often seem impossible at first. And for many girls, inserting a tampon is no exception.

Your first tampon.

If you've never used tampons before, it's likely you'll be a bit nervous the first time you try.

But rest assured, it's easy once you get the hang of it. Especially with Lil-lets* tampons.

Lil-lets were designed by a woman, so it's no wonder they're the simplest and most natural tampons to use.

Instead of having a cardboard applicator, like some tampons, Lil-lets are inserted by hand.

As you can imagine, your finger is a lot softer and more sensitive than a cardboard tube.

But even if you find it difficult at first, don't give up.

You might be surprised to learn that Lil-lets are used by 25 million women around the world - and some of them probably found it a bit tricky to begin with as well!

Are you sitting comfortably?

If you have problems inserting a tampon, it's probably because you're too tense.

So the golden rule is to relax. Then, find yourself a nice, comfortable position - either sitting on the edge of the loo, or with one foot on the side of the bath.

We recommend Lil-lets Mini to start with, as it's the smallest tampon we make - just 5 centimetres in length.

The trick is to push upwards and backwards towards the small of your back, rather than straigh towards your tummy.

You'll know how far to push because whe

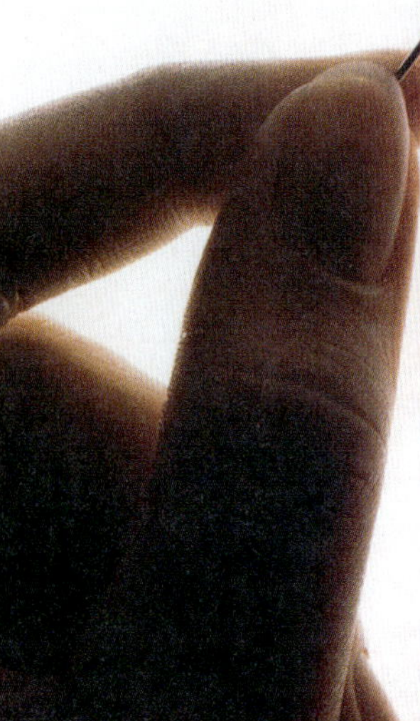

in the right position you can't feel it inside you a

If you can feel it, it's not in far enough. And e

worry about pushing it in

far - it's impossible!

Smith Nephew

A tampon would have to be thinner than a -stick to pass through into the womb.

Nobody will know you're having a period.

As you know, the great thing about tampons they don't show at all – not even under a swimsuit ard.

And of course you can swim, dance, do anything se when you're wearing one.

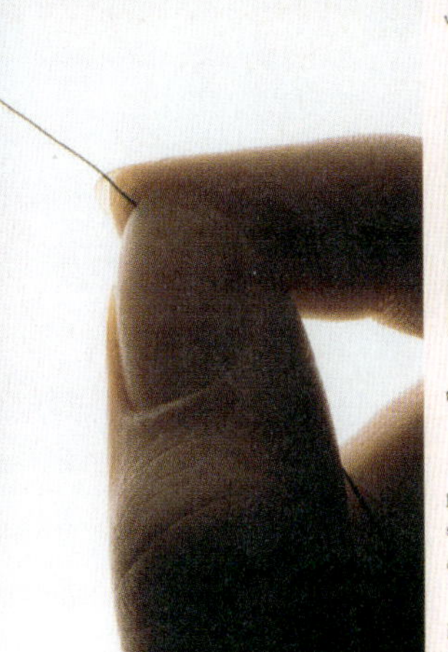

You don't even have to take it out to go to o.

There's no embarrassing odour to worry about, because the flow is absorbed internally.

And since Lil-lets gently expand widthways inside you, there's no danger of leakage.

Now you see it, now you don't.

Because Lil-lets don't need applicators, they come in smaller packets – about the size of a box of matches.

But the real beauty of the Lil-lets packet is, all the printing is on the wrapper.

So when you unwrap it, there's nothing to say what it is.

It just looks like a pretty box.

We think you'll agree, it's rather less obvious than a packet of applicator tampons.

Read all about it.

If you'd like more information about Lil-lets and periods in general, just fill in the coupon below and send it to us. We'll also send you a free trial packet of Lil-lets Mini.

And if there's anything else you're not sure about, however silly it might seem, write to Marion Cooper at the same address.

She's been helping girls with their period problems for many years and she'd be only too happy to hear from you.

For your free Lil-lets sample pack write to: FREEPOST, Marion Cooper, Smith & Nephew Consumer Products Ltd., Alum Rock Road, Birmingham B8 3DZ. (No stamp required.) Only one coupon per person, please.

Name________ Age________

Address________

________ Postcode________

Lil-lets

我们建议，你可以先使用丽尔莱思的迷你卫生棉条。这是我们生产的最小号卫生棉条，只有5厘米长。

放置的诀窍，是向着小腹的上后方轻推，而不是垂直向上朝着腹部猛推。

你会感觉得到应该推进去多远，因为放置到位的卫生棉条，会感觉像是消失了。

如果仍有异物感，就说明还没有推到位。不用担心推得太深，因为这种情况不可能会发生。

也不用担心它会进入你的子宫，除非卫生棉条比火柴棍还细。

没人知道你正处于经期

如你所知，卫生棉条的好处在于它们根本不露痕迹，哪怕你穿着泳衣或紧身衣。

当然，这也意味着你在经期也能够游泳、跳舞，做你喜欢的任何事情。

上厕所时，也不需要将它拿出来。

你再也不需要担心经期散发令人尴尬的气味，因为经血已经在体内被吸收了。

此外，由于丽尔莱思卫生棉条会在体内温柔地舒展，所以也不存在经血侧漏的风险。

隐藏信息的漂亮外观

因为丽尔莱思卫生棉条不需要推放器，所以包装很小，大约只有一盒火柴那么大。

这个包装的真正魅力在于，所有的信息都印刷在包装纸上。

一旦你打开包装，所有关于卫生棉条的信息，就跟着包装纸消失了。

此时，它看起来就像是一个普通而漂亮的盒子。

我们认为，你可能也会觉得它比一包带推放器的卫生棉条低调多了。

了解更多信息

如果你想了解更多关于丽尔莱思和月经的信息，只需填写下面的回执，并将其寄给我们。我们还将给你寄送丽尔莱思迷你卫生棉条的免费试用包。

如果你还有自己无法确定的问题，不管它看起来多么愚蠢，请写信到同一地址，收件人填玛丽昂·库珀。

多年来，她一直在帮助女孩们解答关于月经的困惑，她会非常高兴收到你的来信。

如果你想获得丽尔莱思的免费试用包，请写信给：玛丽昂·库珀，史密斯 & 纳夫消费产品有限公司，明矾石路，伯明翰市，邮政编码 B8 3DZ（无须贴邮票）。

回执仅限一人使用，感谢你的理解。

姓名 ________

年龄 ________

地址 ________

邮政编码 ________

丽尔莱思

尼尔·法兰奇
NEIL FRENCH

生于 1944 年，16 岁时被一所普通中学开除。做过收租人、业务代表、保镖、服务员、歌手、斗牛士、摇滚乐队经理、推销员，又做回业务代表，然后是广告文案。创办过一家广告公司，七年后壮烈破产。1980 年，加入伦敦的霍姆斯·奈特·里奇公司（Holmes Knight Ritchie）。1986 年，加入新加坡的百帝广告公司（Batey Ads）。随后离职，同年进入波记广告公司（Ball Partnership）担任副董事长兼地区创意总监，1991 年被解雇。

做着指导和咨询的工作闲混了一阵儿，后来又担任奥美的亚洲地区创意顾问。

● 不寻常，简直惊掉下巴。

邀请32个一辈子都在写广告的家伙，告诉人们他们究竟是怎么做的。你以为写篇免责自白书就能了事？错，大错特错。

看在你们为这场惊天骗局花了不少钱的分儿上，我想我得让文案创作看起来很难，或者很科学，至少能唬住买书的人。我想着，至少会有那么一两个读者认真地对待这本书。

我个人的建议是，你在看到这本书的时候，不妨想一想写这些广告文案的人赚了多少钱，再扪心自问：他们是否真的愿意将成功秘诀和盘托出，是不是光靠着向每一个在机场书店寻找成功学图书的笨蛋兜售所谓的成功文案秘籍，就能富得流油？对不对？事实就是这样。言归正传，以下是我的“成功之道”，作者尼尔·法兰奇，五十又二分之一岁。

首先，也是最重要的，要像压抑性冲动一般压抑动笔的欲望。读完简报后，我通常会晃晃悠悠地离开，去打打台球或是和不正经的女人混一会儿。一方面，这样能让简报的关键信息沉淀下来，无用的信息则黯然消失于其原本的去处——无尽黑暗之中；另一方面，用这种方法来打发时间，比坐在办公室里掰着手指头数初级客户主任说了多少次“有创意”明智得多。

等到简报在我脑中只剩下一个要点，而我正好还记得有这么个文案的任务，并且刚好处于神志清醒的状态，我就会写下这个要点，甩给客户部的人，要求他们围绕这个要点写出一套策略。当然，这不是创作广告文案的“正确”方式，但根据我的经验，这是确保广告策略与广告内容相符的唯一方式。总之，这样做能防止客户部的人走进台球厅和夜店，他们的出现只会降低格调。

接下来，我会看看同一类别的所有广告，以避免重复。这很可能是整个文案创作过程中最重要的事情，想想看吧。

我衷心理解人们憎恨广告的心情。广告打断电视节目，占据了报纸和杂志的巨大篇幅，而且通常浪费纸张。所以，我努力避免写“广告”，或者至少努力让我的文案与众不同，避免其落到纸面后，仿佛在喊：“嗨！我是广告！无视我吧！”

最起码要保证我的文案能与任何竞争对手的文案区分开来。如果你收集一沓同类别的广告，你就常常能发现它们仿佛形成了某种流派。这些风格都是经年累月形成的，例如“汽车广告是这样的”，“银行广告是那样的”。如果你能让汽车广告看起来像银行广告，那么理所当然，你的广告肯定能够在同类别广告中脱颖而出。明白了吗？好。

也许我现在该说一下，我不和艺术指导共事。我负责自己文案的艺术效果，这是因为我传递给艺术指导的理念，无数次在反馈回来时总是显得“不对劲”，失望的次数多了，我也受够了。后来我意识到，文字创作者一旦有了一个想法，通常就对成品的“视觉效果”也有了模糊的感觉，而这感觉也是广告创意的一部分。所以，即使我的广告看起来糟糕透顶，它也至少完全符合我最初的设想，我从来不会对其呈现的效果感到失望。或许其他人会失望，但我个人不会。

到了这个阶段，我就要选择广告的类型了。广告只有两种类型：文字型和图片型。在我看来，任何半文半图的广告，只能说是不伦不类。

如果是一则文字广告，那么它要么堆满字，获得产品方的认可，以保证我们仍能得到报酬；要么就是只有一句话的精练散文，版面可大可小，加上几张照片。在后一种情况中，那句话是你想不出一张好图才写的，而在前一种情况里，连篇累牍的文案本身就是一个视觉元素了，仿佛在说："老天爷，这些人真的有好多话要说。"所以，就算消费者足够明智，没有读完整篇布道，文字广告至少也给他留下了产品信息翔实的印象，客户方也愿意为此买单。

如果是一则图片广告，那么它得是一幅极为有趣的图。如果确有必要，可以在图下或图中加一些解释性的短句，造福那些实在没看懂图片的人。针对这类广告，我会做一张小图，写下广告语，然后溜达去海滩放松。既然不需要文字创作，那我干吗还要长久伏案呢？你说对吧？

但如果是个长文案的活儿，那可就考验文笔技术了。所以，请仔细阅读下面的内容。

首先我会从酒窖里拿出一瓶上好的红酒，最好的就是里奥哈，但维加西西里亚或者伊佳城堡的也行。我取下木塞，找出一只昂贵的大酒杯，敲一下会"叮"地响半天的那种。我把酒杯放在离酒瓶和我自己都很近的地方。这道程序要练习多年才能做到完美，不过只要你坚持不懈，我相信你就会发现所有努力都是值得的。

然后我会往杯里倒一些葡萄酒，开始思考怎么写广告文案。断断续续的句子、巧妙的小短句、漂亮的词语，一股脑儿地涌入脑中。但我不会将它们写下来，因为这时候，我正缓慢地从"叮"声不绝的昂贵杯子里，轻啜一口红酒（前文已经预告过，这才是最关键的部分），这是为了抵御立刻动笔的冲动。等我喝完酒再思考那该死的广告，通常也就没什么意义了，于是我便会小憩一会儿。

醒来后，我任由思绪奔涌。凡是小睡之后还存留下来的东西，自然是值得铭记的东西，理所当然地应该被写入文案。被我忘掉的东西显然不值得牢记，于是没写下来也无伤大雅。

鉴于我不擅长用计算尺，也不会打字，所以广告文案的创作全凭一双手。我拿起一张描图纸，用铅笔画出广告的版式和设计，非常精细。接着我拿起一支百乐牌超细签字笔，凝神屏气，然后动笔。我会选定字体的大小，并决定是用衬线体还是用无衬线体，然后从左上角开始写作。

当视线可以瞟到右下角隐约出现的边缘时，我就开始做总结，再胡扯几句，直到把空间填满，然后停笔。我很少重写，除非要修改难看的排版。首先，重写是一件枯燥的事情；其次，一旦开始修修补补，好像就再也无法保持文笔流畅了。

关于文案创作，我只有一条原则，将其推荐给诸位。大部分人会告诉你，任何广告都至少包含四个要素：标题、图片、文案、商标。

别去管说明文字、广告语、图表，这些都是可以任意添加的东西，90% 的平面广告必须包含的，只有前面四个要素。

如果只用其中一个要素，你就做出了一则效果绝佳的广告，那你就是赢家。

只用了两个要素，那么这广告还不错；用了三个，它还是比报纸里的其他东西看起来都好。如果你没办法精简到四个以下，那么很可能广告想要表达的基本理念不够坚实，也可能是你还没有充分地将其表述出来。

试试归谬证法，管用。

最后，我没法儿提供写作方面的建议。主流的观点建议文案创作者压抑个人风格，专注于传递客户的声音。我没法儿做到这一点，我的文案总是带着明显的个人风格，仅代表客户与顾客聊聊。如果我的文案总是个人风格鲜明，其实也没什么问题，因为我就是我，而且公众一点儿也不像想象的那样好骗，他们分辨得出你是否在胡说八道。

我很想多展示些不同类型的广告，但鉴于这是一本以文案为主题的书，下面的广告大部分是文字广告，为此我感到万分抱歉。

这是一则皇家芝华士广告
如果你需要看它的瓶子
显然，你混错了社交圈
如果你需要尝一尝
说明你没有品尝它的经历
如果你需要了解它的价格
翻过这页吧，年轻人

意识到自己无需其他信息
就知道下面这只晶莹剔透的玻璃杯里
装的苏格兰威士忌的品牌
而大多数读者毫无头绪
是不是令你十分骄傲？
更值得骄傲的是
他们或许永远都不会知道

这则芝华士的广告，打破了酒类广告的所有规则，用一位中国品酒者的形象来体现优越感，广告迎合了目标消费者的形象。

芝华士广告共有12则，都获得了巨大的成功，这使得整个系列里的最后一则广告甚至都无须提及品牌的名字。

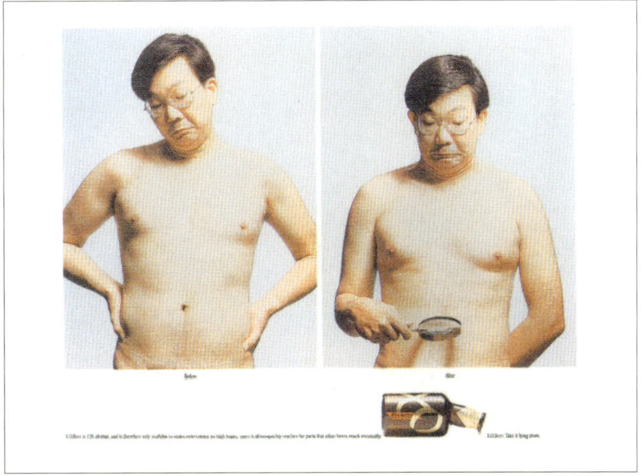

之前
之后
XO 啤酒含 12% 的酒精，仅在少数铺设了舒适地板的酒吧供应，最好躺平了喝！

可否容我们指出，我们对道路安全的贡献在于，喝我们啤酒的酒客从不酒后驾车，因为三瓶下肚，就没有人记得自己的车停在什么地方了
XO 啤酒含 12% 的酒精，仅在少数铺设了舒适地板的酒吧供应，最好躺平了喝！

这是两则 XO 啤酒的广告。在投放广告的时候，该产品其实并不存在，广告的初衷是力图说服广告商，报纸上也能卖啤酒。可广告投放之后，对这款啤酒的需求量奇大，以至于当地的酿酒商都开始生产这款啤酒了。我们试验了两种广告方案：一种是一张图加一行字；另一种是一个标题加一行字。被试均为 6 人。两则广告都给他们留下了深刻的印象，区别在于他们能够将方案二的整个标题复述出来。所以，依我看，方案二更胜一筹。其实，上方的图片广告最终被禁，反而成了一个给产品和广告打出名气的好方法。顺便一提，我们的策略基本上是“醉得更深，醉得更快”。

一则纯图片广告（好吧，如果硬要挑刺的话，图下有句说明/标题/标语）。事实上，这条广告语是监管机构添加的：广告产品是生发剂，但文案内容不可以提生发剂，也不可以展示它的包装，“因为包装上有‘生发剂’字样”。不能用秃头男人的图片，也不能用头发浓密的男人的照片（暗示他们曾经是秃头）。所以，长毛的鸡蛋、长毛的台球、长毛的吉娃娃都被用上了。（别问为什么！）

慎用加美乃素生发剂！

CONTINENTAL AIRLINES

NO PICTURES OF SMILING STEWARDESSES.

NO PICTURES OF SMILING PASSENGERS.

NO PICTURES OF GLASSES OF CHAMPAGNE, OR TRAYS GROANING WITH HAUTE CUISINE.

JUST ONE SMALL LINE OF INFORMATION.

WE THINK YOU'LL GET THE PICTURE.

Continental. The folks who fly the planes own the airline.

广告文案的一个异类。它究竟是全标题，还是全文案？大陆航空公司打算公布它的绝对所有权，这一举动被无数人认为荒谬，所以广告需要与之相配。

大陆航空公司

这则广告，
没有露齿而笑的空姐，
没有满面笑容的乘客，
没有香槟酒杯的照片，
也没有托盘上精致的奢侈菜肴，
只有一小行文字信息，
但我们相信，你能看懂！
大陆航空，开飞机的人，
就是航空公司的主人。

这是一则有点儿意思的水族馆广告。在水族馆里，人们通常穿过一条玻璃隧道，鱼儿在人们身边游来游去。这里玩了一个角色互换的老花样。

ESSAY COMPETITION WINNER

"WHAT I DID AT THE WEEKEND."

by A. Shark.

"It was wet outside, so that was a good start to the day.

On the other hand, it's always wet outside. It'd be a tough world for a fish if it was dry outside, come to think of it.

I decided to go and take a look at the new place, called Underwater World.

(Though, again, why they call it that I've no idea, since as far as I can see, the entire world's under water anyway. Still what do I know? I only work here.)

The great thing is, that, if you're a fish, entry's free!

Apparently, the non-fishy exhibits shell out $9 to be gawped at, which just goes to show that a human being has all the intelligence of a giant sea-cucumber.

And take it from me, they're *thick*.

In fact, in the contest for the most remarkably stupid sea-creature, your giant sea-cucumber would romp home by a short head, (which is exactly what he's short of), from the common jelly-fish, if only either of them could work out the entry-forms.

Where was I?

Right. Yes. At Underwater World. Well, you know what we sharks are like. If there's something happening, we're *there*. It's like a fifth sense. Always first to the action, that's us.

Anyway, me and my pals turned up in the morning, and spent the whole day being jostled by other fish.

The entire marine population, so it seemed, had decided that an hour or two laughing their fins off at a bunch of dumb two-legged mammals gliding through a transparent tube was just what they all needed. Good for stress, I expect.

The plaice was *packed!* Eels, rays, big guys, small ones, the little fat chaps in weird suits, starfish. Jellyfish, even! All peering at the humans on display.

Actually, to be honest, I don't find humans very interesting.

For a start, they all look the same to me. Very boring lot. No fun.

They don't even seem to eat each other very often.

They just drift past, mouths gaping like a school of terminally dim gold-fish, pointing at us with their fins.

After a couple of hours, I was fed-up to the gills with it. For some reason, it's forbidden to eat the exhibits, and since nobody can jostle a shark and get away with it, I ate a couple of the visitors and went home. The end."

UNDERWATER WORLD IS NOW OPEN, FREE OF CHARGE, TO ALL FISH. HUMANS PAY $9 AT THE DOOR; THEY WILL THEN ENTER A HUGE TRANSPARENT TUBE AND GLIDE ALONG MOVING WALKWAYS THROUGH ENORMOUS TANKS, SO THAT THE FISH CAN GET A GOOD LOOK AT THEM.

FISH ARE EXPRESSLY FORBIDDEN TO EAT THE EXHIBITS, WHICH, WE ADMIT, IS EXTREMELY UNFAIR, SINCE FOR YEARS THE EXHIBITS HAVE EATEN *THEM*. SUCH IS LIFE.

征文大赛一等奖
“我周末干了什么”
投稿者：一条鲨鱼

外面湿淋淋的，所以一天的开局还不错。

话说回来，外面总是湿淋淋的，对一条鱼来说，如果外面不是湿淋淋的，那事情反而糟糕了。

我决定去瞧瞧那个新地方，它叫作海底世界。

（虽然我不知道为什么人类给它取了这么个名字。毕竟，在我看来，整个世界不都是海底的世界吗？但是，我能知道什么呢？我不过是条打工鲨。）

最棒的是，如果你是一条鱼，你就可以免费进入。

显然，那些非鱼类的展览品愿意掏 9 美元买门票进来让我们欣赏，恰恰说明人类的智慧跟海参的脑子一样，不存在。

相信我，海参真的很肥美。

事实上，在最愚蠢的海洋生物评选中，巨型而肥美的海参凭借它短小、空洞的脑袋，轻松战胜了普通的水母（没错，水母的确也没脑子）。但赢得比赛的前提是，这两种无脑的生物能搞清楚怎么填好参赛申请表。

我说到哪里了？

哦，想起来了，海底世界。你知道，我们鲨鱼就这样，不管海里有什么风吹草动，我们都一定会出现。这类似于一种第五感，我们总是能够第一时间出现在事件现场。我们鲨鱼就这么厉害！

总之，我跟其他鲨鱼伙计们一大早上来到这里，花了一整天时间，跟其他鱼类挤挤攘攘。

就好像整个海洋生物群体突然之间集体决定，在那么一两个小时里挤在这个狭窄的地方，看着一群愚蠢的两脚哺乳动物从透明的管子里走过，被逗得哈哈大笑。这就是它们想要的结果，我猜，可能有助于减压吧。

这地方挤死了！

鳗鱼、鳐鱼、大鱼、小鱼、长得奇奇怪怪的小胖鱼、海星，甚至还有水母！所有的鱼都挤在这里，盯着那些人类展览品。

老实说，我真的不觉得人类有什么好玩的。

首先，他们看起来都一个样，非常无聊，毫无乐趣。

他们看起来似乎也不经常吞食对方。他们只是从眼前飘过，张开嘴巴，像一群终日昏头昏脑的蠢金鱼，用他们的“鳍”指着我们。

几个小时之后，我实在是厌烦透了，但出于某些原因，我们不能吃掉这些展览品。但没有鱼能够在挤攘鲨鱼之后全身而退，于是我痛快地吃掉几条鱼，结束了这一天的旅程！

海底世界现在向所有鱼类免费开放，人类需要购买 9 美元门票。然后，人类将进入一条巨大的透明管道，随着人流向前移动，穿过巨大的水箱，鱼类可以更方便地观赏他们。

任何鱼类都不得吃掉人类展览品，我们承认，这的确很不公平，因为多年以来，这些展览品一直在吃鱼类。但这就是“鱼生”，接受现实吧！

THERE IS A SPELLING MISTAKE IN THIS ADVERTISEMENT. THE FIRST PERSON TO SPOT IT WILL RECIEVE $500.

No, it's not in this line.

Or, you'll have guessed, in this line, either.

You're going to have to read this entire page, with the eyes of a school examiner, to spot it.

Which, when you think, makes it rather a good advertisement, doesn't it? Since ads, like the editorial they sidle up to, are written to be read.

How many of the other ads in this week's 'Media' are going to get this amount of attention?

One, maybe? Two?

It's more than likely that you haven't read *any* of them. Be honest, now:

You've given them the same treatment you give those suspiciously friendly encyclopaedia salesmen, who knock on your door and ask for five minutes of your time.

No, thank you: Slam the door. (Or in this case, turn the page.)

No sale. And we don't blame you. You saw the sell coming. Why waste your time?

The majority of ads are like that, too. Predictable, dull, and not very well presented.

They resolutely ignore the fact that the average consumer sees one thousand, six hundred advertising messages every day, and would be perfectly content not to see any at all.

You see, with the possible exception of seven year old brats with a passion for Teenage Mutant Ninja Turtles, PEOPLE DON'T LIKE ADS. There, we've said it. In a publication dedicated to the creed that advertising is a profession comparable only in its saintliness and altruism with being one of Mother Teresa's little helpers, we've spilt the beans:

We are not universally popular: If spacemen came down and took every person connected with advertising away for dissection, it would be a long time before we were missed. And even then, it would be because people discovered that their newspapers had become more interesting, and their TV programmes more enjoyable, for our absence.

(See? Heresy spoken out loud. And still we write. No thunderbolts from on high. God doesn't like ads, either.)

And yet...

And yet, in the face of reams of irrefutable evidence to the contrary, the majority of advertising agencies (and let's spread the blame a bit, their clients, too), persist in the belief that this just ain't so.

They sincerely believe that buying a space also guarantees readership of whatever they fill it with.

Sadder still, the higher the cost of the space, the more tense and creatively constipated they become, and the more safe and generic is their message: It's a new rule; the bigger the budget, the blander the ads.

Even the relatively enlightened feel that if they find, and mention, some semblance of a benefit in that space, they've *really* done a good job.

That by some miracle, the consumer is going to home in on their ad, shrieking "Just what I've always wanted!"

Sure. If your benefit is "Free Beer".

OK; *definitely*, if your benefit is "Free Beer". But if it's not, you're in big trouble.

You're going to be thrown in there with washing powders that get clothes whiter, toothpastes that taste nicer, tires that grip better ...

In other words, you're going to be ignored.

Don't misunderstand us, please. If your product has a substantial benefit over its competitors, you'd be mad not to tell everyone. The point is, it'd be mad to think that's *all* you had to do.

The public, as we've said, has become immune to everyday advertising.

For an ad to succeed these days, it has to work on many levels. It has to be relevant to the reader: It has to speak to him in language he can relate to: If there *is* a benefit to crow about, it has to be a benefit that's important to the *consumer*, not just to the manufacturer: To revert to the door-to-door salesman analogy, it has to look good ...the sort of person you'd invite into your home; the sort of advertisement you'd welcome into your mind...

But most of all, it has to be 'different'.

It has to jump from the page, or leap off the screen, screaming "Read me! Watch me!"

And it has to do so with a degree of seduction in its voice, rather than the foot-in-the-door brazen insistence, that leads only to the zap, the flip, and the broken toe.

Now. Doubtless there are sceptics out there who may say that this particular advertisement meets none of the criteria that it has been at such pains to expound.

That it is visually dull, dull, dull.

That it's criminally overwritten: That it's also a stupid concept, and that the one and only reason that they're reading it is to find the spelling mistake and qualify for $500 in the currency of their choice.

They may, of course, be right. (Found it yet, by the way? Keep going; concentrate.)

But at the Ball Partnership we'll do anything to get people to read ads.

Ours. Or yours.

This advertisement has cost us $22,336 to run. As you can imagine we're more than happy to give away $500 to make sure that everybody reads it. If you've found the spelling mistake (and if you haven't by now, you've missed it), call The Ball Partnership in Hong Kong, Malaysia, Singapore, Taiwan or Thailand and ask to speak to the Managing Partner. Of course, you're almost certainly too late to get the five hundred bucks, but call anyway. We like to chat about ads.

我为波记公司写过许多广告，这是其中三则。第一则是招聘广告，后两则主要阐述了波记公司的理念（有趣的是，虽然有不少人试图赢走奖金，但只有我的秘书真正找到了文中的拼写错误）。

本广告有一处拼写错误，第一个找出的人将获得 500 美元奖金

不，错误不在第一行。

或者，就像你已经猜到的那样，也不在第二行。

要想找出这处拼写错误，你得用学校考官的苛刻眼光审视全篇。

想到这一点，你或许会觉得，这是一则相当不错的广告，不是吗？因为广告，就跟边上的社论一样，是为了让人阅读而写的。

本周《媒体》上的众多其他广告中，获得同样关注度的有多少呢？一则？或许两则？

或许你根本没有读过它们中的任何一则。

现在，说实话：你对待这些广告的态度，就像是对待那些百科全书推销员一般，他们带着可疑的友好，敲开你家大门，请求你给他们 5 分钟时间。

"不用了，谢谢。"然后你把门关上（如果是广告，在这种情况下就是翻页）。

推销失败，我们也不怪你，毕竟你已经预见了即将到来的推销，为什么还要浪费时间去听或去看呢？

大部分的纸媒广告亦是如此：毫无惊喜，沉闷无趣，没有得到有吸引力的呈现。

它们坚定地无视了这样一个事实：一个普通的消费者，每天会看到 1 600 条广告信息，但更愿意一条广告都不看。

你看，除了七岁小孩会对忍者神龟情有独钟，没人喜欢广告。没错，我们勇敢地揭开了遮羞布。

广告行业不遗余力地鼓吹这样一个信条，即广告是一种神圣的存在，其圣洁和利他主义，完全可以媲美特雷莎修女的一个小帮手，但我们不得不承认这样一个事实：广告并没有如愿得到所有人的欢迎。如果外星人来到地球，把所有广告人都抓走解剖，地球人或许过很久很久才会想起我们。甚至还可能是人们发现没有了广告之后，报纸变得更有趣了，电视节目也更令人愉快了。

（看到了吗？我在这里大声地宣扬异端邪说，然而没有惊天一声雷，没有惩罚，我依然在运笔如飞。只能说，上帝也不喜欢广告。）

然而……

即便如此，面对如山铁证，大多数广告公司（让我们甩一下锅，以及广告公司的客户）依然坚定地认为，这绝非事实。

他们依然盲目地相信，购买一个版面空间，就能够自然而然地确保阅读量，不管填上去的广告到底是何质量。

更糟糕的是，版面价格越贵，广告商就越紧张、越缺乏创意，提供的信息也就越安全且平庸。于是就有了一条默认的新行规：预算越高，广告就越庸俗。

哪怕是有识之士也认为，如果他们在做广告的时候找到并提及某种好处，广告的任务就算超额完成。

他们还期望着，消费者会中邪一般地在看到他们的广告时高声嚷道："这就是我一直想要的！"

当然，前提是广告提供的好处，是"免费啤酒"！

然而，如果广告提供的好处是免费啤酒，那当然行得通，但如果不是，那麻烦就大了。

你将会被消费者丢到角落，那里有能够让衣服变得更白的洗衣粉、味道更香的牙膏和抓地能力更强的轮胎……

换而言之，你将被消费者彻底无视。

请不要误解我的意思，相较于竞品，你的产品的确存在明显的优势，那么不将其昭告天下也不太合理，关键的问题在于，如果你认为一则广告的全部功能就是宣告这些好处，那就太疯狂了。

正如前文所说，公众已经对司空见惯的广告产生了免疫力。

如今，要想取得成功，一则广告必须多方发力。首先，它必须触动消费者，能够用消费者可以理解的语言与之对话。如果广告能够提供好处，那就必须是一个对消费者而言很重要的好处，而不仅仅是对制造商而言重要的好处。

回到前文推销员的比喻，兜售的商品必须在消费者看来很有用。

广告商需要换位思考，自己会邀请什么样的人进入自己的家中，或允许什么样的广告占用自己的时间和头脑。

但更重要的是，一则好的广告，必须与众不同。

它必须从报纸上的文字中一跃而出，从电视屏幕中跳出来，抓住目标受众的眼球，尖叫着："快读我！快看我！"

它必须使用能够诱惑消费者的语言，而不是像上门推销的人那样，得寸进尺、厚颜无耻地用脚卡住大门，要求对方给 5 分钟时间。

这样的推销，只会导致报纸被丢进废纸篓，电视频道迅速换台，推销员的脚趾被关上的大门卡断。

这时候，毫无疑问，一定有怀疑论者表示，这则特定的广告不符合广告行业一直以来努力宣扬的任何一条标准。

即：沉闷、无趣、无聊。

但怀疑论者会说，这则广告注水的程度简直令人发指，而且不就是围绕一个愚蠢的概念吗?! 人们读这则广告的唯一原因，就是找出那个拼写错误，然后获得 500 美元的奖金。

他们的说法，或许是对的。（顺便问一句，拼写错误找到了吗？没找到，那就集中精力继续找吧。）

但对波记公司而言，我们将想尽一切办法，只为了让人们阅读广告。

不管是我们的广告，还是你们的广告。

刊登本广告花费了我们 22 336 美元。你能想象到，如果花 500 美元就能让所有人都看到本广告，那我们求之不得。如果你已经找到了那处拼写错误（如果你此时还没找到，那说明你已经错过它了），请致电波记广告公司在中国香港、中国台湾地区、马来西亚、新加坡或泰国的办事处，与管理合伙人通话。当然，你很有可能行动得太晚，拿不到那 500 美元了，但无论如何，还是打个电话吧。我们想和你聊聊广告。

Is This The Best Ad Ever Written?

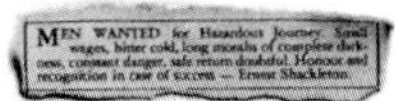

When this little advertisement ran, in 1900, Ernest Shackleton was snowed under with replies.

Why? Surely, by all the accepted rules, he shouldn't have been. For a start, the 'promise' is entirely negative. And there's no picture.

So let's rewrite the ad, according to the rules.

"Men wanted for exciting journey. Good money, excellent conditions, certainty of massive royalties from publishing and movie rights. Reply now!"

Brilliant. Run it.

And if they had, you know instinctively that, even though they might have had a bagful of replies, it's very doubtful that they'd have got anywhere near the South Pole.

And certainly, no-one would have returned, to cash in on the deal.

And we wouldn't now be talking about the ad either. Would we?

Isn't the strength of that advertisement, then, in its simplicity? Isn't its sheer power in its honesty?

And is not its most brilliant quality the way it appeals precisely, and absolutely exclusively, to the very specialised section of the market it addresses?

'Wimps need not apply' would be superfluous. It's written large enough between the lines.

No doubt Shackleton wrote the ad straight off the cuff, pausing only to count the words, and the cost. It works because it has passion, and belief, and you can feel the leadership, if not fanaticism, in every phrase.

But *this* advertisement is written for an agency. An advertising agency. We produce ads, every day, for a living.

And frankly, rarely for as romantic a cause, or as inspiring a journey, as Ernest's.

But we do like to think that, at times, our work is as focussed, and as simple, as his: We know for certain that it can be as effective.

To help us, we've evolved systems that *force* us to take a fresh look at every problem; to wring the very last drop of information out of the product and the market; and to avoid at all costs, the trite, the formula-led, and especially the downright boring.

We've even produced an example, to show how, in all likelihood, our system would have led us to the same conclusion to which Shackleton's inspiration led him. (To his ad, that is. Not to the South Pole.)

If you'd be interested in finding out how we work, give us a call. We're in Hong Kong, Malaysia, Thailand, Taiwan, and Singapore.

We're The Ball Partnership.

这是有史以来最好的广告吗？

招募男性：旅程风险大，工资低，严寒环境，长达数月的彻底黑暗，持续不断的危险，不确保安全返程。如果成功，可获嘉奖和肯定。

——欧内斯特·沙克尔顿

当这则小广告在1900年刊登时，欧内斯特·沙克尔顿获得了一堆回复。

为什么会这样？当然，按照所有公认的广告规则，他不可能获得如此多的回复。首先，招聘的“承诺”几乎都是负面的，而且没有配上任何图片。

所以，让我们按照广告行业的默认规则，重写这则广告。

“招募男性：激动人心的探险之旅，报酬丰厚，条件优越，确保一举成名，可获得大量出版物和电影版权的版税，现在就申请吧！”

写得太棒了，直接发布吧！

如果这则广告改成这样，你或许会本能地意识到，即便收到海量的回复，沙克尔顿也可能招募不到能够吃苦耐劳的伙伴，他们最终能否靠近南极都存疑。

然后，或许没人能够活着回来，凭借这次历险，赚他个盆满钵满。

当然，我们现在也就没机会谈论这则广告的优劣了，不是吗？

难道这则广告的力量，不就在于其言简意赅的表述和对恶劣条件的坦诚？

而它最出色的品质，不正是它精确地、绝对地、特定地吸引目标市场中非常精准的人群吗？

“懦夫无须申请”之类的表述将是多余的，因为它在字里行间已经足够清晰地表达了这个含义。

毫无疑问，沙克尔顿一气呵成地写下了这则广告，中途只停顿了一下，算算字数和成本。它之所以有效，是因为它充满激情和信念，你可以在每个短语中感受到沙克尔顿的领导力，甚至是对南极的狂热。

但你正在阅读的这则广告，是为一个机构写的，一家广告公司。我们每天都在制作广告，并以此为生。

坦率地说，很少有像沙克尔顿那样浪漫的事业或鼓舞人心的旅程，需要我们打广告。

但我们确实认为，有时我们的广告也像他写下的广告那般专注、那样简单。我们确切地知道，我们的广告同样有效。

为了帮助我们，我们已经发展了一套体系，它迫使我们以全新的眼光看待每一个问题；从产品和市场中榨取最后一丝信息，并且不惜一切代价避免陈词滥调、公式化的东西，特别是彻头彻尾的无聊。

我们甚至还制作了一个广告示例，以表明我们的广告系统引导我们得出的结论与沙克尔顿的灵感引导他得出的结论极有可能类似（指的是他的广告，而不是南极之旅）。

如果你有兴趣了解我们如何制作广告，请给我们打电话。我们在中国香港和中国台湾地区，以及马来西亚、泰国和新加坡等地都设有办事处。

我们是波记广告公司。

对大多数广告人来说，英国，尤其是伦敦，已经成为一座善意的监狱，而且并不总是那么善意。

“如果我不是身处这里，”你会听到他们说，“我肯定写不出伟大的广告。”仿佛饱受污染、充满致癌物质的伦敦空气，在某种程度上推动了他们的创作过程。

但说实在的，你最近看到了多少伟大的广告？

更重要的是，你自己做了多少则伟大的广告？请你诚实地回答。

（当然，这可能是因为你本质上是无能的。在这种情况下，你可能不会接着读下去，那么再见好走。）

然而，一些仍然和我们一样在广告行业坚持的人，或许产生了一种挥之不去的怀疑，认为我们在胡说八道，或者怀疑我们最终是否会花费时间和精力，提供一个有用的观点。

那么，为什么现在整个世界都任由他们拿捏，他们却像惠廷顿[①]一样云集于伦敦？恐惧是关键。

不仅是因为害怕“不能身处事情的核心”，而是更大的恐惧……对未知的恐惧。

恐惧着一旦离开，就再也不能回来。

当然，这就是无稽之谈，如果你是一个能干的人，你可以去任何地方，再荣耀回归。例如，保罗·李维斯曾在新加坡工作一段时间，但这并没有拖累他。

不管怎么说，回来这件事真的如此重要吗？你为什么想要回到伦敦呢？伦敦真的如此特别吗？

现在，看看你的四周，是伦敦糟糕透顶的天气令你念念不忘？（这显然是一个笑话，放眼全球也找不出几个气候比伦敦还差劲的城市了，或许只有明斯克或者澳大利亚的墨尔本可与之媲美。）

是因为伦敦犯罪率低吗？如果你这么觉得，那你肯定是住在格温特或者唐宁街。

是公民可享受的自由？例如，你的车子停在原地一动不动，却因为阻塞交通这种离谱的借口而被扣押数个小时，这就是你追求的自由？

或许，身为英国人就足以令你自豪满满？你最近肯定没出过国吧？至少没去过英国人踢足球的地方。

你可能认为，尽管存在种种不足，但这里仍然是一个成家立业的好地方，肯定是这样的。这里没有酗酒问题，没有毒品，没有暴力。教育系统和医疗服务都非常好。对年轻人来说，这年头买房也变得轻松而简单了，对吗？

离开这个国家有诸多完美的理由，
坦白说，“寻求做出更好的广告”，不算一个好理由

现在，说实在的，你到底留在这里做什么？

你还有其他选择。

你完全可以选择住在别的地方。

给自己一点儿时间，消化一下这个概念的冲击，然后从你的备忘记事本中拿出世界地图。这是你第一次看世界地图，对吗？

右边的是太平洋，一大块蓝色的区域，太平洋内部和周围的所有土地，被称为环太平洋地区。在未来的几十年里，那里将是行动的中心地带。

当然包括日本，还有澳大利亚，以及中国的大陆地区（未来的某一天）。仅就目前而言，我们的业务已经覆盖中国香港、中国台湾地区、泰国、马来西亚、印度尼西亚、韩国和新加坡。

所有主要的广告机构和集团都已经在那里就位。它们必须抢占这些市场。但只有一个是真正“出生”在那里的广告公司，并且可以预见，它将迅速成为行业的巨头。公司名字可以先放一放，因为首先我们只谈其中一个国家的潜力。

新加坡是一座小岛，但有着成为亚洲瑞士的雄心。新加坡只有250万常住人口，但不断涌入的游客把这里挤得满满当当。新加坡每平方英里拥有的一流酒店，比地球上其他任何地方都多，其中包括世界上最高的、历史最悠久的一家酒店。

新加坡非常安全，几乎没有街头犯罪，入室盗窃很少，强奸和暴力行为一定会受到严厉的体罚，吸毒者将被绞死。新加坡拥有世界上最现代化的地铁系统，停车很方便，交通堵塞基本不存在，这几乎是可以登上头条的大事件。

这个城市是干净的、绿色的，充满活力。诚然，它也是炎热和潮湿的，但空调取代了集中供暖，带来了可喜的变化。这里偶尔会下暴雨，但没有飓风，也没有地震。

本地居民有华人、马来人、印度人和高加索人，大多数人会讲英语。这些人的发家历史，堪称贸易和企业家精神的最佳体现。

所以他们往往是了不起的、勇敢的客户（当然，并非所有人都是，但的确大部分都是绝佳的潜在客户）。

最后，这里体面生活的成本比英国低，税收也低得多。

那么，从广告从业者的角度来看呢？新加坡创作了全球一些最好的广告。

胡说八道？绝对没有。每年都有一些世界顶级的广告人飞到新加坡来参加广告奖项的评审（该活动被称为 Gong Show），并且他们每年都惊叹于其苛刻的标准。

问问海登·格拉斯、杰夫·斯塔克、彼得·哈罗德、苏西·亨利或托尼·布里纳尔，或给赫尔穆特·克朗、埃德·麦凯布、安德鲁·拉瑟福德或罗恩·马瑟打个电话就知道了。

目前，新加坡的一家广告机构确实非常热门。它叫波记广告公司，在创意方面，我们是当之无愧的第一（正如我们在马来西亚一样）。

但是，我们赢得了新加坡的大部分广告奖项的事实，可能对你没有什么意义，甚至我们比其他任何机构获得了更多的亚洲广告奖项的事实，也可能不会给你留下深刻的印象。那么，墙上挂满了克里奥广告奖的入围作品也还是不能打动你吗？

好吧，那么，你们今年在 D&AD 年度广告奖评选中入围了多少则广告？我们有 7 则。

我们的自豪感并非吹嘘，但我们想做得更好。我们正在寻找一位创意总监。最好是一个能写广告的艺术总监，而且绝对要是一个思想家和毫无疑问的领导者。他不一定要来自伦敦，而应是来自更有胆量的“省份”的居民（我自己也是伯明翰人）。

如果你有兴趣，请写信寄给尼尔·法兰奇，地址是波记广告公司，德鲁里巷 172 号，伦敦 WC2，并附上你的简历和代表性的广告作品（统计数据也可以）。也欢迎你致电，我可能会在亚洲的某个地方沐浴着明媚的阳光与你通话。

① 狄克·惠廷顿，英国商人，曾三次担任伦敦市长。——编者注

你有整整 30 秒阅读这则广告

计时开始！

当然，扫一眼篇幅你就知道短短 30 秒肯定读不完，可能这就是为什么你会继续读，因为你想要知道怎么回事。

这是一则关于全新速读方法的广告吗？想象一下，这将是一件多么了不起的事情：在短短半个小时内，读完《南华早报》的全部内容。

很遗憾，你猜错了。

为了节约你宝贵的时间，如果你不是一个广告人，或没有打广告的计划，那么你就可以停止阅读了，翻页吧！

你的广告，是否在阅后 30 秒即焚？

这就是问题的关键所在：到底应该在报纸上做广告，还是应该在电视上做广告的老生常谈。

在报纸上做广告的好处显而易见：报纸完全掌握在读者手中，如果他想读你的广告，他就可以阅读；如果他想再读一遍，完全没问题；如果他想把广告撕下来保留，同样没问题。

但如果是电视广告，观看的时候，一个喷嚏、一个来电或片刻的分神——对不起，错过的信息就这么错过了。观众没有接收到信息，广告费也概不退还。

当然，我们在这里假设的是观众本来想要收看，但因为各种意外而被迫分心的情况。这就给我们带来了另一个有趣的问题。

电视中播放商业广告时，你在做什么？

话说回来，身为广告人，你多少跟广告业有点儿关系，所以相较于一般的办公室白领或者家庭主妇，你坐在电视机前看完广告的可能性更大。

但是，坦白说，难道你就不会趁机去烧一壶开水，或者“尿遁”几分钟，或者去看看孩子们的作业完成得如何，又或者看看电视节目指南，了解一下别的频道现在播着什么节目？

而电视节目指南到底在哪里能看到呢？印刷在报纸上，这就是我们想要说明的事情。

为此，关于广告应该印刷在报纸上还是投放到电视上，标准的答案是：如果是报纸，读者可以简单地翻开下一页，无视你的广告。但这恰恰忽略了我们想要指出的另一个主要观点：电视节目的观众可以（而且确实会）想方设法跳过电视广告，如果广告是视频形式，他们会选择快进；如果广告出现在电视上，他们或许会切换频道。

二者之间的最大区别在于：一个人拿起一份报纸，这是一个“主动的选择”，意味着他下定了阅读的决心，假设你的广告非常引人注目，并且能够吸引他的注意力，那么他就会阅读你的广告。不存在强制性插入的广告，打断他的阅读体验，不会有人吹响哨子，告诉读者，他应该停止正在阅读的内容，去看某则广告。

但电视节目恰好就是这样的，不是吗？相信你肯定有过被广告打断注意力的经历。

但相关研究有何意义？

研究数据能够精准地告诉你，观众在什么时段打开电视，甚至可以告诉你什么样的人会打开电视，他们属于哪个社会经济群体、年龄段或性别群体。

但研究数据无法告诉你，有多少人在收看你的电视广告。在广告时段，没人费心关掉电视，不意味着有人在认真地看广告。

此外，针对电视收视率的研究和对观众态度的深入研究成本很高，因此它们通常由电视公司进行，所以你并没有收到很多的负面信息，不是吗？这也并不奇怪。

不妨问问自己，假设目前的研究方法确凿地证明电视广告比纸媒更有效，那么它岂不是电视公司吸金的最佳武器？那它为什么还没有成为最优选择呢？

最后，让我们拆穿媒体经常鼓吹的一个谬论：家庭主妇是电视的最大受众。想象一下，到了晚上，当一大家子都回到家之后，谁负责承担大部分的家务？谁负责哄孩子和做饭？也难怪家庭主妇成了最容易错过电视广告的人。

“今天就去买！”

说真的，当你听到一个歇斯底里的画外音，指示你“现在就去买”的时候，你不觉得很气愤吗？

现在是晚上 9 点，外面一片漆黑，可能在下雨，你已经做好上床睡觉的准备了，他们竟然觉得还能够在这时候鼓动你冲出去买一袋肥皂粉？

当然不是，他们只是希望你在明天起床之后依然能记住这种高涨的购物热情，或者在最终决定去购物时依然记得。

与此同时，你会收看更多的节目和更多的广告；锁好门，睡上 8 个小时左右；起床后洗澡，然后喝杯咖啡。

并且摊开当天的报纸，开始阅读。如果你今天要买什么东西，那份报纸可能就是你读到这个东西（的广告）的地方。

纸媒广告的确老派，而我是个随大溜的人

营销保守主义负隅顽抗的最后理由：“对不起，有些产品总是在电视上做广告。这就是事实。”“我们的竞争对手在电视上打广告，我们也得这么干。”“纸媒没办法充分地展示一个产品。”

哦，天哪，可怜的人啊。

多么可悲啊，听从老板指挥、“跟风式”营销，难怪这么多新产品会遭遇市场失败。想象一下，在报纸上给一种肥皂粉打广告，它必定会脱颖而出，人们会记住它……会在购物前看到它，而不是在前一天晚上。

这同样适用于杀虫剂，或者早餐麦片（尤其是早餐麦片，想想看，人们难道不都是在吃早餐时顺便读读报纸吗），或者一家面包店……

广告的第一条规则：引起注意。这在报纸上很容易实现。

广告的第二条规则：主宰你的媒体。对这些产品来说，这在电视上不可能实现，在报纸上却很容易实现。

至于“你不可能用报纸很好地展示产品”，如果你相信这一点，你就选错了广告公司。

但那是另一件需要探讨的事了。

Starting now.

Of course, you know at a glance that it can't be done, which is probably why you're reading this far, to find out what's going on.

Is this an advertisement for an entirely new method of speed-reading? What a marvellous thing that would be: To be able to knock off the entire contents of the South China Morning Post in about half an hour.

Well, no. It's not.

And to save you a lot of time, if you're not in the advertising business, or at least don't have an advertising budget to spend, now would be a good time to stop, and turn over.

DOES YOUR ADVERTISING SELF-DESTRUCT AFTER THIRTY SECONDS?

This is what it's all about.

The old chestnut about whether you should advertise in the newspapers or on the television.

The first argument is an obvious one.

A newspaper is entirely in the power of the reader. If he wants to read your ad, he can: If he wants to read it again, no problem: If he wants to tear it out and keep it, fine.

But a sneeze, or a phone call, or indeed any distraction during your TV ad, and, sorry, but your time's up. No refunds.

And, of course, here we're only talking about involuntary distractions.

Which brings us to another fascinating question.

WHAT DO *YOU* DO DURING THE COMMERCIALS?

Well, *you're* at least marginally connected with advertising, so you're more likely to sit and watch them, than, say, an office worker or a housewife.

But honestly now, don't you, too, go and put the kettle on, or go and get rid of the effects of the previous kettle, or see how the kids are getting on with their homework, or glance at the TV programme guide to see what's on the other channel?

And where do they print the programme guide? In the newspaper. Exactly our point.

The standard response to this is that the reader can turn the page, and miss *your* ad, too. But this neatly ignores the main argument; the viewer can (and does) zap your commercial, either by fast forwarding if it's on video, or by channel switching.

The big difference is that, when someone picks up a newspaper, it's an 'active' decision. He or she, is going to read. And assuming your ad is visually interesting, and relevant to him or her, it'll get read. There are no compulsory ads, interrupting the editorial. No-one blows a whistle, and tells the reader to stop reading what he's reading, and look, at the ads.

But on TV, that's exactly what happens. Isn't it? You *know* it is.

BUT WHAT ABOUT THE RESEARCH?

The figures can tell you, fairly accurately, when the TV is switched on. They can even tell you what sort of people have the TV on; what socio-economic group they belong to; what age or sex they are.

But they can't tell you how much attention is being paid to your ads. Just because no-one has bothered to switch the TV *off*, doesn't mean anyone is watching it.

Now, research into TV viewership, coupled with attitude research into the details, is expensive. It is therefore usually carried out by TV companies. It's hardly surprising that you don't hear much bad news, is it?

But ask yourself this. If current methods proved conclusively that TV ads were more effective than press, would it not be the most effective weapon in the TV arsenal? Why is it *not* then?

And, finally, let's get rid of that old story about TV being a "housewives" medium: In the evening, when the family's home, who does most of the tea-making, the kid-coddling, the meal-fixing... The ad-missing?

"BUY SOME TODAY!"

Seriously, don't you find it infuriating when you hear an hysterical voice-over instructing you to "Buy now!"?

It's nine o'clock in the evening; it's dark outside; possibly raining; you're settled in for the night... do they *seriously* expect you to dash out and buy soap-powder?

Of course they don't. They hope you'll remember all that high-pitched enthusiasm tomorrow. Or when you finally decide to go shopping.

Meanwhile, you'll watch more programmes and more ads; close up the home, sleep for eight hours or so; get up, shower, have coffee...

And read the newspaper.

If you're going to buy anything today, that newspaper just might be where you'll read about it.

IT'S TRADITIONAL, AND I'M A SHEEP.

The last bastion of marketing conservatism.

"Sorry, some products are always advertised on TV. That's the way it is." "Our competition is on TV, so *we* have to be." "You can't demonstrate a product in press."

Oh dear. Oh dear.

How very sad. Follow-my-leader, me-too-marketing. No wonder so many new products fail.

Imagine a soap-powder being launched in newspapers. It would stand out. People would remember it... and they'd see it *just* before they went shopping, not the *night* before.

The same applies to a bug-killer, or a breakfast cereal (especially a breakfast cereal, come to think of it). Or a bakery...

The first rule of advertising: Get noticed. Easy in newspapers.

Second rule of advertising: Dominate your medium. For these products, impossible on TV. Easy in newspapers.

And "you can't demonstrate in the press"?

If you believe that, you're using the wrong advertising agency.

But that's another story.

看到这里你大概已经发现了，我极不擅长版面设计！这则广告是 2a 号对开双栏的版面设计。不过我喜欢它的文案和论述，而且它很适合收入本书。

给彻头彻尾的失败者的几句鼓励之词

持续很长一段时间的失败，十分正常。

我就是这样一个人，我认识的每个人也都是如此。

当然，基于这种信念的话，我将永远买不起一瓶贝克啤酒。

这就是为什么卖贝克啤酒的人让我来负责写这则广告。

他们觉得，这是一种公益性广告，一种安慰那些一直怨天尤人的失败者的方式，一种让“一无所有的人”因为“一无所有”而感到高兴的方式。

所以，在我的广告中，有史以来第一次出现了一些伟大人物的名字，他们在所选的人生道路上因为遭遇了可笑的失败而举世闻名。没有人相信他们能够成功。

他们相信，正如吉尔伯特·基思·切斯特顿曾经说的那样，“一件事情如果值得去做，那就值得被搞砸”。

有史以来最糟糕的拳击首秀

1946年9月29日，在美国缅因州的刘易斯顿，拉尔夫·沃尔顿在他的第一场拳击比赛中，仅坚持了10.5秒就被击倒。

当时，他正在休息角调整牙套，阿尔·库特尔冲过来攻击了他。这10.5秒，包含了他躺倒在地时裁判倒数计时的10秒。

自此以后，他再也没有参加过拳击比赛。

最失败的天气预报

1979年1月，吉达（沙特阿拉伯地名）发生严重洪灾后，《阿拉伯新闻》发布了以下天气公告：“很遗憾，我们无法为您提供天气情况信息。我们的天气信息来源是机场的天气报告，但由于天气原因，机场已经关闭。我们能否给您带来明天的天气预报，取决于天气情况。”

最糟糕的演讲稿作者

沃伦·甘梅利尔·哈定在20世纪20年代担任美国总统时，自己动笔撰写过演讲稿。

哈定去世时，E. E. 卡明斯说：“全世界唯一一个在简单的陈述句里都能写出七个语法错误的人，此刻离世了。”

这里摘录哈定演讲稿的一段，供诸位揣摩：“我希望政府尽其所能来缓解，那么，在理解中，在互惠的利益中，在对共同利益的关注中，我们的任务将得到解决。”

史上最不成功的殉情

在未婚妻解除婚约时，来自马德里的阿贝尔·鲁伊斯决定殉情。权衡了自杀的各种可能性之后，他决定在赫罗纳到马德里的快速火车前卧轨自杀。然而，在跳上铁轨之后，他躺在了两条铁轨中间，一脸郁闷地看着火车从身体上方呼啸而过。

最终，他只受了点儿擦伤，并被迅速送往赫罗纳医院接受急救。

同一天的晚些时候，他再次尝试自杀殉情，这一次，他跳到了一辆路过的卡车前面，同样只是增加了一点儿皮肉伤。他又被迅速地送回了同一家医院。主治医生叫来一个牧师，终于令鲁伊斯意识到自己的行为多么愚蠢。最终，他决定忍痛活下去，并寻找新女友。

满怀还能活着的庆幸，鲁伊斯离开了医院，刚出门就被一匹奔马撞倒，再次被送回赫罗纳医院。这一次，他的伤势相当严重，而且是同一天第三次进医院。

最糟糕的陪审员

20世纪70年代末，英国北部的一个刑事法庭正在审判一起强奸案，一名陪审员很快就睡着了。在此期间，受害者被要求重复嫌疑人在事发前所说的话。

为了避免尴尬，女孩被允许将其写在纸上。这张纸随后被折叠起来，传给了陪审团。每个成员都读了这段话，这段话实际上写的是：“回顾性交史，没有什么能与我将要对美好的你进行的全面检查相提并论。”

坐在打瞌睡的陪审员旁边的是一位迷人的金发女郎。看完纸条，她把它重新折叠起来，并推了推旁边睡着的陪审员，后者猛然惊醒。

他看了纸条，然后惊讶地看着金发女郎。令整个法庭感到高兴的是，他又慢慢地读了一遍纸条。然后他向金发女郎眨了眨眼，把纸条放进了自己的口袋。当法官向他索要那张纸时，这名全程处于休眠状态的陪审员拒绝了，他说：“这是我的私事。”

最失败的武器

有史以来最无用的武器是苏联人发明的狗雷。这个天才的训练计划，旨在训练狗将食物与坦克的底部联系起来，希望它们能在前进的装甲师下面为食物而飞奔。炸弹将被绑在它们的背上，它们将被驱使进行自杀式袭击。

不幸的是，它们只把食物与苏联坦克联系在一起，并在第一次出动时彻底摧毁了半个苏联师。

这个计划很快就被废弃了。

最差的公交车服务

有什么公交车服务，能与英国斯塔福德郡的汉利至巴格诺尔的完美路线媲美吗？1976年，有报道称，这条线路的公交车不会中途停车接乘客。

在一个名叫比尔·汉考克的人抱怨说，去程的公交车经常无视等车的老年人直接驶过之后，这事儿才被曝光。有时候，排队等公交车的老年人多达30位。议员阿瑟·科勒顿表示，如果公交车停下来接这些老年乘客，就会赶不上既定时间表，这也成为英国公交历史上前无古人、后无来者的推脱之词。

最后一句话

“在这个距离，他们连一头大象都击不中……”约翰·塞奇威克将军的最后遗言，是在1864年斯波茨韦尼亚战役中从护栏上看向敌军时说的。

哦，差点儿忘了，还有下面这些

排版从来都不是我们的强项，所以这里还有几个注定要失败的人，来充实失败者名单。威尔士合唱团作为唯一的参赛者，获得了第二名；瑞士的色情作家，因为作品不够色情而被重罚；本广告的作者因为无法掌握简明扼要的艺术，所以一字不差地抄袭了斯蒂芬·皮尔的《英雄失败之书》，注定要被起诉。

好了，现在感觉好多了，不是吗？毕竟，一瓶贝克啤酒的价格很可能高到只有训练有素的蝙蝠才能听到，但至少你不是唯一永远买不起它的人。

（哦，天啊，还差三句话，来段朗朗上口的顺口溜怎么样？贝克啤酒嘀嗒嘀，嘀嗒嘀，贝克啤酒蹦恰蹦恰恰，完工！）

贝克啤酒瓶上的标签就长这样，鉴于这极可能是你拿到贝克啤酒瓶标签的唯一机会，我们在这个标签周围画了虚线，所以你可以剪下来贴到墙上，作为炫耀的资本。剪下来之后，随便到一家药店去买卷胶布贴一下就完事了。

A Few Encouraging Words For The Totally Incompeten T.

It's perfectly alright to be incompetent for hours on end.

I am. And so is everyone I know.

Of course, being of this persuasion, I shall never be able to afford a bottle of Beck's Beer. Which is why the people who sell Beck's Beer got me to write this ad.

They see it as a sort of public service announcement; as a way of consoling those who moan at the unfairness of it all. A way of making the 'have-nots' feel glad that they 'haven't'.

So here, for the first time, are the great names: The people who were so bad in their chosen sphere of endeavour that they achieved greatness.

People who believed that success is overrated.

And who believed, as G. K. Chesterton once said, that 'If a thing's worth doing, it's worth doing badly."

THE WORST BOXING DEBUT

Ralph Walton was knocked out in 10½ seconds of his first bout, on 29th September, 1946, in Lewison, Maine, USA.

It happened when Al Couture struck him as he was adjusting his gum-shield in his corner. The 10½ seconds includes 10 seconds while he was counted out.

He never fought again.

THE LEAST-SUCCESSFUL WEATHER REPORT

After severe flooding in Jeddah, in January 1979, the Arab News gave the following bulletin: "We regret that we are unable to give you the weather. We rely on weather reports from the airport, which is closed, on account of the weather. Whether or not we are able to bring you the weather tomorrow depends on the weather."

THE WORST SPEECH-WRITER

William Gamaliel Harding wrote his own speeches while President of the USA, in the 1920's.

When Harding died, e. e. cummings said, "the only man, woman or child who wrote a simple, declarative sentence with seven grammatical errors, is dead".

Here is a rewarding sample of the man's style. "I would like the government to do all it can to mitigate, then, in understanding, in mutuality of interest, in concern for the common good, our tasks will be solved."

THE MOST UNSUCCESSFUL ATTEMPT AT DYING FOR LOVE

When his fiancee broke off their engagement, Senor Abel Ruiz, of Madrid, decided to kill himself for love.

Reviewing the possibilities available on such occasions, he decided to park himself in front of the Gerona to Madrid express. However, jumping in its path, he landed between the rails and watched, gloomily, as the train passed over him.

He suffered only minor injuries, and promptly received First Aid at Gerona Hospital.

Later that day, he tried again. This time he jumped in front of a passing lorry, again only acquiring some more bruises. His rapid return to the hospital led doctors to call a priest, who made Sr. Ruiz see the folly of his ways. Eventually, he decided to carry on living, and to seek a new girlfriend.

Glad to be alive, he left the hospital and was immediately knocked down by a runaway horse; he was taken back to Gerona Hospital, this time quite seriously injured, for the third time that day.

THE WORST JUROR

There was a rape case at a Crown Court in Northern England in the late 1970's at which a juror fell fast asleep, during which time the victim was asked to repeat what her attacker had said prior to the incident.

To save her embarrassment, the girl was allowed to write it on paper, instead. This was then folded, and passed along the jury. Each member read the words which, in effect, said "Nothing, in the history of sexual congress, equals the comprehensive going-over which I am about to visit upon your good self."

Sitting next to the dozing juror was an attractive blonde. After reading the note, she refolded it, and nudged her neighbour, who awoke with a start.

He read the note, and looked at the blonde in astonishment. To the delight of the entire court, he then read the note again, slowly. Then he winked at the blonde, and put the note in his pocket.

When the judge asked him for the piece of paper, the recently dormant juror refused, saying that 'it was a personal matter'.

BREMEN·GERMANY BECK'S BIER BRAUEREI BECK & CO 640ml

This is what the label on a bottle of Beck's Beer looks like. Since its the closest you'll probably ever get to one, we've given you a dotted line, so you can cut it out, and put it on your wall as a kind of ikon. When you've finished cutting it out, plasters can be bought from any pharmacy.

THE LEAST-SUCCESSFUL WEAPON

The prize for the most useless weapon of all time goes to the Russians, who invented the dog-mine. The rather ingenious plan was to train the dogs to associate food with the underside of tanks, in the hope that they would run hungrily beneath the advancing Panzer divisions. Bombs would be strapped to their backs, which endangered the dogs to a point where no insurance company would look at them.

Unfortunately, they associated food solely with *Russian* tanks, and totally destroyed half a Soviet division on their first outing.

The plan was quickly abandoned.

THE WORST BUS SERVICE

Can any bus-service rival the fine Hanley to Bagnall route, in Staffordshire, England? In 1976 it was reported that the buses no longer stopped to pick up passengers.

This came to light when one of them, Mr Bill Hancock, complained that buses on the outward journey regularly sailed past queues of elderly people; up to thirty of them sometimes waiting in line.

Councillor Arthur Cholerton then made transport history by stating that if the buses stopped to pick up passengers, it would disrupt the timetable.

THE LAST WORD

"They couldn't hit an elephant at this dist..." The last words of General John Sedgwick, spoken while looking over the parapet at enemy lines during the Battle of Spotsylvania, in 1864.

OH, ALRIGHT, THEN; HERE ARE SOME MORE

Typography has never been our strong point, so here are a few more determined losers, to fill out the column: The Welsh choir who were the sole entrants in a competition, and came second; the Swiss pornographer who was heavily fined because his wares were insufficiently pornographic; the writer of this ad, who, unable to master the art of précis, copied the entire thing, word for word, from Stephen Pile's 'Book of Heroic Failures', thereby incurring almost certain legal action.

There, feel better now, don't you? After all, the price of a bottle of Beck's Beer may well be so high as to be audible only to highly-trained bats, but at least you're not the only one who'll never be able to afford it.

(Oh, no. Three more lines. How about a jingle? Beck's diddly-dee-de-dah, Beck's, tiddly-pom. The end).

这里选了一则贝克啤酒的广告，用的策略是“昂贵的窖藏啤酒”，由于不想抄袭时代啤酒在英国打广告的思路，我们选择写一篇超长的文章。这一系列共有 3 则广告，它们一直是我的最爱，由我和本·亨特（Ben Hunt）共同创作。我很喜欢这则广告对标题的处理。

史蒂夫·海登
STEVE HAYDEN

史蒂夫·海登是乔治·奥威尔最喜爱的广告文案。他头顶许多令人生畏的光环，比如奥美全球品牌服务总裁。

他是如今广告界璀璨群星中最出色的创意天才，策划并主导了许多极具影响力和备受赞誉的广告系列。在为苹果公司效力的 14 年间，他创造了至今难以被超越的经典电视广告《1984》。他在 20 世纪 80 年代中期为保时捷撰写的平面广告文案，刷新了该品牌北美销量的历史最高纪录。海登服务的客户范围之广令人惊叹，迎来送往间不乏必胜客、耐克和美丰储蓄的身影。

1986 年，天联广告公司为了处理苹果电脑公司订单，专门在洛杉矶设立了办公室，并诚邀海登加盟。随后，海登逐渐掌管了天联在洛杉矶和旧金山地区的所有客户资源。1992 年，天联洛杉矶办公室和旧金山办公室赢得了 60 多项创意大奖，其中包括行业内人人梦寐以求的两项重量级大奖：贝丁奖和艾菲奖。

1994 年年末，海登跳槽至奥美环球广告公司，负责的客户是刚合并不久的 IBM，以弥补前半生撰写广告欠下的债。

海登的职业生涯从商业和工业广告起步，叱咤职场二十余载，他将最负盛名的广告奖项悉数收入囊中，有些奖项甚至“拿到手软”。这一长串名单包括：贝丁奖“最佳大赏”、戛纳金狮奖、克里奥广告奖、纽约艺术指导俱乐部年度奖、金铅笔奖、D&AD 奖。

作为南加州大学校友，海登也受过多家广告公司的栽培，比如底特律的麦克马纳斯公司（MacManus）、约翰 & 亚当斯公司（John & Adams）和洛杉矶的博达大桥广告公司。

● 想成为高薪文案，请取悦客户；想成为获奖文案，请取悦自己；想成为伟大文案，请取悦读者。

文案创作也许是世上仅存的能让你心安理得地与性格缺陷共存的合法活动。这些人性的弱点包括但不限于：自负、愤怒、暴饮暴食、贪婪、淫欲、嫉妒、懒惰和恐惧。

在不同情况下，它们各有其用。所以，你得确保自己对它们了如指掌。

这可能是一些成功的广告文案对最原始的创意小黑书《圣经》烂熟于心的原因。

它不仅解释了你需要知道的有关人性弱点的一切，也是非常实用的风格指南。[你以为文案中所有的“而且”（and）从何而来?] 它也是有史以来最强大的畅销品。在一个充斥着平价经文的世界里，它能说服数10亿人购买这本内容虚无缥缈，价格却让人难以承受的书。它经久不衰，流行了两千年，如果算上那些恐怖时期，则有四千年。

它同样体现了“匿名者的力量”。没人知道谁是作者，也没人知道谁是译者。但他们的确非常非常棒。

在赢得D&AD奖的铅笔奖后，我们中有多少人的作品会被奉为“神来之作”呢?

因此，效仿它们，而不是效仿你在获奖宝典中看到的艳俗之流。换句话说，让你的作品成为“宝洁的声音”、“IBM的声音”或者“卡勒德 & 鲍泽糖的声音”。

这给予我们看见风格、发挥个性的机会。少数类似哈尔·赖尼（Hal Riney）和霍华德·哥萨奇（Howard Gossage）的伟大文案仅以“一种声音走天下”。

然而，绝大多数人需要根据客户、受众、国家和贷款来调整风格，为五斗米折腰很正常。

因此，不管你为哪家公司写广告，与其董事长或者总裁见面总会有所裨益。如果他们是伟大的演说家和杰出的思想者，并且如果你能做到对驱动多数公司发展的愚蠢和贪婪不予理会，他们会说些什么?你的工作就是为客户创造“最好的自己”。所以你要寻找他们内心的天使，然后传递其神韵。

现在谈谈怎样才能吸引人们阅读你的文案。“信誓旦旦的承诺是广告之灵魂。”英国作家塞缪尔·约翰逊如是说。

寻找一个切入点，让客户生活的狭小天地与世人真正关心的宽广世界产生联系。止汗露不是为了保持干爽，它们象征着被爱；电脑不意味着完成更多工作，而是宣扬某种权力；汽车无关交通；食物无关饥饿；饮料无关口渴；等等。

无论他人眼中的某件产品或者某项服务有多么枯燥无趣，你都要点燃自己的激情。例如给包裹递送服务做广告，若能找到让它与大千世界擦出火花的创意点，那么你至少会以“匿名文案”的方式一战成名。

文案开头可能比标题更重要。博达大桥广告公司的一位创意总监曾经告诉我，不管文案有多烂，4%的读者都会坚持看完70%的正文。你的工作就是战胜这些困难。

除第一卷《创世记》外，《圣经》提供了很多绝妙的标题，但好开头却寥寥无几。要想找到好的开头，不妨参考乡村音乐的歌词，这些词句中蕴藏着人类共通的情感、日常的讽刺和醒世恒言，就算不是泉源，也是泉眼。

看看我最喜欢的这句乡村音乐歌词：“如果你的电话没响，那就是我在想你。”（If your phone don’t ring, it’s me.）

每个在商业写作的阴冷战壕里摸爬滚打的人，都该学学遣词造句的功夫。

大多数人的生活粗野、乏味且冗长。如果你能给他们带来片刻消遣，施展魔法令有趣之事扭转乾坤，他们就会爱上你。

当然，如果你撒谎，他们也会毫不留情地把你撕成碎片。所以请尽可能地让事实有趣，并且永远不要轻视受众。他们比你更聪明，也更长寿。

现在，说说最后一条建议。

远离毒品，不沾烟酒。

你将呕心沥血大半生，只是为客户生产一些人造珍珠。如果你获奖，他们会厌恶你的成就；如果你得不到奖，他们会无情地抛弃你，转投其他获奖者的怀抱。

除非你能用健康的心态看待自己的文案创作者身份，否则恶习只会让你上瘾并走上不归路。毕竟，这是世上唯一一份让你既能过上艺术家生活，也能领到外汇操作员薪水的职业。

所以请保证你至少把 10% 的收入捐献给了有价值的事业。把时间用于关爱他人和服务社会。学会有同理心，切忌骄傲自大、故步自封。要知道，它令本行业的许多明星陨落。

当然，让我们再次回到《圣经》，最好去看詹姆斯国王宫廷里匿名抄写员编撰的版本。它写得更好。

早在 1980 年，我们就开始用这样的广告来树立苹果的品牌形象。我们讲述了苹果电脑怎样融入人们日常生活的真实故事，而不像其他绝大多数电脑广告那样只关注琐碎的技术细节。

苹果被烤了

去年感恩节期间，俄亥俄州林恩公司的一位设计师把单位的苹果个人电脑扛回了家。
他外出吃火鸡时，电脑被烤了。
独自留在家里的猫也许心生愤恨，它撞倒一盏灯，招来了火灾。在一片狼藉中，电视机熔液侵蚀了电脑。他觉得自己完蛋了。
可当此人把那台苹果电脑带到辛辛那提电脑专卖店时，奇迹发生了，它居然还能用。
全新的机身和键盘令它崭新如初。
近千家苹果经销商拥有完善的服务中心，无论出现多么匪夷所思的问题，它们都能以迅雷不及掩耳之势解决。
所以，如果你正在寻觅一款解决问题而非制造麻烦的个人电脑，找苹果授权经销商准没错。
一切妥妥当当。你的个人电脑。

苹果

Welcome, IBM. Seriously.

Welcome to the most exciting and important marketplace since the computer revolution began 35 years ago.

And congratulations on your first personal computer.

Putting real computer power in the hands of the individual is already improving the way people work, think, learn, communicate and spend their leisure hours.

Computer literacy is fast becoming as fundamental a skill as reading or writing.

When we invented the first personal computer system, we estimated that over 140,000,000 people worldwide could justify the purchase of one, if only they understood its benefits.

Next year alone, we project that well over 1,000,000 will come to that understanding. Over the next decade, the growth of the personal computer will continue in logarithmic leaps.

We look forward to responsible competition in the massive effort to distribute this American technology to the world. And we appreciate the magnitude of your commitment.

Because what we are doing is increasing social capital by enhancing individual productivity.

Welcome to the task.

IBM，欢迎入局

欢迎来到 35 年前开启的计算机革命所创造的最激动人心也最重要的市场。

祝贺你们推出第一台个人电脑。

赋予个体真正的计算机能力，正使人类工作、思考、学习、交流和休闲娱乐的方式发生翻天覆地的变化。

电脑技能正迅速成为与阅读、写作同等重要的基本技能。

当苹果发明首个个人电脑系统时，我们预计，如果人们能领会个人电脑益处的话，全球将有超过 1.4 亿人购买它。

仅明年一年，购买个人电脑的人就将突破百万。下一个十年，个人电脑将以几何倍数增长。

我们期待加入这场负责任的竞争，不遗余力地将美国的这项技术推向世界。

我们欣赏你们的巨大贡献。

因为我们所做的事业正是“通过提高个体生产力来增加社会财富”。

欢迎来战。

苹果

我认为最巧妙的广告未必会有聪明绝顶的标题。为了欢迎 IBM 进入个人电脑市场，我们于 1981 年投放了这则广告。此举有点儿像比利时欢迎希特勒入境。哦，好吧。绝妙之处在于，尽管当时苹果还很弱小，这则广告却把 20 匹马的竞争变成了两匹马的较量，从此苹果和 IBM 被永远地捆绑在了一起。

▶ 这则广告发布后的第二年，人们已经购买了 10 亿美元的 PowerBook。我们开始意识到这些小小的笔记本电脑可以变得非常个性化，于是推出了“对比”系列广告。文案只不过充分展现了不同个体的笔记本电脑里的东西，却吸引了数量惊人的读者。艺术指导：苏珊·韦斯特雷（Susan Westre）。摄影：迈克尔·奥布莱恩（Michael O’Brien）。

你的 PowerBook 上有什么？

神父唐·多特
牧师

婚礼布道
学生地址
传真调制解调器
发给内罗毕、曼谷和罗马耶稣会传教士的传真
手头在写的有关苏族印第安人一书的图片版式
书款申请表
对经文书信模板的修改意见，上面有我的信头和签名
信封模板
QuarkXPress（排版设计软件）
Microsoft Word（微软文字处理软件）
FileMaker Pro（数据库软件）
在爱尔兰拍摄的照片的扫描件
修道院规划备忘录
计算器
拼写检查程序
日程表
婚礼流程策划
圣诞贺卡设计稿
课程大纲和作业
修理工电话号码

托德·朗德格伦
交互媒体艺术家

巡回演唱会日期
我写的歌
我写的计算机程序
我为新专辑封面精修的照片的扫描件
传真调制解调器
能让 PowerBook 控制我的舞台音响合成器的音序器
写给编辑的信
一堆字体
我参与开发的屏幕保护程序 Flowfazer
CompuServe（在线资料库）
Microsoft Word
Adobe Photoshop（图像处理软件）
C 编程软件
ToasterLink（视频切换软件）
我做的一场关于交互媒体音乐的演讲
我为纽约州律师协会所做的演讲
动画短片
闹钟
我的最新视频
下一个视频的分镜头脚本和图片素材

PowerBook 最新推出的广告堪称我们为苹果公司做过的“最佳平面广告”。这件我最喜爱的作品聚焦于苹果公司创始人海登·沃兹尼亚克和他的儿子杰斯。文案由我和克里斯·沃尔（Chris Wall）共同撰写，我们还把“未来之选”定为广告主题。尽管苹果一直不喜欢这个主题，但它还是赢得了丹·威登（Dan Weiden）的青睐。

PowerBook

年度最佳设计之一。
——《时代周刊》

年度最棒产品之一。
——《财富》

年度最佳硬件产品。
——《信息世界》

年度最佳新品之一。
——《商业周刊》

未来之选

耳听为虚？

明天中午，我们将揭开苹果最新款个人电脑的神秘面纱。

不管你是否相信，它能提供 4 096 色高分辨率，并且同时运行上万个现有程序——包括世界上最大的教育软件库，速度最多能比以往快三倍。

你可能尚未耳闻。

这是唯一一款拥有 15 声数字合成器的个人电脑。

它可以重现管弦乐队震撼人心的原声，并且最大限度地合成人声。

明天中午，苹果授权经销商会为你奉上“亲眼所见、亲耳所听”的非凡体验。迫不及待？为时尚早。

在洛杉矶推销古典乐广播节目可不比在冰岛首都雷克雅未克卖比基尼轻松，但我认为这种真实可靠的广告形式至少可以吸引读者的关注。它也助我在夏戴广告公司谋得一职。

古典乐怎样改变了我的生活？

之前

这是我开始听 KFAC 广播节目之前的样子。肥胖，贫穷，闷闷不乐，孤身一人。

之后

这是我拥有短短 16 年 KFAC 听众生涯后的模样。富有，精致，性感。

几天前，我到洛杉矶名流餐厅 Ma Maison 用餐。等候服务员帮我取奔驰 450 SLC 巧克力棕色座驾时，与我共进点心的沙特王子说："喂，比尔，像你这么谦逊的人是怎么变得如此富有、如此精致、如此……性感的？"

泪水模糊了我的双眼。"事情并非总是如此。艾哈迈德，老伙计……"

我的思绪不禁飘回到那段艰难的岁月：没有投资技巧，没拿下房地产帝国，在迪诺为我的电影剧本版权买单，我入手哥伦比亚 50 游艇之前……

我曾经和你很像

在不知名的地方打工，去单身酒吧晃荡，闲来无事看看情景喜剧。我的体重曾一度飙至 232 磅①，囊中羞涩，根本无法给餐厅夜班服务员付小费。

最后，我堕落触底。因为老破车不小心反向撞上停车场破胎器，我被卡斯泰克警方逮捕了。

我在这个孤独世界里最后的朋友哈迪·古斯塔夫森在开车送我回洛杉矶时，总算让我弄明白了。

"比尔，你要自控！开始收听 KFAC 吧！"

"天啊，哈迪。它放的不是古典乐吗？我不确定自己是否对那些高格调的东西感兴趣！"

除了在坦格尔伍德和阿斯彭度过几个夏天，以及在卡萨尔斯大师班上了一个学期……

我对古典乐根本一窍不通

"比尔，如果你能有起色，这不就对了？"

看着他无比坚定的蓝眼睛，我意识到他说得没错。管他三七二十一，我决定先听了再说。

起初，非常痛苦。听完一百首曲目合集让我感觉错乱——我习惯了鼓点在右、贝斯在左、歌手居中的音乐模式。那些六十四分音符让我头昏脑涨。

但在短短一周内，我就开始感受到古典乐带来的好处

很快，我顿顿都用餐巾纸，把波旁威士忌换成了低调的蒙特拉谢白葡萄酒，而且我即使把车窗摇上去，也能听见警报声。

不久，我每晚都在 KFAC 的陪伴下读一本好书，比如阿奎那的《神学大全》。

我意识到这个世界上一些富可敌国、名扬四海的人都爱听古典乐——拿破仑、俾斯麦、乔治·华盛顿、贝多芬……还有很多在世的名人。

然后我遇见了马琳。她是我认识的第一位知道《查拉图斯特拉如是说》远不只是《2001 太空漫游》主题曲的女孩。我不可救药地爱上了她。

今天，我走上人生巅峰。迎娶"白富美"，谈笑有鸿儒。在外汇交易界翻手为云，覆手为雨，前程远大。

古典乐会像对我那样，也对你产生影响吗？

几年前，科学研究显示，当人们给奶牛播放古典乐时，其产奶的数量和质量都有显著提高。

那么，如果古典乐都能将哞哞叫的老牛"点石成金"，不妨想象它能为你带来什么！

KFAC 听得起吗？

非富即贵才适合听？

尽管调查显示，KFAC 的听众大多来自南加州的顶级富人区，但是请注意：你绝对听得起！

多亏有了特别试听版，免费畅听，心随我动！

从今天起，养成听 KFAC 的习惯。别忘了，千里之行，始于足下。机不可失！心动不如行动，快调频至 KFAC。

人生的跃迁向你招手

给亲朋好友高能预警：你即将开始盛装出席晚餐。

你可能会对下酒坚果不屑一顾。

下次，当你在高速公路上想挖鼻孔时，不妨扪心自问："真是的！这么做配得起 KFAC 听众的身份吗？"

KFAC

1330AM/92.3FM

① 1 磅约为 0.45 千克。——编者注

BEFORE
This is me before I started listening to KFAC. Overweight, poor, unhappy and alone.

AFTER
This is I after 16 short years as a KFAC listener. Rich, trim and sexy.

How classical music changed my life.

The other day at Ma Maison, as I was waiting for the attendant to retrieve my chocolate brown 450 SLC, the Saudi prince I'd been noshing with said, "Say, Bill, how did an unassuming guy like yourself come to be so rich, so trim, so...sexy?"

My eyes grew misty. "It wasn't always this way, Ahmed, old buddy..."

My mind raced back to the Bad Time, before the investment tips, the real estate empire, before Dino bought my screenplay and I bought my Columbia 50...

Once I was a lot like you.

Working at a nowhere job, hitting the singles bars, watching situation comedies in my free time. I tipped the scales at a hefty 232, but my bank balance couldn't have tipped the bus boy at the Midnight Mission.

Finally, I hit bottom...picked up by the Castaic police for barreling my old heap the wrong way over some parking lot spikes.

My last friend in this lonely world, Hardy Gustavsen, set me straight while he was driving me back to L.A.

"Bill, get hold of yourself! Start listening to KFAC!"

"Gosh, Hardy, don't they play classical music? I'm not sure I cotton to that high brow stuff!"

Aside from a couple of summers at Tanglewood and Aspen, and one semester in Casals' Master Class...

I knew absolutely nothing about classical music.

"Bill, who would be wrong if you got better?"

Looking into his steely blue eyes, I realized Hardy was right. I resolved to give KFAC a shot.

At first, it was quite painful. Listening to all those 100-piece groups was confusing—I was used to having the drums on the right and the bass on the left and the singer in the middle. All those semidemihemiquavers made my head spin.

But I started to feel the beneficial effects of classical music listening in just one short week.

In no time, I was using napkins with every meal, I switched from Bourbon to an unpretentious Montrachet and I became able to hear sirens even with my car windows rolled up.

Soon I was spending every night with KFAC and a good book, like Aquinas' *Summa Theologica*.

I realized that some of the wealthiest, most famous people in this world listened to classical music—Napoleon, Bismark, George Washington, Beethoven...and many others who are yet alive today.

Then I met Marlene. The first girl who knew there was more to *Also Sprach Zarathustra* than the theme from *2001*. And I fell in love.

Today, I'm on top of the world with a wonderful wife, close friends in high places and a promising career in foreign currency manipulation.

Can classical music do for you what it did for me?

A few years back, scientific studies showed that when dairy cows are played classical music the quantity and quality of their milk dramatically improves.

Now if it can do that for plain old moo cows, imagine what it can do for you!

You might use it to control disgusting personal habits and make fun new friends. The possibilities are endless!

Can you afford KFAC?

Is lox kosher?

Even though marketing surveys show that KFAC's audience is the most affluent assemblage of nice people in Southern California, yes, you *can* afford KFAC! Thanks to their Special Introductory Offer, you can listen FREE OF CHARGE for *as many hours as you like* without obligation!

Begin the KFAC habit today.

Remember, the longest journey begins by getting dressed. Don't let this opportunity slip through your fingers. Tune to KFAC right NOW, while you're thinking about it.

And get ready for a spectacular improvement in your life.

Warn your family and friends that you may start dressing for dinner.

You may lose your taste for beer nuts.

And the next time you're on the freeway thinking about playing with your nose, you'll find yourself asking: "Really. Would a KFAC listener do this?"

史蒂夫·亨利
STEVE HENRY

1955 年，降生于台风中的中国香港。

1978 年，从牛津大学英国文学专业荣誉毕业。1981—1985 年，任戈尔德 · 格林里斯 · 特罗特广告公司（Gold Greenlees Trott，缩写为 GGT）的广告文案，服务的客户包括伦敦道克兰酒店、伦敦周末电视台、赫力斯特旗下的皮尔森啤酒、Time Out 集团。1985—1987 年，任怀特 - 柯林斯 - 拉瑟福德 - 斯科特公司（Wight-Collins-Rutherford-Scott，缩写为 WCRS）的集团总监，服务的客户包括卡林黑标啤酒、米特兰银行、保诚集团、替牌精酿啤酒。

1987 年，成立豪威尔 · 亨利 · 恰德克特 · 卢瑞公司（Howell Henry Chaldecott Lury，缩写为 HHCL）。最受喜爱的客户包括：莫尔森淡啤酒、《嘉人》杂志、泰晤士电视台、第一直销银行（First Direct Bank）、万胜磁带、富士胶卷、水星通信、Healthcrafts 保健品、Danepak 培根、MTV（音乐电视网）、英国家居店（BhS）、碧域饮料（包括旗下品牌 Tango）、金色奇迹杯面、红山咖啡、乐高积木、雅芳美妆、汽车协会和马自达汽车。

1989 和 1994 年，HHCL 两度荣获 *Campaign* 杂志评选的“年度最佳代理商大奖”。1990 年，HHCL 为富士做的广告助后者获评“年度最佳广告主”。1992 年，HHCL 为 Tango 做的广告获评“年度最佳广告宣传”。没有其他任何一家公司能在创办的头五年里获得这三个奖项。

亨利 38 岁，已婚，育有两女，现居于伦敦南部的旺兹沃思。

● 人生苦短，哪儿有时间看完文案？面对现实吧：人生苦短，没有时间读完此书。

浏览浏览，看看图片就行。没人会仔细阅读文案。

我时常抱有这样的幻想：有这样一则广告，实际上没有任何人读过它，甚至连校对员都没看过。在第13段隐藏着一个揭示了宇宙奥秘的错字。但没人看到它。（因为没有人阅读正文。）

然而，有时艺术指导需要用文案来平衡广告设计。或者客户坚持长篇大论。又或者你只有那么一瞬的盲目乐观，想象人们真的会阅读正文。（我也犯过这个错误。）

管他呢。有时你只是突然发觉自己打开苹果电脑新建了一个文档，用两个手指头在键盘上戳戳点点。

我必须坦白，虽然我完全理解撰写文案是徒劳之举，但我还是超爱写作。

所以，如果你固执地认为自己可以从这本冠冕堂皇的参考书中学到任何有价值的东西，不妨听听以下四条建议。然后我还会讲一些被迫列举的例子。

建议一：与艺术指导、设计师、排印工、电脑操作员等紧密合作。

建议二：尽你所能增加文案的可读性。如果其他方法都不奏效，那就把句子写短点儿，让那些智商和猩猩差不多的人也能跟上。对不对？明白了吗？棒极了。

建议三是许多顶级文案都会忽略的：每篇文案都应该是截然不同的。你可以投入情感，却不能让他人看出你的风格。客户千差万别，他们值得拥有独一无二的作品。

建议四：换换花样。不用试图模仿别人的风格。对任何广告来说，与众不同是最重要的。倒着写、用牙买加方言写，试试看每写四个字母就省略一个字母……

（建议五：阅读本书其他广告人的内容。本书里的其他人都比我牛。）

说了这么多，我从古董储藏柜里翻出了一些旧文案，然后立刻意识到自己并没有想象的那么具有创新性。惊惶之下，我首先想到找一些字比较少的广告。比如Time Out的老海报，上面有一根两头燃烧的蜡烛，或者是第一直销银行的海报，里面故意使用了一个乏味至极的镜头，又短又粗的草占据了伦敦海报网站的黄金位置，有整整96页！

然后我想，成熟点儿吧，伙计。这本书是讲笔头功夫的，你总不会看不起文字吧？

所以我又找出了一些有字的广告。但出现了另一个问题。作为创意总监，你没办法总去写自己最想写的广告。

所以有些广告根本就不是出自我手。

那又怎样？

以MTV为例。在一则MTV招商广告中，我们引入了“可选文案”的概念。把文案放在可擦贴纸上插入杂志内页。你可以像擦转印纸一样去擦它，内容可多可少，“丰俭由人”。该创意来自广告文案贾斯汀·胡珀（Justin Hooper）和艺术指导克里斯蒂安·科特里尔（Christian Cotterill）团队。宝马的愚人节广告出自 WCRS。我很喜欢它，虽然我必须按照罗宾·怀特（Robin Wight）设定的风格来写作，但至少能蕴藏一些个人幽默感。当重读它时，我还能再笑出来一两次。此外，它甚至比八年前新鲜出炉时更受关注。

富士胶卷。别管文案了——我只是喜欢那些图说。用简短的图说来勾勒出脑海中缺失的照片堪称一桩趣事。

Healthcrafts 维生素片。看完我们所有的平面广告作品后，我觉得非提它不可。我太爱这则广告了。阿克塞尔·恰德克特（Axel Chaldecott）和我共同贡献了创意，文字部分由顶级广告文案莉兹·惠斯顿（Liz Whiston）操刀。

伊德里斯汽水。这是一次怀旧良机，尽管我觉得自己只抓住了一半机会。毫无疑问，戴维·阿博特能把这种类型的广告写得更好。

泰晤士电视台。我喜欢这种把文案分散在页面上的表达方式，这样你就不必阅读常规的块状正文。这则广告写起来也很有趣。它诞生于本·兰登（Ben Langdon）遇见克里斯·斯蒂尔（Chris Still）的前几年。

第一直销银行。在这则广告里，几个小型头像展开了言简意赅的对话，十分适合狭窄的平面广告。它们充满卡通感（看上去平易近人），但我感觉它们令人耳目一新，与众不同。

该创意源自阿克塞尔·恰德克特。这完美地说明了广告文案的良师益友并非字典、百科全书或者 HB2 铅笔，而是他 / 她的艺术指导。

这一系列的大多数广告都由他人撰写［纳雷什·拉姆钱达尼（Naresh Ramchandani）、戴夫·博纳圭迪（Dave Buonaguidi）和史蒂夫·格德尔斯通（Steve Girdlestone）］。我记不清谁写了上面说的这则。

我喜欢那种看起来不像文案的文案，我可能就是个怪人。可如果你知道领我入门的人正是以一种特立独行的方式来撰写文案，你就不会大惊小怪了。

当我从牛津大学英语文学专业毕业，初出茅庐时，戴夫·特罗特（Dave Trott）告诉我，他见过的最好的文案是 TBWA（腾迈）做的路虎广告。上面一个字也没有，只有符号。

他是对的。

现在你该扪心自问：下一篇真正富有创造力的文案会是什么样的呢？反正肯定和本书中的都不一样。因为这些点子都已经成了明日黄花。

MTV 招商广告。

This AD is BROUGHT to you
with optional body copy.
please ADD according to taste.
Attitude — with.
Style — yes please. 24 HOUR.
Audience — adults that
are young. Yoot.
Audience status — loaded.
ready to spend.
Options — Euro or U.K. only brands.
CALL BRUCE Steinberg
Director of advertising sales
ON 071 239 7533.
Serving suggestion — try
adding spare copy to
another ad to make it
more interesting.

本广告将为你呈现趣味十足的正文。
丰俭由人。
态度风格，悉听尊便。
24 小时全天候为你服务。
受众对象——年轻人。
又潮又年轻。
受众消费观——一掷千金。
消费者喜好——只考虑欧洲或者英国大牌。
有意者请拨打 071 239 7533，
联系广告销售总监布鲁斯·斯坦伯格。
友情建议：
结合常规广告话术阅读，有点石成金之效。

MTV：电视有态度

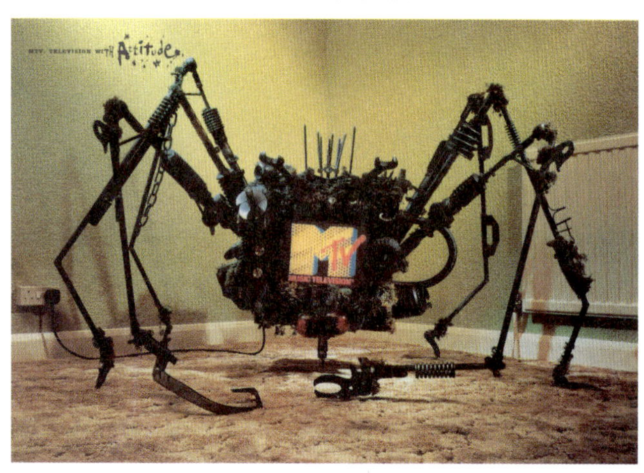

▶ 宝马的愚人节广告。

当你穿越英吉利海峡时，我们的方向盘会随你一同转换

自 1867 年通过“初夜权”法案起，法国人习惯靠右行驶。

这不仅给英国司机带来了不便，还埋下了潜在的安全隐患。然而，汽车制造商完全忽视了它。

凡事皆有例外。宝马工程师阿普·里尔夫尔于三年前发现了破局之道。经过巧妙修改，测试车辆拥有了宝马独家功能——多仪表盘装置。

通过将第二组方向盘底座和仪表盘嵌入传统杂物箱，里尔夫尔博士创造了第二个主驾驶位。

仪表盘完全符合“欧洲大陆”标准：公里计速器和“劳森”燃油表一应俱全。

之后，通过在方向盘轴插入制轮楔，另一位工程师汉斯·格拉本设计出首款快拆方向盘。（轴里也嵌入了第二个“大陆”喇叭，符合法国司机 80 分贝的汽笛音量标准。）

最后解决的问题是脚踏板，易如反掌。格拉本先生让它们变得可转移，成为双位装置。

现在，这款配置仅适用于宝马 3 系，但预计等英吉利海峡隧道开通时，所有车型皆可配备。

届时，英国司机终于不必担心走错道并能像法国人一样靠右行驶了。

英国伯克郡布拉克内尔市埃尔斯菲尔德大道，宝马（英国）有限公司，尤夫·阿祖尔-埃格普尔德（收），邮政编码 RG12 4TA。

请寄给我更多有关宝马多仪表装置的详细信息，我因以下原因需要在海外驾驶：

商务洽谈□　　纯属娱乐□

永久移民□

姓名 __________

地址 __________

邮政编码 __________

宝马

终极座驾

WHEN YOU CROSS THE CHANNEL, OUR STEERING WHEEL CROSSES OVER WITH YOU.

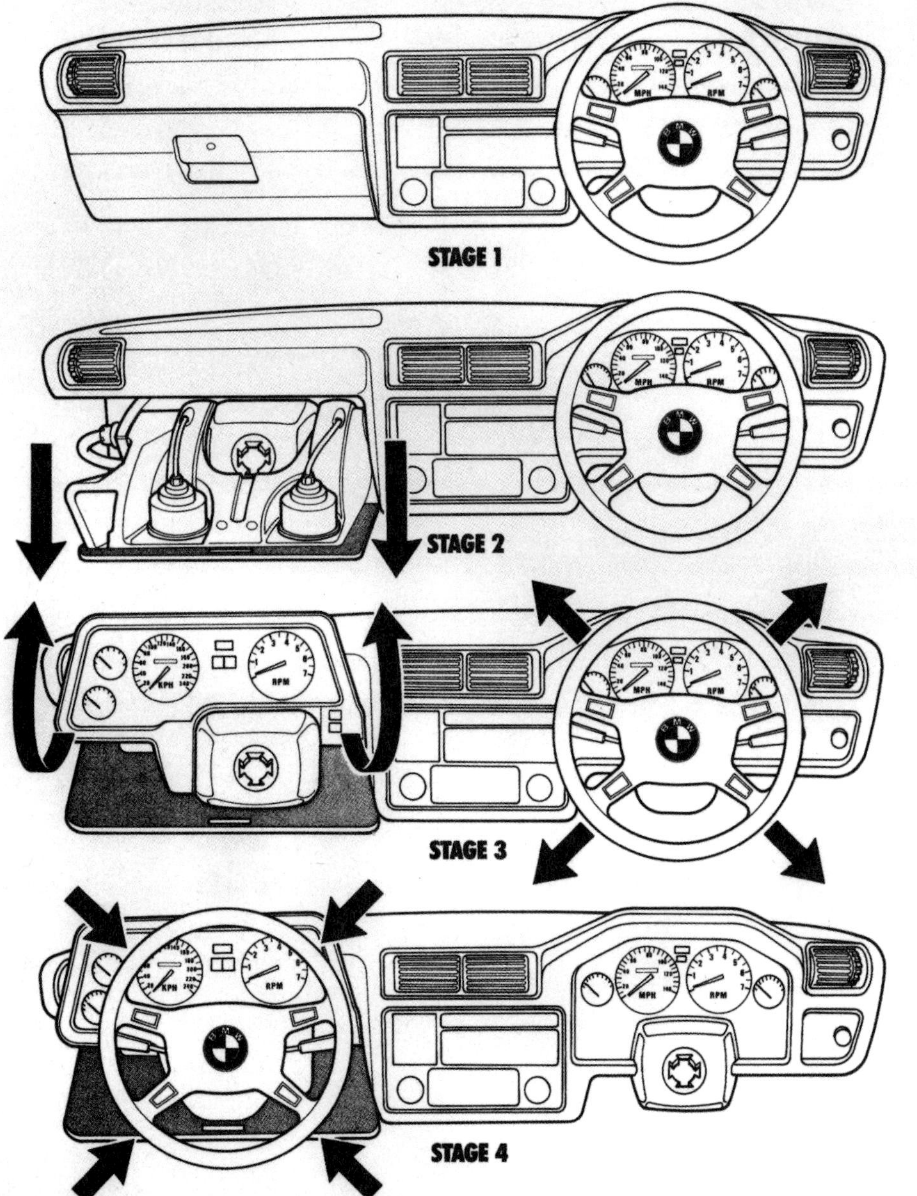

Since the 'Droit de Seigneur' act, passed in 1867, the French have always driven on the right-hand side of the road.

This is not merely a matter of inconvenience for British drivers; it is also a potential safety hazard. And yet car manufacturers have been ignoring the problem completely.

With one notable exception. Because BMW engineer Aap Rilfühl discovered, just three years ago, that the problem could be tackled; and, with ingenious modifications, a test vehicle was designed that incorporated a unique BMW feature – the multi-dashboard facility.

By incorporating a second-unit steering wheel socket and instrument panel into a conventional glove compartment, Dr Rilfühl was able to provide the basis for a secondary driving position.

The fascia, naturally enough, conforms to 'Continental' standards – with a kph speedometer, and the 'Lawson' fuel gauge reading in litres.

Then, by the insertion of a lynch-pin into the steering wheel column, fellow engineer Hans Grabbem was able to devise the first quick-release steering wheel. (Incorporated, too, into the column is a secondary 'Continental' horn – the 'Vorin-Drivers' 80 decibel air-horn.)

The final problem, of the foot-pedals, was easily resolved; Herr Grabbem made them transferable, too, with a dual position facility.

At present, this option is only available on the BMW 3 Series, but it is expected to be available on all models in time for the proposed opening of the Channel tunnel.

And then, for the first time, British drivers will be able to drive abroad without getting on the wrong side of the natives.

To: Uve Adjuri-Egpühld, BMW (GB) Ltd, Ellesfield Avenue, Bracknell, Berks, RG12 4TA.
Please send me more details of the BMW multi-dashboard facility.
I intend to drive abroad: ☐ for business. ☐ for pleasure. ☐ for ever.
Name
Address
Postcode

THE ULTIMATE DRIVING MACHINE

富士胶卷。

富士胶卷 I&I（影像 & 信息）

伴娘们到了，得给莎伦吹气球了。

快看鲍勃的新发型。难怪猫不喜欢它。

斯坦是怎么把它从信箱里拿出来的？

B夫人尝试跳高。

站在我们烧烤架旁的人是鲍勃·迪伦吗？

奶奶被风帆冲浪板的线缠住了。

瑞士大使此刻正在做什么？

新郎、新娘和公牛比利。（由B夫人的相机拍摄）

富士彩色负片

不想失望，就选择富士胶卷 SUPER HG 200（正如摄影师拍摄的最后一张照片一样）。

富士胶片200比普通的胶片100更快、更灵活，提高成功率，不在话下。

SUPER HG 200，只做最优质的胶片。

曾记否……

夏天放学后，在外面肆意玩耍至晚上十点的惬意时光？
漫长驾驶后，在群山缝隙初见蔚蓝大海时的心潮澎湃？
在花园里支起帐篷，阳光穿篷而入，喝上一杯掺了柠檬果肉的柠檬水？
提前一站下车，用省下的公交费去买糖果？
整个下午都在花园里捉迷藏，看着所有人的影子在草坪上被阳光越拉越长？
和密友散步至离家一英里的糖果店，买些糖果犒赏自己？
用香草冰激凌和奶油苏打水做杯饮料，小心翼翼地捧在手里，再带上两本最爱的漫画书出门？
边摘野黑莓，边憧憬有朝一日隐居山野，永远自由自在地享用美味水果？
从长长的河岸上翻滚而下，站起后有些头晕目眩，却忍不住跑回河岸再来一次？
一试难忘的蒲公英口味和牛蒡口味？
对着墙玩接球游戏，给自己定下连续进 10 个的目标，以助力英格兰成功出线？
某天回家，发现家人成了得意扬扬的狗主人并且让你为新成员起个名字？
试喝用真姜酿制的姜汁啤酒，父亲直呼“上头”，你试了以后发现果不其然？

伊德里斯
致敬传统

伊德里斯汽水。

REMEMBER...
THAT TIME AFTER SCHOOL, in the summer, when you could go outside and play till ten o'clock at night? ¶ THAT LONG DRIVE to the seaside, when you first saw the blue of the sea through a gap in the hills? ¶ PUTTING UP A TENT in the garden, and drinking Lemonade made cloudy by the real lemons in it, as the sun shone through the canvas? ¶ GETTING OFF THE BUS a stop early, so you could spend the fare money you saved on sweets? ¶ PLAYING 'TAG' in the garden all afternoon, as the shadows lengthened across the lawn? ¶ GOING FOR A LONG WALK, just with your best friend, and giving yourself a reward in the sweet shop a mile away from home? ¶ MAKING AN ICE CREAM float, with vanilla ice cream and Cream Soda, and taking it carefully outside with your two favourite comics? ¶ PICKING WILD BLACKBERRIES, and thinking you could run away and survive for ever on the delicious, free fruit? ¶ ROLLING DOWN A long bank, and standing up and feeling all dizzy as you ran up the bank to do it again? ¶ THE TASTE OF Dandelion and Burdock (if you ever drank it, how could you ever forget it)? ¶ PLAYING CATCH AGAINST a wall, and giving yourself a target of 10 in a row, to help England win the match? ¶ COMING HOME ONE DAY, to find that your family was the proud owner of a dog, and you had to think of a name for it? ¶ TRYING GINGER BEER, made with real ginger, because your father said it was a great drink, and finding out he was right?
IDRIS DANDELION AND BURDOCK TRADITIONAL STYLE
IDRIS TRADITIONAL STYLE LEMONADE TRADITIONAL STYLE
IDRIS CREAM SODA TRADITIONAL STYLE
IDRIS GINGER BEER TRADITIONAL STYLE
IDRIS TRADITIONALS

紧急通知
所有家长请注意

最近，一项美国测试证明 Healthcrafts 牌 Vitachieve 维生素片具有提高儿童平均智商分数的功效。
正品包装如图所示。
Vitachieve，膳食研究基金会唯一官方认证。科学专家专为上述智商测试研发配方。
其他在售的类似产品未经测试，皆为假冒伪劣。
详情可拨打 0800 444 858 免费咨询。

Healthcrafts 牌 Vitachieve 维生素片。

URGENT NOTICE
TO ALL PARENTS.

Recent US tests proved that Healthcrafts Vitachieve ***increased the average IQ*** score of children in a trial.

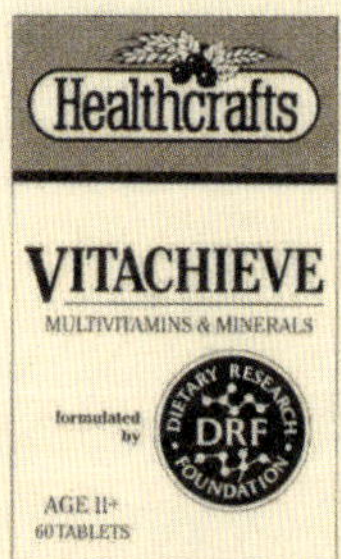

THIS IS THE GENUINE PACKAGING

Only Vitachieve carries the official seal of the Dietary Research Foundation – an independent body of scientific experts who formulated Vitachieve especially for the test.

Any similar products on sale were not tested and are ***not*** endorsed by the DRF.

DIETARY RESEARCH FOUNDATION DRF

For more details of the results, **call free on 0800 444 858.**

第一直销银行

泡杯茶要多长时间？
大概和开好一个 9% 利息的活期账户差不多。
那快开始烧水吧。

第一直销银行是米特兰银行有限公司的部门之一。
若存款 500 英镑以上，每月利息可高达 9.25%，利率按净年计算且可能上下浮动。

第一直销银行服务热线：
0800 22 2000。

第一直销银行。

▶ *泰晤士电视台招商广告。*

广告公司对客户所说的最糟糕的话莫过如此

1. 好消息。我们被兼并了。
2. 开会……开什么会？
3. 你知道问题出在哪里吗？你们的商标太大了。
4. 搭我的顺风车去车站吧？我的法拉利正好停在外面。
5. 看，这真挺好笑的。我们超预算了。
6. 抱歉在前台跟你动了手。
7. 你好。我们好像在哪儿见过，你记得吗？
8. 对啊，对啊。但客户不太懂广告，是不是？
9. 这是成片。我敢打包票，人们研究研究就能弄懂它。
10. 你注意到了吧，我们把你的销售会议从日程表里删除了。
11. 天啊，我们做过这件事吗？
12. 我知道过去十年我们把你们的广告弄得一团糟。但从现在起，我们会努力的。
13. 对不起。看起来我们不能按计划在伦敦打广告了。

你在伦敦不能不打广告。你可以在泰晤士电视台实现梦想。

泰晤士电视台

（报价范围 500~73 000 英镑，本地广告商优惠更多。）

THE WORST THINGS AN ADVERTISING AGENCY CAN SAY TO ITS CLIENTS.

1. "Great news. We've merged."

2. "Meeting...what meeting?"

3. "You know what's causing the problem here. Your logo's too big."

4. "Can I give you a lift to the station? My Ferrari's just outside."

5. "Here, this'll make you laugh. We've gone a bit over budget."

6. "Sorry about the punch-up in reception."

7. "Hello. I recognise you from somewhere don't I?"

8. "Yea, yea. But clients don't know much about advertising, do they?"

9. "Here's the finished film. I guarantee that people will be able to make sense of it in research."

10. "You'll notice we've left your sales conference off the timing plan."

11. "Blimey. Did we do that?"

12. "I know we've made a hash of your advertising for the last 10 years. But we'll really try hard from now on."

13. "Sorry. Looks like we can't afford London on the schedule."

YOU CAN'T AFFORD NOT TO ADVERTISE IN LONDON. YOU CAN AFFORD TO ADVERTISE ON THAMES.

(CAMPAIGNS FROM £73,000. SPOTS FROM £500. EVEN LESS FOR LOCAL ADVERTISERS).

苏茜·亨利
SUSIE HENRY

苏茜·亨利于 1972 年开启广告生涯。她曾效力于科金特·埃利奥特公司（Cogent Elliot）、法兰奇·戈尔德·阿博特广告公司和恒美广告公司，之后成为沃尔德伦·艾伦·亨利·汤普森公司（Waldron, Allen, Henry and Thompson）的创始合伙人兼创意总监。

1992 年，她加入广告公司 CME.KHBB，与最初合作的艺术指导加里·德纳姆（Gary Denham）重聚。"我们没有变，"苏茜说，"只不过现在彼此之间多了八个孩子。"苏茜为商业联盟保险、鲍勃·马丁宠物用品和政府严禁酒驾运动撰写的广告，为她赢得了 5 次 D&AD 奖。

● 我在迈入广告行业的第一天，就听到了一条非常简单的建议。

“孩子, 你要记住。今天的报纸广告就是明天的废纸。”我老板当年的言论听起来有些荒谬。他是说广告毫无价值，不值得诸位匠人般地劳作吗？最后，它唯一的用途只是防止醋滴到裤子上。22 岁的我战战兢兢，充满困惑。但很快我就弄明白他的话究竟是什么意思了。

报纸广告的生命很短暂，所以，它得让人印象深刻。你只有一次吸引读者的机会，告诉他们一些闻所未闻、意想不到的东西。你得采用煽动性手段，提防落入陈词滥调的窠臼，尽量让文案听起来真实可靠。这才是他的“言外之意”。这是一条很好的准则，也是我一直坚持的。

我是怎么写文案的？几乎总是拖到最后一刻。甚至这么多年过去了，我在创作时仍然眉头紧锁、焦虑不已。

认识我的人会告诉你，我最快乐的事情就是和人东拉西扯。给一道花园栅栏，我就能俯靠在上面滔滔不绝。初出茅庐时，一位创意指导评价我文案里的“喋喋不休”就像是“出自度假村的招待员之口”。我记得自己当时气得够呛。

但重读了早期为商业联盟保险保险做的一则广告（1978 年左右的“洪水”广告）之后，我明白了他的意思。它与其说是报纸广告, 不如说是《每日镜报》式的独家新闻。（鉴于我妈和我的姨妈都是记者，我的小报腔调也许就是从她们俩那里学来的。）

说到记者这个话题，我已经记不清他们究竟有多少次借用了商业联盟保险广告文案的措辞表述，并将之化用进社评中。我备感荣幸。当然，此举亦让我的文案“身价倍增”。

可以说，我几乎与商业联盟保险共同成长。17 年过去，我换了四家广告公司，却仍在为它写文案。我最享受的是可以有机会讲述一个精彩的故事，无须在文案里到处兜售卖点。自由万岁。可难点在于，要让广告在保持优势的同时不失个性。众所周知，介绍案例行之有效，但关键在于你究竟怎么讲述。

最近一组广告是“假发”、“奶牛”和“果酱”，它们的新闻感较低, 更像短篇小说, 算得上我的得意之作。列举它们的另一原因在于: 12 年前，我做过一次野蛮的大清理。打那以后，我再也没有保留任何作品。这意味着我拥有了更多的“抽屉空间”，但当英国设计与艺术指导协会要求我提供一些代表作时，就有点儿尴尬了。

我早就放弃在办公室里写文案了。琐碎的事情一大堆。如果看到艺术指导在削瓷器描笔[①]，我就会走神。我记得有位老太太总是跑进来擦电话机。她在那里转悠的时候，我什么都写不了，我总是目不转睛地看她把听筒擦得雪亮，然后又仔细地把拨号盘上的每个孔都擦得一尘不染。她喜欢戴一副白手套，就像个魔术师。我被她迷得七荤八素。

对我来说，最佳的工作方式莫过于把家里脏兮兮的电话线拔掉，再去写作。我用特制的马克杯给自己泡咖啡，那个杯子上有只耷拉着耳朵的山羊，是我逛努比亚山羊协会的霍克斯黑德展的收获。它已经成为“创意流程”的重要支柱，其他马克杯都不行。我从不在屏幕上写作，只写在纸面上。把百利金钢笔摆得端端正正吗？很遗憾，没有。我通常只用一根两英寸长的铅笔头（它更适合被菜贩夹在耳朵上），这是孩子们把我的书桌洗劫一空后所剩无几的东西之一。

我差点儿忘了。我还需要完成评论文案写作技巧的任务。这的确棘手。无论技巧如何，我都很难定义它。对我来说，这更像是一种对文字的感觉，而不是能被写得一清二楚的配方。我早年学到的一个经验是：如果有人说“看不懂”你的作品，千万别解释，重写就好了。这样你和他都能更明白。

传递真挚的热情始终很重要。如果读者能够感受到你对产品的激情，那么他们大概率也会感同身受。

我希望你能看出来，我至今仍然对这个行业充满热情。

1978 年，商业联盟保险广告。

他人评估损失，我们为此买单

1978 年 1 月 11 日清晨，没人会责怪你错把希尔内斯的大街小巷认作阿姆斯特丹或者威尼斯的寻常巷陌。

经过一整晚飓风的肆虐和滔天海浪的冲袭，东肯特海岸线已千疮百孔。

在这条 30 英里的废墟路上，商业联盟保险清楚地认识到，“我有一法，可伸援手”。

不是为你端茶送水，也不是嘘寒问暖，更不是闪烁其词的补偿承诺。

而是立刻在现场通过理赔申请。

现在，你不会每天都看到我们为了邮寄支票，突然出现在投保人身旁。

毕竟，在处理理赔一事的手续上，所有保险公司都一样。

记录细节，审核政策，评估鉴定，等等。

该流程可能需要耗费 5 分钟至 5 个月，甚至更久。

大家宁愿简化文书工作，以便尽快解决问题。

这正是我们应对东肯特危机的方法。

1 月 12 日，风暴灾害后的一天之内，我们就火速在坎特伯雷新建了一个紧急理赔中心。

两个工作日内，我们派出了自己的保险理赔员团队。他们在河道边巡视，亲自核算维修费用。

最后，仅一家分公司就向 400 多名投保人支付了 11.5 万英镑。

当我们的投保人开始重建家园时，投保其他保险公司的人还在接受评估。

商业联盟保险
危急关头，无须“抓马”

① 一种专门用于在瓷器或者硬釉表面做记号的铅笔。——译者注

1994年，商业联盟保险广告。

“商业联盟保险迅速意识到这绝不仅仅是更换几块草皮的问题”

“我刚把一头牛赶出球道，又有四头从沙坑里冒了出来”

上校大步流星地走出俱乐部会所，他下巴紧绷，脸上显露出决心。

他心情不佳。

片刻之前，老希金斯还在酒吧里逍遥快活。他豪饮一大杯廉价葡萄酒，把一碗芝士条吃得一干二净。

一切似乎非常正常。

直到电话响起。是办公室的那个“讨厌鬼”玛乔丽。

希金斯将听筒举得有一臂远，面无表情地听着，这样他就可以窝在舒适的翼椅里，随声附和。

出问题了。入侵者胡作非为，急需处理。

尽管在第二次中东战争后再没上过战场，上校仍宝刀不老。他手持高尔夫3号铁杆、水桶、铁锹和长绳，步步逼近树林里的绰绰身影。

第14洞周围的牛粪堆提供了重要的身份线索。

他纵身一跃，就置身牛群，来了次出其不意的袭击。

随后发生的惊惶逃窜并非行动计划的一部分。

当黑白花牛群冲上球道，踏碎草皮时，高尔夫球员们目瞪口呆。

农夫姗姗来迟，牛群已经转移至新牧场，在俱乐部旁的绿草带悠然午餐。

上校站在车道上，手里挥舞着一大束无头雏菊。

他头头是道，巧舌如簧。

与农夫含糊其词的道歉高下立判。

高尔夫俱乐部要求赔偿。

当晚，农夫立刻查看了保险条款。

谢天谢地，一切如他所愿。商业联盟保险为他量身定制的理赔涵盖了三责险。

这意味着当景观园艺账单来敲门时，高尔夫俱乐部无须掏钱。

农夫也无须掏钱。

我们出钱。

商业联盟保险

危急关头，无须“抓马”

“当商业联盟保险的人蹚进来的时候，这里还是一片柑橘酱的海洋”

“第一罐果酱爆裂的时候，我正在做一块卡尔菲利干酪泡菜面包”

圣诞幸运枝动人地悬挂于熟食店门头。

店内货架上的季节性食品琳琅满目。

布姆金夫人自家烘焙的多塞特烤饼、丝带款盒装糖炒栗子、腌鹌鹑蛋、杜林标松露。

华丽的圣诞布丁金字塔居于商店正中。

约翰逊先生面带笑意地站在奶酪柜台后方，他的脑袋在两根蒜味香肠间若隐若现。

这是他的店铺，亦是他的帝国，他引以为豪的繁忙事业。

他轻轻地合上手头的全麦面包盖子，思绪飘至圣诞节在家中度过的珍贵时日。

然后可怕的事情发生了。

刺耳的噪声不绝于耳，就像一百只平底锅从高处坠落发出的乒乓声。

声音来自商店后面的房间。

约翰逊先生像羚羊一样飞奔过去。

正如他所担心的那样，储藏室的架子被当天早上送来的五千罐果酱压塌了。

他推开门，眼前一片狼藉。

墙上点缀着花花绿绿的鹅莓和洋李子渍。黑樱桃汁从天花板上滴落。

地板上的地中海蜂蜜蜿蜒成河。

碎玻璃在团块状的威士忌果酱里闪烁着瘆人的光芒。

至此，约翰逊先生的圣诞库存化为乌有。

面对满屋子闹哄哄的顾客和储藏室里四处飞溅的丛林果实，他做了个明智的决定：给商业联盟保险打电话。

此举甚好。

那天下午我们正好有工作人员就在门口。

趁着节日喜庆的氛围，他当场通过了约翰逊先生的理赔。

毕竟，他目睹了这场“果酱困境”。

商业联盟保险

危急关头，无须“抓马”

he Colonel strode out of the club house, his jaw set, his face etched with grim determination.

He was not in the best of humour.

Only moments earlier he'd been happily cocooned in the members' bar. Old Higgins had just ferried across a large 'pinky' and a bowl of cheese straws.

All seemed right with the world.

Then the phone rang. It was the dreadful Marjorie from the office.

Higgins listened impassively, holding the receiver at arm's length so the Colonel could follow the flow without moving from the comfort of his wing chair.

Some problem on the course. Intruders running amok. Must be dealt with immediately.

For a man who hadn't seen action since Suez the Colonel was still remarkably sprightly. Armed with a 3 Iron, a bucket and shovel, and several yards of rope, he moved ever closer to the shadowy figures lurking in the spinney.

The minefield of cow-pats around the 14th hole gave an important clue to their identity.

With one bound he was amongst them. A surprise attack.

The stampede that followed had not been part of the game plan. Golfers looked on aghast as the Friesians tore down the fairway, and tore up the turf.

By the time the farmer arrived, his herd had moved to pastures new, and were lunching in the herbaceous border around the club house.

The Colonel stood in the driveway brandishing a large bunch of headless marguerites.

His language was colourful, his message abundantly clear. The farmer's mumbled apology simply would not do.

The golf club demanded compensation.

That night the farmer checked his insurance policy. Thankfully it was just as he thought. Commercial Union had tailor-made his cover to include Third Party Liability.

Which meant that when the bill from the landscape gardeners came in, the golf club didn't pay, the farmer didn't pay.

We did.

We won't make a drama out of a crisis.

he mistletoe dangled invitingly over the door of the delicatessen.

Inside, the shelves were laden with seasonal goodies.

Mrs Bumkin's home-baked Dorset nobs, ribboned boxes of marrons glacés, pickled quails' eggs, Drambuie truffles.

And in the very centre of the store, a splendid pyramid of Christmas puddings.

Mr Johnson, his head framed between two well-hung garlic sausages, stood behind the cheese counter and smiled.

This was his shop, his empire.

A bustling business of which he could be proud.

Gently closing the lid of the wholemeal bap he'd been preparing, he thought of those few precious days at home over Christmas.

Then it happened.

A hideous noise. Like the clatter of a hundred saucepans being dropped from a great height.

It came from the room at the back of the store.

Mr Johnson darted through the shop like a gazelle.

It was as he had feared. The shelving in the stock room had collapsed under the weight of five thousand jars of jam, delivered that morning.

He opened the door to an explosion of colour.

Green and red dribbles of gooseberry and damson preserve laced the walls. Whole black cherries dripped from the ceiling.

A river of Greek honey swirled around the floor. Broken glass twinkled menacingly in dollops of whisky marmalade.

So it was that Mr Johnson's Christmas stock came to a sticky end.

With a shop full of customers, and a store room splattered with fruits of the forest, he did the sensible thing and called Commercial Union.

A good move.

Our man was on the doorstep that very afternoon.

And in true festive spirit agreed to Mr Johnson's claim on the spot.

After all, he could see the jam he was in.

COMMERCIAL UNION

We won't make a drama out of a crisis.

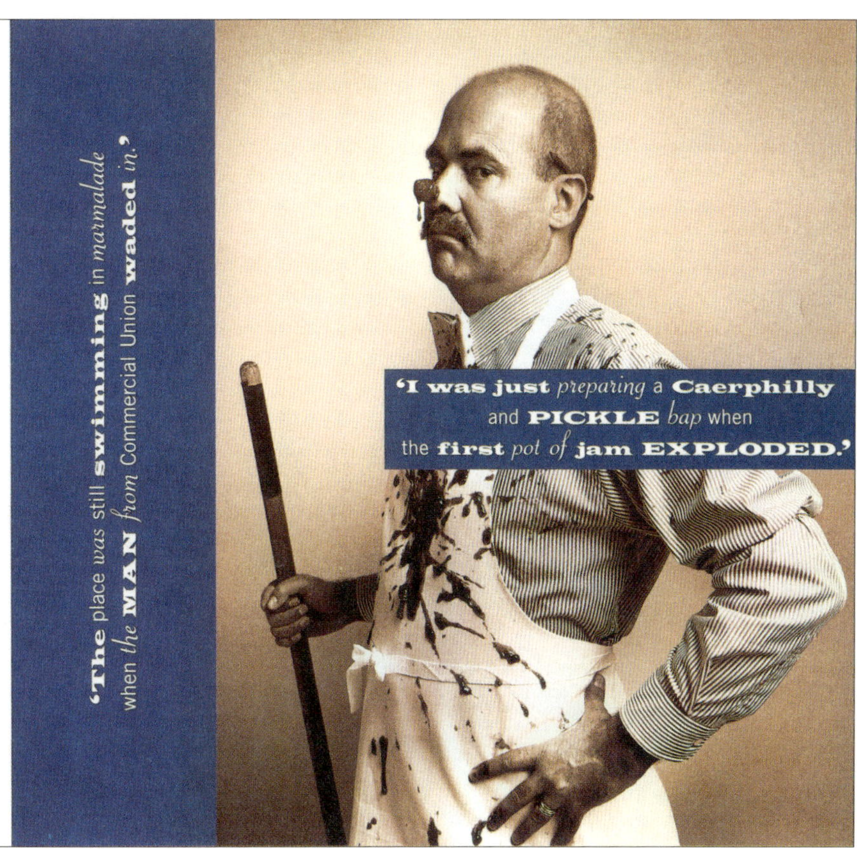

“如果没有商业联盟保险，我的脑袋将被困在帽子里好几个星期”

“假发肯定是在我弯腰点煤气灶时滑落的”

食谱上写道：“取小块黄油轻炒。”

戈弗雷把一块薄如纸片的爱德华国王牌黄油扔进锅里，伸手去拿胡椒研磨机。

不可否认，围裙与他相得益彰。

他拍拍口袋，里面的天鹅维斯塔斯火柴盒沙沙作响。然后他走向炉灶。

他凝视着灶台后方咕嘟作响的大黄炖锅，脑袋瞬间被蒸汽淹没。

烤架下轻烤的食物散发着浓郁的香味，与沙丁鱼奶油蛋黄酱交织在一起。

但此人喜欢口味分明。在一种令人眩晕的氛围中，他兴致盎然地细嗅了一口。

他拧开煤气阀门，划着火柴。

接下来的一切简直令人毛骨悚然。

因为戈弗雷浓密的鬈发下潜藏着一颗台球般光滑的脑袋。

拖把头似的假发通常由胶水和发夹固定稳妥，但不知何故它在蒸汽中顽皮地松动了。

毫无预兆。它以致命的准确度，扑通一下坠入火中。

唉，用苏打水压气瓶一顿猛冲也来不及挽救烧焦的毛发。

一桩悲惨至极的假发失火案。

不难理解厨师的悲痛欲绝。更换一头金发耗费不菲，而他没这么多钱。

翌日清晨九时二分，一个头戴深棕色礼帽的男子特意走进商业联盟保险当地分公司。

他正是戈弗雷。

身旁手提袋里卷曲的证据讲述着一场烹饪灾难。

理赔台的女士轻轻一瞥，立刻意识到问题所在。

迅速解决的承诺令戈弗雷欢呼雀跃，兴尽而返。

果不其然，几天后他就收到了全额赔偿支票。

他致电理赔台女士，言简意赅地表达了感谢之情。

并向她脱帽致意。

商业联盟保险

危急关头，无须“抓马”

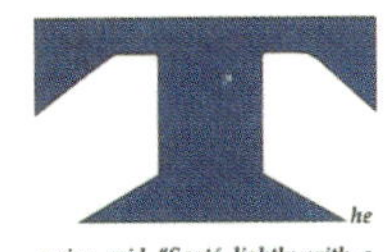

he recipe said "Sauté lightly with a knob of butter."

Godfrey tossed the confetti-thin King Edwards into a pan and reached for his pepper grinder.

There could be no denying, the apron suited him.

Patting the pocket for the friendly rattle of Swan Vestas, he moved towards the hob.

His head momentarily lost in steam as he peered into the rumbling pot of stewed rhubarb on the back burner.

The aroma mingled menacingly with the pilchard mornay, gently toasting under the grill.

But here was a man who liked his flavours well-defined. In an atmosphere that would have sent others reeling, he sniffed the air with obvious pleasure.

He turned on the gas and struck a match.

What followed was nothing short of hair-raising.

For beneath Godfrey's luxuriant curls lurked a pate as smooth as a billiard ball.

Normally well-anchored by an ingenious combination of glue and clips, the mop had mischievously worked itself loose in the steam.

Without warning, and with deadly accuracy, it plopped into the flames.

His mercy dash to the soda syphon was, alas, too late to save the charred tufts.

It was a tragic case of toupee flambé.

The chef was understandably distraught. To replace the golden locks would cost hundreds. Money he didn't have.

At two minutes past nine the following morning, a man in a dark brown Homburg walked purposefully into his local branch of Commercial Union.

It was Godfrey.

The frizzled evidence of his culinary catastrophe in a carrier bag by his side.

One peep, and the girl at the claims desk understood the problem.

Cheered by the promise of a speedy settlement Godfrey went on his way.

Sure enough, a cheque in full compensation arrived within days.

Telephoning his thanks to our young lady, he summed up his appreciation quite simply.

He took his hat off to her.

CU
COMMERCIAL UNION

We won't make a drama out of a crisis.

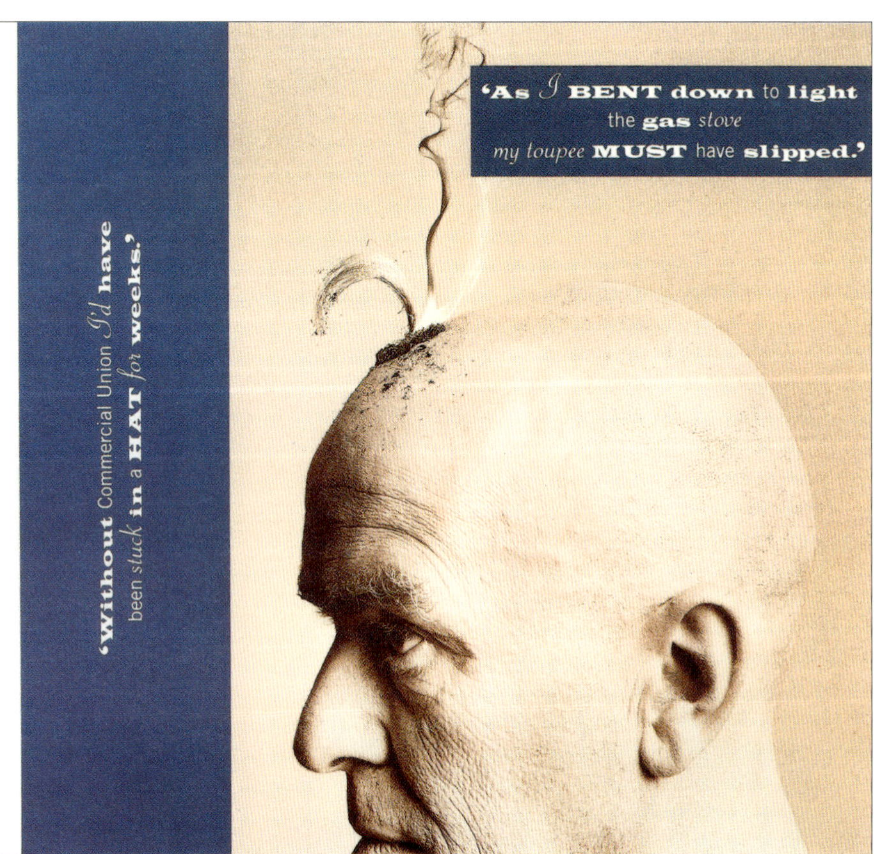

受雇让危机横生枝节
危机当头，科学家设法转危为安
喜欢给危机火上浇油的老板
乘危机，造闹剧？
“抓马”酿危机
弃欧元，重用德拉克马，希腊如何走出危机
且看“抓马”如何变成危机

正如“喜力，无法企及的清爽感觉”已经深入人心，商业联盟保险的“危急关头，无须‘抓马’”的广告语也口口相传。有趣的是，这两则广告皆诞生于20世纪70年代。两者都需要读者和广告商之间展开一场真诚的对话。它们都被媒体剽窃过，也被错误引用过，却很少被人误解。

阿德里安·霍姆斯
ADRIAN HOLMES

1976 年，阿德里安 · 霍姆斯在伦敦毕业于电影和摄影艺术专业，找到了第一份文案工作。

在 1989 年最终成为劳 · 霍华德 – 斯平克公司的联合创意总监之前，他就职过的广告公司不计其数。

目前，尽管霍姆斯贵为该公司的董事长，但他还是会抽空在会议间隙写点儿奇奇怪怪的广告。

- 以下是我最爱的文案写作方式。

先仔细研究简报，再把贝多芬晚期创作的弦乐四重奏唱片放进留声机，然后坐在办公桌前，俯瞰海德公园美景。

我从抽屉里取出一张每平方米 150 克重、手工制作的瑞士牛皮纸，把它摊在面前。

我拧开威迪文 1936 款玳瑁笔的笔帽，往里面灌满普鲁士蓝雕工墨水。这可是由开罗的一位男士专门为我调制的。

大约两个小时后，我开始检验成果。以下是我的主要收获：

（1）当我开始用那支该死的威迪文 1936 款钢笔写字时，纸上出现了一连串逐渐失控的之字形划痕。
（2）16 轮组合宇宙飞船 / 全地形车的初步设计图。
（3）大量三心二意的开头和潦草的想法。它们全被我画掉了。然后我又用墨水对画掉的部分加以描画，形成了一款“吸睛”的棋盘设计。
（4）其他就没什么了。

事实上，我从来都不觉得写文案易如反掌。我写在纸上的东西，最后 90% 都被删得干干净净、被中止、被彻底重写或者被我嫌弃地丢进了垃圾桶。

当然也有一些文案创作者——广告业的“莫扎特”们——能像挤牙膏一样，轻而易举地把精心写就的文案直接挤到纸面上。

于我而言，写文案更像是在坚不可摧的岩面上大刀阔斧地雕琢、劈斩，吹尽狂沙始到金。

经过近 20 年的写作，如果事情能变得容易些，该有多好。但实际上并没有。

我的劈斩技术可能有所提高。伴随每篇文案产生的矿渣堆似乎都比之前少一些。

但我仍然觉得很难，并且最得意的部分往往是最难写的。

然而，付出总有回报。我想在此分享十条文案写作的建议，它们是我一路走来的结晶。

这些建议曾经助力我在矿坑底“上下求索”，我希望它们也能对你奏效。

1. 充分利用截稿日期。

你可以说我不负责任，但我总是等到催稿人出现在门口，脸涨得通红，声嘶力竭地讨要稿件时，才开始动笔。我发现恐慌陡增和灵感爆棚之间存在直接联系。顺便说一句，写这篇你正在阅读的文章时，我就把该技巧运用得淋漓尽致。我谨向英国设计与艺术指导协会的全体员工致以诚挚的歉意。

2. 动笔之前，想好在哪儿结尾。

对我来说，撰写一篇行文流畅、逻辑清晰的文案就好像在 AB 两点间架设一条电话线。你首先要做的就是确定好电线杆的走线位置，然后将其排列整齐。只有这样，你才能布线。换句话说，动笔之前，先理顺你的基本结构。如果不遵守这一规则，我通常就会陷入一团乱麻。

3. 让读者有劲儿读下去。

任何文案创作者都必须与读者达成协议。对读者而言，协议是：只要你能让我感兴趣，我就会读下去。

所以你得经常问自己：我有没有尽可能地用新颖的方式来表达观点？够简洁吗？我遵守约定了吗？

4. 不要言过其实。

小心，千万别在文案里加入过多的笑话和自吹自擂。一般来说，你写的东西越朴实，偶尔出现的华丽辞藻的效果就越大。

5. 读点儿诗歌。

为什么不呢？事实上，我认为上好的文案天生长着一副诗歌的面孔。文案创作者就像诗人那样，白日消磨肠断句，妙手偶得惊坐起。所以，钻研他们的技巧，看看他们是怎样通过玩转语言、韵律和意象来达到最佳效果的。不管怎样，这都对你有好处。专业的文案写作技巧，他们肯定门儿清。

6. 大声朗读文案。

这可能会让你看起来很滑稽。但拿起电话，假装向话筒那头的人展示文案，的确奏效。这将会让接线员忍俊不禁。但无论如何，请你务必这么做。我不知道还有什么方法能够更好地暴露文案的弱点和尴尬之处了。比如，大声朗读最后一句话。明白了吧？读完直接扔进垃圾桶吧！

7. 别太爱惜自己的文案。

通常情况下，我对研究没什么兴趣，除非研究的是自己的文案。我会叫艺术指导来读一读，也在走廊里咨询其他文案的意见。事实上，我会缠着每个愿意为我花时间的人。我问他们：有没有你觉得需要再读一遍的地方？这个笑点不好玩儿吗？如果答案是肯定的，我就选择重写，一直改到没有问题。

8. 让文案视觉化。

出于某种原因，在纸面上看起来挺不错的文案通常读起来也不赖。我惯用的一个伎俩就是站在远处审视打印好的成稿，直到因为盯得太久而认不出字。

它是否平衡？会不会有段落看起来过于冗长或者太沉闷？简而言之，它看起来合眼缘吗？为了实现这一点，我通常选择与艺术指导和排版工密切合作。如果他们觉得这里多了一些话，或者那里少了一段话，我就会尽力完善。

9. 揣摩奏鸣曲的结构。

古典乐遵循一定的乐曲范式，即一首乐曲通常会被分成三个不同的部分：呈示部、展开部和再现部。就写作而言，“首尾呼应”是一种时髦的说法。如果你能顺利完成当然很好，但如果你做不到，至少可以告诉酒吧里的每个人，你决定在写作中推翻奏鸣曲结构的“暴政”。

10. 优秀是伟大的敌人。

你已经完成了第 15 稿。终于可以坐下来对自己说：嗯，挺不错的。

恭喜你。现在把它撕掉，再写一遍。

没有最好，只有更好。

我已经告诉过你了：写好文案可不是件容易的事情。

一双耐穿皮鞋的挑选、保养指南

选鞋之道

鞋分两类：绅士鞋和其他鞋。

要想跻身前一类，需满足三个主要标准。

（1）按顾客要求特别手工缝制。

（2）制作时使用最优质的皮革（俄罗斯小牛皮、粒面皮革、母鹿皮和羚羊皮足矣）。

（3）其设计（通常遵循牛津鞋或者德比鞋款式）坚决不向当今时尚低头。

粗制滥造的人造皮鞋、使用合成鞋底或者采纳应时设计和颜色的鞋，都入不了我们的法眼。

鞋跟高度警告

鞋跟高度规定为1.125英寸。任何试图通过鞋跟组合为主人增高的鞋子，都不会为绅士增色。

鞋带的正确系法

好鞋的鞋带系法应与鞋带说明完全相反，它至关重要。这就是所谓的麦克弗森系带法。

将外侧鞋带直接穿过近侧后孔，拉紧鞋带时，鞋面会承受同等压力。

谨记：外交叉系带法通常适用于运动帆布鞋；如果你在其他鞋上发现该系法，它就属于之前提及的“其他鞋”。

皮鞋清洁

1. 用优质湿抹布清除所有泥炭、泥沼、泥炭藓、苔藓等痕迹。如果鞋很湿，就把它放在温暖的地方自然晾干（千万不要放在火前烘烤）。晾到微微发潮的程度时是插入鞋撑的好时机。
2. 在鞋上薄涂一层顶级鞋蜡，搭配特别的鬃毛刷确保它完全渗透每条凹缝。虽然旧鞋需要更多抛光，但切忌过度抛光，以防堵塞雕花孔。
3. 等待约10分钟，让皮革充分

这是一篇难得的写起来充满乐趣的长文案。一旦我在脑海中确定了那种傲慢的、管家式的语气，这些文字就脱口而出了。艺术指导：艾伦·沃尔迪（Alan Waldie）。他做得很棒，甚至用铸字机给文字排版。广告代理：劳·霍华德-斯平克广告公司。

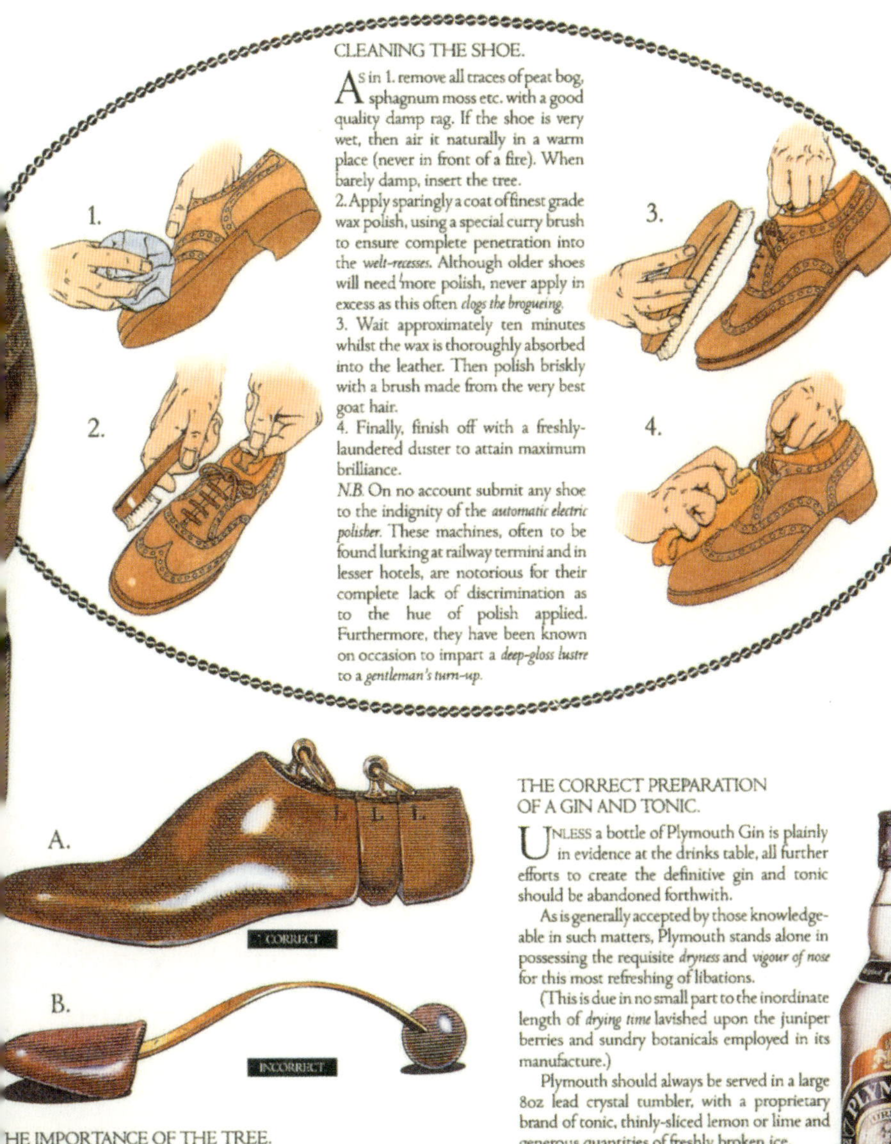

CLEANING THE SHOE.
As in 1. remove all traces of peat bog, sphagnum moss etc. with a good quality damp rag. If the shoe is very wet, then air it naturally in a warm place (never in front of a fire). When barely damp, insert the tree.
2. Apply sparingly a coat of finest grade wax polish, using a special curry brush to ensure complete penetration into the welt-recesses. Although older shoes will need more polish, never apply in excess as this often clogs the brogueing.
3. Wait approximately ten minutes whilst the wax is thoroughly absorbed into the leather. Then polish briskly with a brush made from the very best goat hair.
4. Finally, finish off with a freshly-laundered duster to attain maximum brilliance.
N.B. On no account submit any shoe to the indignity of the automatic electric polisher. These machines, often to be found lurking at railway termini and in lesser hotels, are notorious for their complete lack of discrimination as to the hue of polish applied. Furthermore, they have been known on occasion to impart a deep-gloss lustre to a gentleman's turn-up.
1.
2.
3.
4.
A.
CORRECT
B.
INCORRECT
HE IMPORTANCE OF THE TREE.
THE consistent use of a proper shoe tree is amongst the foremost desiderata for correct shoe maintenance. Trees of the best pedigree are and-fashioned by the original last maker from either Mahogany or asoned Beech. They invariably conform to the three-piece wedged design illustrated in 'A'.
At all costs do not insert into a good shoe any implement that bears even passing resemblance to 'B'. This may cause lasting damage to the shoe's hape, not to mention the owner's prospects for social advancement.
THE CORRECT PREPARATION OF A GIN AND TONIC.
UNLESS a bottle of Plymouth Gin is plainly in evidence at the drinks table, all further efforts to create the definitive gin and tonic should be abandoned forthwith.
As is generally accepted by those knowledgeable in such matters, Plymouth stands alone in possessing the requisite dryness and vigour of nose for this most refreshing of libations.
(This is due in no small part to the inordinate length of drying time lavished upon the juniper berries and sundry botanicals employed in its manufacture.)
Plymouth should always be served in a large 8oz lead crystal tumbler, with a proprietary brand of tonic, thinly-sliced lemon or lime and generous quantities of freshly broken ice.
It should also be noted that the suggestion 'ice and a slice, squire?' is a fairly reliable indicator that the gin you are being offered is not Plymouth, but another distillation of somewhat dubious provenance.
PLYMOUTH
ORIGINAL
DRY GIN
PLYMOUTH GIN IS NOT THE ONLY WAY TO TELL A GENTLEMAN.

吸收鞋蜡。之后用顶级山羊毛刷迅速打磨光亮。

4. 最后，用干净抹布擦拭收尾，鞋子可光亮如新。注意：无论如何都不要让任何一只鞋受到电动擦鞋机的侮辱。这些通常潜伏在火车站和小旅馆里的机器，因为对抛光色泽不加区别而臭名昭著。此外，人们知道有时它们的确能为绅士的出场增添光彩。

鞋撑的重要性

持续使用合适的鞋撑是正确保养鞋子的重中之重。“血统”高贵的鞋撑由顶级匠人用桃花心木或者风干后的山毛榉木手工制作而成。它们无不符合图 A 所示的楔形设计三件套。无论如何，千万不要在一只好鞋里插入任何酷似图 B 所示的器具。这可能会对鞋型造成永久性的损害，更别提主人的大好前程了。（A. 正确 B. 不正确）

金汤力的正确调制方法

如果酒桌上没有出现普利茅斯琴酒的身影，你就应该抓住一切机会创造金汤力。

烈酒爱好者普遍认为，即使与最令人神清气爽的酒相比，普利茅斯的活力和清爽亦独树一帜。

（这在很大程度上得益于超长的脱去甜味的时间，以及制造过程中大量使用的杜松子和种类繁杂的植物。）

8 盎司①的铅水晶大杯是普利茅斯的标准盛具，再佐以独家品牌的奎宁水、薄片柠檬或者酸橙，以及大量新鲜的碎冰。

注意，“先生，冰块还是柠檬片？”是个相当可靠的信号，说明你买的杜松子酒并非普利茅斯，而是另一种出处可疑的蒸馏物。

普利茅斯琴酒
并非检验绅士的唯一标准

① 英制 1 液体盎司为 28.41 毫升。——编者注

你为妻子的死亡做好准备了吗？

好了，坦白从宽。你根本没这么想过，对吗？

一直以来，你都轻率地认为首先离世的将是自己。

妻子才是需要领取抚恤金的人。

你该投保，她不用。

这份感情的确高尚且值得尊敬。但，请允许我们冒昧地认为，这也是一份目光短浅的感情。

谁能保证妻子比你长寿？

（统计数据显示，事实上，这一概率略高于60%）。

天有不测风云。如果她遭遇意外，你该怎么办？

（瓶身文案：家用漂白剂500毫升）

在办公室连轴转工作后，你还能忍受做几个小时的家务吗？

这并非遥不可及的未来。

假设它就发生在明天，1983年6月24日，你能接受吗？

白天主管，夜间女佣？

讲实在点儿，想想洗衣做饭、花好几个小时做家务吧。别忘了，还得考虑孩子。

你能把时间花在刀刃上吗？

你请得起年薪2 000英镑的做饭阿姨吗？

睡前故事？辅导数学作业？带他们领略大千世界的妙不可言？

天知道，你需要帮助。很多帮助。正如当今的其他事情一样，这样的帮助不会太便宜。

一项最近调查显示，三孩母亲平均每周要做80个小时的家务。注意，是80个小时。

如果时薪为2.5英镑，一年下来就是10 400英镑。惊人的数字。你要从哪里弄到这么多钱？

好吧，至少可以从填写本页右下角的表格开始。

孩子病了，谁来当保姆？

每月只需15英镑，奥尔巴尼人寿保险就可以为你提供价值超过5万英镑的免税保额。*

如果你愿意，我们甚至可以签订一份“夫妻互保”的联合保单，即夫妻任何一方死亡，另外一方都可获得赔付。

欲知更多详情，请立即寄出下方附上的单子。

提前为妻子准备后事对任何丈夫来说都并非易事。

但是，作为一个父亲，这是义不容辞的责任。

欲知方案详情，请将附单免费邮寄至：伦敦市波特斯巴镇，奥尔巴尼人寿保险有限公司，彼得·凯利（收）。邮政编码：EN6 1BR。

姓名 __________

地址 __________

电话 __________

如果你有相熟的人寿保险经纪人，请写下他/她的姓名 __________

奥尔巴尼人寿保险

美国通用公司集团成员

* 所报数字已扣除15%保税减免，且只适用于25周岁以下的女性。

托尼·布里纳尔和阿尔弗雷多·马尔坎托尼奥已经证明了这种写作方式的可行性：建立一套标准后，事情的确会好办些。重温广告，我觉得左栏底部的环绕式排版挺别扭的。艺术指导：安迪·劳森（Andy Lawson）。广告代理：劳·霍华德-斯平克广告公司。

Are you making plans for your wife's death?

Come on now, own up. The thought hasn't so much as crossed your mind, has it?

All along, you've blithely assumed that you'll be the first to go.

That your wife will be the one who will need the financial looking-after.

That yours is the life that should be insured, not hers.

Noble and worthy sentiments indeed. But, if we may say so, short sighted ones, too.

There's no guaranteeing that your wife will outlive you.

(According to statistics, little more than a 60% chance in fact).

So have you ever thought what would happen to you if the unthinkable happened to her?

Not in the dim distant future.

But tomorrow, Friday, 24th June 1983? Could you cope?

On the purely practical front, think of the cooking, the washing, the hours of housework that you'd have to put in. More importantly, there's the children to consider.

Could you ever devote the sort of time to them they need and deserve?

The nightly bedtime stories? Helping them out with their maths homework? Teaching them what's what in the big wide world?

Heaven knows, you'd need help. Lots of it.

And like everything else nowadays, that sort of help doesn't come cheap.

According to a recent survey, the average mother of three ploughs through eighty hours of housework a week.

Eighty hours, mind.

At £2.50 an hour, that comes to a staggering £10,400 a year. Where on earth are you going to get hold of that sort of money?

Well, you could start at the bottom right hand corner of this page.

For as little as £15.00 a month, Albany Life can provide cover worth over £50,000 tax free*.

If you prefer, we can even draw up a combined 'Husband and Wife' policy that pays out in the event of either of you dying.

If you'd like to discuss things further with us, post off the coupon straight away.

Planning for a wife's death may be no pleasant matter for a husband.

But for a father, it's a very necessary duty.

Could you afford £2,000 a year for a family cook?

After hours of office work, could you face hours of housework?

Who'll play nursemaid if the kids fall ill?

Could you be an executive by day and a chambermaid by night?

HOUSEHOLD
BLEACH
500 ml.

To learn more about our plans, send this coupon to Peter Kelly, Albany Life Assurance, FREEPOST, Potters Bar EN6 1BR.

Name__________
Address__________
__________Tel:__________
Name of your Life Assurance Broker, if any:

DT8

Albany Life
A member of the American General Corporation group.

*Figure quoted is nett of premium relief at 15% and applies to a woman aged 25 next birthday.

萨罗诺（Amaretti di Saronno，始于1750年）的正确“打开方式”

对一小撮人来说，萨罗诺最诱人之处既不在于难以捉摸的蛋白杏仁饼风味，也不在于令人愉悦的香脆口感。对意式脆饼爱好者来说，萨罗诺真正的魅力在于包装纸的可燃性。

1895年年初，人们发现，若是以规定方式（参见图片）点燃这种包装纸，会产生从桌面升腾至半空中的壮观火焰。

此后若干年里，这种充满竞争意味的饭后游戏让宾客们跃跃欲试，争相创造当晚包装纸灰烬的最高纪录。

如今，在欧洲更时尚的餐桌上，玩萨罗诺游戏已成为一项必不可少的仪式。事实上，人们寄希望于该赛事能在十年内跻身奥运会项目。

为了纠正游戏中出现的各种“不正之风”，我们特发布萨罗诺竞赛官方守则和得体玩耍须知。

我们希望以此来鼓励那些尚未“入坑”之人积极参与。要知道这项运动在过去大半个世纪里风靡欧洲皇室。

餐桌上若出现以下图示任何信号，就意味着可以开始玩萨罗诺了。

犯规行为

玩家不得通过以下任何一种方式助力萨罗诺饼干包装纸飘起来：

a. 用餐巾纸、菜单、夹鼻眼镜、任何衣物或者物体隐蔽扇风。

b. 用嘴巴使劲吐气，假装讲话、打喷嚏或者不由自主地争论。

c. 燃烧餐桌22英尺（约6.7米）范围内的任何物体或人，以制造人工热气流或者各式各样的上升气流。

同样，玩家不得试图用以下一种或者多种手段妨碍其他玩家的萨罗诺包装纸的垂直移动：

i. 投掷面包卷、白兰地瓶塞、巧克力果仁糖或者任何类似的物体。

THE OFFICIAL RULES FOR AMARETTI DI S

THERE IS a select circle of persons for whom the chief attraction of an Amaretti di Saronno is neither its elusive, macaroonish flavour, nor its amusingly *craquant* texture. For these *aficionados di biscotti*, the true fascination of the Amaretti resides in the combustible properties of its tissue wrapper.

In early 1895, it was discovered that such a wrapper, when ignited in the prescribed manner (q.v.), would ascend from the table in a spectacular display of aerial incandescence.

During the intervening years, an element of competition gradually informed this post-prandial frolic, whereby each guest attempted to record *the highest ascent of the evening.*

The playing of Amaretti di Saronno is now *de rigeur* at the more fashionable dining tables of Europe; indeed, there is full expectation that the game will achieve Olympic status by the end of the decade.

Partly as a corrective to various undesirable corruptions of play now gaining currency, we are publishing the Official Rules of Amaretti di Saronno, together with a *Schedule of Desiderata for Seemly Play.*

In doing so, we hope to encourage those as yet uninitiated to partake of a sport whose many delights have captivated the crowned heads of Europe for the better part of a century.

BASIC RULES OF PLAY.

FIG 1. The distinctive red Amaretti box should be circulated from guest to guest in a direction *counter* to that of the port. (There is no known reason for this custom.)

FIG 2. Each guest duly withdraws an Amaretti from the container, bearing in mind that there is no material advantage in selecting a wrapper of any particular colour.

FIG 3. The tissue wrapper is carefully untwisted to reveal the 'aristocrat of after-dinner confections'. Place this in a suitable receptacle, e.g. mouth.

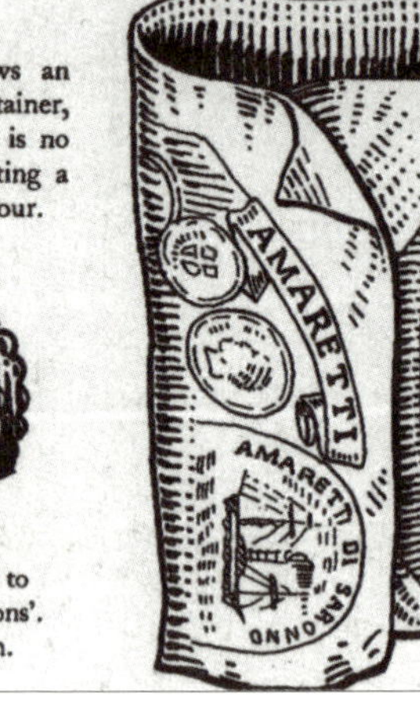

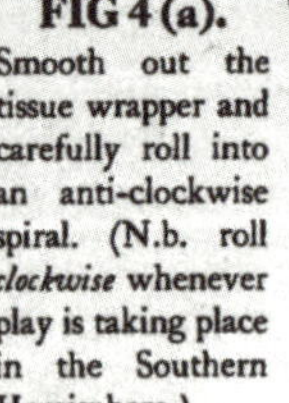

FIG 4 (a). Smooth out the tissue wrapper and carefully roll into an anti-clockwise spiral. (N.b. roll *clockwise* whenever play is taking place in the Southern Hemisphere.)

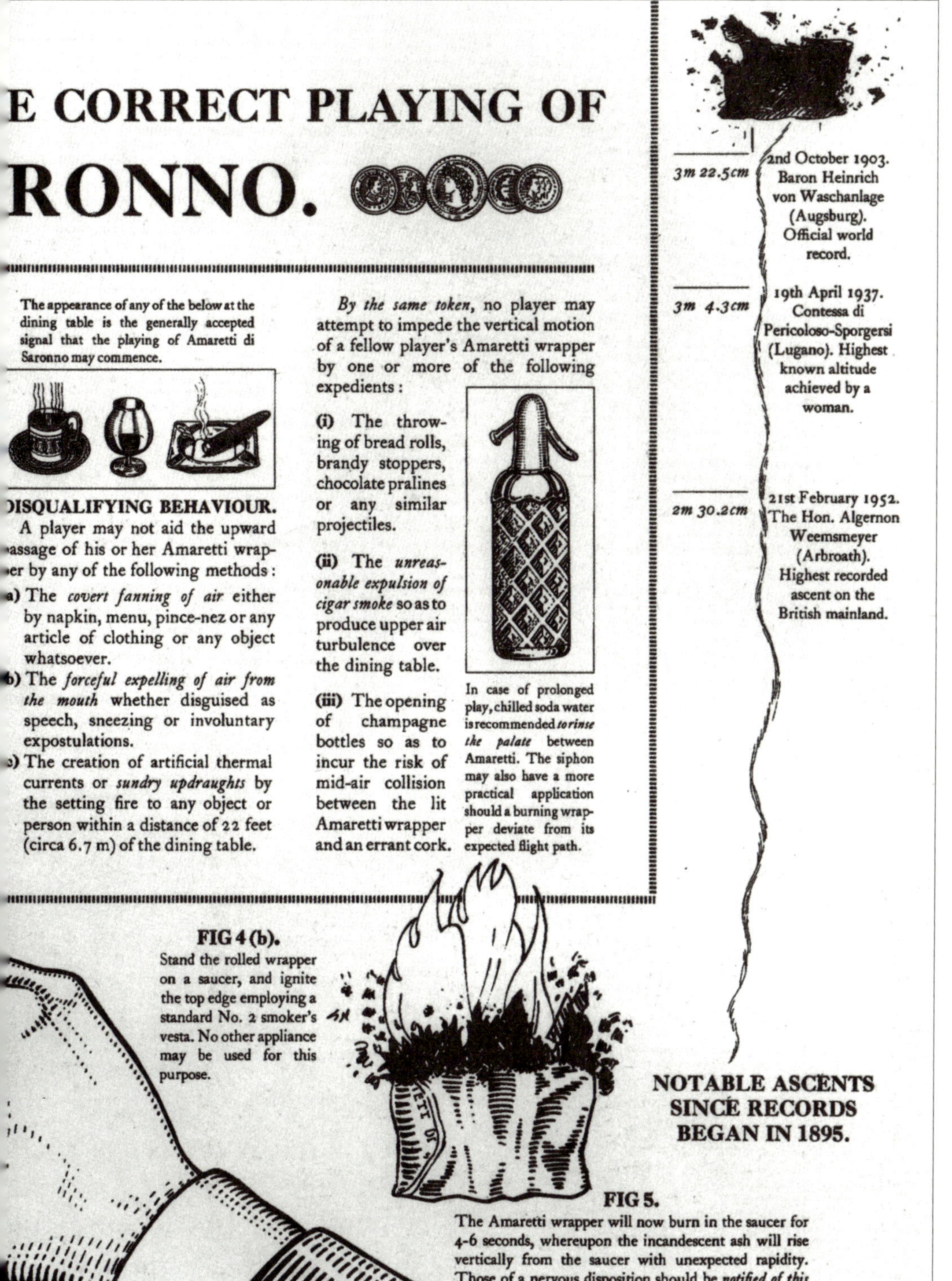

ii. 不合理地排放雪茄烟雾，扰乱餐桌上方气流。

iii. 开启香槟酒瓶，增加点燃的包装纸与弹射的软木塞在半空中相撞的风险。

如果你想长时间地玩耍，建议在吃萨罗诺脆饼间隙用冰镇苏打水换换口味。当燃烧的包装纸偏离预期航线时，虹吸管也许能发挥更实际的效用。

玩家基本守则

图 1：独具特色的红色萨罗诺脆饼盒应以正面朝外的方式在宾客间传递。（该习俗由来尚不可知。）

图 2：每位宾客从盒里适时取出一块萨罗诺脆饼。请记住，不同颜色的包装纸没有任何优劣之分。

图 3：小心翼翼地拆开包装纸后，“饭后甜点里的贵族”露出了庐山真面目。将它置于合适的容器内，比如嘴里。

图 4（a）：抚平包装纸，小心地逆时针卷成螺旋状。（注意，若在南半球则顺时针卷。）

图 4（b）：将卷好的包装纸放在茶碟上，用标准的 2 号吸烟专用火柴点燃顶部边缘。其他器具不得用于该目的。

图 5：萨罗诺包装纸在碟中燃烧 4~6 秒，白炽灰烬将以惊人的速度垂直上升。需提前将这一情况告知容易紧张之人。

3.225 米

1903 年 10 月 2 日。（来自奥格斯堡的）海因里希·冯瓦尚拉格（Heinrich von Waschanlage）男爵。官方世界纪录。

3.043 米

1937 年 4 月 19 日。（来自卢加诺的）佩利科罗索－斯波尔格尔西（Pericoloso-Sporgersi）伯爵夫人。女性取得的最大高度。

2.302 米

1952 年 2 月 21 日。（来自阿布罗斯的）阿尔杰农·威姆斯梅耶（Algernon Weemsmeyer）阁下。英国本土所记录的最大高度。

自 1895 年有记录以来，高度出现了显著提升。

如果广告文案抄袭另一则广告的风格，即使抄的是自己的作品，此举也仍是不可原谅的。可以说，这个创意比普利茅斯琴酒的更好，因为产品是笑话的关键，而不仅仅是附属品。这则广告从没被真正刊登过，因为客户方有人认为存在火灾隐患。这类事情确有发生。艺术指导：保罗·亚顿（Paul Arden）。广告代理：盛世长城。

Some of the things we've removed from people's heads.

We know a lady who's had a slice of bacon frying inside her head for the last thirty years.

We know a man whose only idea of silence is the incessant roaring of a jet aircraft.

And we know a little girl who wishes somebody would answer the telephone she hears ringing all night.

These people we know aren't mad (although a few may end up in psychiatric wards).

They aren't in the grips of some fatal disease (although every year an average of five or six commit suicide).

They are sufferers of a little known condition called *tinnitus*: from the Latin meaning 'the ringing of bells.'

Put simply, tinnitus is a malfunction of the inner ear that causes the brain to 'hear' sounds that aren't really there.

A lady from Hythe in Kent recently described her sounds in a poem she sent us:

Bells are malign that ring for me.
No pause or blessed lull.
Only this wild cacophony,
This howling in the skull.

Today the British Tinnitus Association needs funds more urgently than at any time in its history.

Particularly as the search for a cure is proving to be a long and expensive one.

If you'd like to help us, please send anything you can to the BTA, 105 Gower Street, London WCIE 6AH.

Or, if you have a credit card, dial 01-387 8033 (extension 208) and make your donation directly over the phone.

Just this once, the incessant ringing of bells is what tinnitus sufferers are desperate to hear.

BRITISH TINNITUS ASSOCIATION

我妈碰巧是个耳鸣患者，她常说自己“脑袋里有铃铛”。这句简单的话，让我们联想到超现实的意象，然后就有了此处的构思。（顺便说一句，诗句是她写的。）如今重读文案，我仍没有勇气面对其中一两处蹩脚的措辞。这感觉像是第 15 稿，而不是第 16 稿。艺术指导：保罗·雅顿。广告代理：盛世长城。

看看我们从人们的脑袋里取出了什么

我们认识一位女士，过去 30 年内，她脑子里一直在煎培根。

我们认识一位男士，他唯一能享受的寂静就是喷气式飞机无间歇地轰鸣。

我们认识一个小女孩，她希望有人去接那个彻夜响铃的电话。

我们认识的这些人不是疯子（尽管有些人最后可能会被关进精神病房）。

他们也没有遭受某种致命疾病的控制（尽管平均每年有五六人自杀）。

他们不过是鲜为人知的“耳鸣”（tinnitus）患者：该词源自拉丁语，意为“长鸣的钟声”。

简单来说，耳鸣是车子内部出现的故障，它会导致大脑“听见”实际上并不存在的声音。

一位来自肯特郡海斯镇的女士在最近寄给我们的一首诗中描述了她所听见的声音：

邪恶钟声为我而鸣。
它从不短暂停顿，也无长长的安宁间歇。
只有这狂野的杂音，
如同来自脑内的咆哮。

如今，英国耳鸣协会比史上任何时候都更加迫切地需要资金。

特别是在寻找治疗方法的昂贵长路上。

如果你想献出爱心，请将捐赠物寄至伦敦高尔街 105 号英国耳鸣协会，邮政编码 WCIE 6AH。

如果你有信用卡，请直接拨打 01-387 8033（分机号 208）进行电话捐赠。

仅此一次，不绝于耳的铃声将令耳鸣患者们喜笑颜开。

英国耳鸣协会

Wanted. Men unwilling to fight the Battle of Waterloo.

Every morning they pour into London. Over a million of them.

The Divisions from Dorking. The Brigades from Basingstoke. The massed Regiments from Reigate.

And every night, as regular as clockwork, they pour out again.

Commemorating the 1815 battle with yet another battle for the 18.15.

A quite appalling thought?

That didn't prevent 15,000 or so graduates and sixth formers from being conscripted into their ranks this year.

The very best of luck to them.

But frankly, it's the conscientious objectors that interest us.

Young men who rebel at the idea of dashing for the 7.43 every day for forty years.

Who simply refuse to be cooped up behind some desk for the rest of their natural careers.

Who, in their heart of hearts, believe they are cut out to face greater challenges than anything E.C.2 can throw at them.

If those last three paragraphs have struck a chord with you, then consider the following one very carefully.

A career as an Army Officer could be the most rewarding and stimulating you could ever choose.

Not that you'll have to hang around for the rewarding and stimulating bits to start happening.

Quite the opposite, in fact.

Within nine months of joining as an Officer Cadet at Sandhurst, you could be in command of your own platoon of thirty trained men.

Finding out pretty quickly what the art of 'man management' is really all about.

Tackling learning curves steep enough to need an ice axe and crampons.

And don't be at all surprised if we need you to pack your kit in a hurry.

Germany, Canada and Northern Ireland are most certainly on the cards.

As are assignments in the Army's very own Southern Region: places like Australia, Brunei, Cyprus and Belize.

And when you get out there?

All we can say is you'll face challenges rather more demanding than placing Eurobond orders from a comfy office chair.

To find out more about a career as an Army Officer, fill out the coupon, or phone 0800 555 555.

If we like the look of each other, you could be joining us within a matter of months.

Trains to Sandhurst, ironically enough, leave Waterloo thirty minutes past the hour.

But you'll only need a single ticket. Not a season.

For more information about a career as an Army Officer, please phone 0800 555 555 at any time (call free of charge). Or post this coupon.

Full name ________

Address ________

________ Postcode ________

Date of birth ________ Nationality ________

Send to Major John Floyd, Freepost Army Officer Entry, Dept. A081, P.O. Box 720, Maldon, Essex CM9 7XB.

Army Officer

这则广告写于20世纪80年代金融业繁荣的鼎盛时期，当时选择参军的应届生越来越少，大家纷纷投奔都市里财大气粗的老板们。文案的目的是尽量让经纪人的生活听起来乏善可陈，即使他们的年薪高达几十万美元。开头可能语气略重，但结尾还算简洁灵巧。艺术指导：约翰·福斯特（John Foster）。广告代理：CDP。

通缉：

不愿为滑铁卢战役抛头颅、洒热血之人

每天清晨，他们涌入伦敦。人数超过百万。

多尔金之师。贝辛斯托克之旅。赖盖特之集团军。

每天傍晚，他们准时涌出伦敦。

为了纪念1815年的滑铁卢战役，18:15，另一场战争一触即发。

有够骇人听闻的吧？

这并没有阻止今年约1.5万名大学毕业生和高中毕业生加入其中。

祝他们好运。

但说句实话，我们感兴趣的是那些坚决反对者。

那些拒绝连续40年每天7:43做百米冲刺的年轻人。

那些拒绝把自己后半程的职业生涯禁锢于某张办公桌后的年轻人。

那些打从心底里相信他们天生就能面对比伦敦E.C.2区发起的挑战更高难度的年轻人。

如果上面最后三段话引起了你的共鸣，不妨仔细考虑下面的话。

回报率高、惊险刺激，成为一名光荣的军人，将是你一生无悔的选择。

这并不是说你得待上许久，才能赢得回报和刺激。

事实上，恰恰相反。

在成为桑赫斯特军校预备军官的九个月内，你就能拥有“你的团长你的团”。

在管理30位训练有素的军官的过程中，迅速发现“人员管理”的真谛。

冰镐和冰爪有助于你征服陡峭的学习弯道。

催促你尽快整理行装，并非意料之外。

安排你驻扎德国、加拿大和北爱尔兰，也是情理之中。

澳大利亚、文莱、塞浦路斯、伯利兹……去军队最南部地区执勤也有可能。

君问归期未有期。

只能说，你将面临的挑战绝对比坐在舒适的办公椅上处理欧洲债券订单严苛得多。

欲知更多军旅生涯信息，请填写应征表，或拨打电话0800 555 555。

如果双方合意，我们几个月内就会成为战友。

讽刺的是，开往桑赫斯特的火车距滑铁卢仅一个半小时车程。

一张单程票足矣。这可不是去度假。

欲知更多军旅生涯信息，欢迎随时拨打免费热线0800 555 555，或者邮寄应征表。

姓名 ________

地址 ________

邮政编码 ________

出生日期 ________

国籍 ________

请寄送至：埃塞克斯郡马尔顿，720信箱，A091部门，陆军军官招募处，约翰·弗洛伊德少校（收）。邮政编码：CM9 7XB。

陆军军官

万事开头难，写广告最棘手的部分是开头。就这则广告而言，当我构思出让“高保真”杂志去点评一双耳朵的创意时，我在内心长舒了一口气。结尾让人感受到一种明显的爵士调调。艺术指导：罗德·瓦斯科特（Rod Waskett）。广告代理：劳·霍华德-斯平克广告公司。

它们奇形怪状，古灵精怪，
但的确能让你享受天籁般的立体声效

它们奇形怪状，古灵精怪，
但的确能让你享受天籁般的立体声效

假设“高保真”杂志上出现了一双供人评头论足的耳朵。评论家会怎么说？

毫无疑问，评论家会指出它们“精确度惊人的高频响应”。

更会对其“不可思议的原声再现”赞不绝口。

并且必提“360度无死角体验的绝佳立体声效”。

好吧，真的太巧了。

这正是“高保真”评论家们对佳能新款S-50音响的褒奖。

他们之所以这么说，是因为突破性的超宽立体声音响技术。

不，这绝不是营销人员用科学震撼你耳膜的软弱尝试。

这是创造立体声“影像”的颠覆之法。

如你所见，外观上截然不同的立体声音响应运而生。

首先，其外观不同于常见的盒子形状，而是半球形的。

开口并不朝外，而是朝下指向一个角度精准的“声镜”。

它把声音反射到房间里，效果极其显著。

立体声活跃的区域至少是传统音响的六倍。

叹为观止。说得通俗点儿？

这意味着你能享受的平衡立体声范围比你家客厅还要大许多。

换句话说，你再也不用纠结是坐在沙发左边、右边还是中间了。

如果想亲耳体验这一非凡现象，请致电背面列表中的当地佳能音响专卖店。

另外，为了帮助你了解更多有关S-50背后的技术故事，建议你拿起剪刀。

它奇形怪状，古灵精怪，但很适合剪下本页所附的单子。

免费索取S-50音响宣传册，请将此单寄至萨里郡沃金镇阿尔伯特山道创世纪商业园6单元，佳能音响有限公司，邮政编码GU21 SRW。也可以致电0483 740005。

姓名 __________

地址 __________

邮政编码 __________

佳能

超宽立体声音响

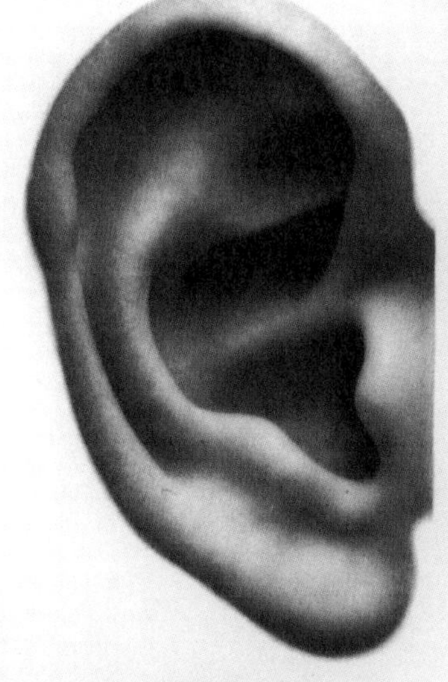

They're odd shaped, quirky looking things.

But they do give you great stereo sound.

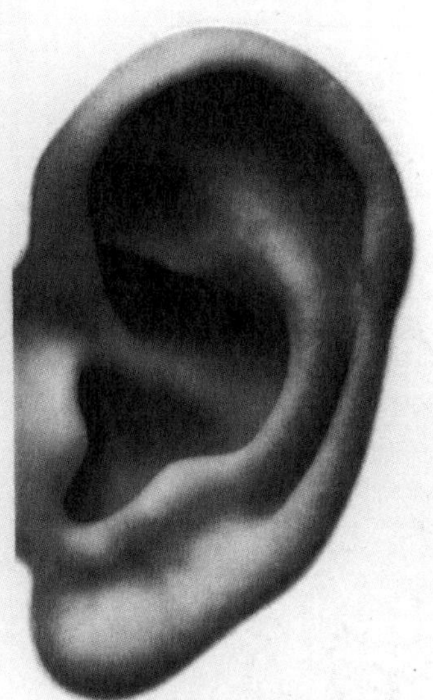

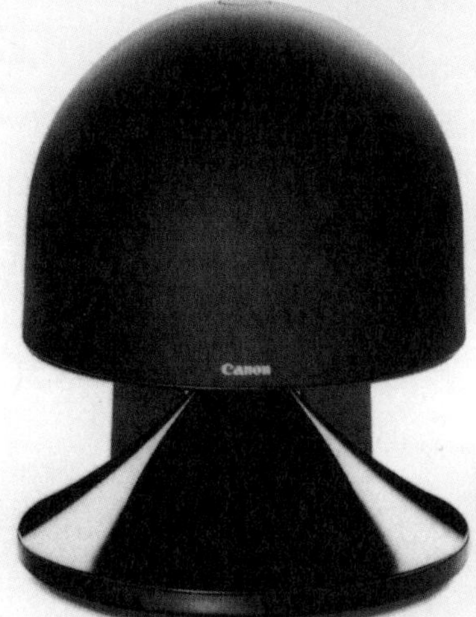

They're odd shaped, quirky looking things.

But they do give you great stereo sound.

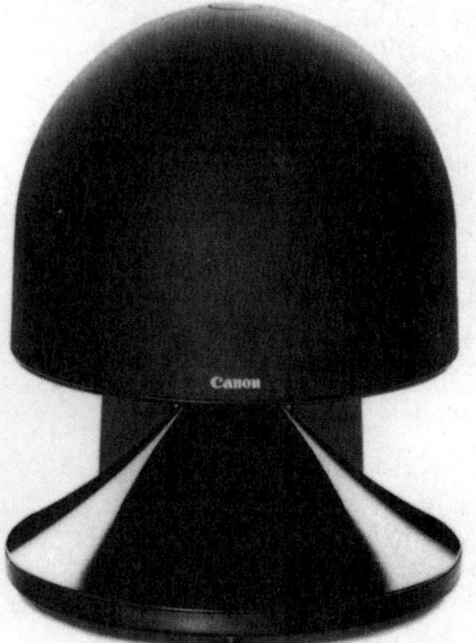

Supposing a pair of ears came up for review in a hi-fi magazine. Just what would the reviewer say?

No doubt there'd be references to their 'startlingly accurate frequency response.'

Praise would be heaped on the 'uncannily natural sound reproduction.'

And there'd certainly be a mention of 'the superb stereo effect wherever the listener is sitting.'

Well, *there's* a coincidence.

Because that's exactly the kind of thing that hi-fi reviewers have been saying about Canon's new S-50 loudspeakers.

The reason they've been saying it is a breakthrough called Wide Imaging Stereo technology.

No, that's not a marketing man's feeble attempt to deafen you with science.

It's a radically different method of creating stereo sound images.

And, as you'll observe, it's resulted in a radically different looking stereo speaker.

For a start, the enclosure is not the familiar box-shape, but domed.

And instead of pointing outwards, it's directed downwards onto a precisely angled 'acoustic mirror.'

This reflects sound out into the room, and in doing so achieves something quite remarkable.

A stereo 'hot spot' at least six times the size produced by conventional speakers.

Most impressive. But what does that mean in plain English?

It means simply that you can enjoy balanced stereo sound over a much larger area of your living room.

In other words, whether you're sitting on the left end of the sofa, or the right end, it'll still sound as though you're sitting exactly in the middle.

If you'd like to witness this remarkable phenomenon with your own ears, may we suggest you call in at your local Canon Audio outlet listed opposite.

On the other hand, to understand more about the technical story behind the S-50, we'd recommend a pair of scissors.

They're odd-shaped, quirky looking things. But they're great for cutting out coupons.

For a free brochure on the S-50 loudspeaker, send this coupon to: Canon Audio Ltd, Unit 6, Genesis Business Park, Albert Drive, Woking, Surrey GU21 5RW. Or Tel: 0483 740005.

Mr/Mrs/Ms ______ First Name ______

Surname ______

Address ______

______

______ Postcode ______

Canon WIDE IMAGING STEREO.

莱昂内尔·亨特
LIONEL HUNT

一路走来，莱昂内尔·亨特的广告生涯可谓顺风顺水。1960 年，他从英国的学校毕业后，成为圣潘克拉斯自治区委员会审计员。有些人可能会认为这一决定很奇怪，因为数学是他在学校里最薄弱的科目。但境况并不至于那么令人担忧，毕竟审计员每周工资有 8 英镑，而其他大多数毕业生的起薪只有 5 英镑。在上流生活中徜徉了短暂的六个月后，他确信广告才是自己真正的未来，于是加入位于伦敦骑士桥的普理查德·伍德广告公司（Pritchard Wood），成了一名收发员。在那里，他取得的最大成就是为收发员争取到周四而非周五发薪的福利，这样他们就和其他所有人一样了。传统观念认为，如果你周四给收发员发工资，他们周五就不会来上班了。亨特反歧视的终身斗争由此拉开了序幕。

由于在伦敦郊区和南部的郡里打包了不计其数漂洋过海的包裹，他产生了一种“世界那么大，我想去看看”的冲动。1961 年，亨特移民澳大利亚做了一名牛仔（这段经历为他日后广告行业高管的形象增色不少）。此后，他还铺了一小段时间的下水管道。培训结束，他加入塔斯马尼亚的一家广告公司担任广告文案。1972 年，在先后担任客户经理、广告经理、广告文案和创意指导 11 年后，他与艺术指导戈登·特伦巴斯（Gordon Trembath）联合创立了广告圣殿公司。他至今仍担任该公司的董事长兼全国创意总监。广告圣殿目前在墨尔本、悉尼和奥克兰设有办公室，它被公认为澳大利亚最具创意的广告公司。

莱昂内尔·亨特的作品屡获殊荣，包括戛纳金狮奖和银狮奖、金铅笔奖和 AWARD 广告奖。他曾三次当选为澳大利亚“年度创意指导”，于 1984 年荣获“年度广告人”称号。同时，他还是 AWARD 广告奖评审会成员，并荣登“澳大利亚广告名人堂”。

亨特现居于悉尼郊外的一座小农场，过往的牛仔和管道工经验再次有了用武之地。

● 你能想象杰出的广告文案为了达到笔下生花的境界，究竟付出了多少时间和精力吗？

自我？什么是自我？

我只知道自己需要花费整整一上午，才能在漫不经心的冷漠、悠然自得的淡泊和无坚不摧的勇猛间找到恰如其分的平衡。

我几乎可以向你保证，我们绝大多数人花在图片上的时间远比花在文案上的多。

这是一个很重要的原则。

平面广告的文案写作可不只是写篇文案，而是需要你创作出一幅能够强有力地传播观点的画面。大部分世界顶级的广告都是图片和文字的有机结合，但有些仅是一张图片，甚至连全文字广告也能自成一幅图。

关于这一点，最好的案例就是罗布·托姆奈（Rob Tomnay）和我为蓝草牌牛仔裤撰写的广告。这里我有点儿作弊的嫌疑，因为它实际上是张海报，但请把它想象成一则普通的跨页平面广告吧。它连一个完整的单词都没有，却能将牛仔裤的特点体现得淋漓尽致。

综上，我得出了一个结论：要想成为一名优秀的广告文案，最重要的就是与伟大的艺术指导通力合作。

就个人而言，我很幸运能和戈登·特伦巴斯携手创业。他曾当选为1972年澳大利亚最佳艺术指导，如果他没在40岁“高龄”时退休，那么他将仍是顶级的艺术指导之一（他们可都比广告文案聪明）。这就意味着，无论我写的东西有多么垃圾，戈登都能“点石成金”。所以在极少数我写得还不错的情况下，广告效果就有了保证，最后我们也能捧回无数奖项。

我知道，有些优秀的广告文案会枯坐在打字机前闭门造车，但对我来说，这无疑像“蹲局子”一样痛苦不堪。

所以第一条经验就是：无论如何也要和最好的艺术指导合作。这不仅能让你的广告更好看，为你的生活增添乐趣，也能令午饭更加食之有味。如果你足够幸运，他们还能帮你出谋划策，想出创意和标题，岂不是两全其美？

戈登和我共同创作了妇女节广告《怎样杀死一个婴儿》。我清楚地记得，我们只有半天的创作时间。午饭前，标题还是“怎样慢慢地杀死一只海豹崽儿”。然而午饭喝到第二瓶夏敦埃酒时，我灵感乍现：“我知道了！怎样杀死一个婴儿！”戈登瞪着我，好像我已经疯了一样。他又喝了一杯，深吸一口气，说：“行，就它了。”

这里隐藏了两条重要经验。第一条：无论你有多忙，都要每天和艺术指导共进午餐。事实上，你越忙，就越要和他一起吃饭，因为只有在餐厅，你才能完成一些工作。唯一的干扰来自想让你们胡吃海喝的侍者，这是办公室外令人愉悦的消遣。第二条：要有勇气。所有的好广告都不好兜售，你需要有“真金不怕火炼”的坚强意志。如果这种勇气是天生的，而非酒后之勇，就更有利于健康了。当然，人无完人。

你可能从我的照片中注意到，我没拿乒乓球拍。（我希望你注意到了照片，因为我花了很长时间才拍好它。）这是一种误导。我发现，当你觉得无法在截止日期前完成任务（就像现在那样）时，花费大量的宝贵时间去打几场乒乓球就显得尤其重要。抱歉，我现在就得去打上几场。

感觉好多了。所有压力烟消云散，只剩下疯狂分泌的肾上腺素。成功令我激动不已，我感觉自己无所不能。我和广告圣殿悉尼分公司的创意指导罗恩·马瑟就是这样想出安捷航空空姐广告的点子的。

我们花了一上午来为这家“新”航空公司构思广告，然后展示给公司所有人之一鲁伯特·默多克看。前景堪忧啊，我记得自己一直在担心究竟该怎样去展示一则并不存在的广告。我们越担心展示，就越想不出怎么做这则广告。

三局打完，我们有了点子，但时间已经很紧迫了。所以，千万别急着兜售创意，这样就没有足够的时间想广告、打乒乓球和吃午饭了。

不过，这绝对需要你身边围绕着一群业内最出色、效率最高的客户总监。正如我在一些非正式场合所说的那样：“如果创意团队做了简报、制定了策略，完成广告、把它卖给客户以后，又投入了生产，那还要你干什么？”

空姐广告引发了巨大争议，心怀不满的前空姐们［雷金纳德·安塞特爵士（Sir Reginald Ansett）公开称她们为“老锅炉”］和教会团体使得谈话类电台节目大火，广告取得了前所未有的成功。两天后，我们还在一部电视台客户拍摄的航空情景喜剧中滑稽地再现了它，可谓一石二鸟。

为核保 & 保险有限公司（Underwriting and Insurance Ltd）撰写的医疗保险广告荣获澳大利亚消费者广告“最优秀文案”银奖。我记得，它的绝大部分内容都是我从客户宣传手册上照搬的。这是另一条重要经验。如果标题（和图片）不够吸引人，那么正文到底说了什么完全不重要。我敢打赌，在大多数评委决定把大奖慷慨地颁给这则广告时，他们其实只看了正文前几行，然后浏览一下标题、图片和版面设计就得出了“它挺不错”的结论。消费者有时也这么干。

标题挺一针见血的，不是吗？如果你有一个引人注目的观点，就不应该把它埋没于所谓的创造力中。但人们总得付出一些代价才能记住这一点。这种情况下，直截了当的标题与图片相得益彰，它精准地点明了 50 多岁的人关于购买保险这件事的最大恐惧。

我还想强调一点：一定要笑口常开。广告这一行理应是妙趣横生的，和板着脸做尸体防腐之类的科学工作大相径庭。事实上，广告圣殿的座右铭始终如一：让广告再次伟大，笑看风云走一回。

现在你明白了吧。永远要和卓越的艺术指导精诚合作；常与他共进午餐；勇敢无畏；打乒乓球；别兜售你的创意；让优秀的客户经理围着你团团转；先攻克标题，再着手创作正文；不要隐藏观点；开怀大笑。是的，我想这些足矣。

年过半百，没买医疗保险。你该如何为生命投保？

购买人寿保险和申请银行贷款挺像的。

你需要得越迫切，就越难通过审核。五六十岁正是一个人最需要人寿保险的年纪，你却意识到没人愿意帮忙办理。

你发现自己得通过一次仔细的体检，或者至少得正面回答一连串有关健康状况的问题。

许多老年人因为非常确定自己无法获得投保资格，所以懒得申请。这往往会给他们最关心的人造成极大的痛苦。也许，你会认为这一切非常不公平。我们也有同感，所以为此付出了努力。

金色年华计划

“金色年华计划”为现年 50~70 岁的人提供终身保险。投保人无须体检，也不用在意自己的健康状况。它为极有可能被人寿保险公司拒于门外的人们提供了保障。

生效原则

“金色年华计划”设有不同档位，每档提供的保额视投保人签署保单时的年龄而定。下表显示了不同年龄段的保险详情。

福利 & 保费表				
投保人签署保单的年龄	月付 / 分档购买			
	档位 1 $9.50	档位 2 $19.00	档位 3 $28.50	档位 4 $38.00
	投保人购买总金额（不含分红）			
50~52	$1 487	$3 104	$4 721	$6 337
53~55	$1 318	$2 750	$4 182	$5 615
56~58	$1 169	$2 440	$3 711	$4 982
59~61	$1 040	$2 171	$3 302	$4 432
62~64	$930	$1 941	$2 952	$3 963
65~67	$836	$1 745	$2 654	$3 563
68~70	$755	$1 575	$2 395	$3 216

为了确保该政策能够惠及 50~70 岁的所有人，核保 & 保险有限公司为投保人提供了两年的特别优惠。

若你在投保后两年内因自然原因死亡，受益人将收到你支付的每一分保费，外加每年 6% 的复利。若你在投保后两年内意外死亡，本司将支付全部保额外加所有分红。

若你在投保两年后因任何原因死亡，本司会在全额支付被保险人的投保金额的基础上叠加所有分红。

无须体检

欲申请“金色年华计划”，你无须体检，我们也不会询问涉及你健康状况的任何问题。

你只需动动手指填写申请表，然后把它寄给核保 & 保险有限公司。

无推销人员之叨扰

注意，本广告是我们唯一的宣传途径。不会有销售人员联系你，但若需咨询任何问题，请拨打办公室电话 51 1471。工作人员随时为你效劳。

“金色年华计划”允许你为丈夫或者妻子投保

简单地签一份保险合同即可为婚姻伴侣投保。填写被保险人姓名，并在表格上签字即可。

保单可无条件续保

只要你在常规的 30 天宽限期内付清保费，我们就不能取消保单，亦无法拒绝续保。保额不会减少。事实上，它还会每年随分红的增加而增加。

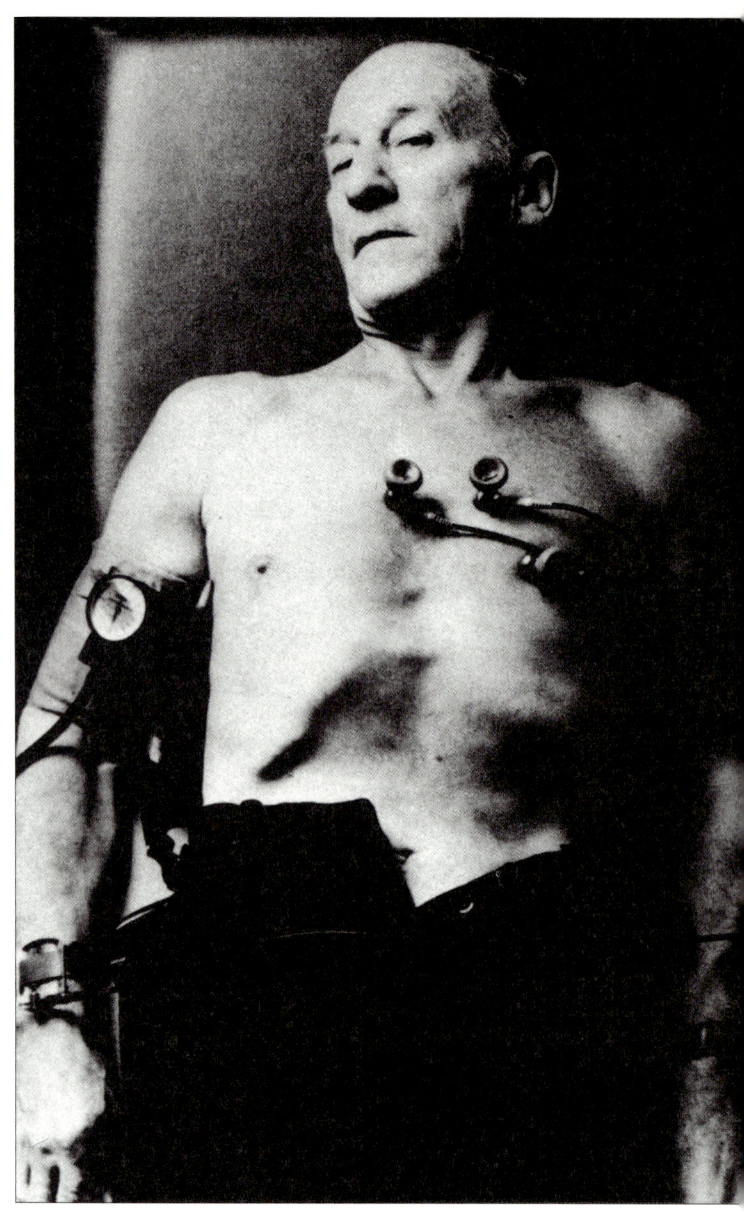

这篇文案获奖了，但评委真的认真看了吗？

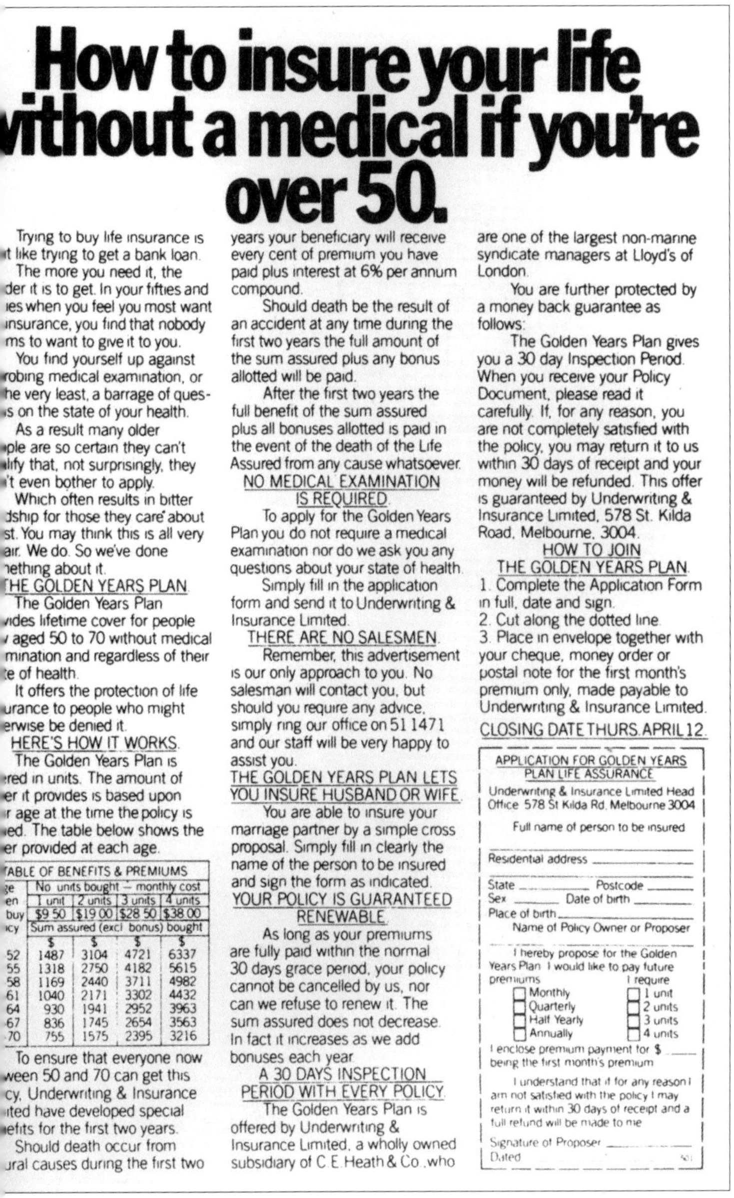

How to insure your life vithout a medical if you're over 50.

Trying to buy life insurance is
it like trying to get a bank loan.
The more you need it, the
der it is to get. In your fifties and
ies when you feel you most want
insurance, you find that nobody
ms to want to give it to you.
You find yourself up against
robing medical examination, or
he very least, a barrage of ques-
s on the state of your health.
As a result many older
ple are so certain they can't
lify that, not surprisingly, they
't even bother to apply.
Which often results in bitter
dship for those they care about
st. You may think this is all very
air. We do. So we've done
nething about it.

THE GOLDEN YEARS PLAN.

The Golden Years Plan
vides lifetime cover for people
aged 50 to 70 without medical
mination and regardless of their
te of health.
It offers the protection of life
urance to people who might
erwise be denied it.

HERE'S HOW IT WORKS.

The Golden Years Plan is
red in units. The amount of
er it provides is based upon
r age at the time the policy is
ed. The table below shows the
er provided at each age.

TABLE OF BENEFITS & PREMIUMS

ge en buy icy	No units bought — monthly cost			
	1 unit	2 units	3 units	4 units
	$9 50	$19 00	$28 50	$38 00
	Sum assured (excl bonus) bought			
	$	$	$	$
52	1487	3104	4721	6337
55	1318	2750	4182	5615
58	1169	2440	3711	4982
61	1040	2171	3302	4432
64	930	1941	2952	3963
67	836	1745	2654	3563
70	755	1575	2395	3216

To ensure that everyone now
ween 50 and 70 can get this
cy, Underwriting & Insurance
ited have developed special
efits for the first two years.
Should death occur from
ural causes during the first two years your beneficiary will receive every cent of premium you have paid plus interest at 6% per annum compound.

Should death be the result of an accident at any time during the first two years the full amount of the sum assured plus any bonus allotted will be paid.

After the first two years the full benefit of the sum assured plus all bonuses allotted is paid in the event of the death of the Life Assured from any cause whatsoever.

NO MEDICAL EXAMINATION IS REQUIRED.

To apply for the Golden Years Plan you do not require a medical examination nor do we ask you any questions about your state of health.

Simply fill in the application form and send it to Underwriting & Insurance Limited.

THERE ARE NO SALESMEN.

Remember, this advertisement is our only approach to you. No salesman will contact you, but should you require any advice, simply ring our office on 51 1471 and our staff will be very happy to assist you.

THE GOLDEN YEARS PLAN LETS YOU INSURE HUSBAND OR WIFE.

You are able to insure your marriage partner by a simple cross proposal. Simply fill in clearly the name of the person to be insured and sign the form as indicated.

YOUR POLICY IS GUARANTEED RENEWABLE.

As long as your premiums are fully paid within the normal 30 days grace period, your policy cannot be cancelled by us, nor can we refuse to renew it. The sum assured does not decrease. In fact it increases as we add bonuses each year.

A 30 DAYS INSPECTION PERIOD WITH EVERY POLICY.

The Golden Years Plan is offered by Underwriting & Insurance Limited, a wholly owned subsidiary of C.E. Heath & Co., who are one of the largest non-marine syndicate managers at Lloyd's of London.

You are further protected by a money back guarantee as follows:

The Golden Years Plan gives you a 30 day Inspection Period. When you receive your Policy Document, please read it carefully. If, for any reason, you are not completely satisfied with the policy, you may return it to us within 30 days of receipt and your money will be refunded. This offer is guaranteed by Underwriting & Insurance Limited, 578 St. Kilda Road, Melbourne, 3004.

HOW TO JOIN THE GOLDEN YEARS PLAN.

1. Complete the Application Form in full, date and sign.
2. Cut along the dotted line.
3. Place in envelope together with your cheque, money order or postal note for the first month's premium only, made payable to Underwriting & Insurance Limited.

CLOSING DATE THURS. APRIL 12.

APPLICATION FOR GOLDEN YEARS PLAN LIFE ASSURANCE

Underwriting & Insurance Limited Head Office 578 St Kilda Rd, Melbourne 3004

Full name of person to be insured ______

Residential address ______

State ______ Postcode ______

Sex ______ Date of birth ______

Place of birth ______

Name of Policy Owner or Proposer ______

I hereby propose for the Golden Years Plan. I would like to pay future premiums: ☐ Monthly ☐ Quarterly ☐ Half Yearly ☐ Annually

I require: ☐ 1 unit ☐ 2 units ☐ 3 units ☐ 4 units

I enclose premium payment for $ ______ being the first month's premium

I understand that if for any reason I am not satisfied with the policy I may return it within 30 days of receipt and a full refund will be made to me

Signature of Proposer ______

Dated ______

每份保单拥有 30 天检验期

“金色年华计划”由希斯公司(C. E. Heath & Co.)的全资子公司——核保 & 保险有限公司提供。希斯公司是伦敦劳合社最大的非海上辛迪加管理公司之一。

你的权益将得到以下退款条约的进一步保障：“金色年华计划”提供 30 天的检验期。收到保单文件时，请仔细查阅。如有任何原因导致你对保单不完全满意，可于签收后 30 天内退回保单，我们将全额退款。本条款由核保 & 保险有限公司担保，公司地址为墨尔本圣基尔达路 578 号，邮政编码 3004。

如何加入“金色年华计划”

1. 完整填写申请表，包括日期和签名。
2. 沿虚线裁剪。
3. 将首月保费支票、邮政汇票或邮汇单一并放入信封，抬头请注明“核保 & 保险有限公司”。

截止时间：4 月 12 日，星期四。

“金色年华计划”人寿保险申请表

墨尔本圣基尔达路 578 号，核保 & 保险有限公司总部（收），邮政编码 3004。

投保人全名 ______

家庭住址 ______

所在州 ______

邮政编码 ______

性别 ______

出生日期 ______

出生地 ______

保单所有人或投保人姓名 ______

我在此申请“金色年华计划”。未来，我想支付保费的方式为：

月付☐ 季付☐ 半年付☐ 年付☐

我申请：档位 1 ☐ 档位 2 ☐ 档位 3 ☐ 档位 4 ☐

兹附上______美元作为首月保费。

我理解：如果我因任何原因对保单不满，可在签收后 30 天内取消申请并将获得全额退款。

投保人签名 ______

日期 ______

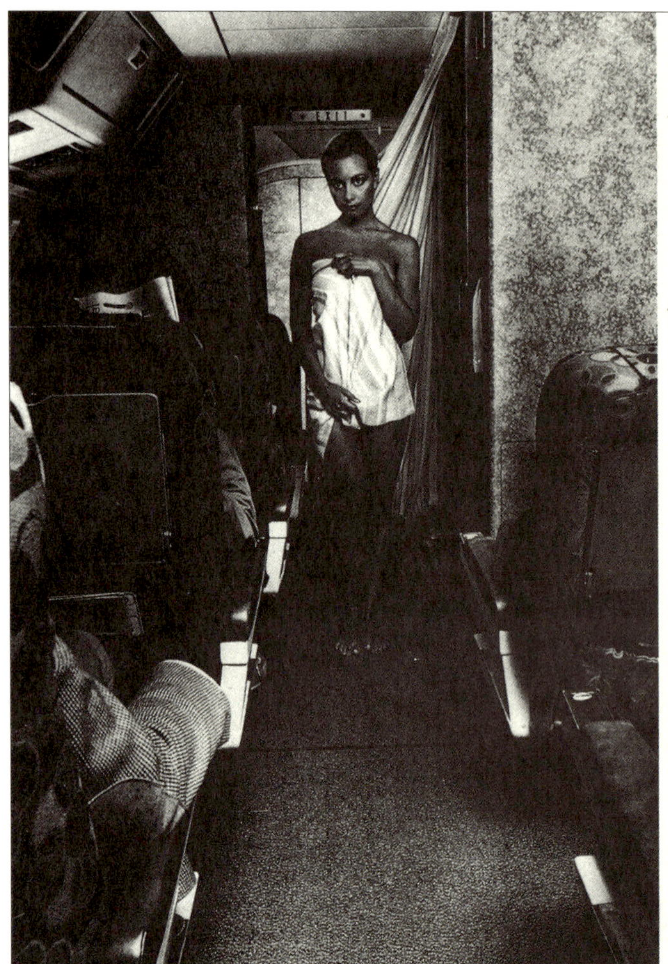

If the hostess was out of uniform would you know which airline you were flying with?

Until recently probably not.

But from next June you won't be in any doubt at all.

Ansett will be offering you a real choice of the planes you fly in, the times you depart, and the services you get both in the air and on the ground.

In June we start taking delivery of our new fleet of 12 Boeing 737's and new generation 727's and start pensioning off our DC9's.

This means we'll soon be offering you Boeing comfort and reliability on all our jet routes.

Just as important, more planes will mean far greater frequency. And no more identical schedules.

You'll be far more likely to find a departure time that suits you, rather than one that just suits the airline.

And you'll check-in faster, get on and off quicker, and get your baggage sooner.

We'll also be offering major service benefits that we can't reveal now for reasons that will be obvious to readers who are also in a highly competitive situation. But don't wait until next June to try the new Ansett. Our competitive philosophy is showing up right now in lots of little ways that already make flying with us just that much better.

But you ain't seen nothing yet. **ANSETT**

争议颇多，但深得默多克之心。

如果空姐没穿制服，
你知道自己乘坐的是哪家航空公司的航班吗？

直到最近你可能都不知道。

但从 6 月开始，你就不会答不上来了。

安捷航空公司将为你提供全方位的选择：飞机班次、离港时间，以及你在空中和地面上的所有服务。

6 月，我们将启用 12 架波音 737 和新一代波音 727，逐步淘汰 DC9。

这意味着你很快可以在我们所有航线上享受波音飞机的舒适和可靠。

同样重要的是，更多飞机意味着更优航班频次。时刻表再也不会“撞机”。

你将从航空公司手中夺回出发时间的主动权。

快速值机，上下机更省时，眨眼间就拿好行李。

我们还将提供尚需保密的主要服务和福利。请谅解超强竞争环境这一显而易见的原因。但别等到 6 月才选择安捷。我们的竞争力就藏在细节里，服务质量也显著提升。

但你什么都还没看到呢。

安捷航空公司

Pilots walk out over sexist airline ad.

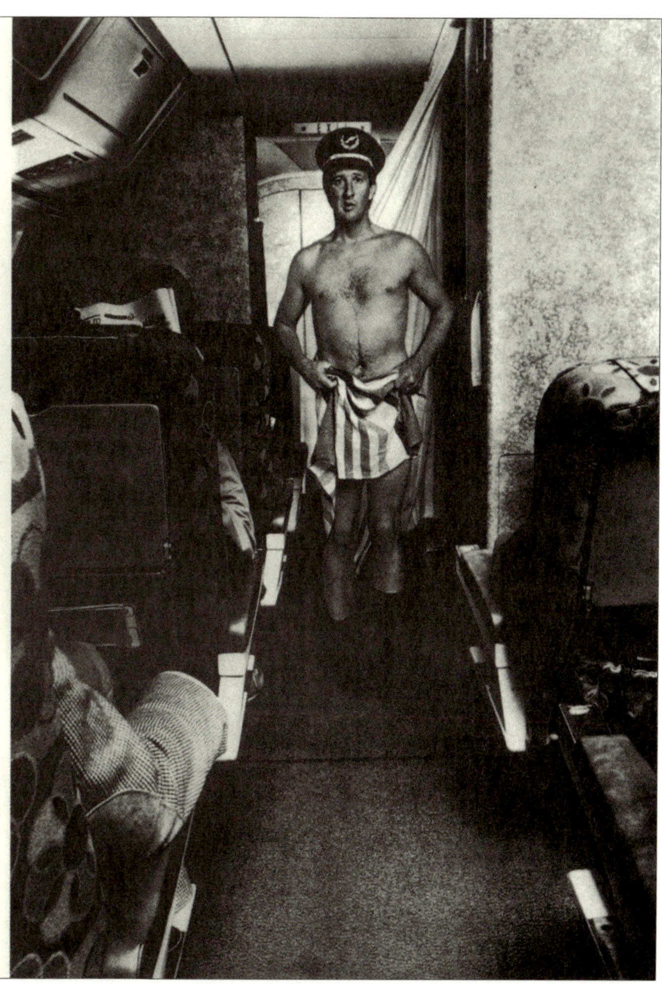

But they'll be back in time for tonight's exciting episode of 'Skyways'. 9.30 tonight on Seven. Rated 'A'. ⑦

调侃了一下我们所写的广告及其引发的争议。

反对性别歧视广告，
飞行员罢工！

但他们会及时回来观看今晚激动人心的《冲上云霄》更新。今晚九点半，锁定第七频道。未成年人禁止观看。

蓝草牌牛仔裤，欲盖弥彰的魅惑。
一个词都算不上，却胜过千言万语。

Bluegr___ [①]

① 广告想表达的单词为品牌名 Bluegrass，却故意略掉了最后的三个字母“ass”（意为臀部），以穿着紧身牛仔裤的臀部图片来填补空缺。不仅一语双关、欲盖弥彰，还具有博人眼球、令人浮想联翩的效果。——译者注

▶ **怎样杀死一个婴儿？**

这很简单。你只需走近它。它不会跑开。
然后，当它用信任的目光望着你，误以为你是妈妈时，你用球棒击碎它的头骨。
这就是加拿大每年都会发生在小海豹身上的事，这一血腥的仪式将持续六周。
在日本，做法略有不同。人们把海豚驱赶至浅滩，等待潮落令其搁浅，之后它们会在同样恐怖的过程中丧命。
还有鲸鱼。你已经知道它们的遭遇了。
如果你的思维足够扭曲，这么做简直易如反掌。要阻止这种行为难于上青天，但你我仍能有所作为。
在本周妇女节，我们将发表一篇发人深省的文章来讲述这些美丽生物的遭遇。
我们还将举办一场简单的比赛，邀请你和孩子一起参加。你只需用不到 20 个单词告诉我们，如果海豹、海豚或鲸鱼会说话，它们会说什么。
现金奖励等着你！但更重要的是，妇女节活动将为每位参赛者向“绿色和平”组织捐赠 10 美分，以叫停这门可怕的生意。
请关注本周妇女节活动。我们的封面上有只小海豹，这是它濒死前最后深情的一望。

妇女节活动

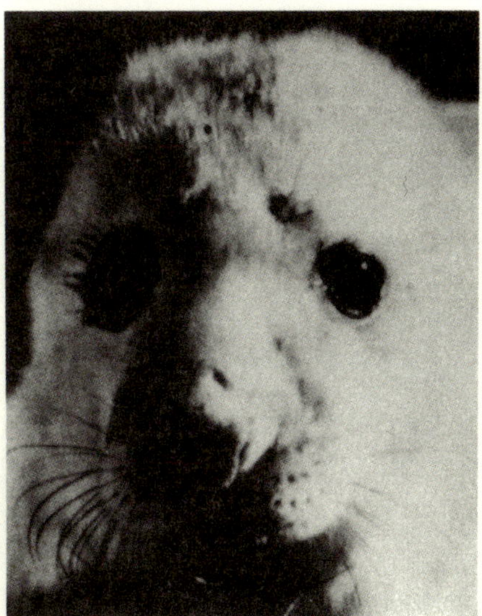

How to kill a baby.

It's easy. All you do is walk up to it. It won't run away.

Then, as it looks up at you trustingly, mistaking you for its mother, you smash in its skull with a baseball bat.

That's what happens to baby seals in Canada every year in a bloody ritual that lasts six weeks.

In Japan they do it a different way. They herd dolphins into the shallows, wait for the tide to leave them stranded, then go through the same grisly process.

Then there's the whales. You know what happens to them.

Doing it is dead easy if your mind is warped enough. Stopping it is a whole lot harder, but there is something you can do.

In this week's Woman's Day we're running a thought provoking article on what's happening to these beautiful creatures.

We're also running a simple competition that you and your children can enter. All you have to do is tell us in less than twenty words what the seals, the dolphins or the whales would say to us if they could speak.

There are cash prizes, but far more importantly, for every entry in the competition Woman's Day will donate 10 cents to Greenpeace to help their work in bringing this ghastly business to a halt.

Look for this week's Woman's Day. It's the one with the baby seal on the cover, seconds before it dies.

Woman's Day.

该广告令发行量提升了 10%，并且荣获金铅笔奖。

迈克·兰斯卡比
MIKE LESCARBEAU

迈克曾在三家知名广告公司担任广告文案和创意指导，它们分别是：法龙·麦克利戈特（Fallon McElligott）、希尔·霍利迪（Hill Holiday）和李戈斯雷尼。目前，他正与法龙·麦克利戈特展开二度合作，他为数十个客户创作的作品荣获金铅笔奖、D&AD奖、美国传达艺术年度广告奖和戛纳广告奖。

● 在动笔之前，我其实已经准备许久。这是因为我发现“功夫在诗外”，最终广告呈现的内容往往取决于你前期对项目的判断和策划。简报是广告文案与艺术指导、客户经理和客户的共同创作，我们得为强有力的执行留下发挥的空间。

一旦所有人就希望传递的信息达成共识后，艺术指导和我在头几个小时内往往倾向于分头工作。这样的话，当再次碰头回顾最初概念时，我们就能拿出两种截然不同的对简报的诠释，而不是仅在同一个思路上“做文章”。然后我们开始融合完善，往往能再碰撞出几个值得继续深挖的点子。不管最后是否采用了某个标题，多起几个总归没错。它能让我专注思考。

我认为，如果广告需要文案，我们就得根据产品的实际情况来决定文案的基调、风格和长度。比如，面对一瓶售价高达60美元的波旁威士忌，人们可能很有兴趣读读有关它的介绍。因此，在布克波旁威士忌的广告中，我花了不少篇幅来解释为什么这款威士忌价格不菲。文案以一种近乎虔诚的语气，向蒸馏缔造的味蕾艺术致敬。它精准地刻画出酿酒大师布克·诺伊的个性，其所在家族酿造波旁威士忌的历史已有200年。这个方法正确，并且切实有效。

然而，我不得不说，并非所有东西都能奏效。对我来说，创造精品的真正关键在于“去其糟粕”。同事和搭档都可助你一臂之力。不管你愿不愿意接受，客户也能发挥作用。我觉得最有用的方法是“放一夜再看看”。令人惊讶的是，经过从晚上6点到次日早上9点的时间沉淀，再好的内容看起来竟然也显得“如此愚蠢”。

我没有太多条条框框，也鼓励年轻人尽可能去打破藩篱。我之所以这么说，不是因为每则广告都必须有所创新，而是我相信假如人人墨守成规，广告业就无法百花齐放。我们的思维会变得机械、僵化，期望只要完成几个步骤的思考，就会有创意来敲门。然而，本书任何一位才华横溢的作者都会表示：灵感乍现并不是一个循序渐进的过程，而是在沉默孤独的漫漫长夜里枯坐良久的“偶然得之”。而伟大的创意究竟从何而来，始终是个未解之谜。

警告：本品可能会引发水疱、疼痛和呼吸短促

清晨潮湿的空气在你健康的肺部出入，你的每次呼吸都好似最后一次那么贪婪。

脚下的山，越来越陡。那是树枝折断的声音吗？还是你的膝盖正在嘎吱作响？

祝贺。

手持英国地形测量局绘制的地图，你可以尽享乡野之乐。

享受吗？难道我们想说的不是忍受吗？事实是：地图在手，天下我有。英国地形测量局相信，康庄大道并非穿越大不列颠荒原的最佳路径。这就是我们Landranger系列地图既显示宁静的乡间小路，也指示清幽的羊肠小道的原因。它们会引你发现许多鲜为人知的公共道路，其终点通往一些神秘怡人的野餐圣地。

它们还会指明山那边的另一座山脚下，湖光潋滟，美景如画。

> 手持地形测量地图，你不仅可以为自己找到一处宁静的野餐之地，也能选择在哪种树下乘凉。地形测量地图主要列出了三类树种：松柏科、非松柏科和混合类。此图所示的纯绿色品种属于混合类树木。
>
> 这些可能会让你多燃烧一些热量，但绝对值得努力。

我总算找到了你啊，如歌的寂静，还有你如姐妹般的天真无邪。

我曾长久地误入歧途，妄想于众声喧哗处寻觅你的身影。

世外仙姝，生于草木，长于密林。

幽深寂静的曼妙，让文明社会的粗鄙一览无余。

——安德鲁·马维尔

每个周末，成千上万人逃离熙熙攘攘的英国都市，只为了在几个小时路程外拥挤嘈杂的旅游景点碰头。（寻找美妙的独处之旅戛然而止。）

当然，问题是：似乎每个人的目的地都大同小异。

好吧，地形测量地图除了能帮你找到“世外桃源”，还能助你避开喧嚣车马。毕竟，他人即地狱。

地图上的更多细节，为你的旅程增光添彩。更多选择，让你免受“驴友”扎堆之苦。

无论你决定去哪儿，地图永远值得信赖。

毕竟，英国地形测量局是拥有200年地图制作经验的“老字号”。18世纪晚期，首张地形测量地图横空出世。当时绘制南海岸地形只是为了防止拿破仑进攻。

当然，这项工作必须按照严格标准执行。时至今日，我们仍然在绘制地图，就好像有人的生命依赖于此。尽管当代人使用地图的目的已从战争转变成安排周末的好去处。

终于抵达山巅，你虽然双脚疼痛，但终于可以抬头欣赏美景。忽然间，你对绵延30余英里的层峦叠嶂产生了深切的敬畏之情。

如果你需要激发自己勇征险峰的信心，手持地形测量地图漫步时所见美景就是最好的源动力。你可以俯视古石碑；在远方探路，那可能是初代亚瑟王朝的遗址；站在著名的中世纪战场凭栏远眺（像将军们那样，在安全距离外运筹帷幄）。

但即使眼前景色没有历史积淀，你也仍然可以享受背包客们很少体验到的大自然。

或者如威廉·沃兹沃思所说的：“在大自然和感觉的语言里，我找到了最纯洁的思想的支撑，心灵的保姆、引路人、保护者，我整个道德生命的灵魂。”

仅在沃兹沃思湖区，地形测量地图就可以把你引导至百余处瀑布、几十件大地艺术品，以及数不胜数的古宅。

事实上，希利斯太太住过其中一间旧居。她是一个富有的牧羊女，最大的爱好就是以娘家姓名毕翠克丝·波特（Beatrix Potter）写故事、画插图。

毕翠克丝·波特·希利斯喜欢在乡间漫步，对此的兴趣不亚于坐在湖区的家中为孩子们创作世界闻名的童话故事。

“我喜欢在特劳特贝克瀑布旁散步。”这位备受推崇的作家在1942年的采访中如是说，“有时我会带上一只老牧羊犬，更多时候则孤身前往。但我从不感到寂寞。温顺的绵羊、灿若星辰的野花和吟唱的湖水与我相依相伴。”

与此同时，在寄给出版社的信件中，毕翠克丝写道：“这些恼人的小册子……我实在厌倦，眼睛都看花了。”

不过，她还是写完了，即使在今天，只要按图索骥，你就能拜访她曾经在里面劳作的书房。

最后，你俯视低处黄绿相间的田野，然后起身下山。这一次，你为腰间的赘肉感到庆幸。重力会让你脱胎换骨。

地形测量地图推出三种步行图，它们都覆盖了英国的每块田野、每片树林、每座湖泊和每条河流。在乡村的热门旅游区，户外休闲地图将助你充分了解当地的风土人情。

如果你计划去其他地区旅行，推荐你使用 Landranger 系列或者比例尺更大的“探路者”系列地图。每份地图各有所长，将关键点一网打尽。

例如，你会发现我们用三种不同的符号标记教堂：有塔楼、有尖顶、没有塔楼或尖顶。

是不是太过火了？真的有人需要这么多细节吗？

沃斯代尔海德地区通常被视作英格兰的最高峰、最深不可测的湖泊、最袖珍的教堂和最大的骗子所在地。最后一点确凿无疑。因为该地区附近的桑顿桥每年都会举办一场“世界最大说谎者”比赛，在此期间，值得你信赖的只有地形测量地图，它能把你带到现场。

好吧，鉴于大多数客户选择徒步。是的，我们认为他们需要。

因为如果没有辨明方向的高速公路标志，漫步者就需要借助地标寻路。

鉴于迷失荒野比在 M6 高速公路上走丢更加令人不安，我们必须精准绘制每一处地标。

Warning.
This product can cause
blisters, aching
and shortness of breath.

The damp morning air wheezes in and out of your healthy lungs as if each breath might be your last. The hill you've been climbing seems to get steeper with every step. Was that a twig snapping? Or was it your knee creaking?

Congratulations.

You are enjoying the countryside with the help of an Ordnance Survey map.

Enjoying? Don't we really mean to say enduring? The truth is, with our maps you'll be able to do more than your share of each.

You see, at Ordnance Survey we believe when it comes to travelling through the wilds of Great Britain, the best route to take isn't always the easiest one.

That's why maps like our Landranger Series will not only show you quiet country roads, but also very quiet country pathways.

They'll help you to discover many little known public rights of way, which often lead to some even lesser known picnic spots.

And they'll point out the hill that's over the hill, and has a better view of the lake.

All of which might induce you to expend a little more energy. But is sure to be well worth the effort.

Fair Quiet have I found thee here, and Innocence, thy sister dear,

Mistaken long, I sought you then, in busy companies of men.

Your sacred plants, if here below, only among the plants will grow.

Society is all but rude, to this delicious solitude. - Andrew Marvell

Each weekend, thousands of people escape the crowded, noisy cities of Britain only in order to meet up with each other a few hours away at crowded, noisy tourist spots. [So much for finding delicious solitude].

The problem, of course, is that everybody seems to go to the same few places.

Well, in addition to all the things an Ordnance Survey map can help you find, there are also some things it can help you avoid. Like other people.

With more details on your map, you'll have more places to choose from for a day away. Including many that aren't overrun with your fellow travellers.

Moreover, wherever you decide to go, you can always trust those details will be the most accurate available.

After all, at Ordnance Survey we've had exactly 200 years practice making maps.

The first Ordnance Survey maps were commissioned in the late 18th century for one reason. To map the South Coast in case of attack from Napoleon.

Naturally, the job had to be done to an exacting standard. And we still create maps today as if someone's life might depend on them.

Although nowadays people use our maps to plan peaceful weekends, instead of battles.

You finally reach the crest of the hill and look up from your aching feet. Suddenly, you find yourself staring out in utter awe across thirty miles of folding hills and valleys.

If you need an incentive to keep yourself striding boldly up a challenging hillside, nothing can beat the views you are bound to encounter when you go out rambling with an Ordnance Survey map. You can gaze down upon ancient stone monuments. Spy way off in the distance what might be the site of King Arthur's first court. Or perch high up above famous medieval battlefields, [seeing them from a safe distance, just as the generals did].

But even if the vista has no known historical significance, you will still be able to enjoy something the road-bound traveller rarely experiences. Nature.

Or what William Wordsworth called 'The anchor of my purest thoughts, the nurse, the guide, the guardian of my heart, and the soul of all my moral being'.

In Wordsworth's Lake District alone, Ordnance Survey maps can guide you to well over a hundred waterfalls, dozens of ancient earthworks and countless historic houses.

One of these houses, in fact, was lived in by a Mrs Heelis, a prosperous lady sheep farmer whose hobby was writing and illustrating stories under her maiden name, *Beatrix Potter*.

It seems Beatrix Potter Heelis enjoyed a quiet walk in the country as much, if not more, than sitting in her Lake District home and writing some of the world's most famous tales for children.

'I loved to wander the Troutbeck Fell,' said the much admired author in a 1942 interview. 'Sometimes I had with me an old sheepdog, more often, I went alone. But I was never lonely. There was company of gentle sheep, and wild flowers, and singing waters.'

Meanwhile, Beatrix had written in a letter to her publisher, 'These d___d little books... I am utterly tired of doing them, and my eyes are wearing out'.

Still, she did do them, and you can see the study she toiled in even today, as long as you know where to look.

You look down one last time at the green and yellow quilt of fields below, and stand to start your descent. This time, you're glad for the extra weight around your middle. Gravity will be doing most of the work.

There are three kinds of walking maps made by Ordnance Survey, and you can get one to cover every field, every wood, every lake and every stream in Britain.

In the more popular touring regions of the countryside, one of our Outdoor Leisure maps will help you know your way around as well as the locals, maybe even better.

If you're planning to travel to other areas, we suggest the Landranger Series or the larger scale Pathfinder Series maps.

Each has dozens of helpful symbols in its key that point out important features you won't find on other maps.

For instance, you'll find three different symbols used just for marking churches, with tower, with spire, without tower or spire.

Are we going overboard? Does anyone really need this much detail in a map?

Well, considering that most of our customers are on foot, yes, we think they do.

Ramblers don't have motorway signs to go by, and need landmarks to find their way.

Landmarks that are mapped accurately, since getting lost on the moors is somewhat more unsettling than getting lost on the M6.

So if you're going to venture out to those places where there might not be anyone to ask for directions, we strongly suggest that you take along a map from Ordnance Survey.

Because we wouldn't want you to suffer from any more blisters, aching and shortness of breath than you absolutely have to.

Ordnance Survey.
The most detailed maps in the land.

从距离上看，它可能是一座非常适合攀登的山峰，但快速浏览地形测量地图，会让你三思而后行。这片被标记为“流石滩”的山坡表明迎接你的将是一段几乎不可能完成的艰难跋涉。沿途随处可见松散的砾石和危险的落石。别担心，我们会为你指一条更好走的路。

所以，如果你打算去那些无人可问路之处探险，我们强烈建议你带上一张地形测量地图。因为我们不希望你遭受任何不必要的水疱、疼痛和呼吸短促。

英国地形测量局
只做全英最详尽的地图
200 周年纪念

“我可能是全国唯一为自己今年的成就感到高兴的人”

布克・诺伊

肯塔基州克莱蒙特市，金宾威士忌酿酒厂。此刻，布克在砾石路边停下了脚步，把他那只大名鼎鼎的手放在手杖上，凝视着存放了数百桶陈年波旁威士忌的仓库。

“千金难买顶级威士忌。”他说。

布克・诺伊是吉姆・比姆的孙子，他一辈子都住在这里。正如你能想象到的，在肯塔基一带，许多波旁威士忌的知识代代相传。

看看布克从传奇祖父那儿学到的关于酿造威士忌最重要的两件事情。

时机。地点。

懂得“何时”从酒桶中收获上等波旁威士忌是一种天赋。有些人甚至称之为“恩赐”。

和苏格兰威士忌不同的是，波旁威士忌并非越陈越香。

“我认为最好的波旁威士忌直接取自金宾酿酒厂仓库中间的桶。这些烧焦的白橡木酒桶赋予了这款天然发酵的波旁威士忌独一无二的坚果味和水果味。现在我把这款酒小批量地向公众开放。它是手工贴标、手工密封并手工包装的。我们将它装在一个漂亮的木质礼品盒里。绝对让你一试难忘。”

在桶里放置时间过长，会形成一种厚重且令人难以忍受的口感。而过早装瓶，威士忌的特性就无法充分发挥。

由于威士忌的熟成程度取决于季节的“脾性”，亲自品尝是判断最佳出产时机的唯一方法。

对酿酒大师布克・诺伊来说，这正是他的切入点。

在波旁威士忌陈酿的过程中，布克会频繁地检查。不知何故，他绝对不会错过一桶酒的巅峰时刻。

他对哪里适合酿制陈年威士忌也了如指掌。

即所谓的“地点”。

在这秋高气爽的日子里，布克沿着砾石路向仓库走去，然后爬上中央层，只见一摞摞木桶从地板一直堆到天花板。

装有布克波旁威士忌酒瓶的原装木盒的外观。

这就是他口中的“中央黄金区域”，一个集温度、湿度和阳光的完美比例于一体的地方。在这里，威士忌邂逅烧焦的白橡木桶，往往能孕育出不可多得的佳酿。

在这里——大楼中央层的正中心，布克撬开了一只木桶的塞子。

这桶波旁威士忌原汁原味，未经过滤。天然发酵的酒精度数因每桶酒存放时间的差异，通常在121~127度。

你不会一饮而尽。

你所做的正是布克做的，也是他的祖父之前做的。你往白兰地酒杯里倒入一两盎司，停下来欣赏它深沉的琥珀色。你把酒杯举至鼻端，花点儿时间享受波旁威士忌浓郁的纯天然芳香。

最后，你抿了一小口。非常小的一口。微妙的橡木味在你的舌尖舞动两步，天然的暖意让你喉头一热。

“中央黄金区域”：金宾酿酒厂最著名的老仓库之一。布克波旁威士忌就来自图中所示区域。

当然，在蒸馏制酒过程中的这一阶段品尝波旁威士忌，可尝到其最完整的风味，这是几乎每个人都会珍惜的体验。

因此，几年前，布克开始把这些稀有的波旁威士忌装瓶，作为馈赠佳友的高档礼品。

他们的反应远远超出了简单的感谢。总而言之，这些佳酿鉴赏专家纷纷表示：这是他们喝过的最好喝的威士忌。

布克有丝毫的惊讶吗？“当然不。”这印证了他对波旁威士忌的信仰，他决定为公众限量供应。

你可能会猜到，所有注定要成为布克波旁威士忌的酒都由他亲自品尝，这样就可以确定每瓶酒里都有他所说的“特定之物”。

每瓶“布克酒”都有标明批号、酒精度和年份的标签。（布克认为6~8年的陈酿口味最佳。）

布克波旁威士忌可不便宜。如果你能找到的话，你会发现一瓶手工密封的酒售价约40美元。

不过根据供求规律，有些零售商要价更高。

想想积极的一面：当踏破铁鞋终于找到布克波旁威士忌的身影时，你那激动万分的心情。

得知今年价格略有下降，你会感觉更安心吧？毕竟，它稀有至极！

布克牌肯塔基直销波旁威士忌。酒精浓度：60.5%~63.5%。由肯塔基州克莱蒙特市金宾制酒有限公司装瓶。

1991年，金宾制酒有限公司。

"I may be the only guy in the country who's happy about what he made this year."

~ *Booker Noe*

BOOKER NOE *pauses along a* GRAVEL ROAD *in the grounds of the* JIM BEAM DISTILLERY *at* CLERMONT, KENTUCKY, *rests his* BIGGER THAN LIFE HAND *on a cane,* and gazes up at a warehouse that holds hundreds of barrels of aging bourbon.

"Nothing could possibly make a man feel richer," he says, "than knowing he's got the best whiskey there is."

Booker Noe is the grandson of Jim Beam. He has lived here his entire life. And as you might imagine, there's a lot of bourbon know-how passed on down to kin in this part of Kentucky.

Witness the two essential things Booker learned from his legendary grandfather about whiskey making.

The When. And the Where.

Knowing "when" to harvest fine bourbon from the barrel is a talent. Some might even call it a gift.

You see, unlike Scotch whisky, bourbon doesn't necessarily get better when you simply age it longer.

> *"THE BOURBON I believe is the best there is comes straight from the center barrels here at the Jim Beam warehouses. The charred white oak of these barrels gives this natural proof bourbon a nutty, fruity taste that you don't get in any other whiskey. Now I'm making a small amount available to the public. It's hand-labeled, hand-sealed & hand-wrapped. Plus it's in a nice wood gift box. But once you try it, chances are you won't be giving any away."*

Leave bourbon in the barrel too long and it could end up with a heavy, overbearing constitution. Bottle it too early, and the whiskey's character won't yet be fully developed.

Since the rate of aging depends on the temperament of the seasons, the only way to know for certain when the time is right for a bourbon is to taste it.

As a master distiller, that's where Booker Noe comes in.

Booker makes frequent checks on the bourbon as it ages. And somehow he knows the exact moment at which a barrel of bourbon couldn't possibly get any better.

He also knows the place you'll find conditions the very best for aging whiskey.

Which brings us to the Where.

LOOK for the ORIGINAL WOODEN BOX that holds BOOKER'S BOTTLE.

On this crisp autumn day, Booker makes his way down the gravel road to the warehouse and heads on up to the middle floor, where rick after rick of barrels reaches from floor to ceiling.

This area is what he refers to as the "center cut." It is the place where temperature, humidity and sunlight are likeliest to combine in perfect proportion. The place where the marriage between whiskey and charred white oak will most often produce the most beautiful offspring.

Here, in the center of the building's middle floor, Booker knocks the bung out of a barrel.

Now this bourbon is uncut and unfiltered. It's at its natural proof, which, since every barrel ages differently, can measure anywhere from 121 to 127.

You don't drink it quickly.

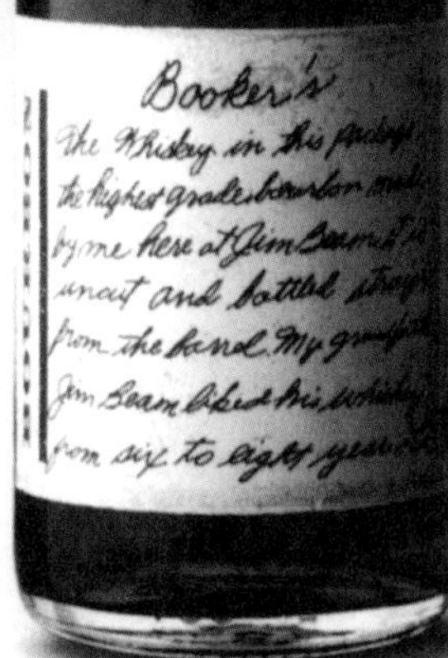

What you do is what Booker does, and what his granddad did before him. You pour an ounce or two into a brandy snifter and pause to admire the deep amber hue. You lift the glass to your nose and take a moment to savor the rich aromatic nature of natural proof bourbon whiskey.

Then, finally, you take a sip. Just a small one. And you let the subtle shades of the oaky flavor dance a two-step across your tongue and bring nature's own warmth to the back of your throat.

THE "center cut":

ONE OF THE FAMOUS AGING WAREHOUSES AT JIM BEAM. BOOKER'S BOURBON COMES FROM THE AREA INDICATED.

Of course, savoring a bourbon at this stage of the distilling process, and with all of its integrity intact, is an experience most anyone would appreciate.

So a few years ago, Booker began bottling some of this very rare bourbon to be presented as gifts to special friends.

The response has been something more than simple gratitude. Collectively, these friends, many of whom might be considered connoisseurs of fine spirits, have reported that this is simply the best whiskey they've ever tasted.

Did this surprise Booker in the least? "Course not." And now that his belief in this bourbon has been confirmed, he's decided to make a limited supply available to the public.

As you might guess, all barrels destined to become Booker's Bourbon are tasted by Booker personally, so that you can be assured every bottling has what he calls "that certain something."

Each bottle of Booker's is marked with a tag indicating its batch number, its proof and its age. (Booker believes aging from six to eight years provides the ideal flavor.)

Booker's is not inexpensive bourbon. Where you can find it, the hand-sealed bottle sells for around $40. Although, apparently in response to the law of supply and demand, some retailers are charging a good deal more.

If you want to look on the bright side, consider that all your searching for Booker's will no doubt make you enjoy it even more when you do find some.

And isn't it reassuring to know that even though money may be a little rare this year, there's still something out there that's a whole lot rarer?

Booker's™ Kentucky Straight Bourbon Whiskey, 60.5%-63.5% Alc./Vol. Bottled by James B. Beam Distilling Co., Clermont, KY. ©1991 James B. Beam Distilling Co.

“我知道波旁威士忌愈陈愈香，因为我对它的爱与日俱增”

布克·诺伊

布克·诺伊永远记得自己初尝祖父的金宾酿酒厂酿造的传奇波旁威士忌时的情景。

即便时至今日，在讲述这个故事时，他也会把脸皱成一团，头慢悠悠地前后摇摆着，大手用力拍打着面前的空气。

“我一点儿都不喜欢它。”他毫不愧疚地说。这句话出自一个毕生致力于酿造优质威士忌的人之口，让人感觉有点儿奇怪。但此处有一个完全合理的解释。

布克·诺伊比任何人都更加明白，人们对波旁威士忌的喜爱并非与生俱来。

你看，在金宾酿酒厂所在的肯塔基州克莱蒙特市，布克还在做酿酒师期间，就已经开始珍惜在世界顶级威士忌中发掘出的微妙味道。

> “和很多人一样，我花了很长时间才爱上顶级波旁威士忌。但随着岁月的流逝，我认为烧焦白橡木桶中盛放的陈年威士忌才是人间至味。它原汁原味、未经过滤，直取于桶。我选择用自己的名字为之冠名。”

他发现自己对直接出桶、度数天然的纯净波旁威士忌情有独钟。布克·诺伊坚信，这款酒体醇厚、橡木味完整的波旁威士忌才是“精品中的精品”。

直到最近，这种原汁原味、未经过滤的波旁威士忌才进入酿酒师的专属领域。毫无疑问，布克很欣赏这种特权，但他一直希望其他人，那些真正热爱好酒的人，也能亲自品尝它。

这就是布克·诺伊最近开始将独家酿制的波旁威士忌装瓶，并把它们提供给少数行家的原因。鉴于布克对自己最爱的威士忌有股特别的自豪之情，他把自己的名字写在酒标上的举动也就不足为奇了。

他亲自审核每一批布克波旁威士忌，再把它们寄到顾客的手中，此举也不应让人惊讶。事实上，只有像布克这样经验丰富的人才能判断出桶装波旁威士忌是否臻于完美。

> 布克·诺伊在家乡肯塔基州爱上了波旁威士忌。

根据肯塔基州不同季节的“脾性”，布克波旁威士忌在陈化 6~8 年时登峰造极。由于每桶威士忌的熟成程度不同，每批布克波旁威士忌的酒精度也有所差异，在 121~127 度。

一旦被选中，波旁威士忌就会被精心地手工密封于手工贴标的瓶子里，上面的标签注明了它独特的酒精度数和年份。

幸运的话，你可在当地酒类零售店里找到布克波旁威士忌。但是，由于它小批量生产的特性，你可能需要进一步寻觅。

如果你找不到布克波旁威士忌，不妨拨打页面底部的免费电话，以此获得布克波旁威士忌。

> 布克波旁威士忌直取于桶，原汁原味、未经过滤。

无论从何种渠道购买，布克·诺伊都坚信布克波旁威士忌物超所值。尤其像布克本人那样，岁月赋予你卓尔不群的品位，也缔造了波旁威士忌举世无双的口感。

布克牌肯塔基直销波旁威士忌。酒精浓度：60.5%~63.5%。由肯塔基州克莱蒙特市金宾制酒有限公司装瓶。

1992 年，金宾制酒有限公司。

如果你想用珍贵的布克波旁威士忌馈赠佳友，请致电 1-800-BE-THERE。法律禁止地区无效。

1-800-BE-THERE 是一家独立的电话礼品服务提供商，不隶属于金宾制酒有限公司。这是基本常识。

"I know bourbon gets better with age, because the older I get, the more I like it."

~ Booker Noe

BOOKER NOE *will never forget* THE FIRST TIME HE sampled *the legendary* bourbon from his grandfather Jim Beam's distillery.

Even as he tells the story today, his face twists into a grimace, his head shakes slowly back and forth and his big hand swats at the air in front of him.

"I didn't like it at all," he says, without apologies.

Now, if that confession sounds a bit strange coming from a man who's devoted his life to making fine whiskey, there is a perfectly reasonable explanation.

Booker Noe, perhaps better than anyone else, understands that an appreciation for bourbon isn't something people are born with.

You see, in his time as Master Distiller at the Clermont, Kentucky home of Jim Beam Bourbon, Booker has come to cherish the subtle flavors found in the world's finest whiskey.

And he's discovered he's especially fond of bourbon in its

"LIKE MOST PEOPLE, learning to love fine bourbon took me a certain amount of time. But as the years have gone by, I've decided there is just nothing better than the taste of whiskey aged in charred white oak to the peak of its flavor. It's uncut, unfiltered and straight from the barrel. This is the bourbon I've chosen to put my name on."

purest form, taken straight from the barrel, at its natural proof.

It is this bourbon, Booker Noe believes, with all of its rich, oaky body intact, that is the very best of the best.

Until recently, uncut, unfiltered bourbon like this was the domain of the Master Distiller alone. And while he's no doubt appreciated having the privilege, Booker has always wished that other people, people who truly love fine spirits, could taste this whiskey for themselves.

Which is why Booker Noe recently began bottling his unique bourbon and making it available to the few connoisseurs who can appreciate it.

Considering the special pride he takes in his favorite whiskey, it's not surprising that Booker has put his own name on the label. Nor should it come as any shock that he personally approves

BOOKER NOE grew to love BOURBON in his home state of Kentucky.

every batch of Booker's Bourbon before he allows it to be sent along to you. Fact is, only someone of Booker's experience can determine whether a straight-from-the-barrel bourbon is at the very peak of its flavor.

Depending on the temperament of the seasons in the Bluegrass State, Booker's Bourbon reaches that peak anywhere from six to eight years into the aging process. And since every barrel of whiskey ages differently, each batch of Booker's has a different proof, which can measure anywhere between 121 and 127.

Once selected, the bourbon is painstakingly hand-sealed in a hand-labeled bottle and marked with a tag showing its unique proof and age.

With any luck, you'll find Booker's Bourbon at your local liquor retailer. But since, by its nature, this is not a mass produced bourbon, you may have to look further.

If you should find Booker's impossible to locate,

BOOKER'S BOURBON comes straight from the barrel, UNCUT and UNFILTERED.

we suggest you call the toll-free number listed at the bottom of the page, and see about obtaining your Booker's Bourbon that way.

Regardless how you obtain it, Booker Noe believes you'll find his bourbon well worth the time and effort you spend searching.

Especially if, like Booker himself, the years have done for your taste what they do for a bourbon's.

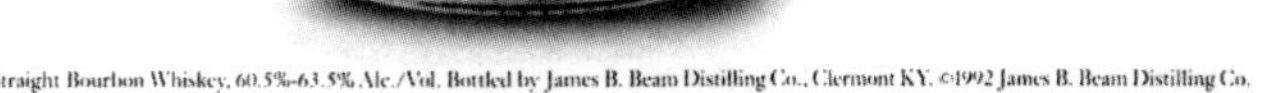

Booker's™ Kentucky Straight Bourbon Whiskey, 60.5%-63.5% Alc./Vol. Bottled by James B. Beam Distilling Co., Clermont KY. ©1992 James B. Beam Distilling Co.

To send the rare gift of Booker's Bourbon to a friend, call 1-800-BE-THERE. Void where prohibited. 1-800-BE-THERE is an independent telephone gift service not affiliated with James B. Beam Distilling Co. Drink Responsibly. It's one of the Basics.

TIMBERLAND GIVES YOU BACK THE COAT FOUR MILLION YEARS OF EVOLUTION TOOK AWAY.

There was a time when Man could venture into the wilderness clad in nothing but the coat God gave him.

But that was quite a while ago.

Sometime during the Lower Paleolithic Era, Homo Erectus became a creature of the great indoors. The thick hair that once covered his entire body was gone, and in its place came a man-made imitation.

Hampered by a brain the size of a walnut, man's earliest attempts at outdoor clothing were, needless to say, somewhat primitive.

Fortunately, however, our species has continued to evolve, and today can produce coats that protect us when the need for food, recreation and a disposable income forces us outside our central heated caves.

At a company called Timberland, in Hampton, New Hampshire, we design outerwear whose natural practicality rivals the coats our animal relatives were born with. Coats that provide shelter from howling wind, pelting rain and mornings as cold as an ice age.

Witness our Timberland leather coats.

They're made from the best hides we can find, and believe us, we spend a lot of time looking.

We insist upon cowhides from the open range, to avoid ugly nicks from barbed wire fences. Which means we often have to travel as far as other continents in order to find a supply that meets our standards.

We use two styles of leather on our outerwear at Timberland, Split Suede, and in the coat you see here, Weatherguard Newbuck.

Each is given a thorough dunking in waterproofing agents before getting a special finish to protect its suppleness and colour.

But we make more than leather coats that will help to keep you dry in the rain.

In other Timberland outerwear, we use a material that keeps you free of perspiration.

To let these coats 'breathe' (just like the ones Mother Nature used to make) we include a layer of Gore-Tex. This man-made fabric, with over nine billion pores per square inch, allows moisture to escape from your body, but remains waterproof.

Of course, we wouldn't take all this trouble finding perfect materials only to turn around and make a coat that doesn't last.

To make doubly certain a Timberland Trenchcoat holds together, we double stitch the seams that will be exposed to the heaviest wear, a practice that's all but extinct today.

On other Timberland coats, we overstitch many seams to prevent wind and rain from penetrating the tiny holes left behind by our sewing needles.

The result is outerwear that leaves Man as well adapted to the outdoors as he's been in millions of years.

Our sturdy coats are just one example of the Timberland Clothing range, albeit a good one, since everything we

make is built to last you for aeons.

Using workhorses like canvas, cotton, wool and denim, Timberland puts together sweaters, shirts and trousers, even the duffle bags to carry them in. And since practical clothing doesn't ever seem to go out of fashion, you'll be able to wear them season after season.

Naturally, if you own a pair of Timberland boots or shoes, you're already familiar with the way we do things.

You may know, for example, that we impregnate the leather of all Timberland footwear with silicone to give it a longer life and to keep your feet dry no matter what.

That we pre-stretch our leathers on a special geometric last to keep them from cracking with time.

And that seams on many Timberland boots are sealed twice with latex, because that's the only method sure to keep the water out.

The truth is, here at Timberland, we wouldn't really know how to go about things any other way.

We've even gone as far as to find a machine that can test our waterproof leathers better than we ever could by hand. It's called a Maser Flex, and it helps us make sure that our leathers will withstand 15,000 flexes. Which, by the way, is equal to the highest standard demanded by the U.S. Military.

But while we admit that our practices may seem a little obsessive, there is method to our madness.

We use solid brass eyelets in our boots, not because they look better, but because they don't rust when they get wet.

We use self oiling raw-hide laces for the simple reason that they don't get soaked with water and rot.

And we certainly don't construct our footwear using double knot pearl stitching because we think it's fun. (Even in Hampton, New Hampshire, there are more entertaining things to do).

We do it so that the seams won't unravel, even if they're accidentally cut open on the sharp rocks and thick brush that Timberland wearers often find themselves in.

As you might suspect, all of these time consuming steps in constructing them don't serve to make Timberland boots or clothing any cheaper.

In fact, the chances are very good you'll pay more for a Timberland coat than you would most others.

But like everything Timberland makes, you'll be wearing it long after you've forgotten the price you paid.

Which even someone with a shelf-like forehead and one continuous eyebrow can tell you is a very good thing.

In fact, even mankind's most distant ancestors would certainly have preferred a Timberland coat to their own hairy variety.

Ours, after all, have pockets.

Timberland (UK) Limited, Unit Four, St. Anthony's Way, Feltham, Middlesex. TW14 0NH. Telephone enquiries, please ring 081 890 6116.

添柏岚还你一件被四百万年进化夺走的外套

曾几何时，人类只需披着上帝赐予的外套，就可以赤身裸体地去荒野冒险。

但那是很久以前的事情了。

在旧石器时代后期的某一时刻，直立人进化成了室内动物。

曾经覆盖全身的浓密毛发不知踪影，取而代之的是人造仿制品。

由于受核桃般大小的大脑束缚，不用说也知道，人类最早尝试的户外服装挺原始的。

然而，幸运的是，物种始终在进化。如今，人类在受到食物、娱乐和可支配收入需求的驱使而被迫离开温暖的中央洞穴时，已有能力生产保护自己的外套。

在新罕布什尔州汉普顿市一家名为添柏岚的公司里，我们设计的外套的天然实用性可与动物近亲与生俱来的外套媲美。它可以遮风避雨，抵御冰期般寒冷的清晨。看看添柏岚的皮大衣吧。

它们取材于我们所能找到的最上等的兽皮。请相信，光是搜寻材料就花费了我们很长的时间。

我们坚持选用开阔牧场生产的牛皮，以免它被带刺的铁丝栅栏划伤。这意味着为了寻找符合标准的货源，我们经常得远赴其他大陆。

添柏岚外套主要采用了两种皮革：一种是二层绒面革，一种是你看到的这款外套所使用的可防风雪的牛巴戈。

在进行特殊加工以保护其柔软性和色泽之前，每件衣服都需在防水剂中彻底浸泡。

我们不仅生产能让你在雨中保持干爽的皮大衣，还在添柏岚其他外套里使用了能让你摆脱汗水困扰的材料。

为了让这些外套“呼吸自如”（就像大自然母亲过去做的那些衣服一样），我们加入了一层戈尔特斯透气防水面料。

这种人造织物每平方英寸的气孔数超过 90 亿，既吸湿排汗，又能防水。

当然，我们花这么大力气寻找完美材料，不只是为了做一件穿不了多久的外套。

为了让添柏岚风衣更加牢固，我们在磨损最严重的接缝处采用双针缝制。这种做法如今几乎已经绝迹。

其他添柏岚外套的接缝处也采用了多遍缝制，以防止风雨穿透针脚处的细孔。

结果，我们打造出了一款使人类能像数百万年前一样适应户外活动的外衣。

结实的外套只是添柏岚服装系列中的一个例子。它巧妙地诠释了我们希望衣物经久耐用的初衷。

添柏岚使用帆布、棉花、羊毛和斜纹粗棉布等常用材料，生产出毛衣、衬衫和裤子，甚至还有收纳它们的行李袋。由于实用的衣服似乎永远不会过时，它们可以经受住一季又一季的考验。

当然，你如果有一双添柏岚的靴子或鞋子，就应该对我们的做事方式并不感到陌生。

比如，你可能知道，我们往所有的鞋类皮革中都注入了硅酮，以延长其使用寿命，并且无论在何种情况下，它都能让你的双脚保持干燥。

我们在特殊的几何鞋楦上预拉伸皮革，以防止它们因时间流逝而开裂。

许多添柏岚靴子的接缝处都用乳胶密封了两次，因为这是防水的唯一方法。

事实上，在添柏岚，我们真的对其他处理方式一无所知。

我们甚至找到了一种在检测防水皮革的效果上比手工测试更好的机器。它叫作 Maser Flex（弹性微波激射器），可以确保皮革能承受住 15 000 次的弯曲。顺便说下，这相当于美国军方要求的最高标准。

但是，虽然我们承认这些做法可能有点儿强迫症，但疯狂并非空穴来风。

我们在靴子上使用坚固的黄铜鞋眼，不是因为更美观，而是因为它们就算湿了也不会生锈。

我们采用涂油生皮鞋带的原因也很简单：它们不会因浸水而腐烂。

我们不会因为有趣，就用双结珠式线迹来缝制鞋子。（就算是在新罕布什尔州汉普顿市，也有许多更有趣的事可做。）

以上制作工艺能够保证即使经常进行野外活动的“踢不烂”死忠粉发现接缝处会被尖锐的岩石和茂密的灌木丛意外划破，它们也不会崩坏。

正如你可能怀疑的那样，这些耗时的制作步骤不会让添柏岚的靴子或者衣服更便宜。

事实上，为了入手一件添柏岚外套，你可能需要花费更多。

但正如添柏岚的所有产品一样，你会一直穿着它，直到忘记究竟花了多少钱买它。

即使是一毛不拔的人也会告诉你这真不错。

事实上，就算是人类始祖也肯定更爱添柏岚，胜过他们自己的多毛外套。

毕竟，我们的衣服有口袋。

米德尔塞克斯郡费尔特姆圣安东尼路 4 单元，添柏岚（英国）有限公司，邮政编码 TW14 0NH。电话咨询，请拨打 081 890 6116。

添柏岚

在美国的一个州，裸露自己的惩罚是死亡

1968 年冬，新罕布什尔州的华盛顿山不幸遭遇了一次厚度达 566 英寸的降雪。换句话说，比 47 英尺还要厚一点儿。

风速超过每小时 100 英里的暴风雪并不少见。由于过度寒冷，我们无法用现有仪器测量风寒等级。天气预报员只是警告：你如果在此刻裸露肌肤，就会立刻冻僵。

州里某些老人还能回忆起 1934 年时，这座山迎来了地球上有史以来最强劲的阵风：每小时风速 231 英里。

他们甚至能把当地报纸《利特尔顿信使报》刊登的一篇文章倒背如流。文中讲述了仲夏时节冻死在山里的背包客的故事。

他们会毫不犹豫地告诉你，从穿衣打扮的实用性来看，流行风尚远不及最新的天气预报。

正是这种对大自然的暴怒近乎天生的尊重，迫使新罕布什尔州汉普顿市添柏岚的工作人员以顺应自然的方式来设计户外服装。

无视天气预报选择去户外探险的人们，因未雨绸缪而备感自豪的人们，这正是你们的上佳之选。

以添柏岚皮衣为例。这是你能找到的最好的皮革，因为它也是我们能找到的最好的一款。

为了获得符合标准的兽皮，我们走遍世界寻找货源。由于我们坚持从开阔牧场放养的动物身上获取兽皮，这无疑增添了搜寻难度。虽然这听起来有点儿小题大做，但你永远不会在添柏岚外套上看到带刺铁丝网留下的伤痕。

但我们关心的远不止兽皮在生长过程中所受的待遇。一旦它们进入车间，我们就会为它们提供特殊的礼遇。

添柏岚公司使用的所有皮革都在化学试剂中浸泡过，以达到防水效果。

然后，为了让它们扛得住任何天气状况，我们进行了使它们永不磨损的特殊加工。

例如，在使用二层绒面革时，我们做了避免褪色的耐光处理。所以它既能防雨，又能防晒。

至于可防风雪的牛巴戈，则被赋予独特的铬鞣表面处理，确保它在使用期内柔软如初。

添柏岚虽然偏爱牛巴戈和二层绒面革之类的皮革，但也意识到人类不能仅靠皮革生存。这就是添柏岚外套使用戈尔特斯透气防水面料的原因。这种人造织物每平方英寸的气孔数超过 90 亿，既吸湿排汗，又能防水。

一旦选中合适的材料，我们就开始缝制无惧岁月摧残的外套。

在你能看到的这件外套上，我们对暴露在外、磨损最严重的部分采用了双针缝制。大衣腰部的拉绳可防止冷空气从下方侵入。实心黄铜拉链永不生锈。

考虑到选择添柏岚外套的人士通常不走寻常路，我们对口袋做了特别护理，以防它被茂密的灌木丛划破。每个口袋的开口都被一块厚皮革封盖，再用黄铜和骨头材质的纽扣固定。

为了确保你永远不会到树林里寻找纽扣（这比大海捞针还难），我们使用了粗线加固。

最终展现在眼前的成品是一件可以保护你不受冻、不受潮的外套。它甚至还能保护你不受山体本身的伤害。

不过，添柏岚不仅制作经久耐穿的外套，我们的服装系列还包括当温度飙升至零度以上时你可能会穿到的衣物。

添柏岚坚持使用羊毛、牛仔布、帆布和棉布等材料，全线产品都能让你置身野外也感到居家般舒适，包括毛衣、裤子、夹克和衬衫，甚至还包括收纳行李袋……

每件单品都可经受天气和时间的双重考验。

当然，如果你拥有一双我们的靴子或鞋子，你就不会对添柏岚产品的经久耐用感到陌生。

也许你需要了解的是为什么它们经久耐用。

我们用乳胶对靴子的接缝处进行密封处理，以确保水不会渗到鞋里。

我们往鞋靴的皮革中注入硅酮，以延长其寿命。之所以使用双结珠式线迹缝制，是因为即使线被意外割断，鞋子也不会散架。涂油鞋带永不腐烂，坚实的黄铜鞋眼拒绝生锈。

我们的产品清单恰如华盛顿山上的冬季，漫长无尽。

这足以证明，添柏岚制作的户外服装和靴子不仅是一种生活方式，亦是一种生存手段。

米德尔塞克斯郡费尔特姆圣安东尼路 4 单元，添柏岚（英国）有限公司，邮政编码 TW14 0NH。电话咨询，请拨打 081 890 6116。

添柏岚

IN ONE AMERICAN STATE, THE PENALTY FOR EXPOSING YOURSELF IS DEATH.

In the winter of 1968, Mount Washington in New Hampshire was the unlucky recipient of 566 inches of snowfall. Or to put it another way, that's just a little over forty-seven feet.

Snowstorms with winds in excess of a hundred miles an hour are not uncommon. Which makes the wind-chill factor too cold to measure with existing instruments.

The weatherman simply warns that at times like these, exposed flesh freezes instantly.

Some of the old folks in the state can recall the time in '34, when the Mountain was the site of the strongest wind gust ever recorded on earth: 231 mph.

They can recite articles from the local paper, The Littleton Courier, about hikers freezing to death up there in the middle of summer.

And they'll tell you, in no uncertain terms, that it's less important to dress according to the latest fashion than it is to dress according to the latest weather report.

It is this almost inbred respect for nature's wrath that compels the people at Timberland in Hampton, New Hampshire to design their outdoor clothing the way they do.

This clothing is ideal for people who venture outdoors regardless of the forecast and who pride themselves on being ready for the worst.

Take, for example, our Timberland leather coats. The leather is the best you can find, because it's the best we can find.

To get hides that meet our standards, we travel the world looking for sources of supply. A search made more difficult by our insistence on hides from animals raised on the open range. While that may sound pernickety, you'll never see scarring from barbed wire on a Timberland coat.

But we're not just concerned about how our hides are treated while they're raised. We also give them special treatment once we get them back to our workshops.

All the leathers used by Timberland get a dunking in chemical agents for water repellency. Then, to keep them looking new in any kind of weather, we give them special finishes that will never wear off.

When we use Split Suede, for instance, we give it a light-resistant finish to avoid fading. So it's not only rainproof, but sunproof, as well.

As for our Weatherguard Newbuck leather, it's given a unique chrome-tan finish so it stays supple throughout its life.

Partial as Timberland is to leathers like Newbuck and Split Suede, we realise that man cannot live by leather alone.

Which is why in some Timberland outerwear we use Gore-Tex, a man-made fabric with over nine billion pores per square inch. These microscopic openings are too small to let water in, yet large enough for perspiration molecules to get out.

Once we have the right materials in place, we start sewing coats that will last year after year after year.

On the coat you see here, we double stitch the seams that will be exposed to the heaviest wear. We run a pull cord through the waist of the coat to keep cold air from creeping up underneath. And we fit zippers of solid brass, so they'll never rust.

Since people who wear Timberland coats often venture off the beaten path, we've also taken special care that the pockets won't get torn in heavy brush. Each one is closed up with a thick leather cover and secured by buttons made from brass and bone.

And to make sure you never end up looking for those buttons in the woods (worse than looking for a needle in a haystack), we use heavy cord thread and reinforce each one on the backside with quarter-inch guards.

The finished product is a coat that will protect you from cold, wet and, on one of its more hospitable days, perhaps even the Mountain itself.

But it's not just outerwear that Timberland makes to last. Our clothing range also includes the kind of things you might wear when the temperature soars to above freezing.

Starting with stalwarts like wool, denim, canvas and cotton, Timberland makes a range that's always at home in the wild. Sweaters, trousers, jackets and shirts, even the duffle bags to carry them in.

Each item designed to withstand the twin tests of weather and time.

Of course, if you own a pair of our boots or shoes, you're already familiar with the unique way Timberlands hold together.

What you may not know is why they do.

We tape seal the seams of some of our boots with latex to make sure water can't get through to your feet.

We impregnate our shoe and boot leather with silicone, to give it a longer life. We sew in doubleknot pearl stitching that won't come undone even if it's accidentally cut. We use self oiling laces that won't rot, and solid brass eyelets that won't rust.

The list, like the winters up on Mount Washington, goes on and on.

Suffice to say that at Timberland, making outdoor clothing and boots is not just a way of life. It's a way of living.

Timberland (UK) Limited, Unit Four, St. Anthony's Way, Feltham, Middlesex. TW14 0NH. Telephone 081 890 6116.

鲍勃·利文森
BOB LEVENSON

鲍勃·利文森是一位驰名全球、备受推崇的广告文案兼艺术指导，享有“文案中的文案”和“有史以来最好的平面文案”之美誉。

利文森和比尔·伯恩巴克的交往可以追溯到 1959 年，当时伯恩巴克所在的恒美广告公司决定向他抛出橄榄枝。在此后的 26 年里，利文森捧回了广告业所有的重量级奖项，其中有些奖他还拿了好几次。1972 年，他荣登久负盛名的“广告文案名人堂”，一步一步晋升为恒美广告公司的董事长兼全球创意总监。

两人的商务合作关系最终发展成一段坚不可摧的友谊，一直持续到 1982 年伯恩巴克去世。鲍勃·利文森在自己的第一本书《比尔·伯恩巴克之书》中这样写道：“这是一本出自一人之手，讲述另一人的书可能是什么样的书。无论两人谁先出书，都会这么写。”

鲍勃和美国著名画家卡特·塔诺斯喜结良缘，两人居住在纽约的东汉普顿和佛罗里达州的尤瑟帕岛。在那里，他们种玫瑰、画画，过着世外桃源的生活。

以无人需要之答案，解无人问津之问题

“我了解这本书里的每个诀窍”并不适用于广告文案写作。

没有诀窍，也没有这样的书。当然也包括这一本。真是太让人遗憾了。

然而，一篇拿得出手的广告文案包括以下三大要素。

1. 你必须对自己所言之物保持觉知。

为了言之有物——更别提能令人信服了——你需要知道怎样组装汽车，怎么分切鸡肉，表面活性剂有何用途，身处异国他乡会有怎样的遭遇，炼油厂的炼油方式，等等。如果缺乏诸如此类的知识储备，你一定会越来越依赖形容词，并且漏洞百出。

2. 你必须明白谁在说话。

人类语言包罗万象——图像、符号、语气、质感，甚至也包括个性，它们可以互换使用。但无论我们怎么赋名，它必须是可辨识、独特且始终如一的。这甚至比友好、平易近人或者简单易懂更重要。那些试图在客户文案中烙上公司或者个人印记（天理不容！）的广告文案应该为此付出代价：被解雇并永不录用。

3. 你必须知道对谁说话。（更好的说法是：你必须知道你的说话对象是谁。）

要实现这一点可能非常棘手。诸如“18～34岁的男性”或者“年收入超过3万英镑的家庭”的分类“成事不足败事有余”：它们会毁了你的文案。你必须成功打入目标受众的内部。（买好双程票，无须提前预订。）

最佳策略是创造自己的顾客或者潜在消费者。保持创作的神秘性，别为俗世生活所累。

同时请记住，潜在消费者（甚至连同你自己臆想出来的消费者）可能比你更聪明也更谨慎。毕竟，他不用写广告；要写的人是你。

最后一件事：身为文案创作者已经够难的了，雇用文案创作者难上加难。在广告公司还没有走廊的时候，它们的走廊里就已经飘荡着这样的声音：“我们需要更多 / 更少 / 更好 / 更便宜 / 更有活力的人才。”

人才可能自带一些写作能力。但我不是很确定。文笔好的大有人在，但他们仅限于此。

现在这都无关紧要了。我想找一个从教师转行的销售（或者从销售转行的教师）碰碰运气。

要么这么做，要么就去死

这广告在耍什么把戏吗？
不。但也有可能是。
从这一点来说，美国商业正面临着生死抉择。
做广告的我们，连同客户一起，在戏弄顾客时既不缺实力，也不乏手段。至少我们是这么认为的。
但我们错了。任何时候你都欺骗不了任何人。
举国上下的确有一种12岁的心态；每个6岁孩童都是如此。
全民皆是聪明人。
绝大多数聪明人无视绝大多数广告，因为绝大多数广告忽视聪明人。
相反，我们彼此交谈。
我们无休止地争论媒介和信息。
毫无意义。信息本身就是广告的要点。
白纸和空白电视屏完全是一回事。
最重要的是，我们在纸上和电视屏幕上只能说真话。谁敢玩弄真相，就必死无疑。
现在，来看看硬币的另一面。
要想说出产品真相，就需要一个值得讲述其真相的产品。
可悲的是，大多数产品都不是。
它们不追求更好，也不追求独特。
很多既不好用，也不耐用。或者根本无关紧要。
我们如果也玩把戏，那就是在自寻死路。因为广告只会推波助澜。
秀得多，死得快。
没有始终追赶胡萝卜的驴。要么抓住，要么放弃。
吃一堑，长一智。
只有动起来，才能活下去。
除非做出改变，否则消费者漠不关心的浪潮将“啪啪打脸”堆积如山的广告和制造业的胡说八道。
那正是我们的死期。
我们将死于市场，死于货架上我们华丽包装之下的空头支票。
不是被大爆炸葬送，不是在沉默中消亡。
而是用我们技艺娴熟的双手自毁前程。

恒美广告公司

DO THIS OR DIE.

Is this ad some kind of trick?

No. But it could have been.

And at exactly that point rests a do or die decision for American business.

We in advertising, together with our clients, have all the power and skill to trick people. Or so we think.

But we're wrong. We can't fool *any* of the people *any* of the time.

There is indeed a twelve-year-old mentality in this country; every six-year-old has one.

We are a nation of smart people.

And most smart people ignore most advertising because most advertising ignores smart people.

Instead we talk to each other.

We debate endlessly about the medium and the message. Nonsense. In advertising, the message *itself* is the message.

A blank page and a blank television screen are one and the same.

And above all, the messages we put on those pages and on those television screens must be the truth. For if we play tricks with the truth, we die.

Now. The other side of the coin.

Telling the truth about a product demands a product that's worth telling the truth *about*.

Sadly, so many products aren't.

So many products don't do anything better. Or anything different. So many don't work quite right. Or don't last. Or simply don't matter.

If we also play this trick, we also die. Because advertising only helps a bad product fail faster.

No donkey chases the carrot forever. He catches on. And quits.

That's the lesson to remember.

Unless we do, we die.

Unless we change, the tidal wave of consumer indifference will wallop into the mountain of advertising and manufacturing drivel.

That day we die.

We'll die in *our* marketplace. On *our* shelves. In *our* gleaming packages of empty promises.

Not with a bang. Not with a whimper.

But by our own skilled hands.

DOYLE DANE BERNBACH INC.

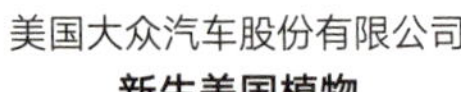

美国大众汽车股份有限公司

新生美国植物

扎根美国 27 年（生产近 600 万辆大众汽车）后，我们在这里终于有了家的感觉。所以我们在宾夕法尼亚州威斯特摩兰开了一家新厂，以闪电般的速度生产大众兔版汽车。

过去几年里，你已经对我们的优秀产品耳熟能详。接下来的几年里，你会发现我们也是卓越的企业公民。

很久以前，有人曾说："进口车，非我所欲也。大众，我所欲也。"

美梦成真，的确妙不可言。

美国大众汽车股份有限公司

这里我们改了；这里我们没改

现在你能亲眼看到我们做了绝大部分改变的地方。请仔细看看。

你能看到的每个部件（以及肉眼看不见的每个部件）都经受过一次又一次的修改。

但我们从不无缘无故地改变大众。精益求精是唯一理由。

改变时，我们力求"旧瓶也能装新酒"。

哪怕一年两载过后，许多大众车零部件仍可通用。

这正是大众比许多国产汽车容易更换零部件的原因。

也是大众服务如此优良，始终如一的原因。

美国大众汽车股份有限公司

每磅 1.02 美元

这个原则同样适用于“甲壳虫”形车罩。

某年我们加大后窗，方便你看他人。去年我们加大尾灯，方便他人看你。

没有激烈的变革。任何一款车罩都仍然适用于大众制造的车。挡泥板亦是如此。

也许你没发现，大众的皮囊千篇一律。

这可能正是汽车最美好的地方。

经典流芳，历久弥新。

一辆全新的大众汽车售价 1 595 美元。*

但它物超所值。按磅计算的话，大众比你能说出的任何一款车都贵。

事实上，你如果细察端倪，就会发现这并不奇怪。

并非所有汽车都和大众一样投入惊人。

仅手工活儿就十分惊人。

大众发动机，纯手工锻造。

一台一台地完成。

每台发动机需在手工制作完成时和成品车完工时接受两次检测。

一辆大众车喷漆四次，每一层都经过手工打磨。

车顶内衬亦是手工安装。

你不会在任何地方发现缺口、凹痕或者胶水。若有，大众会接受车零件（或者整辆车）的退货。

所以按磅计算，你就能明白大众汽车如此昂贵的原因。

这值得深思。

尤其当你认为大众汽车不值这个价而没入手时。

大众汽车授权经销商

* 建议零售价。不含东海岸订单流付款、地方税和其他费用。

直至死亡将我们分开

在诗歌中，为爱殒命凄美哀婉。
在汽车里，为爱赴死丑陋愚蠢。
然而，有多少次你看到一对情侣对激情的兴趣远甚于死亡，他们乐以忘忧，不知死之将至？你是否也是这样的人？
我们正在放任全国的年轻人葬身万吨钢铁之中。不仅是那些奋不顾身的情侣，还有那些普通的好孩子。
人人对此感到担忧。对于汽车事故，没人真正知道应该做什么。信不信由你，它仍然是 15~24 岁年轻人的头号杀手。
担惊受怕的家长还是把车钥匙给了他们。
惊恐万分的保险公司选择收取巨额费用，却没能阻止任何人。
即便是（不容易受惊的）统计学家们也被“截至 1970 年，每年有 14 450 个年轻人死于车祸”的事实吓得不轻。
（从年轻人的死亡数量来看，这大约是迄今为止在越南战争中丧生的美国人数量的 4 倍。）
我们斥巨资消灭脊髓灰质炎就是为了得到这样的结果吗？这是医学奋力征服白喉和天花的原因吗？
被从病魔手中抢出的年轻人，却在高速公路上丧命，这究竟是怎样的社会？
然而，这正是现实。太不可思议了。
年轻人，应该是最好而非最差的司机。
他们耳聪目明，心态平稳，反应敏捷。他们甚至可能对汽车的工作原理更加了如指掌。
那么，为什么呢？
他们太笨所以学不来？太聪明以至于对规则熟视无睹？过度自信？没有把握？还是太年轻、不成熟？
我们怎样才能在为时已晚前，帮助他们变得成熟睿智？
一种可行的方法是坚持在学校推行更好的驾驶员培训项目。或者在放学后、下班后或暑期里开展这一项目。
执行更严苛的发牌条件；嘉奖优秀司机，而非惩罚劣者；制定（如今尚不存在的）统一的国家道路交通安全法；广播、电视和纸媒进行“焦点追击”；让你别那么自鸣得意。
最重要的是：以身作则。
没人能阻止年轻人开车，也没人应该这么做。相反，他们接触的正确驾驶技巧越多，就会做得越好。（医生和律师亲测有效，司机为何不行？）
美孚不是牧师，也非教师。我们靠出售汽油和燃油为生，并且希望所有人都是潜在客户。
如果今天不是，那么希望明天是。我们希望，无论男女老少，每个人的明天都会更好。

美孚石油公司
我们愿你长命百岁

Till death us do part.

It may be beautiful to die for love in a poem.

But it's ugly and stupid to die for love in a car.

Yet how many times have you seen (or been) a couple more interested in passion than in passing? Too involved with living to worry about dying?

As a nation, we are allowing our young to be buried in tons of steel. And not only the reckless lovers—the just plain nice kids as well.

Everyone is alarmed about it. No one really knows what to do. And automobile accidents, believe it or not, continue to be the leading cause of death among young people between 15 and 24 years of age.

Parents are alarmed and hand over the keys to the car anyway.

Insurance companies are alarmed and charge enormous rates which deter no one.

Even statisticians (who don't alarm easily) are alarmed enough to tell us that by 1970, 14,450 young adults will die in cars each year.

(Just to put those 14,450 young lives in perspective, that is about 4 times the number of young lives we have lost so far in Viet Nam.)

Is it for this that we spent our dimes and dollars to all but wipe out polio? Is it for this that medical science conquered diphtheria and smallpox?

What kind of society is it that keeps its youngsters alive only long enough to sacrifice them on the highway?

Yet that is exactly what's happening. And it's incredible.

Young people should be the best drivers, not the worst.

They have the sharper eyes, the steadier nerves, the quicker reflexes. They probably even have the better understanding of how a car works.

So why?

Are they too dense to learn? Too smart to obey the obvious rules? Too sure of themselves? Too *un*-sure? Or simply too young and immature?

How can we get them to be old enough to be wise enough before it's too late?

One way is by insisting on bette driver training programs in school. O *after* school. Or after work. Or durinc summers.

By having stricter licensing require ments. By rewarding the good drivers instead of merely punishing the bac ones. By having uniform national driv ing laws (which don't exist today). B having radio and TV and the press dea more with the problem. By getting you to be less complacent.

Above all, by setting a decent ex ample ourselves.

Nobody can stop young people fron driving. And nobody should. Quite the contrary. The more exposed they be come to sound driving techniques, the better they're going to be. (Doctors anc lawyers "practice;" why not drivers?

We at Mobil are not preachers o teachers. We sell gasoline and oil fo a living and we want everyone to be a potential customer.

If not today, tomorrow. And we wan everyone, young and old, to have hi fair share of tomorrows.

Mobi

We want you to live

Fresh-killed chicken.

Bravo.

Let's hear it for the winner.

That's him lying there – the dead one.

Or is he the loser?

You can't tell. Not that it matters very much. Because in the idiot game of "chicken," winners and losers both die.

In the idiot game of "chicken," two cars speed straight for each other. Head on.

With luck, one car steers clear in the nick of time.

Without luck, neither car steers clear. And the winner and the loser are equally dead.

Some "game."

It took God Almighty to stop Abraham from making a blood sacrifice of his son.

What do you suppose it will take to make us stop sacrificing *our* children?

We who bear them in sterilized hospitals, stuff them with vitamins, educate them expensively, and then hand over the keys to the car and wait with our hearts in our mouths.

Too bad we educate them only to make a living and not to stay alive.

Because right now – this year – car accidents kill more young people than anything else, including war, including cancer. Including *anything*.

Yet we allow it.

Incredibly enough, fewer than half the young people who get drivers' licenses every year have passed a driver training course.

Which leaves well over 2 million (!) youngsters who get licenses every year *without* passing such a course.

And this is the price we pay: 13,200 young people between 15 and 24 died in automobile accidents in 1965. (The exact number for 1966 isn't in yet; it will probably be higher.)

It's a gruesome answer to the population explosion.

And if we all sit still about it, we ourselves are guilty of "chickening out."

Yet we mustn't frighten our youngsters; they're frightened enough.

We must teach them.

Does your school system have a driver training course?

Are there books in your school library or public library on driving? (Did you know such books exist? Do *they* know?)

Are the requirements for getting a driver's license in your state tough enough?

Are your radio and TV stations paying any attention to the problem? Your newspapers?

Does anyone in your community give awards for *good* driving? The PTA? Or the Boy Scouts? The Chamber of Commerce? The churches or synagogues?

What kind of driver are you yourself? Do you set a good example or a poor one?

Would your company insist on a driver training course before they'd hire someone?

Would your schools insist on a training course before they'd turn a youngster loose?

Would it help?

Yes, it would. Education works. Drivers in large truck fleets are trained to drive safely. And some of them have dropped accident rates to only about half that of the general public.

It would cost little or nothing to get these things going. And we haven't a minute to spare. It's blood that we have on our hands, not time.

We at Mobil sell gasoline and oil for our living *to the living*. Naturally, we'd like young people to grow up into customers. But for now we'd be happy if they'd simply grow up.

Mobil

We want you to live.

刚死的胆小鬼

好极了。

让我们为胜者喝彩。

他就躺在那儿——死了的那个。

也许他是输家？

很难说。也不怎么重要。因为在愚蠢的“谁怕谁”游戏中，输赢都是一死。

这个游戏的规则是：两车迎面相撞。正面对决。

运气好的话，有一辆车可以在关键时刻金蝉脱壳。

运气不好的话，则鱼死网破。赢家输家同归于尽。

不错的游戏？

只有全能的上帝才可阻止亚伯拉罕让亲生子血祭。

你认为怎样才能阻止人们牺牲自家孩子？

人们在消过毒的医院里生下孩子，喂他们维生素，对其教育进行巨额投资，然后把车钥匙交给他们，提心吊胆地等待着。

接受教育只是为了谋生，而非生存。这太糟糕了。

因为如今——就拿今年来说吧，车祸已成为年轻人的头号杀手，甚至超过了战争、癌症和其他所有东西。

然而，我们却放任自流。

令人难以置信的是，每年取得驾照的年轻人中，只有不到半数通过了驾驶员培训课程。

这意味着每年有超过 200 万名年轻人，没学理论课程就拿到了驾照！

1965 年，13 200 个 15~24 岁的年轻人因车祸丧生。这就是我们付出的代价。（1966 年的确切数字还没出来，它可能更高。）

这是对人口爆炸的可怕回应。

如果坐视不理，那么我们终将为自己的“临阵退缩”内疚不已。

然而，我们不能恐吓年轻人，他们已经够害怕了。

我们必须教育他们。

学校体系里有驾驶课程吗？

学校图书馆或者公共图书馆里有驾驶类图书吗？（你知道此类图书的存在吗？他们知道吗？）

电台和电视台有关注该问题吗？报纸呢？

你的社区里会有人因优秀驾驶获得表彰吗？家庭教师协会、童子军、商会、基督教堂或者犹太教堂呢？

你是什么样的司机？好榜样还是坏典型？

公司在雇人之前会坚持做驾驶培训吗？

学校把年轻人送入社会之前会坚持让他们念完培训课程吗？

这有效果吗？

是的，有效果。教育改变命运。大型卡车车队的司机们都接受过安全驾驶培训，其事故率已降至普通大众的一半。

完成这些东西所需甚少，甚至无需费用。我们却连一分钟都不愿花。手染鲜血，却没时间。

美孚石油公司为美好生活向大众出售汽油和燃油。

当然，我们希望年轻人能成长为我们的客户。但现在，只要他们平安长大，我们就已心满意足。

美孚石油公司

我们愿你长命百岁

不合规，不起飞

Kosher 是 A.O.K.（一切合规）的俚语形式。
在希伯来语中，Kosher 意为“合适的、符合习俗的”。
我们不妨就按字面意思来理解。
在波音 707 飞机起飞前，全体机组人员会进行一些复杂的步行工作以确保一切正常。
首先，地勤人员要绕飞机走一段很长的路，仔细检查机翼、机身和引擎的每个地方。
该打开的都打开了。
该关闭的都关闭了。
长清单上的项目都需逐一排查，核对者必须在完成的表格上签字。
步行检查结束之时，工作才刚刚开始。
一位地勤人员进入驾驶舱测试所有的控制装置，另外一人在外面观察情况。
他们用只有自己才能听懂的语言交流。当里面的人把控制轮向右转时，外面的人说：“左调整片向上，左内侧副翼向下，左扰流板向下，右调整片向下，右内侧副翼向上，右扰流板向上。”
甚至还有测试的测试。喇叭按响、灯光亮起表明一切运转正常。
如果有东西不合规，就停止起飞，直至一切正常。
如果你每个月都这样保养你的车，它也许就能“长生不老”。
每架以色列航空的飞机每天都接受两次保养。
同时，这家“空中酒店”为它的 152 位客人提供三顿丰盛的餐饮也不在话下。
这是多么了不起的工作啊！尤其是当你赶时间而落下了某样东西，你却不能跑去商店购买的时候。
所以我们得确保每样东西都有结余；一想到有人饿着肚子或渴着下飞机，我们就如坐针毡。
机上还备有十几种烈酒；雪茄、香烟、扑克牌、橄榄、洋葱和樱桃，不一而足。
从尿不湿到两个尺寸的小桌布再到三种大小的纸杯，各种物品应有尽有。
我们甚至有两种牙签：一款用来吃开胃小菜；一款用来剔牙。
这些都指向 Kosher（犹太洁食）的基本定义，它与食物息息相关。
作为一家以色列的航空公司，我们将所有食物都按照犹太教规的基本原则烹饪。
伟大的犹太传统包括一些美味小点（比如犹太面包球汤、三角馄饨和犹太鱼丸冻），它们通常只在节日场合供应。
但我们认为，以色列航空之旅本身就是一次喜庆的盛典。为了每日提供节日餐饮，我们微调规矩，全力以赴。
事实上，饮食法则也可能很复杂，但归根结底，（无论蒸煮煎炸）我们不会在同一餐中混合肉类和奶制品。
所以在做豪华的烤牛排时，面包上不会有任何黄油；同理，之后的咖啡里没有奶油。
另一方面，上早餐时，大块黄油搭配熏鲑鱼、百吉饼和奶油芝士；牛奶畅饮，配咖啡的奶油无限量供应。
最重要的是，你可以和一群热情洋溢的人并肩冲上云霄。因为他们天生热情好客，服务周到。
请放两百个心。无论在飞机里还是你体内，一切都是合规的。
稍等！有些不合规的东西（我处理一下）。

（左图）左翼部分；左后机身和尾翼部分；右后机身和尾翼部分；右翼部分；机身前部和机头部分
我们走路的时间比飞行长。
（中图）我们检查 597 个控制键……
（右图）……一次一个

以色列航空

欲知更多信息，请联系你的旅行代办人或者以色列航空公司。地址：伊利诺伊州芝加哥市南密歇根大道 8 号，邮政编码 60603，电话（312）236-3745。
欲了解以色列旅游信息，请联系以色列官方（驻美）旅游办事处。地址：伊利诺伊州芝加哥市南沃巴什路 5 号。

We don't take off until everything is Kosher.

Kosher is sort of slang for "A.O.K."
Literally, it means "fitting and proper" in Hebrew.

And we take it very literally indeed.

Before we let one of our Boeing 707's off the ground, our crews do some fancy footwork to make sure that everything is just so.

To begin with, the ground crew takes a nice long walk all around the plane. Every inch of the wings, the fuselage and the engines gets scrutinized.

The things that are supposed to be open are opened.

The things that are supposed to be closed are closed.

Every item on a very long checklist must be initialed one by one, and the man who checks the checker must sign the completed form.

When the walk is over, the work has only begun.

One member of the ground crew goes into the cockpit to test all the controls. Another man stays outside to see what happens.

They speak to each other in a language all their own. When the man inside turns the control wheel to the right, the man outside says, "Left tabs up, left inboard ailerons down, left spoilers down, right tabs down, right inboard ailerons up, right spoilers up."

There are even tests to test the tests. Horns blow and lights light to show that things are working properly.

And if something isn't Kosher, everything stops until everything is.

If you took care of your car this carefully once a month, it would probably last forever.

Every EL AL jet gets the full treatment twice a day.

Meanwhile, there's the little matter of whipping up 3 square meals for 152 guests of this flying hotel.

What a job that is! Especially when you can't run out to the store if you're missing something at the last minute.

So we make sure that there's a little extra of everything; it hurts us to think of anyone going away hungry or thirsty.

We stock more than a dozen kinds of liquor on board; plus cigars, cigarettes, playing cards, olives, onions and cherries.

There's almost no end to the variety of things: from diapers to 2 sizes of doilies to 3 sizes of paper cups.

We even have 2 kinds of toothpicks: 1 kind for picking hors d'oeuvres and the other kind for picking teeth.

All of which brings us to the basic definition of Kosher that has to do with food.

Since we're the Israeli airline, we cook in the great Jewish tradition.

And the great Jewish tradition includes some tasty morsels (like matzo ball soup, kreplach, and gefilte fish) that are usually served only on festive occasions.

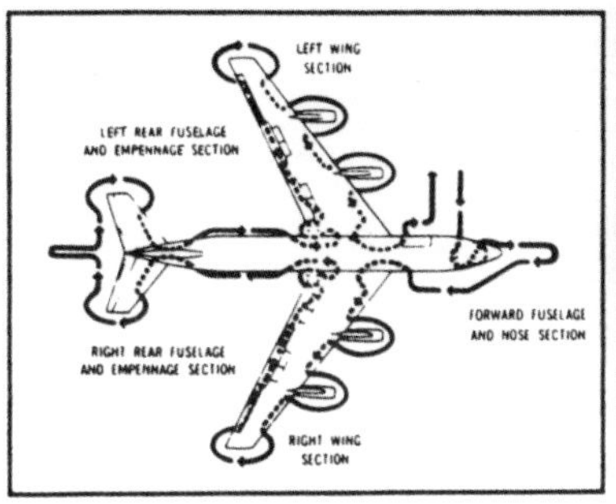

We spend more time walking than flying.

We check 597 controls...

...one at a time

But we figure that an EL AL trip is a festive occasion all by itself, so we go all out and bend the rule a little by serving them every day.

Actually, the dietary laws can get pretty involved, but what it boils (or broils or roasts) down to is that we don't mix meat and dairy products during the same meal.

So there won't be any butter for your bread with the sumptuous roast beef, and there won't be cream with your coffee afterward.

On the other hand, when breakfast comes, you'll find gobs of butter to go with your lox, bagels and cream cheese, enough milk to bathe in, and all the cream you want for your coffee.

Above all, you get to fly with a bunch of enthusiastic people who don't have to work at being hospitable because that's the way they were brought up.

And you can be doubly sure that everything's Kosher. Inside the plane and inside you.

Hold it! Something isn't Kosher.

The Airline of Israel EL AL

For more information contact your travel agent or EL AL Israel Airlines, 8 South Michigan Ave., Chicago, Ill. 60603 (312) 236-3745.
For information on travel in Israel contact the Israel Government Tourist Office at 5 South Wabash, Chicago, Ill.

我的儿子是飞行员

蒂莉·卡茨

相信我。
我之所以这么说，绝不是因为他是我的独子。
谁能想到一个来自佛罗里达州杰克逊维尔市的小男孩日后会成为航空公司的首席飞行员呢？
有趣的是，比尔小时候甚至对飞行根本不感兴趣。这倒是很合我意。坦白说，他踢足球我都会捏把汗。
然后他变了。就在我们都认为他将在商界大展宏图之时，他入伍空军。
他以极快的速度晋升为欧洲第八空军大队长，以“卡茨机长”的身份荣归故里。
准确来说，脖子上还挂着一枚杰出飞行十字勋章。
后来，他就一直在天上飞啊，飞啊，飞啊。
我不知道是否可以称他为先驱还是别的什么，当以色列航空还是家寂寂无闻的小公司时，他就已经在那儿工作了。
现在呢？你得叫他首席飞行员。
他得盯着那家航空公司！
有时我觉得他担心过多。
你知道他飞了多少里程吗？200多万英里！你知道他在天上待了多久吗？超过12 000个小时！
我不知道这是否有助于航空公司的发展，但他就是这么做的。
其他飞行员甚至拿他开涮，说他只有在领薪水的时候才会落地。
但我更了解他。我有两个漂亮的孙子，他们和父母生活在以色列。他们时不时来看我，但我希望能再多宠宠他们。有比尔这样的爸爸是件幸事。他溺爱所有人。除了他自己。
如果你乘坐以色列航空的飞机，并且恰好碰见了他，麻烦替我转告他：穿暖和点儿。

My son, the pilot.

by Tillie Katz

Believe me.

I'm not saying this just because he's my only son.

But who ever thought a boy from Jacksonville, Florida would grow up to be the Chief Pilot for a whole airline?

It's funny, but Bill wasn't even interested in flying when he was young. Which was all right with me. Frankly, it made me a little nervous even when he played football.

Then something got into him. Just when we all thought he was going into some nice business, he enlisted in the Air Corps.

Pretty soon, he was a group commander with the 8th Air Force in Europe. By the time he came home, it was *Captain* Katz.

With a Distinguished Flying Cross, if you please.

Afterwards, it was flying, flying, flying.

I don't know if you could call him a pioneer or anything, but he was right there when EL AL was only a tiny little airline.

And now? Now you can call him Chief Pilot.

And does he keep an eye on that airline!

Sometimes I think he worries about it too much.

Do you know how many miles he's flown? Over 2 million! Do you know how long he's spent in the air? Over 12 thousand hours!

But if that's what it takes to make the airline so good, that's what he does.

The other pilots even tell a joke on him. They say he only comes down to collect his pay.

But *I* know better. I have two beautiful grandchildren who live in Israel with Bill and my daughter-in-law.

They come to see me now and then, but I wish I could spoil them more often. It's a good thing they have Bill for a father. He spoils everybody. Except himself.

So if you fly on EL AL and see him, tell him I said to dress warm.

詹姆斯·劳瑟
JAMES LOWTHER

詹姆斯·劳瑟曾在牛津大学学习历史，在澳大利亚学剪羊毛。后来，他决定综合运用这些技能，在广告业施展拳脚。1977 年，他加入盛世长城，并最终成为该公司的副董事长兼联合创意总监。在此之前，他曾就职于达彼思广告公司的伦敦分公司霍布森·贝茨（Hobson Bates）和瓦齐·坎贝尔·埃瓦尔德广告公司（Wasey Campbell Ewald）。

身为文案“大咖”，劳瑟一手操刀了卡索曼 XXXX 啤酒、英国铁路公司、舒味思汽水、健康教育委员会、英国中央新闻署和冠达邮轮的获奖广告。他创作的一则广告被收录于《百佳广告》一书中。

1995 年，从盛世长城辞职后，劳瑟成为上思广告的联合创始人兼创意总监。

● 对于如何成为一个“写”而不“抄”的广告文案，这里有一些建议。

1. 第一条规则就是没有规则。

以下我说的全部内容都有助于写好广告文案。但当一天结束时，你可以把它们全部忽略，放手去创作伟大的广告。毕竟，打破规则而非墨守成规是创作出伟大广告的不二法门。

2. 离开办公室。

翻开拍纸簿之前，你还要开启其他五样东西：双耳、双眼和大脑。如果你只是坐在办公室里盯着桌子看，那你永远都无法成为一个好的文案创作者。创作的源泉既不在办公室也不在酒吧里。它在大街上。看画展、听音乐、赏电影、品戏剧。更重要的是观察人。记住，这些两条腿的有趣生物正是我们所要刻画的对象。

这看上去显而易见，但实际上在我们这个封闭的小圈子里，没有多少人愿意和圈外人交往。

所以要走出去，多观察。

比如，若不是父母为了让我历练成材而把我送去澳大利亚，那就不会有日后的卡索曼 XXXX 啤酒广告。虽然我让他们失望了，但在那段时间，我被野生鹦鹉啄过，学会在打扑克牌时作弊，并且在15年后创作了 XXXX 广告文案。

3. 扔掉简报。

别总全盘接受策划人员的简报。有时，它只不过把客户和客户执行团队想说的东西浓缩在一句话里，其中还有不少自相矛盾的部分。结果是，它能提供几乎和欧洲共同体首脑会议公报一样惊人的信息量。根据我的经验，最好的策划人员往往是创意人员。

4. 放轻松。

我知道这与广告业的高强度、快节奏格格不入。人人都有压力，我们不应该表现得好像只有我们才不堪重负。

坐下来，把问题一一排查出来。

玩得开心！围绕主题讲讲故事，开开玩笑。你也许能从意想不到的角度找到破局之道。（XXXX 啤酒的脚本源自一则令人作呕的笑话，说的是有位男士的阴茎被蛇咬了。）若陷入僵局，不妨先放一放。重新审视它时，你会惊讶地发现自己的思路清晰多了。

5. 渔网捕鸟。

20世纪，美国作家华盛顿·欧文造访了格林纳达气势恢宏的阿尔罕布拉宫。由于那里的鸟儿对当地人的捕杀习以为常，因此它们能够娴熟地避开陷阱。

有个胆子大的淘气鬼想到了一个绝妙的主意。他取来渔网，把它从城垛上撒出去。盘旋在城垛周围的鸟儿哪里见过这种新鲜阵势，纷纷落网。数百只鸟儿被困在网里无助地鸣叫、挣扎。

所以，下次当你想走老路时，不妨尝试用渔网捕鸟。说不定你还能捕到狮子——金毛大狮子。

6. 反其道而行之。

有种捕鸟方法值得一试。

想想在你宣传的产品类别中，最主流的做法是什么，然后反其道而行之。

为什么所有的汽车广告看起来大同小异？为什么所有的洗衣粉广告看上去高度雷同？为什么汽车广告不能像洗衣粉广告那样呢？或者反过来也行。

这可能行不通，但的确是这么个理。

7. 不要“写”。
别因为你是广告文案，就首先考虑关于写作的事。

最优秀的文案通常是高度视觉化的。说到底，报纸广告只是一张白纸，你可以在上面“为所欲为”。只要能自圆其说即可。

我最引以为傲的平面广告是“车灯”。当时，我看到一辆行驶在迷雾中的汽车，就用手指盖住了前灯。这样做了以后，你就算不是约翰·弥尔顿，也能想出那个标题。

约翰·赫加蒂（John Hegarty）曾对我说，以文字为载体的传播正逐渐被图片取代。

他说，凯尔特文明从不记录故事，因为他们坚信口口相传或者视觉化表达具有更加深入人心的力量。在我进一步追问他凯尔特文明今何在之前，这的确是个不错的论点。尽管如此，我还是认可他的看法。

8. 精雕细琢。
最初拟这一条时，我打算把“仔细”一词写上一千遍，觉得这样就够了。

因为它正是优秀文案与普通文案的分水岭。

最出类拔萃的广告文案未必总是能力最强之人，但一定是奉行最高标准之人。

他们知道 90% 优秀的广告仍有不足之处，并会坚持不懈地精进文案，直至尽善尽美。

在为英国铁路公司做平面广告时，为了配合亚历克斯·泰勒的精妙布局，我把每则广告的文案控制在 9 行，每行字母数量也控制在 20~24 个。我当时说，莎士比亚都没有如此苛刻地根据排版来调整文字，但我还是试了一下。

这是一项难以置信的艰苦工作，使完成每篇文案的工作量翻了不止一番。但这么做的确值得。

9. 全力争取。
人们不喜欢伟大的想法。创新程度越高，大家就感到越陌生。走出舒适圈总让人心惊胆战。

这就解释了平庸广告能够轻松过关的原因，因为人们总能找出一百万个理由来抵制伟大的想法。

最优秀的团队永不放弃。我合作过的一位艺术指导，经常把固执己见的客户经理堵在门外。如今他已成为伦敦受人尊敬的创意总监。

另一种不那么极端却可能更成功的方法是邀请客户经理团队和客户与你一起工作。向他们解释你为什么要这么做。

说清楚你为什么拒绝其他方法。在他们面前施展魅力。和他们推杯换盏。向他们反复强调你的创意。

如果还是失败，那就动粗吧。

10. 本条尚待发掘。
我敢打包票，还有其他精益求精的方法。我仍在寻觅。

布里斯托尔至帕丁顿的火车沿途的牛津郡田野。
英国风景艺术。私人景观。在头等车厢，你可以沉思、工作、吃饭、喝咖啡，或者仅仅尊享荣耀的无敌美景。英国的灵魂在乡村。

英国铁路公司城际列车

诺威奇至利物浦街的火车沿途的埃塞克斯郡德翰教堂。
在每小时 100 英里的行驶速度下，这是你身边唯一流动的康斯太布尔画作。没有双向行驶，没有超速监视区，没有修路工程。火车上，唯一能让你心悸的就是窗外美景。

英国铁路公司城际列车

澳大利亚人，千金不换 XXXX[①]

① 这句话的原文还有“除了 XXXX 啤酒，澳大利亚人什么都不在乎”的意思。——编者注

HABITAT 造反了[②]

本周末，来看看 HABITAT 家居的新变化吧。除了偏见，你别无损失。

② 这句话的原文还有“HABITAT 令人作呕”的意思，利用双关的夸张自嘲式贬义来吸引大众的注意力。——编者注

要想让车消失，只需用手指盖住它的前灯

遮住图中车辆的前灯，你就会看见其他司机眼中阴天不开前灯的你。
事实上，他们根本看不见你。如果你不能被人看到，有人就容易受伤。
这是法律规定你必须在光线不佳时打开前灯的原因之一。
在大雪、大雨或者光线不佳的白天不开车灯，最高可被罚款 100 镑。
牢记法律。牢记手指测试法。做个聪明人。
阴天开灯。
看见别人，也让别人看见你。
为了保证光线昏暗之时的行车安全，你必须打开前灯。

TO MAKE THIS CAR DISAPPEAR,
PUT YOUR FINGERS OVER ITS HEADLIGHTS.
IN POOR DAYLIGHT, BE SEEN. YOU MUST USE HEADLIGHTS.

Perhaps the head of Guinness should listen to the head of Guinness
Argyll. We can revive Distillers' spirits.

哦，别忘了最重要的准则：

如果你追求卓越，永远别认为自己已经做得够好了。

如你所见，我始终不满足于现状。

“健力士已经错误并购了太多公司，这远超其管理能力……”

“截至 1985 年 9 月 30 日，过去两年，健力士主要并购的公司包括……”

——节选自健力士公司年报和账目记录

也许吉尼斯老板应该听命于健力士老板

阿盖尔超级市场集团。我们会重振 Distillers 士气。[①]

① 此广告可能是阿盖尔在健力士收购 Distillers 前所做。1986 年，健力士击败了强劲对手阿盖尔，以 27 亿英镑的巨款吞并了英国最大的苏格兰威士忌酿造厂家 Distillers。正是这场“20 世纪以来最大的吞并”造成了英国“20 世纪最大的经济丑闻”。——编者注

阿尔弗雷多·马尔坎托尼奥
ALFREDO MARCANTONIO

阿尔弗雷多·马尔坎托尼奥出生在英国，拥有意大利血统，其广告生涯始于大众汽车英国广告主管。

1974 年，他离职加入法兰奇·戈尔德·阿博特广告公司，成为一名广告文案。1976 年，他跳槽至当时公认的“世界上最具创意的广告公司”科利特·迪肯森·皮尔斯。

四年后，马尔坎托尼奥帮助弗兰克·劳（Frank Lowe）和杰夫·霍华德－斯平克创立了劳·霍华德－斯平克广告公司。他在公司起步阶段立下汗马功劳，但于 1987 年辞去副董事长和创意总监的职务，加盟怀特－柯林斯－拉瑟福德－斯科特广告公司，往原本就已经很长的公司名里添加了自己的超长姓氏。1990 年，公司被法国集团欧罗康（Eurocom）收购后，他也离职了。

在天联广告公司与阿博特·米德·维克斯广告公司合并前，马尔坎托尼奥曾短暂地掌管天联伦敦办公室。公司合并后，他与戴维·阿博特再续前缘，重操旧业——写广告。

● 我写文案的方式和我的奶奶做意大利蔬菜汤一样。我把能找到的所有有趣配料都丢进去，然后慢慢收汁。刚开始，汤汁稀薄、难吃，但经过不停的搅拌，最终成品色香味美。

你要从哪儿弄来食材？

好吧，如果你和我一样，那么你在初次做广告的时候，也会生产出一大堆被艺术指导否定的标题。还有一些你去工厂参观时做的笔记。（你不做笔记？好吧。那就从写文案开始记录吧。）

接下来，搜索客户过往的广告，看看里面有没有什么有意思且有说服力的内容。当然，也要看看竞争对手的广告。（最糟糕的广告里往往隐藏着最有趣的事实。）

之后，把你能找到的所有手册、技术表格、独立检测结果和新闻简报都浏览一遍。就算是公司的年度报告中也可能有珍品。

这些来源中的绝大多数会为你提供购买产品的理性理由。至于感性理由，则必须从顾客而非客户那里寻找。

广告的目标读者是谁？对他们来说什么最重要？他们如何看待产品、制造商和市场？这些又在他们的生活中扮演什么样的角色？

写作不仅要以情动人，也要以理服人。两者都会影响人们的决策判断。

当你全部写完后，检查全文，剔除薄弱环节，重写并巩固优势之处。

始终要记得：自吹自擂并不值得称道。［如果我说我是英国最好的广告文案，你根本就不会听，但如果汤姆·麦克利科特（Tom McEllicot）这么说，估计你就信了。］

同样，原始数据总比提炼过的观点更有说服力。（你想要一辆每加仑汽油可以跑68英里的车，还是想要一辆“非常经济”的节油车？）

慎用形容词。它们并非总像你想的那样有用。（我们都希望厨房干净卫生，但又有多少人真的会经常光顾一家名叫“卫生餐馆”的快餐店呢？）

刚起步时，不必因为模仿“文案偶像”的风格而感到羞愧。我在初出茅庐时，可谓“东施效颦”到了极点，竭尽全力写出来的东西也只够得上鲍勃·利文森心情不佳时的水准。（蒂姆·雷尼认为我现在的水平依旧如此。）

显然，你需要把事实按照逻辑顺序排列。广告就像是一个挨家挨户敲门推销的销售员。它扰乱了人们的日常生活。标题可能让你够上了门槛，但究竟能走多远则取决于你的销售模式。

把最吸引眼球、最具说服力或者最有趣的事实放在开头。（我的蔬菜汤开头是不是看起来就和正文一样幽默风趣？）

和任何形式的创意写作一样，你需要设定一种语调。这种说话方式不是为了体现广告公司或者类别，而是为了充分展示广告产品或者服务。

你应该听起来像是站在遥远讲台上夸夸其谈的幕后大佬，还是火车上和睦友善的邻座男孩？我听说比尔·伯恩巴克曾经向一位年轻的广告文案提建议，让他像给一位久未谋面的叔叔写信那样写作，从而增强文案的对话性。

对我来说，写文案就好比写演讲稿。它不仅能提供信息、取悦他人或者娱乐大众，还能利用产品或者观点来赢得人心。

麦克斯·阿特金森（Max Atkinson）在其著作《大师之声》（*Our Masters Voices*）中分析了古往今来的演说家们所使用的修辞手法。经验丰富的广告文案几乎对每种手法都不陌生。

其中也许最有用的是“三项法”。从“圣父、圣子、圣灵”“好啊、超棒、万岁”到典型的“英格兰人、苏格兰人和爱尔兰人”，不难发现三个词、三个短语或者三句话的组合具有震慑人心的神奇魔力。

我没法儿解释，也没法儿反驳。我只是一而再、再而三地发现，两项事实或者短语有些不够分量，四项则显得冗长笨拙。

马尔坎托尼奥家族有一项可以追溯到公元 44 年的传统：“乡亲们、朋友们、同胞们，请听我说。”

1 900 年后，亚伯拉罕·林肯在其著名的演讲中提到建设“民有、民治、民享的政府”。

距今更近的温斯顿·丘吉尔也宣称：“在人类的冲突中，从来没有如此少的人，亏欠如此多的人，如此多的血债。”

你列举不出三项？别担心。许多伟大的演说家也做不到。但他们还有另外一个撒手锏：对比法。

对比，即将两种截然不同的东西放在一起，比如粉笔和奶酪（这即是一例）。“声名显赫的大牌，闻所未闻的低价”，“小手机，大网络”。这是世上所有的文案创作者都会在标题和正文中使用的绝招儿。

它为何奏效？我认为是因为它成功地打消了读者的戒备心：第一个单词或者短语将他们引向了一个方向，但第二个又将其引向完全相反的方向。

在威廉·莎士比亚笔下，这招已出神入化：“生存还是死亡，这是一个问题。”

尼尔·阿姆斯特朗在月球上发表了十分著名的宣言：“这是我迈出的一小步，却是人类迈出的一大步。”

马丁·路德·金也将该手法灵活运用：“我梦想有一天，我的四个孩子将在一个不是以他们的肤色，而是以他们的品格优劣来评价他们的国度生活。”

在这些令人拍案叫绝的案例中，对比句里的单词甚至音节数量都取得了完美的平衡，对称结构增强了语言的气势，它们朗朗上口，容易被记住。

头韵是文案创作者们的另一个有力武器。不妨看看金博士在“颜色”（colour）和“内容”（content）这两个词中使用的头韵。我发现无论是写作还是阅读，头韵都非常有用。把它和前面提到的两种方法结合，效果更佳。

把头韵用到“三项法”中，就产生了尤利乌斯·恺撒的名句：“我来，我见，我征服。”

把头韵用到对比中，就有了英国政客用来描述自己党派关怀穷人而非富人的话语：“我们关注伯蒙德赛胜过勃艮第。”

所以，明白了吗？你必须不断打磨，甚至重写事实，才能留下最强有力的论断；为了赢得所有公正之人的心灵和思想，你得把它们糅织成令人信服的论述。此外，你还得开发出一种百分之百符合产品特性的语调。

现在来说说结尾。

收尾方式有很多种。一种是通过升华叙述以完成推销，另一种则呼吁大家行动。其中被采用得最多的是轻松、诙谐，并且以某种方式呼应标题的结语。（提示：还记得我在本文开头提到的被否定的标题吗？它们中的某些就符合此处的要求。）

都清楚了吗？好了，现在坐好，高声朗读全文。没错，大声点儿。也许最好就用你写作时使用的语调。如果做不到，就像我那样，模仿大众汽车“琼斯和克雷普勒”广告里的腔调。

我疯了吗？很有可能，但我听说戴维·阿博特也这么干。

奥尔巴尼人寿保险。

你能幸运地找到第二职业吗？

天知道，你可能比这位先生更需要一份第二职业。
55岁强制退休将成定局。
不管你从业多久，不论你职位如何，55岁生日来临时你都会失业。
公司配车不复存在。
报销账户烟消云散。
私人健康保险一去不返。
遗憾的是，贷款依然如影随形。
等到60岁或者65岁时，你可能仍在还债。
公务员应该还好。他们有与物价指数挂钩的养老金，这是对可怜的老纳税人的恩惠。
工会成员也能善终。通常有一支谈判队伍为其利益而战。
有麻烦的是私营企业主。
退休年龄在下降，预期寿命却在持续上升。不惑之人有望活到耄耋之年。你的退休生涯可能长达25年。
你该如何应对？
10年前看起来还很丰厚的公司固定养老金，十年后大幅缩水，更别提二三十年后了。
国家养老金根本跑不赢通货膨胀。
当然，两者加起来，也只够你温饱。
这是你想要的吗？
你能挺过去吗？
你难道不想在人生的后半程有所作为吗？
奥尔巴尼人寿保险和税务局可助你一臂之力。
开始吧，每月定时存一笔钱。15镑、50镑，尽你所能。
我们将竭力向税务部门讨回税收减免的每一分钱，为你的储蓄添砖加瓦。
然后以你的名义进行投资。
我们的投资计划举世无双。操盘手来自商业银行华宝股份有限公司的全资子公司——华宝投资管理有限公司。
若你三四十岁开始存钱，你在55岁之前就会有一笔不菲的回报。
退休后，巨额的免税资金将助你顺利度过缓冲期。
足够你在德文郡的某个寂静村庄里开家小店。
足够你去追寻一些几乎被世人遗忘的手艺，比如编制藤条、烧制彩色玻璃。
也足够你入股家门口兴隆的小生意了。
无论你想做什么，你的精神和财务状况都会更上一层楼。如果一个人满脑子想的只有花园，那他就会像植物一样过上无所事事的生活。
你没理由不像这位里根先生一样，73岁还在辛勤工作。
尽管我们希望你安然而卧，高枕无忧。
欲了解更多计划，请将附单免费寄至波特斯巴，奥尔巴尼人寿保险，彼得·凯利（收），邮政编码EN6 1BR。
姓名 __________
地址 __________
电话 __________
奥尔巴尼人寿保险保险经纪人姓名（如有）__________

奥尔巴尼人寿保险

Will you be as fortunate finding a second career?

Heaven knows, you are going to need a second career more than this gentleman.

Compulsory retirement at 55 is on its way.

No matter how long your service, no matter how high your position, you could be out of a job, come your 55th birthday.

The company car will disappear.

The expense account will disappear.

The private health insurance will disappear.

Sadly, your mortgage won't. You may well find yourself repaying that until you are 60 or 65.

Civil servants should be alright. They have indexed-linked pensions, courtesy of the poor old taxpayer.

Members of trade unions should make out too. They often have an army of negotiators to battle on their behalf.

No, it's the private sector businessman who will be in trouble.

His retirement age is going down, but his life expectancy is on the up and up. Today's 40 year olds can expect to reach 80. You could easily be faced with 25 years in retirement.

How will you manage?

That fixed company pension that looked oh-so-generous ten years ago, won't be worth much in another ten year's time, never mind twenty or thirty.

State pensions aren't famous for keeping up with inflation either.

Of course, with the two added together, you may just have enough to survive.

But is that all you want to do?

Survive?

Wouldn't you prefer to do something positive with the second half of your adult life?

Albany Life and the Inland Revenue can help you.

Start salting away a regular sum each month. £15, £50, whatever you can spare.

We will bump up your contributions by claiming back from the taxman every last penny of tax relief we can.

We will then invest the total amount on your behalf.

We receive what is arguably the best investment advice there is. We retain Warburg Investment Management Ltd., a subsidiary of S. G. Warburg & Co Ltd., the merchant bank.

Start saving in your thirties or forties and you will amass a considerable sum, well before your 55th birthday.

When you are pensioned off, you will have a wad of tax-free money to cushion the blow.

Enough to set up shop in some sleepy Devon village.

Enough to pursue some half-forgotten craft, like working with cane or stained glass.

Enough to buy you a stake in some successful small business near your home.

Whatever you decide to do, you'll be better off mentally as well as financially. People vegetate if they have nothing but the garden to occupy their minds.

There is no reason why you shouldn't be active and working at 73, like Mr. Reagan here.

Though hopefully you won't have to carry the worries of the world on your shoulders.

To learn more about our plans send this coupon to Peter Kelly, Albany Life Assurance, FREEPOST, Potters Bar EN6 1BR.

Name

Address

Tel:

Name of your Life Assurance Broker, if any

Albany Life

宝马。

揭秘宝马零件的“前世今生”

维持汽车运转的液体会导致许多汽车零部件发生故障。

石油可以软化某些塑料。

液压机油易使某些形式的橡胶化合物溶解。

防冻液会干扰电触点。

所以，宝马工程师们刚把一个零件做到尽善尽美，实验室的技术人员就想毁掉它。

我们会把零件浸于任何它可能接触或不太可能碰到的可疑物中。

防抱死制动系统制动传感器等关键部件将面临更加严格的测试。

它将被涂上大量石油、柴油、液压机油、洗涤剂和制动液，然后置于 115℃的烤箱中 24 个小时。

如果传感器依然运转良好，它就将被置于 150℃下重复检测 16 个小时。

在一切正常的情况下，它还将接受强有力的冲击碰撞测试。不是一次，也不是两次，而是 72 次。

宝马不仅使用该种测试设计零部件，还用它来开发制造零部件的材料。

如今许多宝马汽车广泛使用的合金轮圈就是一个绝佳案例。

它们取材于一种由宝马独家生产的金属。

该独家秘方经受了持续的检验和测试。

每批送检的大货中会有十只轮圈受到一个大铁摆的敲击。

它模拟了以每小时 20 英里的速度撞击路缘的效果。

如果轮子无法承受，整批货物就会被当作废料处理。

如果轮子幸存，每只轮子在进入生产线前还会接受 X 光的检查。

所有程序都遵循一个原则：只有性能卓越的零件，才能造就杰作天成的汽车。

对宝马来说，这才是真正严峻的考验。

宝马

终极座驾

宝马不同车型价格不等，从 11 485 英镑（316 款）到 55 500 英镑（750L 款）的都有。价格在发布前已核准，包含了汽车税、增值税和 1 200 英里的免费服务，但不包含送货费或车牌号费，送货费包含了宝马紧急服务费（257 英镑 + 增值税），适用于所有当前车型（M635CSi 除外）。使用无铅燃料，没有修改要求。欲获取宝马 3、5、6 或 7 系的详细信息，请致函米德尔塞克斯郡豪恩斯洛区，邮政信箱 46 号，宝马信息服务部（收），或致电 01-897 6665（仅供查阅资料）。免税销售可致电 01-629 9277。

佛罗伦萨，航空旅行发源地。企盼直航 500 年

人类自诞生起，就从未停止过“飞翔梦”。五百多年前，列奥纳多·达·芬奇提出了这一幻想。滑翔机、直升机、降落伞，皆诞生于这位佛罗伦萨艺术大师的画板之上。尽管列奥纳多是一位航空幻想家，但他永远无法预测出有朝一日能够乘坐飞机直达家乡。如果你要求任何一家主流国际航空公司带你去佛罗伦萨，他们会立马让你落地比萨。这是一座宜人的城市，但距离乌菲兹美术馆尚有一两个小时的车程。多亏了子午线航空，你很快就不用绕远路了。自 9 月 1 日起，子午线将为你提供从伦敦盖特威克机场至佛罗伦萨亚美利哥·韦斯普奇机场的直飞航班，助你优雅地抵达目的地。我们为你提供舒适的商务舱，你在艾莱克塔俱乐部享受的设施会令许多其他头等舱黯然失色。特色座椅和带翼靠枕为宽敞的机舱增色不少，国际航班菜单由意大利顶级厨师亲自打造。欲了解更多有关子午线航空及其直飞佛罗伦萨的航班信息，请致电你的旅行代办人。对不喜欢比萨的人来说，没有比这更理想的航线了。

意大利子午线航空

你的私人航空公司

每日直达航班早上 10 点从伦敦起飞，早上 8 点 05 分从佛罗伦萨起飞。

意大利子午线航空。

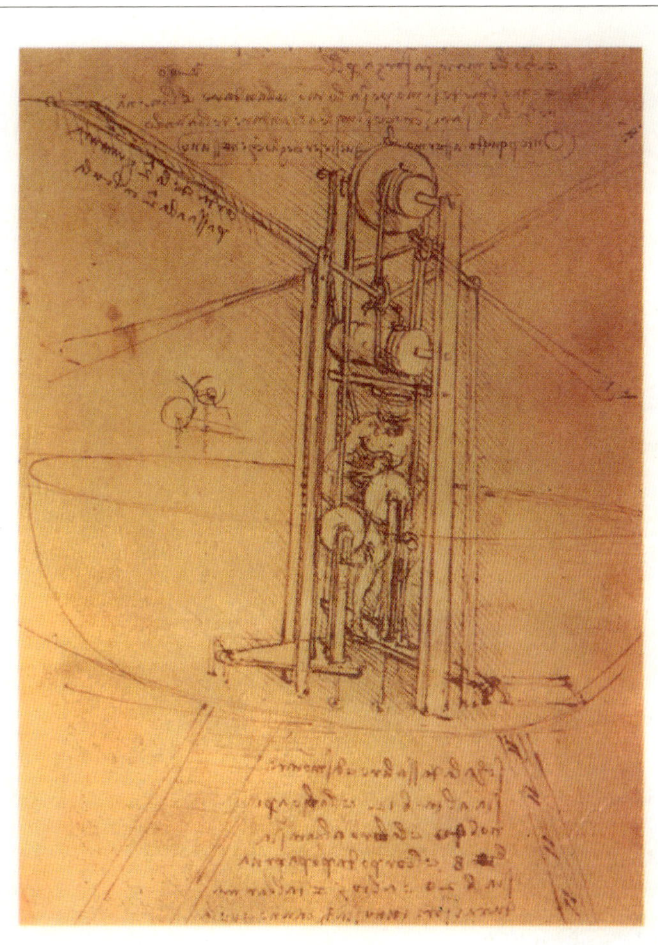

Florence, birthplace of air travel. It's taken 500 years to organise a direct flight.

No sooner did man walk upon the Earth than he began to dream of flying above it. A fantasy that was given form by Leonardo Da Vinci, almost five centuries ago. The Glider. The Helicopter. The Parachute. All were born on the drawing board of this Florentine Maestro. But, aeronautical visionary though he was, Leonardo could never have predicted the trials of reaching his native city by air. Ask any of the major international airlines to take you to Florence and they will promptly take you to Pisa. A pleasant enough city, but a good hour or two's drive from the joys of the Uffizi. Thanks to Meridiana you'll soon be able to take a less roundabout route. Starting September 1st, Meridiana will fly you direct from London's Gatwick to Florence's Amerigo Vespucci Airport. And fly you there in style. Tourist passengers travel in Business Class comfort, while those in Electa Club enjoy facilities that put many a First Class in the shade. The spacious cabin has unique seats with winged headrests and the international menus are created by some of Italy's finest chefs. To learn more about Meridiana and its new scheduled service direct to Florence, call your travel agent. It's the ideal airline for those who don't have a leaning towards Pisa.

Direct daily flights leaving London at 10am and Florence at 8.05am.

Meridiana

Your Private Airline

难怪他们不像过去那样生产汽车了，
造一支笔都已经够困难的了

哦，1925 年西斯帕罗苏扎线条流畅的车身。哦，1927 年派克多福系列高贵优雅的轮廓。

汽车已经停产，但令人高兴的是，钢笔在千呼万唤中再次归来。

我们对复刻这一最受欢迎的派克设计期待已久。即将到来的百年纪念提供了合适的契机。

和当今的顶级汽车一样，派克世纪多福也吹嘘自己的零件堪称“艺术品”。

但和顶级汽车不同的是，这款钢笔吹嘘的工艺有些过时了。

非但没有选择将笔帽和外笔管“合成一体”，反而像过去那样一体塑型。

非但没有选择将现代金属作为笔尖材料，反而忠于黄金。

非但没有用新发明的装置划开笔尖，反而用不到一根头发那么粗的刀片纯手工打造。

正如西斯帕罗苏扎汽车在下线前会接受彻底的测试，我们也检测了钢笔的性能。

这种制笔方法耗时费力。但和西斯帕罗苏扎一样，它的外观和手感充分诠释了回报。

派克

派克笔。

奥林巴斯。

获《每日邮报》许可

他们显然在互拍

谁能责怪他们？

他们手持奥林巴斯 XA 相机。自动曝光控制和耦合测距仪，让海边大片完美无瑕。

无论你和右边这位先生一样，是位卓有成就的摄影师，还是和最左边这位先生一样经验不足，它都能帮上大忙。

英雄所见略同，甚好。

奥林巴斯 XA 相机

（图中）奥林巴斯 XA 为相机实际大小。欲知更多详情，请致函伦敦洪都拉斯街 2–8 号，奥林巴斯（英国）光学有限公司（收），邮政编码 EC1Y 0TX。电话：01–253 2772。

Will the muse visit you during your stay at the Gritti Palace in Venice? You will certainly enjoy the same sources of inspiration as Mr Hemingway.

The Grand Canal still laps the hotel entrance as it has for five hundred years.

Titian's 16th century portrait of Doge Andrea Gritti continues to grace the hotel's walls.

ERNEST HEMINGWAY WROTE
A NOVEL HERE.
PERHAPS YOU MAY BE MOVED TO
WRITE A MEMO OR TWO?

And the view from your window, across to the church of La Salute, is the same one that greeted the American author on his arrival in October 1949.

The Gritti Palace became not only the place where he wrote, but also the place that he wrote about, in "Across the river and into the trees".

In truth, other Ciga Hotels have proved equally inspiring. And neither satellite communications nor air conditioning have robbed them of their historic charm.

In Asolo, amid the hills of the Veneto, you will find the Villa Cipriani. Once the home of Robert and Elisabeth Browning.

But perhaps the most literary of our hotels is the Meurice, which borders the Tuileries in Paris.

For more than thirty years, its renowned restaurant served as headquarters to France's most noted literary circle.

An era immortalised in Fargue's "Les Piétons de Paris". And commemorated by the portrait of its Patron, Florence Gould, which presides over diners to this day.

If you are a person more attracted by the beauty of a traditional building than the sterility of a tower block, consider a Ciga Hotel next time you travel.

There are currently 36 to choose from, with room rates much the same as ordinary five star hotels.

To obtain a brochure describing them all, simply fax your letterhead or business card to Milan (02) 76009131. Alternatively, telephone Milan (02) 626622.

CIGA HOTELS

CIGA 酒店。

你在威尼斯格瑞提皇宫酒店小住期间，缪斯女神会来造访你吗？你一定和海明威先生共享同一处灵感来源。

五百多年来，大运河始终环抱酒店，轻波拍岸。

提香于16世纪绘制的安德烈·古利提总督画像依然装饰着酒店墙壁。

欧内斯特·海明威在此
创作了一本小说。
也许你住进去，
也能挥笔写就一二？

窗外目之所及是安康圣母教堂的美景，它与1949年10月这位美国作家入住时看到的景象无异。

格瑞提皇宫酒店不仅是他写作的地方，也被他写入《渡河入林》。

事实上，其他CIGA酒店同样能带给人灵感。卫星通信或者空调都无法剥夺其历史的魅力。

在威尼托的山脉间的阿索洛，坐落着奇普里亚尼别墅酒店。这里是罗伯特和伊丽莎白·勃朗宁的故居。

但或许CIGA旗下最富文学气息的要数默里斯酒店了，它紧挨着巴黎的杜乐丽花园。

三十多年来，其声名卓著的餐厅一直扮演着法国文学界大本营的角色。

那是法尔格的《巴黎行人》中不朽的时代。其赞助人弗洛伦斯·古尔德的肖像至今仍挂在餐厅墙壁上。

如果你青睐传统建筑之美胜过摩天大楼的千篇一律，下次旅行不妨考虑CIGA酒店。

集团目前共有36家酒店可供选择，房价与普通五星级酒店持平。

欲获取手册了解详情，请将你的地址或名片传真至米兰（02）76009131，或者致电米兰（02）626622。

CIGA酒店

埃德·麦凯布
ED McCABE

埃德·麦凯布1938年出生于芝加哥。8岁时的报童，长大后成为一个风趣幽默的人。15岁时，他在麦肯-埃里克森广告公司的收发室里开启了自己的广告生涯。

1959年，麦凯布搬至纽约市，先后在本顿&鲍尔斯广告公司（Benton & Bowles）和扬罗必凯广告公司（Young & Rubicam）做广告文案。1964年，他加入卡尔·阿利公司，这是一家专注于伟大创意的小公司。在麦凯布为卡尔·阿利效力的三年里，该广告公司的营业额增长了10倍。

1967年，麦凯布与他人联合创立了斯卡利·麦凯布·史洛斯广告公司（Scali, McCabe, Sloves）。在之后的19年里，他创造了不计其数的经典广告，其中就包括人们口口相传的沃尔沃广告。

1974年，他荣登“广告文案名人堂”，成为有史以来最年轻的上榜者。麦凯布能力超群，其中最令人津津乐道的除了他培养有创造力之人的本事，还有他亲自上阵创作广告的才华横溢。在受他启蒙和培训的学员中，至少有十几个人后来也创办了自己的广告公司。

为了寻求更大的挑战，1986年，麦凯布辞去了斯卡利·麦凯布·史洛斯广告公司董事长兼全球创意总监的职务。1991年年初，他创办了麦凯布&公司（McCabe & Company），这是一家广告传播公司。

● 铅笔，我用铅笔写作。有时候也用钢笔和纸，或者用电脑。如果没有这些，我就用别人的口红或者眉笔写作。如果条件实在不允许，给我一根树枝和一抔泥土，一块石头和一段人行道，一截手指甲和任何能划出痕迹的东西也行。

我和在地铁上偶遇的毫无戒备心的老妇人搭讪，在从她们的购物袋上撕下来的碎片上乱涂乱画。我在湿透了的鸡尾酒餐巾纸上信手涂鸦。甚至连卫生间的墙也不放过，画完以后，我再派人用拍立得把它们拍下来。

多年以来，我在纽约的一家餐馆里有一张专门的桌子。我在那里的桌布上写出了一些广告代表作和得意的文案。

每天早上，沾满了晚餐油渍和黑色笔记的桌布都会被送到广告公司。我们复制好桌布上的内容，再把它送回去，让店员们清洗干净，直到它再次被我蹂躏。

每当我有灵感的时候，不管是什么样的想法，我都会把它写下来。这种冲动无穷无尽。我把文案写在鞋底上，写在朋友和恋人的皮肤上，写在自己的手掌和脚背上，写在陌生人的衣服上，哄骗他们找到可以誊下来的纸，然后向对方赔偿我造成的损失。

不过这种行为只发生在创作后期。

在创作前期，我会主动地学习、调研和记忆，把创作对象的里里外外都摸清。当我处于像海绵般疯狂吸收信息的空杯状态时，情色或者金钱都无法诱惑我拿起铅笔。

我早就养成了一种除非“我对一切有所了解”，否则绝不写作的习惯。为了写这篇文章，我想出了六个截然不同的开头，并且已经琢磨了好几个星期。如果我也按照写广告的方法来操作，我就可以避免很多无用功和截止日期带来的紧张了。但我最初的想法是：写文案是一回事，写关于怎样写文案的文章则是另一回事。现在，我一如既往地认识到，沟通就是沟通，遵循的原则都是一样的。永远不要“预备、开火、瞄准”，否则会把自己的脚打穿。

想想尽人皆知的“预备、瞄准、开火”流程。“预备”

花费一秒钟，“开火”只需一瞬间，但最关键的“瞄准”部分似乎是没完没了的，你得眯着眼睛、聚焦、保持稳定，并且当你认为自己已经瞄准红心时，因为不小心晃了一下，你不得不从头再来。

制作广告也是如此。写作时，我激情澎湃、气吞山河，甚至还有点儿癫狂。但在动笔前，我辛苦耕耘、步履艰难、严格自律并呕心沥血。激情在规划阶段没有一席之地。

思考的时候，我就不工作；工作的时候，我从不思考。当你准备开始时，你应该处于一种厚积薄发、自然倾泻的状态。只有储备丰富，广告才能顺着笔尖自然而然地跳到纸面上。

这不仅是因为充分掌握所有的材料，或者从每个可能的角度和方面出发来审视问题很重要，还因为身为广告文案，你别无选择。只有对某个物体拥有绝对的认识，你才有希望超越平庸的事实，体会到洞察的自由。我说过一句被人广泛引用的话：“我可以教猴子写广告，但我没法儿教猴子思考。”我至今都认为它是正确的。

事实上，任何傻瓜都能写广告。有了当今技术的辅助，你甚至可以用计算机编程来写文案。只要输入所有的产品信息、一些消费者益处、影响消费决策的关键因素和客户要求，一篇符合要求的文案就诞生了。没错，你可以生产广告，但它同样会看起来、听上去让人感觉——很假。因为缺少了一些十分寻常的、人性化的东西，它就像是猴子、傻瓜或者机器写出来的。

对我来说，所有真正伟大的广告都散发着真诚的人情味。你能从字里行间感受到作者灼热的呼吸。无论是风趣幽默还是机智聪慧，无论是富有洞察力还是技艺高超，伟大的广告总能向受众勾勒出一幅斑斓的人性浮世绘。

我所做的，所有广告文案所做的，并不仅仅在于描述某个产品或者某种服务。

它还关于我们笔下的产品或者服务究竟能怎样改善个体的生活品质，为其提供精神慰藉，甚至为普罗大众的人生施展魔法、增添魔力。

尝尝这块从人类好管闲事的
手中逃逸的牛肉

曾几何时，所有牛肉尝起来都像科尔曼天然食品一样纯天然。但那已经是很久以前的事情了，那时候科学技术都还没兴起。

彼时，人类还没接触牛肉。他们也不知该如何适可而止。

如今，大多数人以坚定的态度饲养肉牛是为了获取利润而非美味。自出生起，它们就被注射激素，然后疯狂生长。为了预防疾病，定期让牛服用抗生素已成惯例。

没有临床证据显示食用这种牛肉有害身体健康。但常识告诉你，至少它没那么“天然”。

梅尔·科尔曼，科尔曼集团领头人和天然牛肉的推广人。

如今人人皆知，“天然”是广告行话中被滥用最多且最没营养的词。但对科尔曼集团及其饲养的牛肉来说，“天然”并非一个词语，而是一种使命。科尔曼人自 1875 年起开始涉足天然牛肉产业，并坚持做该领域的“长期主义者”。

经过多年发展，我们已成长为一家一体化的牛肉生产商，严把产品“质量关”，确保吃上“放心肉”。

无激素。无类固醇植入物。

坚决抵制抗生素，热情拥抱“零添加”。

所有饲料定期接受化学残留物检测，如有残留，即为废品。

所有科尔曼牛肉奉行比传统牛肉更加严格的减脂标准。最高可减脂 40%。

全情投入，开花结果：科尔曼已成为美国天然食品店中最畅销的“金字招牌”，要知道美国顾客对健康食品异常挑剔。

另一结果是牛肉口感。

科尔曼牛肉精瘦可口，不失柔嫩，易嚼美味。多汁却不油腻。

事实上，它是如此纯净、口味纯正、无添加，让你一试难忘。

好牛肉对你有百利而无一害。

牛肉吃得越来越少？科尔曼牛肉，少即是多。

欲了解更多信息，请致函卡罗拉多州丹佛市 5140 号跑马场，科尔曼天然肉类股份有限公司，邮政编码 80216。

科尔曼纯天然牛肉门市地址：A&P 食品商店，Big D 超市，Big Y 超市，面包 & 马戏面包店（Bread & Circus），德莫拉斯超市（Demoulas），FINAST 超市，食品市场（Foodmart），汉纳福特兄弟连锁店（Hannaford Brothers），纯度至上超市（Purity Supreme），罗氏兄弟超市（Roche Brothers），邵氏超市（Shaws），明星市场连锁店（Star Markets），Stop & Shop 超市，维多利超市（Victory）。

科尔曼天然牛肉饲养于水源处，无激素，无抗生素，百分之百纯净天然无添加。

没有人工干预

1974 年，凌晨 3 点，纽约。
写于鸡尾酒餐巾纸上。

明早起床，请深呼吸，
你会感觉胸闷气短

据说，深呼吸新鲜空气是人一生中最惬意的体验。

你也可以说，深呼吸纽约的空气是人一生中恶心至极的体验。

因为纽约的空气质量是全美所有城市中最糟糕的。

即使在快要绝迹的晴天里，空气仍被严重污染。

平日里，你会吸入致命的一氧化碳、能腐蚀石头的二氧化硫、一战中被用于催泪瓦斯的化学品丙烯醛、老鼠皮肤致癌物苯并芘，以及把你原本粉色的健康肺染成黑色的大量煤烟和灰尘。

至少，纽约空气中令人讨厌的元素使你感觉糟糕透顶。空气污染让你眼睛干涩，胸口发闷，流鼻涕，头疼咽痛。空气污染是雾霾天的罪魁祸首，也让许多人心情昏暗。如果你容易抑郁，那么长期暴露在污染的空气中对你有百害而无一利。

当然，在最坏的情况下，空气污染可以“索命”。目前为止，由污浊空气引发或者加重的疾病包括肺癌、肺气肿、急性支气管炎、哮喘和心脏病。

1953 年和 1963 年，纽约经历的两次严重空气污染已致 600 人死亡。多年以来，谁也说不准究竟有多少人死于空气污染。

谁该对纽约的空气污染问题负责？人人责无旁贷。公寓楼、工业厂房、汽车、公交车、垃圾堆以及任何焚烧物体之处都散发着灰尘、烟雾和化学物质。

但指责肇事者并非本广告的目的。我们想要激发你的愤怒，进而阻止这一切发生。

对于空气污染，你能做些什么？其实不多。但“一百万人齐蹈厉，同心同德声震天”。

我们需要收集一百万个对空气污染“零容忍”的纽约市民的姓名和地址。

它们将成为攻击对空气污染毫不关心之人的枪支弹药。

如果我们能集齐一百万个名字，就没人敢说纽约人在“更清洁的燃料、更好地执行空气污染法律和更有效的废物处理方式”面前无所作为。

这些东西成本很低，一年只要几美元。

污染空气代价很高，可能会使我们付出生命。

收集一百万个名字
洁净空气公民股份有限公司
纽约中央车站，邮政编码 10017

如果你想加入对抗空气污染的战斗，请寄给我们一封内附 2 美元支票（或者更多）的信。你将即刻成为洁净空气公民股份有限公司的一员。

▶ *1966 年，早上 7 点，纽约。*
写于衬衫纸板上。

Tomorrow morning when you get up, take a nice deep breath. It'll make you feel rotten.

It is said that taking a deep breath of fresh air is one of life's most satisfying experiences.

It can also be said that taking a deep breath of New York air is one of life's most revolting, if not absolutely sickening, experiences.

Because the air around New York is the foulest of any American city.

Even on a clear day, a condition which is fast becoming extinct in our "fair city," the air is still contaminated with poisons.

On an average day, you breathe in carbon monoxide, which as you know is quite lethal; sulfur dioxide which is capable of eroding stone; acrolein, a chemical that was used in tear gas in World War I; benzopyrene, which has produced cancer on the skin of mice; and outrageous quantities of just plain soot and dirt, which make your lungs black, instead of the healthy pink they're supposed to be.

At the very least, the unsavory elements in New York air can make you feel downright lousy. Polluted air makes your eyes smart, your chest hurt, your nose run, your head ache and your throat sore. It can make you wheeze, sneeze, cough and gasp. And because air pollution is responsible for many of those depressing "gray days," it may affect your mental well being. If you're a person who is easily depressed, prolonged exposure to polluted air certainly isn't doing you any good.

Of course, at its worst, air pollution can kill you. So far, the diseases believed to be caused, or worsened by polluted air are lung cancer, pulmonary emphysema, acute bronchitis, asthma and heart disease.

600 people are known to have died in New York during two intense periods of air pollution in 1953 and 1963. How many others have died as a result of air pollution over the years is anybody's guess.

Who is responsible for New York's air pollution problem? Practically everybody. Dirt, smoke and chemicals belche from apartment buildings, industrial plants, cars, busses, garbage dumps, anywhere things are burned.

But the purpose of this advertisement is not to put the finger on who's causing the problem. It's to get you outraged enough to help put a stop to it.

What can you, yourself, do about air pollution? Not much. But a million people up in arms can create quite a stink.

We want the names and addresses of a million New Yorkers who have had their fill of polluted air.

The names will be used as ammunition against those people who claim New Yorkers aren't concerned about air pollution.

If we can get a million names, no one can say New Yorkers won't pay the price for cleaner burning fuels, better enforcement of air pollution laws, and more efficient methods of waste disposal.

The cost of these things is low. A few dollars a year.

The cost of dirty air is higher. It can make you pay the ultimate price.

Box One Million

Citizens for Clean Air, Inc.
Grand Central Station, N.Y. 10017

IF YOU'D LIKE TO GET IN THE THICK OF THE FIGHT AGAINST AIR POLLUTION, SEND US A LETTER ALONG WITH YOUR CHECK FOR $2.00 (OR MORE) AND BECOME A MEMBER OF CITIZENS FOR CLEAN AIR, INC.

沃尔沃经久耐用。不会影响生意吗？

对某些制造商来说，打造经久耐用的产品简直就是愚蠢之举。

这却是开明的消费者喜闻乐见的理念。

被迫购买新车，绝非设计初衷。无须再买，是我们始终不变的追求。

这样你就会想再购入一辆。

以下事实完美总结了本司汽车的使用寿命。

在过去 11 年中，每 10 辆记录在册的沃尔沃中有 9 辆尚在行驶。

在人们对自驾车越来越不抱幻想的世界里，顾客回购率有增无减。沃尔沃，以旧换新。

生意如何？

好吧，沃尔沃是美国当今销量最高的原装进口小型汽车。我们即将迎来黄金之年。

沃尔沃大智若愚的政策成效喜人。

沃尔沃

1970 年，沃尔沃公司。查阅黄页获取离你最近的经销商地址，可跨境送货。

1970 年，晚上 10 点，纽约。写于桌布上。

气氛可不能当饭吃

霍恩 & 哈达特自助快餐。华而不贵，入口实惠。

1965 年，早上 8 点 15 分，纽约。写于购物袋上。

▶ 1972 年，晚上 11 点，纽约。写于便签纸上。

我的鸡都比你吃得好

弗兰克·珀杜

你的问题是你想吃啥就吃啥。

我的珀杜鸡可没你这么自由。我喂什么它们就吃什么。而我只给它们最好的。它们的食物主要是纯净的黄玉米、豆粕和金盏花瓣之类的健康食品。

吃得新鲜，喝的也是深井清泉。

我对鸡食如此挑剔的原因很简单：鸡如其食。因为吃得好，珀杜鸡总是鲜嫩多汁，美味可口。并且它们散发出健康的金黄色光芒，这令其卓尔不群。

如果你想和我的鸡吃得一样好，听我一句劝。

快吃我的鸡。

珀杜新鲜嫩鸡肉，质量无欺，否则退款。请冷冻保存。珀杜农产品股份有限公司，来信请寄至萨利斯伯里 1537-S 号信箱，邮政编码 MD 21801。

珀杜鸡，硬汉炼嫩鸡

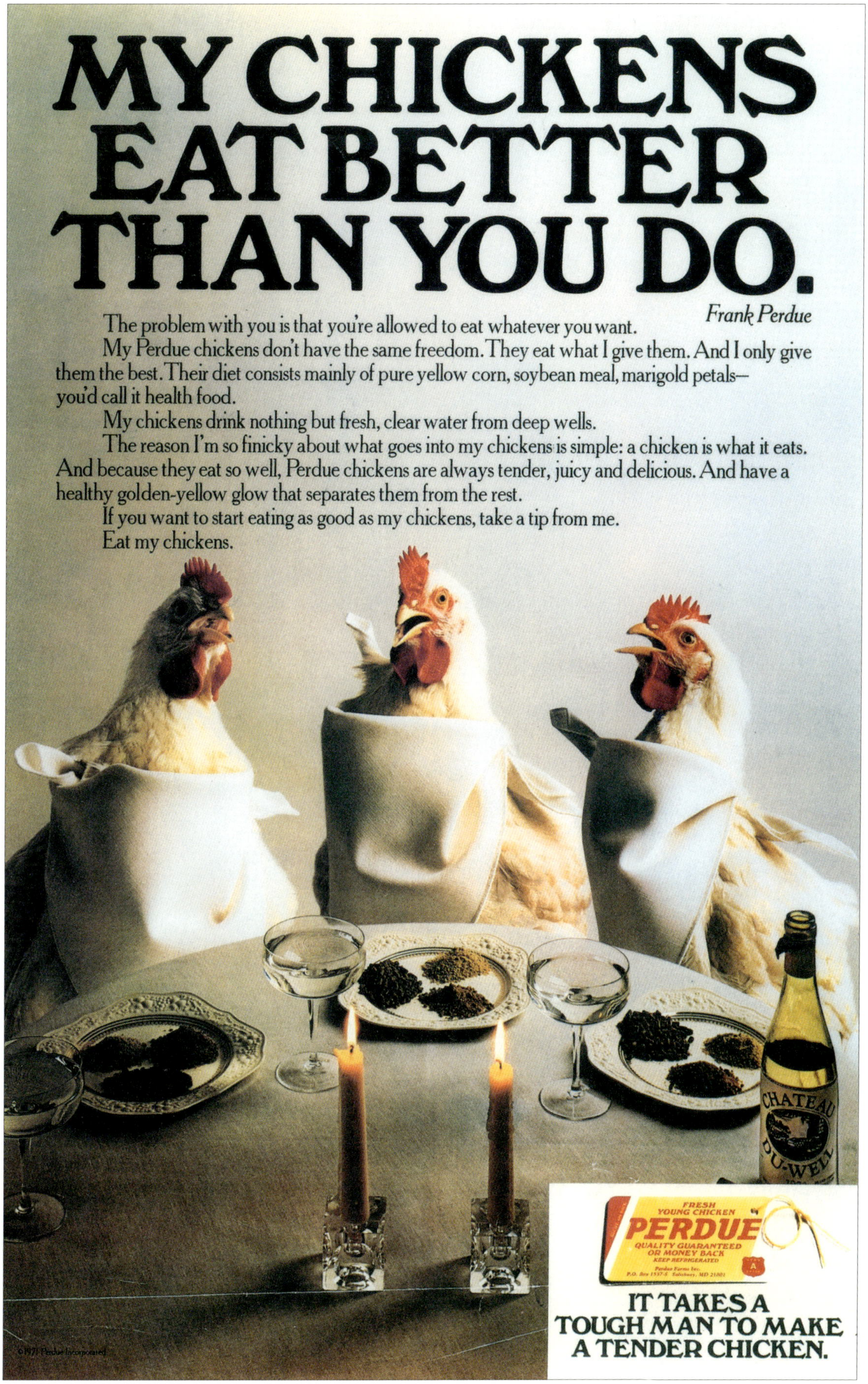

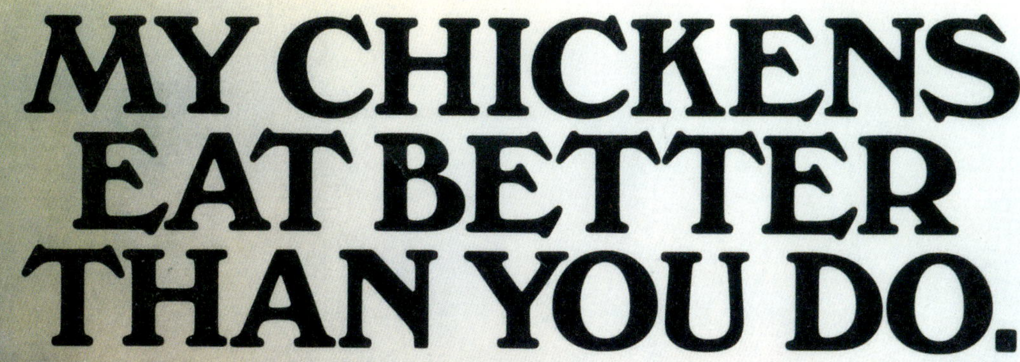

MY CHICKENS EAT BETTER THAN YOU DO.
Frank Perdue
The problem with you is that you're allowed to eat whatever you want.
My Perdue chickens don't have the same freedom. They eat what I give them. And I only give them the best. Their diet consists mainly of pure yellow corn, soybean meal, marigold petals—you'd call it health food.
My chickens drink nothing but fresh, clear water from deep wells.
The reason I'm so finicky about what goes into my chickens is simple: a chicken is what it eats. And because they eat so well, Perdue chickens are always tender, juicy and delicious. And have a healthy golden-yellow glow that separates them from the rest.
If you want to start eating as good as my chickens, take a tip from me.
Eat my chickens.
CHATEAU DU-WELL
FRESH YOUNG CHICKEN
PERDUE
QUALITY GUARANTEED OR MONEY BACK
KEEP REFRIGERATED
IT TAKES A TOUGH MAN TO MAKE A TENDER CHICKEN.

1965 年，凌晨 1 点，纽约。
写于桌布上。

也许你的第二辆车不该是辆汽车

别笑。
在以下场景中，骑辆伟士牌摩托车比爬进 4 000 磅重的车更划算。为了买一小包香烟，你还得把汽车开出半英里远。
首先，伟士牌可随意停放。
一加仑汽油就能跑上 125~150 英里。具体要看你怎么骑了。用的就是普通汽油。
伟士牌的机械设计绝对可靠。引擎只有三个活动部件。根本坏不了。（有些人的伟士牌行程数超过 10 万英里，都没大修大补。）维修也很简单，一次完整调试只需花费 6 美元。
气冷引擎。不用水，也无防冻剂。
变速器制造精良，终身保修。*
伟士牌机身结构整齐统一。机身制作一气呵成。不是把各种零件拴在一起而成的，不会嘎吱作响。
如果你入手一辆伟士牌，邻居不会举家搬迁。它是踏板摩托车，不是摩托车。它绝不会让你颜面扫地。
六款车型任君挑选。你可以用购买第二辆车一年的保险费和燃料钱来买它。
你如果决定卖掉自己的伟士牌小摩托，可回笼大部分资金。它贬值可比汽车慢多了。
今天你可能对伟士牌不屑一顾。但明天你被堵在路上，有辆伟士牌小摩托从身边飞驰而过时，请记住。
被嘲笑的是你。
马萨诸塞州波士顿联邦大道 949 号，维斯科尼股份有限公司。
* 定期维修按保修计划执行。保修提供更换或维修（由进口商选择的）所有传动装置零件，零部件和人工皆免费。可跨境送件。1964 年，维斯科尼股份有限公司。

伟士牌

Maybe your second car shouldn't be a car.

Don't laugh.

It makes a lot more sense to hop on a Vespa than it does to climb into a 4000-lb. automobile to go half a mile for a 4-oz. pack of cigarettes.

To begin with, a Vespa can be parked.

It'll give you between 125 and 150 miles to a gallon. Depending on how you drive. And using regular gas.

The Vespa is a reliable piece of machinery. Its engine has only three moving parts. There's not much that can break. (People have driven Vespas over 100,000 miles without major repairs.) And it's so simple to work on, a complete tune-up costs six dollars.

It's air-cooled. There's no water, no anti-freeze.

The transmission is so well built that it's guaranteed for life.*

Vespa has unitized body construction. The whole thing is made from one piece. It's not bolted together. It can't rattle apart.

If you buy a Vespa your neighbors won't move out of the neighborhood. The Vespa is a motorscooter, not a motorcycle. There is no social stigma attached to driving one.

There are six Vespa models to choose from. You can buy one of them with the money you'd spend just to insure and fuel the average second car for a year. And you can count on getting most of that money back should you ever decide to sell your Vespa. It won't depreciate nearly as fast as a car.

You may laugh at the Vespa today. But tomorrow when you're stuck in traffic and one scoots by, remember this.

The laugh is on you.

Vescony, Inc., 949 Commonwealth Avenue, Boston, Massachusetts.
*Providing regular maintenance is performed in accordance with schedule outlined in the warranty. Warranty provides for replacement or repair (at importers' option) of all transmission parts at no cost for either parts or labor.
Overseas delivery available. ©1964 Vescony, Inc.

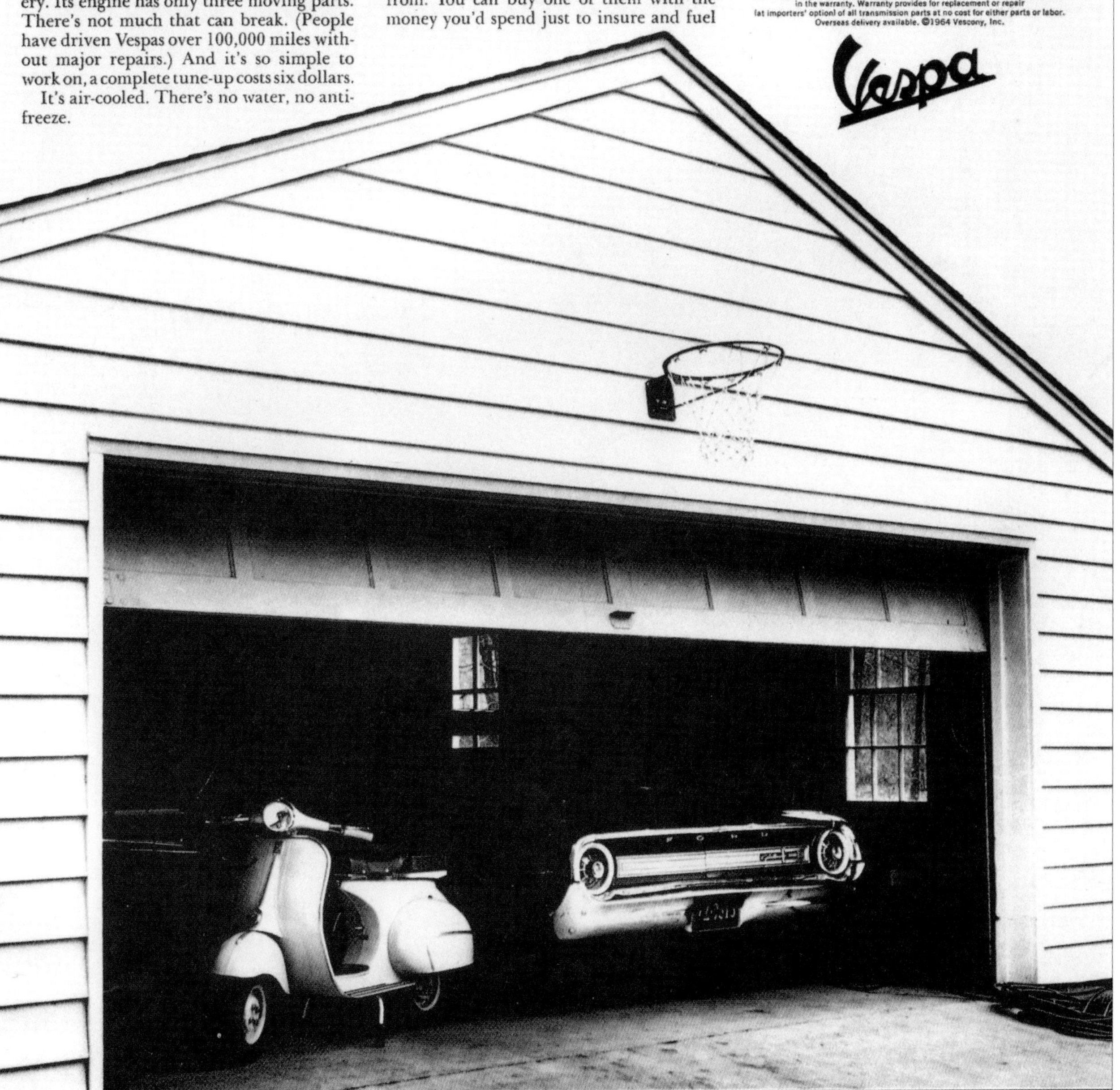

蒂姆·梅勒斯
TIM MELLORS

蒂姆·梅勒斯于 20 世纪 60 年代开始为杂志撰稿。后来，他成为一名广告文案，创作了很多知名的广告系列，比如创新的“多乐士狗”、摩根船长朗姆酒和舒耐止汗露的“小勾”。20 世纪 80 年代，他出任盛世长城的创意总监，为英国保守党、英国航空公司设计过广告，还联合创办了《独立报》。

梅勒斯曾在美国和澳大利亚工作，并在那里指导商业广告。20 世纪 90 年代初，他出任戈尔德·格林里斯·特罗特广告公司的创意总监，创作了由喜剧演员保罗·默顿出镜的加信氏皇室香皂和阿里斯顿厨房电器等广告。他还和莱斯利·尼尔森合作了红岩苹果酒广告，和丹尼斯·利里共同创作了赫力斯特牌皮尔森啤酒广告，当然还有吉百利雪花巧克力广告。目前，他是梅勒斯·雷伊广告公司（Mellors Reay & Partners）的董事长兼执行创意总监。

梅勒斯是英国设计与艺术指导协会成员，曾任戛纳广告奖评审团主席，现任广告和营销奖项颁发机构创意圈的主席。

● 我认为这是我有史以来写过的唯一一篇好文案。

为什么呢？好吧。我不认为自己是那种传统意义上的广告文案。我不是匠人。我喜欢说出文字那一瞬的感觉，让它们以一种惊人的方式迸发出来，然而每当诉诸笔端时，我就好像戴着一副园艺手套在穿针引线。

所以，我很喜欢这则阿维顿广告。它直接从我大脑里跳出来，顺着手臂流进派通笔，最后在纸面上凝固成形。

阿维顿为伊曼·德马吉拍摄的照片魅力四射（瞧她那双明眸），那时她还没和“瘦白公爵”大卫·鲍伊在一起。艺术指导雅顿勇敢地——也有人说是鲁莽

Yee hoo!, the old woman cries, as she butts the dancer gently in the belly. The dancer has been approved. The dancer is outstanding. The eye popping, limb contorting swirl of magic and colour that is the tribal dance of the Nomads of the Niger has reached its mesmeric climax. In a great white egg of a studio somewhere on New York's East Side, Richard Avedon the photographer who Truman Capote has called "The man with gifted eyes," breathes the tingling magic of the Wodaabe tribe into Alexon's African collection. Colours and primitive pattern woven into cloth, woven into clothes bring Alexon screeching into the now.

阿维顿亚历克森非洲系列时装

哟嗬！一位老妇叫喊道，一边用头轻轻顶舞者的肚子。舞者备受赞赏，舞姿华丽出众。尼日尔游牧民族的部落舞蹈令人瞠目结舌。扭曲的四肢、旋转的魔法色彩将舞蹈推向迷人的高潮。在纽约东区一间像大白蛋的工作室里，摄影师理查德·阿维顿将沃达贝部落（Wodaabe）令人兴奋的气息注入亚历克森非洲系列时装。这个被杜鲁门·卡波特称为“开了天眼”的人，织锦裁衣尽显色彩与图腾本色，赋予亚历克森至今都让人尖叫不已的魅力。

地——把阿维顿最精美的服饰包裹在了她的脑袋上。面对此情此景，就算是喜剧演员麦克斯·拜格雷夫斯也能文思泉涌，下笔如有神。

我读过的任何一篇广告文案都没有卓伊·海勒的风趣睿智，也远不及伯纳德·莱文的古灵精怪。如果你仔细观看，你就会发现他们正是我们的竞争对手，其作品往往就放在我们的广告旁边。

我和所有的创意工作者一样缺乏安全感。以表扬赞美为喜，以自我怀疑为悲。所以，我怎么有勇气在这本严肃权威的书里夸夸其谈呢？因为查尔斯·萨奇说他对我很有信心。

芭芭拉·诺克斯
BARBARA NOKES

芭芭拉自从 1993 年 1 月起一直担任 CME.KHBB 的执行创意总监，在此之前，她是百比赫广告公司（BBH）的创始合伙人兼副创意总监，她的其他经历包括在 BMP 工作过一年，在恒美广告公司工作过九年，以及在 CDP 工作过一年。

● “它们以很多不同的方式出现，如此之多。”滚石乐队主唱米克·贾格尔用一种夸张而恳切的语调诉说着，仿佛被人用刀胁迫去交代一些重要隐私。从某种意义上说也的确如此，他在讲述如何与基思·理查兹一起写歌，不只是《满足感》和《酒馆女郎》这种老套情歌，还包括《创世记》和《启示》这种经典之作。

这是戴维·弗里克最近在《滚石》杂志所发表的文章的开场白，似乎非常契合我在这本书中关于文案写作想要表达的内容。

关键是，我怀疑没人真正知道他们（贾格尔和理查兹）是怎么做的。我们都有自己的方式，去推迟那个“庄严”时刻的到来：过去，是万宝龙钢笔或比罗圆珠笔，与一张空白A4纸邂逅的时刻；现在，是你的手指与电脑相遇的瞬间。或许你认为我是老古董，但我还是忍不住去想，如今大家都直接在屏幕上写文案，文案的本质是否会因此发生变化？艺术指导的属性已经改变了，对他们而言，使用Mac已经是“家常便饭”。

在动笔之前，我喜欢找这些产品的使用者或体验者聊一聊。若是汽车广告，我可能会去找车主或汽车记者；若是尿布广告，我可能会找妈妈、爸爸、保姆或者造纸专家；若是某制造业产品广告，工厂的质量监督和品控人员通常是很有价值的聊天对象。

在我看来，写文案最重要的是“惜字如金”。毕竟，文案是一种用最少的话表达最多信息的艺术（如此说来，文案更接近诗歌，而非散文）。

所以，我会将客观需要的事实和数据整理好，根据直觉，列出适合制作这款“蛋糕”的些许原材料。然后，最重要的一点是，我要想象自己潜入受众的皮肤和脑海。

同理心就是一切。我认识的一个小孩儿，曾经非常完美地示范了这一点。他大约八岁，住在鱼龙混杂的伦敦市中心街区，非常会讲话。有一天，我偶然听到他在院子里玩耍，口齿含混，大声诅咒着什么，仿佛世界末日降临。我问他为什么要用这种方式说话，他用那种只有孩子才会有的逻辑说“这样戴维才会明白我在说什么”，说得挺像那么回事儿。

所以，整理好资料，了解你的受众，不要高高在上，要用他们说话的方式与之交谈。还有什么？言简意赅。我记得好像是帕斯卡，曾在一封长信的末尾加了一句歉语，解释说他没有足够的时间去写一封短信。能用五个字表达清楚的话，为什么要用二十个字？如果在报纸上刊登一张海报就够了，那为什么要用长文案广告呢？

对大多数人而言，尤其对那些要兼顾家庭和事业的女性来说，金钱并不是最宝贵的，时间才是。我们这些文案撰稿人，最好能意识到这一点。

因此，我没有任何理由去选取那些长文案主导的广告放进本书。并且，对一个文案撰稿人而言，用寥寥数语去传达一个复杂创意，其实是一种终极挑战。

如果我只能给出关于文案创作的一条建议，那就是：修改、修改、修改。

在巴黎，读“Pernod”不发“d”的音

克劳丁去洗手间给她的鼻子通电。①

① 本广告上方的插图出自艺术家格雷厄姆・罗尔（Graham Rawle）创作的图文字游戏系列，一句话去掉一个字母，就会改变整个句子的意思。英文原文中的“power her nose”（给她的鼻子通电）加上字母 d 就变成了“powder her nose”（去洗手间补妆），意思完全改变了。与此形成对比的是，法语单词末尾的 d 一般不发音，去掉 d 也不影响对单词的理解。——编者注

简报：展示潘诺酒正宗巴黎酒的气质。

从文案角度来看，让这则广告因为玩了一个文字游戏而变得很有趣。

奖项：入围多个奖项。

艺术指导：彼得・哈罗德。

插图设计：格雷厄姆・劳莱。

简报：使怀特医生的形象更具现代感，同时塑造品牌的权威感。打响百比赫广告公司的名声。

奖项：D&AD奖平面广告类石墨铅笔奖、D&AD奖文案类石墨铅笔奖。

艺术指导：约翰·赫加蒂。

（左图文案）

我的头一抽一抽地痛，我还怎么去参加足球决赛啊？

别指望我在刮胡子的时候能把下巴上的这些粉刺也刮掉。

不管你胸部酸痛还是胀痛，你都不会想被拥抱。

难以摆脱的腰酸背痛让我无法洗车。

我胃痛、腹胀，老板都来问我是不是怀孕了。

每个月都要经历一次双腿无力到发颤，我永远都登不上成功之巅了。

Have you ever wondered how men would carry on if they had periods?

At the risk of sounding sexist, we must observe that men can be terrible babies when they're ill.

A cold so easily becomes 'flu.' A headache, 'migraine.' Indigestion, a 'suspected heart attack.'

If men had periods, the cry would go up for the 3-week month, never mind the 5-day week.

The fact is, it's women who have the periods. Month after month after month . . . for about 35 years.

And far from carrying on, women are busy, for the most part, soldiering on.

We like to think we're some help.

As the chart shows, there are Dr White's products designed to make your life a bit more bearable, whatever kind of periods you have to put up with.

And whatever your personal preferences might be.

Unlike most other sanitary protection manufacturers, we have no axe to grind in the tampons versus towels war: we make both. And we make both exceptionally well.

Dr White's Contour tampons have rounded end applicators, so insertion doesn't make you catch your breath…or anything.

Dr White's Panty Pads have a unique Tendasoft cover to keep you drier and more comfortable.

And Dr White's Maxi press-on has two widely-spaced adhesive strips running the length of the towel, so it stays securely put whether you're climbing a mountain or, indeed, the ladder of success.

After 104 years in the business, we aren't naive enough to imagine we could make your period a lot of laughs, exactly.

*But we're certain we can make it less of a (dare we say it?) bl**dy nuisance.*

WHICH DR WHITE'S TOWELS AND TAMPONS WILL SUIT YOU BEST?				
IF YOUR PERIOD IS:	Light	Medium	Heavy	Very Heavy
Looped Towel	Dr White's No. 1	Dr White's No. 1 or 2	Dr White's No. 2	Dr White's No. 2 or 3
Press-on Towel	Dr White's Panty Pads Regular	Dr White's Maxi or Panty Pads Super	Dr White's Maxi or Panty Pads Super	Dr White's Maxi
Press-on Mini Towel	Dr White's Fostidia			
Applicator Tampon	Dr White's Contour Regular	Dr White's Contour Super or Regular	Dr White's Contour Super	

Dr White's Towels and Tampons.

Help make your period less of a problem.

IF YOU'RE FINDING YOUR PERIOD A PROBLEM, PLEASE FEEL FREE TO WRITE TO SISTER MARION AT LILIA-WHITE LTD, ALUM ROCK ROAD, BIRMINGHAM B8 3DZ

你是否想知道，如果男人来月经会怎么样？

尽管这有点儿性别歧视，但我们必须清楚，男人生病的时候，就像一个幼稚的婴儿。

一场小小的感冒，也容易变成头痛、偏头痛、消化不良，甚至可能是心脏病发作。

如果男人来月经，那他们可能在每个月非经期的那三周都在哭泣，更不用说 5 天经期的那一周了。

事实上，只有女人才有月经，而且会持续很多个月……长达35年。

女人们通常是忙碌的，她们过得像战士一样，也许我们能帮上一些忙。

如表格所示，怀特医生设计的各种产品会让你的生活变得更容易一些，无论你有着怎样的经期，也无论你的个人喜好如何。

与其他大多数卫生护理用品制造商不同，我们对卫生巾和月经棉条没有偏袒，我们在这两方面都做得很好。

怀特医生牌月经棉条带有圆头推放器，你在使用时无须屏住呼吸，也不会有异物感。

怀特医生牌内裤用卫生巾表面有一层独家研发的柔软吸收层，可保持干爽，使你感到更舒适。

怀特医生牌超大号粘贴式卫生巾两侧有增长的可粘贴延展带，可确保你在爬山或攀登通向成功的阶梯时免去侧漏风险。

我们在这个行业已经有 104 年历史，我们不会天真地妄想让来月经成为一件快乐的事，但可以肯定的是，我们可以让你少一点儿烦扰。

怀特医生牌卫生巾和月经棉条，助你缓解经期问题

如果经期给你带来了困扰，请随时写信给玛丽昂姐姐，将信寄至伯明翰阿鲁姆洛克路，莉莉娅-怀特股份有限公司，邮政编码 B8 3DZ。

哪种怀特医生的卫生巾和月经棉条最适合你？				
如果你的月经量	少	正常	多	超多
系带式卫生巾（月经带）	怀特医生 1 号	怀特医生 1 号或 2 号	怀特医生 2 号	怀特医生 2 号或 3 号
粘贴式卫生巾	怀特医生常规号内裤用卫生巾	怀特医生大号或超大号内裤用卫生巾	怀特医生大号或超大号内裤用卫生巾	怀特医生超大号内裤用卫生巾
迷你粘贴式卫生巾	怀特医生 Fostidia			
带内置器月经棉条	怀特医生常规号	怀特医生常规号或超大号	怀特医生超大号	

简报：凸显金缕橘子酱的高品质。打响百比赫广告公司的名声。
奖项：D&AD奖海报类黄铅笔奖、石墨铅笔奖。
艺术指导：约翰·赫加蒂。

简报：凸显Polo作为世上最出色的掀背式轿车的特质。
奖项：D&AD奖海报类石墨铅笔奖。
艺术指导：彼得·哈罗德。

金缕橘子酱的浓郁香气来自塞维利亚橘子；有些橘子酱就没这味道

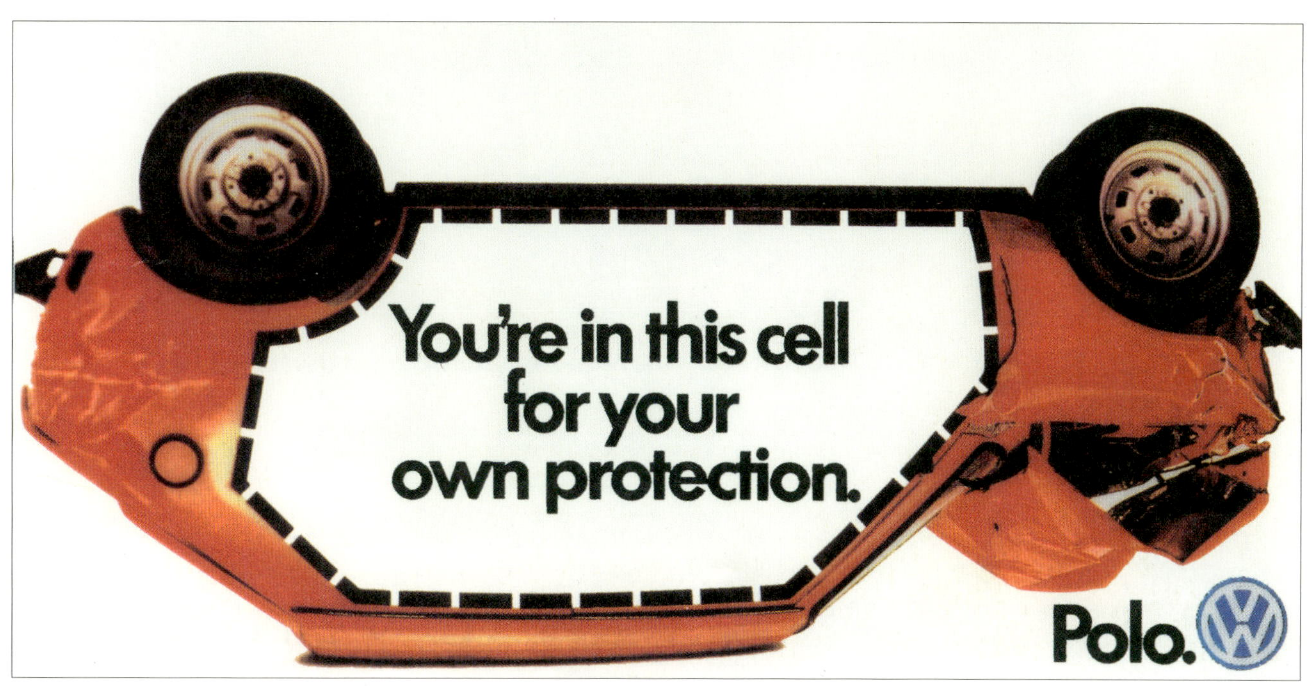

为自保，你该待在这种车里

大众 Polo

标签上写着手洗，科瑞达却说机洗亦可

如果你能在同等价位找到一台更好的洗衣机，科瑞达来买单。

简报：传达科瑞达电器的出色品质及先锋技术。

奖项：D&AD 奖入围、Campaign 杂志广告奖海报类银奖。

艺术指导：彼得·哈罗德。

我们认为，你想知道艺术总监是在哪里做的发型

10 号工作室

法灵顿路 25-27 号，邮政编码 EC1M 3HN。电话：01-404 4044。

简报：用 10 号工作室高品质的调色技巧打动艺术指导。

奖项：D&AD 奖入围、Campaign 杂志广告奖平面广告类银奖。

艺术指导：德雷克·哈斯。

简报：为小企业主提供贷款，帮助他们生存并发展，要对小企业主所处的艰难现状表现出同理心（这一要求不难达到，因为这则广告是我在限电时借着烛光写出来的）。

奖项：D&AD 奖平面广告类及文案类奖项入围。

艺术指导：彼得·哈罗德。

“我要辞职。”“不行，你是老板。”

每个人都有不称心的时候，包括老板们。

但是当你是一家小公司的老板时，糟糕的一天可能让你无法逃避。

在大公司，你周围遍布财务、销售、人力、市场、产品方面的专家。

你可以和这些人聊天、争辩，推销你的想法，决定和谁一起吃午餐，信赖让你感觉更好的人。

但是当你是一家小公司的老板时，你能依靠的就只有你自己了。

在 ICFC（工商金融有限公司），我们充分了解小企业成长过程中的烦恼。

在过去的 34 年里，我们已经帮助了将近 5 000 人。

并且我们发现，一些友善的建议，以及 5 000~200 万英镑的资金，可以点亮他们的那些至暗时刻。

ICFC，小型企业所需长期资金的最大来源

工商金融有限公司。分公司电话：亚伯丁 0224 53028，伯明翰 021-236 9531，布莱顿 0273 24391，布里斯托尔 0272 292081，剑桥 0223 62126，加的夫 0222 34021，爱丁堡 031-226 3885，格拉斯哥 041-221 4456，利兹 0532 30511，莱斯特 0533 26854，利物浦 051-236 2944，伦敦 01-928 7822，曼彻斯特 061-833 9511，纽斯卡尔 0632 815221，诺丁汉 0602 47691，雷丁 0734 861943，谢菲尔德 0742 664561，南安普敦 0703 32044。

克里斯·奥谢
CHRIS O'SHEA

克里斯·奥谢在 16 岁时辍学进入广告业。他加入的第一家广告公司是法兰奇·戈尔德·阿博特，他在那儿待了五年。随后，他转入新锐公司阿博特·米德·维克斯。五年后，他意识到生活中应该有比做广告更重要的事，于是辞职成为一名卡车司机。半年后，他又意识到自己错了，重新加入阿博特·米德·维克斯工作了四年。1984 年，他成为劳·霍华德-斯平克广告公司的首席文案官，两年后与艺术指导出身的肯·霍金斯担任联席执行创意总监。1989 年，他们转去帮助夏戴广告公司建立伦敦办公室。1991 年，他们离任并创立了自己的广告公司班克斯·霍金斯·奥谢（Banks Hoggins O'Shea）。

● 这可能不是你读过的文章中最好的一篇，但是如果它能帮你写出最好的文案，我相信你不会有什么怨言。

就从我能开始的地方开始吧。

如果想创作一则有机会获奖的广告，我会带上一支HB铅笔，一本A3拍纸簿，两本往期广告年鉴，走进家中浴室，并且锁上门。

带铅笔和拍纸簿，是因为人类虽然很聪明，但至今仍没找到一种比诉诸笔端更快的方式去传递脑中所想。

带往期广告年鉴，是因为我总是借助通读大量优秀广告的方式，让好文案充斥脑海（这基于一个原则：你与皮特·桑普拉斯搭档打网球，会比与隔壁办公室的书呆子搭档更尽力）。

为什么是浴室？因为我需要独处空间。

我先在拍纸簿三分之二的位置，自上而下画一条线。左侧较大部分用来写具体文案，右侧较小部分则作为一个后面会用到的“点子库”——悦目的短语、结尾的想法、有趣的文风，在我写文案的时候，它们闪耀着光芒划过我的脑海，除非立即记下来，否则它们会永远消失。

然后我开始思考文案结构。

就我而言，如果说写文案有什么秘诀，那就是将信息按照正确的顺序写下来。如果我能把握好这一点，文案写作就会遵循逻辑，如行云流水般铺陈下去。

接下来我开始写作，然后停下来，接着又开始，然后又停下来，如此循环往复……

对我而言，开篇段落通常都比较难写（在找到最好的创意路径之前，我通常为开篇写四五种不同的风格）。

与此同时，在我的脑海里，会形成一个关于这篇文案的读者群的画面。

这些人不是“年龄在35~44岁的男性或女性，态度暧昧，精神空虚”，我会想象一个具体的人——可能是朋友、邻居或者其他与受众关系紧密的人。

当我的脑海中浮现这个人时，我就知道读者们会被什么吸引。

这样我就能以一种理所当然的方式来写文案：像是两个人之间的对话，而非品牌对消费者的公告。

写文案时，尽量简单一点儿。

这就要求我用口语而非书面语去写作。（这一点成功避免了眼神犀利的读者挑我的语法毛病。）

沉迷文字游戏，是习惯使然，我很久之后才意识到这一点，文字游戏虽然容易打动同行，却会让受众费解。（一位资深文案曾经告诉我：“客户付给你报酬，是要你包装产品，而不是包装你自己。”）

我也记着，在我的字母表上，不仅有26个字母可以使用，还有冒号、分号、斜体字、破折号、问号甚至叹号，偶尔使用它们，可以为文案增添丰富度和质感。

现在是文案的长短问题。

我爱长文案。

吸引别人三分钟的注意力，肯定好过对六个产品卖点一笔带过。

长文案允许我一层层去构建一个有理有据的论点，它有望引导读者得出一个确定的结论，即我推荐的产品，比其他的都好。

话虽如此，如果我的搭档肯·霍金斯介意文案太长，我就会删减一些（删减总是能让文案得以升华）。

但如果文案太短，我一般也不会继续扩写，画蛇添足总是不太好（我只会说服肯·霍金斯把字号加大一些）。

当快要结尾时，我会用蹩脚的美国口音大声阅读，来检查文案的节奏和韵律。（如果你觉得这很疯狂，不要投诉我，请致电戴维·阿博特，这是他的馊主意。）

然后呢？

哦，是的。结尾要非常有启发性，或辛辣，或有趣。

虽然这很难，不是吗？

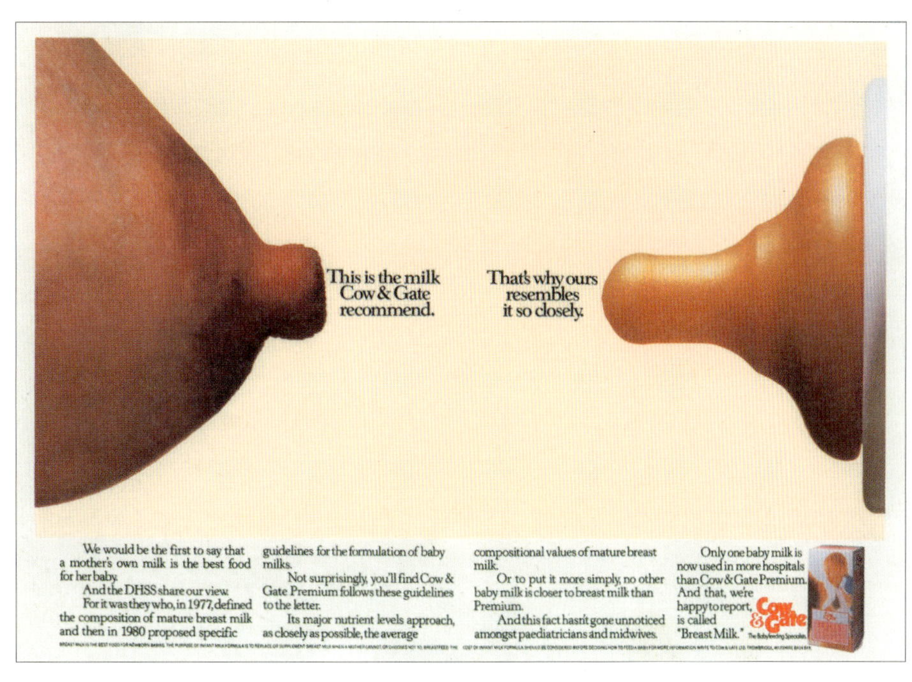

这是牛栏食品推荐的奶；
这是我们的产品与它如此相似的原因

我们首先声明，母乳是婴儿最好的食物。
英国卫生和社会事务部也认可我们的观点。
因为正是它最早在 1977 年定义了母乳的成分，并在 1980 年提出了具体的配方指南。
毫无疑问，你会发现牛栏“菁致”奶粉完全遵循了这份指南。
它的主要营养成分含量尽可能地向母乳的营养价值看齐。
简单来说，没有比牛栏“菁致”奶粉更接近母乳的婴儿奶粉了。
这一事实也受到了儿科医生和助产士的关注。

目前只有一种奶比牛栏“菁致”奶粉被更多医院采用。我们很高兴地告诉大家，它就是“母乳”。

牛栏食品
婴幼儿喂养专家

母乳是新生儿最好的“口粮”。你可在母亲不能或不选择母乳喂养时，用婴儿配方奶粉来替代或补充。在决定怎样喂养婴儿之前，应该考虑婴儿奶粉配方的成本。欲知更多详情，请写信至威尔特郡特洛布里奇，牛栏食品公司（收），邮政编码 BA14 8YX。

May we recommend the liver and bacon to follow?

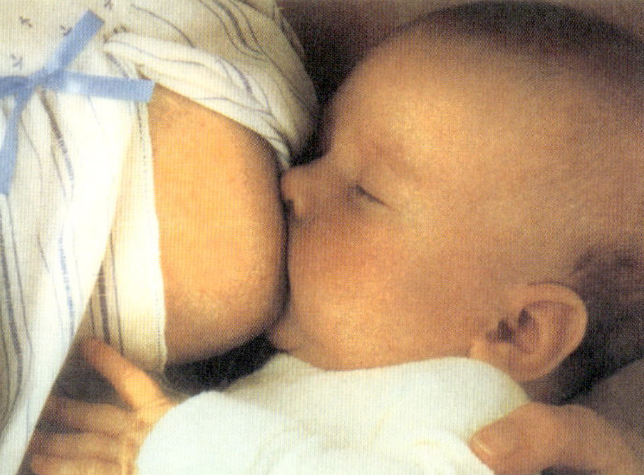

During the first few months of life, breast milk is the perfect baby food.

Then, at around 3 or 4 months, something a little more substantial is called, or even cried, for.

But liver and bacon?

Are we mad?

On the contrary. We're one of the country's longest-established makers of baby food.

Experience has taught us that most mothers prefer their babies to move from the breast or bottle to real grown-up food as naturally and smoothly as possible.

So our babymeals are designed to help you do just that.

Learning to eat in easy stages.

Cow & Gate babymeals aren't simply little glass jars of babyfood.

They're a two-stage training programme that gently paves the way to adult food.

Stage 1 meals are for babies starting out on solids, and still getting much of their nourishment from breast or baby milk.

Since your baby will only be able to suck and swallow, they're finely sieved or puréed.

Then, about 3 months later, it'll be time to move onto our Stage 2 meals.

But more about that later on.

The first step.

If you're still troubled by the thought of a young baby tucking into liver and bacon, let us explain.

Sooner or later your baby will have to get used to adult food tastes.

And there's really no reason why it shouldn't be sooner rather than later.

That's why our Stage 1 range includes lots of grown-up tastes.

There are cereals, meats, vegetables, puddings, fruits and even artificial additive-free yogurt desserts.

So during those first few months of weaning, your baby's palate will be in for quite an education.

After 2 or 3 months, it'll be complete. And your baby will be ready to graduate to our Stage 2 meals.

Grown-up tastes. Grown-up textures.

The next stage is to develop your baby's ability to chew.

For this reason, our Stage 2 meals are thicker, and have either meaty or fruity pieces in them.

With a little practice your baby will soon realise that food needs to be chewed before it can be swallowed.

(And knowing that babies don't like coping with too many changes at once, most of our Stage 2 meals are available in the same varieties as Stage 1.)

The 55 meal menu.

You wouldn't take too kindly to eating the same food day in day out.

And neither do babies.

That's one reason why we make 23 different Stage 1 varieties, 23 Stage 2 varieties and 9 yogurt desserts.

But it isn't the only reason.

Perhaps more importantly, your baby grows so fast in the early months that a varied and well-balanced diet is essential.

What's more, it should help you avoid trouble in the years to come.

By educating your baby's palate to accept all sorts of different tastes and textures you should forestall 'food fads' later on.

The best for your baby.

When it comes to feeding young babies, you can't be too careful.

That's something that we at Cow & Gate never, ever forget.

So we buy only the best foods.

All our suppliers must meet the rigorous standards we set.

Every item of food that comes in is checked by our inspectors.

Then our chemists carry out checks of their own.

And the same thing happens all through the cooking process.

In fact, over 20% of our staff do nothing else.

It tastes like adult food…

If you think all babymeals are bland and flavourless, you've obviously not tasted ours.

We've recently altered our recipes so our meals now taste much more akin to grown-up food.

The fact is, we've found that babies prefer them that way.

And so do mothers.

Because when the time comes to move onto adult food, the switch will be that much gentler because your baby will already be used to its taste.

…but it isn't adult food.

Compared to adult food, our babymeals have some very important differences.

We add a little extra vitamin C to some of our desserts to replace the amount lost in cooking.

But we don't add any salt whatsoever to any of our meals.

And none of them contain any artificial colourings, flavourings or preservatives.

But we do, however, make sure they supply protein, vitamins and minerals a growing baby needs.

Gently does it.

We hope we've shown you how our babymeals make the journey to adult food in short, gentle steps.

If you have any queries, have a word with your Health Visitor.

Or by all means write to us at Cow & Gate, Trowbridge, Wilts BA14 8YX.

But it's worth remembering that no two babies are the same.

While you can encourage progress, never force the pace.

And be prepared for some little dramas and setbacks on the way.

But don't lose heart.

If it's a Cow & Gate meal now, it shouldn't be too long before it's real home cooking with the rest of the family.

Two short steps to grown-up food.

我们能否建议他此后以肝脏、培根为食？

在生命伊始的头几个月里，母乳是完美的婴儿食品。
之后，在宝宝三四个月大时，他们会需要一些更加实质性的东西，甚至会哭喊着表达需求。
肝脏和培根怎么样？
我们疯了吗？
恰恰相反。我们是本国历史最悠久的婴儿食品制造商之一。
经验告诉我们，大多数母亲都希望自己的宝宝能够尽可能自然、顺利地从母乳或奶瓶过渡到真正的成人食物。
我们做婴儿餐就是为了助你一臂之力。

在容易的阶段学会进食

牛栏婴儿餐不仅仅是装着婴儿食品的玻璃罐。
它是包含两个阶段的训练计划，逐步为宝宝过渡到成人食物做准备。
第一阶段的食物是为刚开始吃辅食的婴儿准备的，他们仍从母乳或婴儿奶粉中获取大部分营养。
因为宝宝只会吮吸、吞咽，所以这一阶段的食物是米糊或果泥。
大约三个月后，就该开始吃第二阶段的食物了。
之后要吃的更多。

第一步

如果你还在为婴儿吃肝脏和培根发愁，不妨听我们解释。
宝宝早晚都会习惯成人食物的味道。
早吃早好。
这就是为什么我们的第一阶段包含了许多成年人口味的食物。
谷物、肉类、蔬菜、布丁、水果，甚至还有不含人工添加剂的酸奶甜点。
所以在断奶的前几个月里，宝宝在口味上将受到相当大的“教育”。
两三个月后，结束。宝宝将开始吃第二阶段的食物。

大人口味，大人配方

第二阶段的目标是培养宝宝的咀嚼能力。
出于这一原因，第二阶段的食物更加浓稠，里面要么有肉碎，要么有果仁。
只要稍加练习，宝宝很快就会意识到在吞咽食物之前需要先咀嚼。
（我们知道婴儿不喜欢同时应对太多变化，所以我们的第二阶段提供的大部分食物种类都和第一阶段的相同。）

55 款食谱

你不会喜欢每天都吃同样的食物。
婴儿也一样。
这就是为什么我们在第一阶段制作了 23 道不同的正餐食谱，在第二阶段制作了 23 道正餐食谱和 9 种酸奶甜点。
但这并非唯一的原因。
或许更重要的是：宝宝在最初的几个月里长得飞快，所以多样化的均衡饮食必不可少。
此外，这套食谱应该能帮助你避免未来几年的麻烦。
通过训练宝宝的味觉，让他们接受各种不同的口味和配方，可以防止其日后陷入“食物潮流”。

给宝宝最好的

喂养婴儿，越小心越好。
这是牛栏食品永志不忘的信条。
所以我们只选购最好的食物。
所有供应商都必须符合我们制定的严格标准。
引进的每种食物都会经过检查员的审核。
我们的化学家也会进行检查。
烹饪流程也遵循同样的步骤。
事实上，我们有 20% 以上的员工都从事专职检验。

它尝起来像成人食物……

如果你认为所有的婴儿餐都索然无味，显然你没吃过牛栏食品。
我们最近改变了食谱，所以食物口感更接近成人饮食。
事实是，我们发现婴儿更喜欢这样的食物。
妈妈们也一样。
当宝宝开始吃成人食物时，这种转变会更加温和。因为他们已经习惯了这种味道。

……但它不是成人食物

与成人食物相比，我们的婴儿餐有一些非常重要的区别。
我们会在某些甜点中额外添加微量的维生素 C，以补充烹饪过程中流失的那部分。
但我们绝不会在食物中添加任何盐。
并且它们都不含任何人工色素、香料或防腐剂。
但我们也会添加一些东西，确保它们能够为成长中的婴儿提供所需的蛋白质、维生素和矿物质。

循序渐进

希望我们能向你展示出婴儿餐是怎样以简单、温柔的步骤向成人饮食过渡的。
如有任何疑问，不妨与健康访员聊聊。
或写信至威尔特郡特洛布里奇，牛栏食品公司（收），邮政编码 BA14 8YX。
值得注意的是：没有两个婴儿是完全一样的。
你可以鼓励进步，但永远不要拔苗助长。
兵来将挡，水来土掩。
别灰心。
宝宝都吃上牛栏饭了，和全家人共进家常菜还会远吗？

牛栏食品
婴幼儿喂养专家
距离成人食物只有短短两步

我们想谈论一些杜松子酒广告很少提及的事情

大多数杜松子酒广告，很少提及它们所宣传的杜松子酒本身，你是不是觉得很奇怪？
你会在美丽的地方看到美丽的人。
你会读到诙谐有趣的标语。
你会看到各种诱人的瓶子的照片，瓶中装着五颜六色的液体。
但是它们希望你购买的瓶中之物到底是什么？

也许他们这么做的根本原因是，真的无可奉告。一瓶质量尚可的杜松子酒和另一瓶几乎没有什么本质区别。
但是，孟买蓝宝石却如此不同寻常。
事实上，它纯净而温和的味道，可以满足那些最挑剔的饮酒者。

这有两个原因：酿酒使用的材料，以及我们采用的独特蒸馏工艺。
在这一点上，我们也许应该向你介绍一个人，他心无旁骛，致力于酿造世界上最好的杜松子酒。
他就是伊恩·汉密尔顿先生，我们的酿酒大师。
现年 53 岁的汉密尔顿先生，16 岁就进入酿酒厂工作。在这个世界上，很少有人比他更懂如何酿造杜松子酒。
虽然他酿造了很多杜松子酒，但他认为孟买蓝宝石是他的巅峰之作。毋庸置疑，这也是他的挚爱之酒（他喜欢加一些冰块和奎宁水，但是不加柠檬，因为他认为柠檬的作用在酒的配方中已经发挥得淋漓尽致）。

汉密尔顿先生会轻描淡写地告诉你，杜松子酒仅仅是一种谷物烈酒，只不过加入了一些植物的天然成分。
那些比较廉价的杜松子酒，只使用了杜松子和其他两三种植物（因此它们味道很冲）。
优质的杜松子酒（可能包含你喝的那种），往往要使用四种甚至可能五种植物，将杜松子、香菜种子、当归、柠檬或橘子皮融合在一起。
但是当汉密尔顿先生酿制孟买蓝宝石时，他使用了不少于十种植物。除了刚才提及的那些，他还使用了中国的甘草、西班牙的杏仁、中南半岛的肉桂、爪哇的山毛榉浆果，还有西非的“天堂谷”。
怎么这么多？
因为在汉密尔顿先生的观点中，如果少一种味道，就会失去那种微妙而完美的平衡感。
与杜松子酒中添加的植物种类同样重要的，是每一种植物的质量。值得一提的是，当汉密尔顿先生检查样品时，他并不知道它的制造成本，以免让成本因素干扰他最初的想法。

他通过闻味道、咀嚼、摩擦做出选择，只有当一个确定的订单下达时，他才被告知这款酒的价格。（毫无疑问，他几乎总是选择最昂贵的。）
但是，仅就植物而言，它们无论有多少种类，或者有多么高的品质，都无法单独传递孟买蓝宝石的独特味道。

真正的秘密，在于蒸馏方式。
生产优质杜松子酒的一般方法是，将植物成分加入谷物蒸馏酒中煮沸，然后使蒸汽冷凝。
然而，孟买蓝宝石采用了一个完全不同的方法。
据我们所知，这个方法是世界上独一无二的。
我们的酒是单独蒸馏，而不是和植物一起煮沸的。
这种差异至关重要。
这意味着，当它第一次接触植物时，酒精已经处于蒸汽状态，植物被放置在蒸馏器上面一个带孔

WE'D LIKE TO TALK ABOUT SOMETHING GIN ADVERTISEMENTS SELDOM MENTION.

HAS it never struck you as strange that most gin advertisements make very little mention of the gin they are advertising?

You will see beautiful people in equally beautiful locations.

You will read witty and entertaining slogans.

You will see enticing photographs of bottles containing colourless liquid.

But what is actually *in* the bottle they wish you to buy?

PERHAPS the reason they tell you very little is because, in truth, there is very little to tell. One good quality gin is much the same as another.

In contrast, Bombay Sapphire stands apart from them all.

Indeed, its refined and gentle flavour can come as something of a revelation to the most discerning of gin drinkers.

THERE are two reasons for this. The ingredients we use. And the unique method of distillation we employ.

At this point we should perhaps introduce you to the man who, more than anyone else, has the responsibility of producing what is the world's finest gin.

His name is Mr Ian Hamilton and he is our Master Distiller.

Now aged 53, Mr Hamilton joined the distillery at the age of 16, and there can be few men on this earth who know more about gin.

Although he has in his time produced many gins, he regards Bombay Sapphire as his supreme achievement. And we need hardly add that it is also his favourite drink. (He takes it with ice and a little tonic, but *no* lemon, since he feels it is represented perfectly adequately in the original recipe.)

GIN.

MR Hamilton, a master of understatement, will tell you that gin is basically nothing more than grain spirit flavoured with natural ingredients called 'botanicals.'

The cheaper gins use only Juniper and two or perhaps three other botanicals. (Hence the harshness of their flavour.)

The premium quality gins (including, probably, the one you drink) tend to use four or maybe even five botanicals. These will be *Juniper Berries, Coriander Seeds, Angelica* and *Lemon* or *Orange Peel.*

When Mr Hamilton distils Bombay Sapphire, he uses no less than ten.

He will also include *Orris Root* from Tuscany. *Liquorice* from China. *Almonds* from Spain. *Cassia Bark* from Indo-China. *Cubeb Berries* from Java. And, from West Africa, the exquisitely named *Grains of Paradise.*

Why so many?

Because, in the view of Mr Hamilton, if any fewer were used a single flavour would tend to dominate and the perfect balance of subtle flavours would be lost.

As important as the number of botanicals in our gin is the quality of each.

It is interesting to note that when Mr Hamilton examines samples he is unaware of their cost, lest financial considerations influence his thinking.

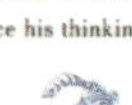

HE makes his choice by smelling, biting, chewing and rubbing. Only then, when a firm order has been placed, is he informed of their price.

(It will come as no surprise to learn that almos invariably he chooses the costliest.)

But botanicals, howeve many and however good, will not alone impart the delicateness of flavour that characterises Bombay Sapphire.

THE real secret is the manner in which it is distille

The normal method of producing quality London D Gin is to add the botanicals to grain spirit in a still, boil up the whole mixture and the condense the vapour.

However, Bombay Sapphire employs an altogether different method.

One that is, to the best of our knowledge, unique in the world.

Instead of boiling up the spirit with the botanicals ours is distilled *alone.*

This difference is crucia

It means that the spirit is already in *vapour* form when it first comes into contact with the botanicals, which are housed in a perforated coppe basket above the still.

In this way the spirit vapour defuses slowly through them, absorbing the delicate a of each to create a ace of flavour unparalleled y other gin.

So much for the science stilling Bombay Sapphire. But what of the art of Mr ilton?

When a distillation is t to take place one of the jobs of Mr Hamilton and Assistant Distillers is to the botanicals basket.

Like the still, the basket fashioned from heavy e copper more than 130 ago.

The exact proportions of botanical are something Mr Hamilton will not al. (It is something that is n to only 4 people in the l.)

When pressed all he will s that the recipe is one dates back to 1761.

When the botanicals et has been packed to Hamilton's satisfaction a e is opened which allows n to circulate around acket at the bottom of the containing the grain . (Incidentally, we use 100% grain neutral spirit Scotland.)

After an hour or so the begins to vapourise pass upward through the nicals basket.

At this point a heady holic fragrance begins to eate the distillery room.

On one occasion, the staff actually blood tested to ascertain whether inhalation of this pungent aroma rendered them ever so slightly incapacitated. All we can say is that nothing was proved.)

The Master Distiller must now perform his most crucial role.

As in the distillation of Scotland's finest malt whiskies the first and last stages of the process produce 'feints'. Basically, this is spirit of sub-standard strength or quality.

Periodically Mr Hamilton will draw off a little gin.

He must judge the precise moment when the 'feints' turn to the 'middle cut' which will be routed into a receiving tank and eventually become Bombay Sapphire.

To aid him, he has no computers, no chemical analysis printouts, no digital displays.

All he has is his nose, his palate and 37 years of experience.

After anything from six to six and a half hours (every distillation is different) Mr Hamilton will judge the moment when the botanicals have yielded the best of their flavour and declare any further distillate to be 'feints.'

THE next stage is for the 'middle cut' to be blended with water to reduce it to the correct alcoholic proof.

Even here Bombay Sapphire may differ from the gin you normally drink.

A certain best selling gin has recently reduced its proof to 37½% across Europe. We are delighted to report ours will never be less than 40%, because that is what the discerning customer wants.

Now one might imagine all that remains to be done is to put the gin into the translucent sapphire blue bottle that so distinguishes Bombay Sapphire. (If you were wondering, the gin itself is not blue.)

Well, not quite all.

EVERY single new production must first be tasted by a panel which includes the Master Distiller, the Quality Control Manager and the Managing Director.

And only when they have judged it to be the very finest London Dry Gin can it be released for sale around the world.

By now you will doubtless realise that the way we produce our gin is hardly the most cost efficient.

With this in mind, can we turn briefly to the ticklish subject of Bombay Sapphire's price?

To be blunt, it is somewhat more expensive than other premium gins.

But as with most things in this life, the very best quality invariably requires one to make a little extra outlay.

Finally we would like to thank you for taking the time to read such a lengthy advertisement.

Your reward, we promise, will be your first taste of Bombay Sapphire Gin.

ULTIMATELY, THERE IS BOMBAY SAPPHIRE.

的铜篮里。

就这样，蒸汽慢慢通过这些植物扩散，吸收了每一种植物的微妙香气，创造出其他杜松子酒无法媲美的平衡感。

孟买蓝宝石的酿造技术就这么多。那么汉密尔顿先生的酿造艺术如何呢？

当蒸馏工作即将开始时，汉密尔顿先生和他的三个助理蒸馏师的第一项工作是往篮子里盛放植物。

和蒸馏器一样，这个篮子是130多年前用某种规格的铜铸造的。

对于每种植物的确切比例，汉密尔顿先生讳莫如深。（世界上仅有四个人知道。）

每次被追问时，他只会说这个配方可以追溯到1761年。

当植物装进篮子的量达到汉密尔顿先生满意的程度时，一个阀门就会被打开，让蒸汽在装有谷物烈酒的容器底部环流。（顺便说一句，我们只使用来自苏格兰的纯谷物中性烈酒。）

大约一个小时后，烈酒开始挥发，向上飘向盛满植物的篮子。

这时，一股醉人的酒香开始弥漫在酿酒室。

（有一次，工作人员被抽血检测，以确定吸入这种气味是否会使他们轻微丧失活动能力，但我们只能说什么都没有得到证实。）

此刻，酿酒大师必须扮演他最重要的角色。

在苏格兰最好的麦芽威士忌的蒸馏过程中，第一步和最后一步都会产生次品。这基本上是由于浓度或者质量不合格导致的。

汉密尔顿先生会时不时喝一点儿杜松子酒。

他必须精准地判断时间，当次品转为“中段馏分”时，它将被导入一个接收罐，并最终成为孟买蓝宝石。

汉密尔顿先生没有电脑，没有化学分析仪，没有数字显示屏，能帮他做判断的只有他的鼻子、味觉以及37年的酿酒经验。

经过六至六个半小时（每次蒸馏的时间都不同），汉密尔顿先生将判断植物提取物的最佳风味，并指示有没有必要进一步蒸馏。

下一个阶段是将"中段馏分"与水混合，使其降低到正确的酒精度。

即便如此，孟买蓝宝石也可能仍然不同于你通常喝的杜松子酒。

某款畅销杜松子酒最近将其酒精度在全欧洲范围内降低到了37.5度。但是我们很高兴地告诉大家，我们的产品酒精度不会低于40度，因为这正是那些挑剔的客户所看重的。

现在，你可能会想象，剩下需要做的，就是把杜松子酒倒进半透明的宝蓝色瓶子，以此区分孟买蓝宝石和其他杜松子酒。

不仅如此。

每一个新的产品，必须首先由一个包括主酿酒师、品控经理和总经理组成的小组来品尝。

只有当他们认为这是最好的杜松子酒时，它才被允许在世界各地售卖。

截至目前，你肯定意识到了，我们生产杜松子酒的方式并不划算。

考虑到这一点，我们可以来简单聊聊价格这个敏感话题吗？

坦白说，孟买蓝宝石比其他高级杜松子酒稍微贵一些。

但就像生活中的其他事物一样，要想享受最好的品质，总需要多花一些钱。

最后我们要感谢你花费这么长时间来阅读一则这么冗长的广告。

作为回报，我们承诺，这将是你第一次品尝孟买蓝宝石杜松子酒。

孟买蓝宝石，你的终极选择

没有人会因为采购IBM而被炒鱿鱼。
是的，但是他们因此升职了吗？

“别捣乱。”“为什么要自讨苦吃？”“小心驶得万年船。”“记住，错过一个机会，就意味着避免了一个错误。”

对许多人来说，从一家老牌电脑制造商那里采购电脑既合乎常理又无可厚非。他们可以理直气壮地说，它的系统能够胜任工作，所以是可以被大家接受的。

这个原因足够吗？或者说可以被大家接受吗？难道你想让这些话出现在年度绩效评估里？

因此，让我们看看另一个方案。当谈论到采购新电脑的时候，你应该说你一直在熬夜做功课，告诉他们，你发现了一家非常有趣的电脑制造商，名叫戴尔。

告诉他们，戴尔运营着一个名为“直接关系营销”的系统，这意味着戴尔不通过经销商销售电脑，而是直接与客户对接。

告诉他们，这可以让公司与实际制造电脑的厂商建立直接关系，避免中间商插手所带来的混乱。

告诉他们，戴尔的工作方式将为他们节约大量金钱，不只是最初的购买或者租赁价格，还有多年来的运营成本。

告诉他们，戴尔有自己的系统，以及与之配套的一切，从入门级的286型到强大的486型。

告诉他们，你已经尝到了直接与之对接的好处。

告诉他们，你已经和戴尔沟通过了，并且讨论过公司的相关业务，描述了你的目标。而且，你们一起想出了一个行之有效的应对方案。

告诉他们，戴尔电脑可以尽快赢得用户的信任，并且这种信任会是一辈子的，因为戴尔会提供免费的终身售后支持。

告诉他们，即便偶尔有一个故障发生，它也不会成为一个问题，因为戴尔90%的故障都能通过电话解决，如果不能，戴尔就会在下一个工作日派一名工程师前来搞定。这就是为什么在久负盛名的《计算机周刊》用户满意度调查中，戴尔得票最高。

现在，也许有人会说：“理论上听起来不错，但是我不确定我们是否应该和一家不认识的公司合作。”

所以，告诉他们，戴尔是美国第七大个人电脑制造商。戴尔在大西洋的这一侧也取得了惊人的成功。现在戴尔半数以上的订单都来自《泰晤士报》榜单上的千强公司，比如英国石油、百代唱片等。

但是不要把这则广告告诉他们，别说你只是拿起电话或者填写了附单，毕竟，你不想让这件事看起来太容易做，不是吗？

姓名 ________ 职位 ________

公司 ________ 地址 ________

邮政编码 ________

电话 ________

请将此附单寄还给戴尔公司（免费邮寄），地址为伯克郡布拉克内尔区，邮政编码RG12 1BR。我们的电话是0800 414535，传真是0344 860187。

公共部门的购买者，可以通过HMOS平台，以不同的条件购买。欲咨询详情，请拨打0603 695257。已与英国国家电脑局建立165号长期协议。

戴尔电脑公司
最好是直接致电购买：
0800 414535

YES, BUT DID THEY GET PROMOTED?

"Don't rock the boat." "Why put your head above the trench?" "Play it safe." "Remember: an opportunity missed is a mistake avoided."

The argument for buying from one of the old-guard computer makers is, for many, as seductive as it is irrefutable.

They can justifiably argue that their systems will do a job that is adequate, acceptable and competent.

Adequate? Acceptable? Competent?

Come, come. Are these the words you would want on your annual performance review?

Will they single you out as one who's destined for the boardroom?

Of course they won't.

So let us look at an alternative plan of action.

When the talk turns to the purchase of new PCs, let slip to the powers that be that you've been burning the midnight oil.

Tell them your digging and delving has unearthed this extremely interesting computer manufacturer called Dell.

Tell them Dell operate a system called 'Direct Relationship Marketing.'

Tell them that, in English, this means Dell don't sell through dealers, but work directly with their customers.

Tell them this allows your company to have a direct working relationship with the people who actually design and build the PCs with no middleman muscling in to confuse matters.

Then deliver this little gem:

Tell them Dell's way of working will save substantial amounts of money. Not just in the initial purchase price or rental, but in total operating costs over the years.

Tell them Dell have systems, and everything that goes with them, from entry-level 286s to mighty networking 486 models.

Tell them you've already had a foretaste of the benefits working direct can bring.

Tell them you've spoken to Dell. You've discussed your company's business. You've outlined your objectives. And, together, you've devised a solution that'll cope more than admirably.

Tell them it can be in and working within days.

Promise them total peace of mind by announcing that with it comes a lifetime of free technical advice and support.

Tell them that if ever a snag occurs it won't be a problem, since Dell solve 90% of them over the phone there and then.

(And if they can't, they will have an engineer on the job the next working day.)

Tell them this is doubtless one reason Dell was rated way above everyone else in the prestigious Computer Weekly/Datapro user-satisfaction poll.

Now at this point some bright spark may well say "Sounds good in theory. But I'm not sure we should work with a company we don't know from Adam."

So tell them that Dell is the 7th largest PC manufacturer in the States.

Tell them they've been phenomenally successful on this side of the Atlantic too.

Tell them over half Dell's sales now go to The Times Top 1000 companies such as BP and Thorn EMI.

But *don't* tell them about this advertisement.

And don't tell them all you really did was pick up the phone or fill in the coupon.

After all, you don't want to make it look too easy, do you?

Name ______ Position ______

Company ______ Address ______

Postcode ______ Telephone ______

Please return this coupon to Dell Computer Corporation, FREEPOST (RG1462), Bracknell, Berkshire RG12 1BR, phone us on 0800 414 535, or fax us on 0344 860187.

Public sector purchasers may buy at different terms through HMSO. Telephone 0603 695257 for details. CCTA Standing Arrangement 165.

DELL COMPUTER CORPORATION

0800 414535

IT'S BEST TO BE DIRECT.

蒂姆·赖利
TIM RILEY

蒂姆·赖利曾工作于 BMP、西蒙斯·帕尔默（Simons Palmer）、李戈斯雷尼这三家广告公司，随后在 1993 年 3 月加入百比赫广告公司。他曾获得 3 次 D&AD 奖石墨铅笔奖、数次 *Campaign* 杂志广告奖平面广告类和海报类奖项，以及 1 次戛纳金狮奖。

● 我要坦白一件事，对一个文案撰稿人而言非同寻常的事。

我不喜欢写文案。

但这个问题也并没有你想象的那么严重。

因为事实就是：也没人喜欢读广告。

人们买杂志是为了读文章，而不是为了读广告。

如果有人注意到你的作品，那就算你走运。

所以我总在尝试让标题包含尽量多的内容（结果，我写了很多长标题文案）。

不过，偶尔也会有广告需要写很多细枝末节的内文。那你应该怎么办？

找人来帮你。

当我在 BMP 做初级文案时，公司有三个资深文案：艾伦·蒂尔比、戴夫·沃特金森和艾伦·柯森。他们总是耐心读我的文案，并给出改进建议。

让我记忆犹新的一次，艾伦·蒂尔比看了一眼我的文案，当场把它撕成两半，再撕成两半，并将这些碎纸片统统丢进了废纸篓。

“你可以写出更好的。”他说。

我后来确实也做到了。

还有一种方式，就是反复阅读旧广告。

我一直很欣赏的一则广告是一张健康教育海报，文案是“一只苍蝇落在你的食物上，这就是接下来会发生的事”。

我欣赏的文案撰稿人是查尔斯·萨奇和迈克尔·考夫兰，他们总会用一种不动声色、实事求是的风格，将故事讲述得引人入胜。

他们的一篇文案由 73 个单词组成，却只有一个形容词（那个形容词是“湿嗒嗒”，使这篇文案一招制胜）。

我和彼得·高西斯在为《卫报》关于 H 街区绝食抗议故事的连载做广告时，试图借鉴同样的手法。

我们仅是简单罗列一些事实，况且，可以放在香烟纸上的字数也是有限制的。

我和安迪·麦凯一起做的伊恩·拉什跨页广告，是西蒙斯·帕尔默广告公司为耐克创作的第一则媒体广告。

前有丹·威登和吉姆·里斯沃德为耐克创作的经典之作，后继者总会备感压力。我通读了许多耐克的广告作品，尝试为手头项目找到合适的文案语调（即使现在来看，我也不确定用这种美式风格来描述足球这种英式运动是否合适）。

旧广告不是你唯一能从中获得灵感的东西。

安迪和我在创作一张关于迈克尔·乔丹的海报时，在一本《时尚先生》过刊中读到一篇关于他的文章，作者描述乔丹的比赛为“与艾萨克·牛顿进行的辩论赛”。此时此刻，我们就与“迈克尔·乔丹对艾萨克·牛顿 1 ： 0”这个创意近在咫尺了。

关于文案写作的最好建议，或许来自一则广告。它是约翰·威瑟斯于 1962 年为大众汽车创作的，主标题是“如何为大众汽车写广告”，副标题是“不要夸大”。

有什么就说什么。悬架就是悬架，不是什么“运动缓冲系统”之类的东西。

与读者平和地交谈，而不是大喊大叫，当你说得有道理时，他们能听进去。

把铅笔削好？

那只能靠你自己了。

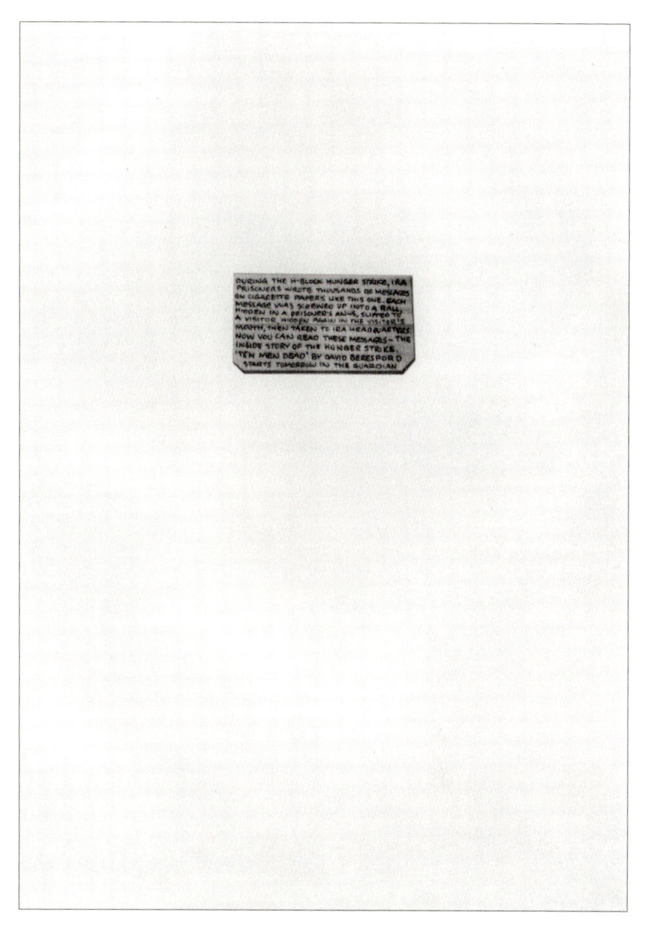

在 H 街区绝食罢工期间，爱尔兰共和军囚犯在类似这样的烟纸上写下了成千上万条信息。每张烟纸都被拧成一团，藏在囚犯的肛门里，偷偷塞给来访者，再藏匿在来访者的嘴中，然后被带到爱尔兰共和军总部。现在你可以阅读这些信息，阅读这些关于绝食抗议的内部故事了。戴维·贝雷斯福德撰写的《十个人死了》，将从明天开始在《卫报》上发表。

广告代理：BMP。
艺术指导：彼得·高西斯。

守门员。
坏消息是他穿着耐克，
没有好消息

你认为伊恩会为阿森纳在上个赛季夺冠开心吗？你认为阿兰·史密斯进的球比他多，他会高兴吗？所以他会找谁撒气呢？穿着他崭新的耐克球鞋。那是什么？你或许听说布拉格杜克拉队正在寻找一个新的守门员？你脑子转得可真快！

广告代理：西蒙斯·帕尔默广告公司。
艺术指导：安迪·麦凯。

MICHAEL JORDAN 1
ISAAC NEWTON 0

迈克尔·乔丹 1
艾萨克·牛顿 0

广告代理：西蒙斯·帕尔默广告公司。
艺术指导：安迪·麦凯。

与约翰·史密斯苦啤共度一个
令她永生难忘的夜晚

当她发现小伙子们靠近的时候，看看她是什么表情。

广告代理：BMP。
艺术指导：彼得·高西斯。

并不是所有已婚男子，都与女人有染

按照词典里的说法，双性恋男子，简单来说就是与男人和女人都发生性关系的人。

然而，作为一种生活方式，双性恋却并不简单。过去的状况无法和现在的相提并论。

HIV（人类免疫缺陷病毒）会导致艾滋病，这种病毒会通过血液或者阴道分泌物传播，在所有性行为中，无保护肛交的感染风险最高，即便使用安全套也无法保障绝对安全。

如果你想了解更多信息，请拨打 0800 838 575，咨询开放时间为每天下午四点至晚上十点，所有通话都是免费的，并且保密。

健康教育委员会

广告代理：BMP。

艺术指导：彼得·高西斯。

广告代理：百比赫广告公司。

艺术指导：迈克·韦尔斯。

正在消失的精华

宝汀顿苦啤。曼彻斯特的精华。自 1778 年起就在斯特兰韦斯啤酒厂酿制。

安德鲁·拉瑟福德
ANDREW RUTHERFORD

在三十多年的广告生涯中，安德鲁·拉瑟福德曾工作于各种类型和规模的广告公司：从只有 4 个人的新公司 WCRS，到 1979 年加入时有 36 个人，离开时有几百个人的盛世长城；他为《星期日泰晤士报》工作过，随后又去了灵狮广告公司（Lintas）和其他公司。他从实习文案一直做到了世界级创意大师。

安德鲁·拉瑟福德在澳大利亚、美国和远东都工作过，他是 D&AD 执行委员会成员，也是英国电视广告奖评审会主席。事实上，对他来说，他只做了一件事：想广告、写广告。有些很好，有些一般，有些还很烂。但这是他最擅长的事情，也给了他最大的快乐、沮丧和满足。

● 他用刀猛击锡盘，“嘭嘭嘭”的声音响彻熙攘的街市，人们都转过头来。

“你有试过用一把钝刀割自己的喉咙吗？”他边喊边假模假式地在脖子上比画，感兴趣的人开始聚拢在他周围。
提示 1：引人注意。无人关注的广告不是好广告。

“更妙的是，女士们，你们有没有试过用一把钝刀割你老爸的喉咙？”更多人被笑声吸引。这里发生了什么事？是不是很有趣？
提示 2：激发读者兴趣，但不是漫无目的，引导他们走向正确的方向。

“女士们，我告诉你们什么是谋杀。你们有没有试过用这样的刀切火腿、片鱼或者把菜豆切片？”我开始失去兴趣，正要转身离去，但我发现有几个女人正在点头……他成功引起她们的共鸣，我决定留下来。
提示 3：挑出你的目标受众。了解他们的问题、愿望及需求。请忽略其他人。

他轻蔑地把刀扔到一边，拿出他所谓的“小奇迹”。它看起来像是一把刀，但是显然它和我们见过的所有刀都不一样。他告诉我们，尽管连续用了六个月，但这把刀依然锋利如初。“看这个。”他说。

接下来的几分钟，他以娴熟的技巧切豆子、削铅笔、削牛油果皮、切洋葱……甚至从石头上切下一块薄片。
提示 4：尽一切可能展示产品优势。

他一边演示一边讲解，告诉我们，制作这种刀的金属是探索太空时发现的，外科医生用的手术刀也是这种材质，这是一个“小奇迹”，但是这种刀在有些国家是禁售的，因为它太容易割破老人的喉咙。
提示 5：事实比空洞的主张更有说服力（但如果你再加一点儿幽默，那就像给药丸加上了糖衣）。

他说，站在这里的人是幸运的，因为据他所知，能找到这种刀的地方，除了在这里，就是在哈罗德百货。“在哈罗德要卖 10 英镑，不骗你，确切地说是 9.99 英镑——哈罗德会退给你 1 便士。”
提示 6：创造一种欲望，或满足某种缺失。
提示 7：赋予产品某种可信度。

然后，他将帮我们省去所有去哈罗德的麻烦。更棒的是，他退给我们的不止 1 便士，甚至，不止 1 英镑！多少钱？5 英镑？不，他不傻，但是今天要去参加孩子的生日派对，他要赶紧回去，所以仅此一次，如果我们付 10 英镑，他会退 8 英镑，只需要 2 英镑就能买下这个“小奇迹”，但是他手头货很少，所以……

大家急忙向他涌来，挥舞着手里的钞票吸引他的注意。
提示 8：成交。让买家做他们想做的事。

当拿着“小奇迹”离开时，我突然意识到，我还需要多多学习劝说型销售，任何一个有抱负的文案都需要走上街头，看看这种销售行家是怎么做的。

那是以前的事了，希望我选择展示给你们的广告，至少包含了那天我听到的一些技巧和智慧。

工人没工作①

（左侧小字）失业办公室
英国人选择保守党会更幸福。

作为曾公开抨击在标题中滥用双关或者惯用文字游戏的创意人，那我又该如何为这张海报辩解呢？我曾经放言，这种通常是懒惰的创意人想出的第一个也可能是最后一个小花招儿，至今我仍然深信不疑。但是此刻我想解释下，偶尔为之的文字游戏，还是可以奏效的。此外，这个标题字数有限，一张海报的标题用三个单词正合适，最好不超过五个单词。

① 这句话的原文还有“工党不作为”的意思。——编者注

这当然不是一则广告，但我很骄傲，因为我儿子的朋友们都说它很棒，并且很多人都知道它，毕竟能做到让一句广告文案家喻户晓也是一件很不错的事。顺带提一下，这句文案最初的版本是“我打赌他喝了很多牛奶”，但我们当时比稿没有赢，所以后来就换在啤酒广告中再用一次。永远不要随意抛弃一个好创意，永远不要抛弃任何创意。完毕。

“我打赌，他喝卡林黑标啤酒”

“I bet he drinks Carling Black Label.”

你今晚怀孕的概率有多大？

在英国，每年有12万个婴儿诞生，你对避孕了解得越多，你意外怀孕的概率就越小。关于这些问题的答案，你知道多少？

问题

1. 一个女人一生能生几个孩子？
2. 如果体外射精几百年以来都被认为是安全的，那它现在到底有什么问题？
3. 吃一整盒避孕药会导致流产吗？
4. 杀精剂能防止性病吗？
5. 一个女人怎样能令另一个女人怀孕？
6. 家庭计划生育咨询的门诊费用是多少？
7. 马古利斯螺旋节育环、霍尔斯通节育环、金色广场、利佩斯节育环，哪一个更奇特？
8. 这东西6月还安全吗？（此问题上方图片所示为避孕套，有“请勿在1974年5月之后使用”字样）
9. 处女可以上环吗？
10. 更年期之后还需要避孕吗？
11. 是谁第一个实行节育的？古埃及人？古希腊人？古罗马人？维多利亚人？
12. 错误的冲洗阴道的方式也可能导致怀孕？
13. 做爱后，你应该把子宫帽留在原处多长时间？
14. 计划生育诊所的人会告诉你哪些你（男）朋友不会说的事？
15. 温度计对避孕有什么帮助？
16. 节育环会让你在经期更痛苦吗？
17. 安全期在经期之前还是之后？
18. 便宜的避孕方法是无效的吗？
19. 采取站立式做爱能避孕吗？
20. 去计划生育诊所，每次要等候多久？
21. 酒精能避孕吗？
22. 停用避孕药之后，你的生育能力会变强吗？
23. 所有的计划生育诊所都欢迎单身女孩吗？
24. 如果你体内有这个节育环，会是什么感觉？
25. 男人结扎后还会有高潮吗？
26. 有没有针对年轻女性的避孕方法？
27. 离家最近的计划生育诊所在哪里？

答案

1. 一个健康的妇女每年都可以生育一个孩子，或许能生20个或25个孩子。你能忍受这种想法吗？
2. 维多利亚时代的人通常选择体外射精。在那60年中，英国人口从1 800万增长到了3 700万。体外射精不能避孕，因为男性能在高潮之前释放精子。所以体外射精所需的意志力和它带来的失望都白费了。
3. 不会。
4. 杀精剂杀死的是精子，不是性病病原体。
5. 就和她聊聊，给她一些糟糕的建议。很多女性宁愿听朋友讲避孕的事，也不愿意去计划生育诊所，其实诊所的帮助是友好的、私密的，更重要的是，这种帮助是精准的。
6. 一些是免费的，另一些收费几英镑，而避孕药的售卖会提供预付服务。
7. 这些都是宫内节育器的名称，除了金色广场，它是伦敦的一个著名的地方。
8. 可能安全。法文包装盒上的日期允许有一定程度的误差，但你最好不要有侥幸心理。
9. 不可以。节育环的适用对象是有过性生活的女性，更确切地说，是有孩子的女性。它很有效。但节育环不适用于处女。
10. 一个女人在绝经两年后仍然可以生孩子，生孩子越晚，风险就越大。
11. 连3 000年前的古埃及人都调制出了奇特的避孕霜。可见，她们也没那么想当妈妈。
12. 它不起作用，甚至会引起感染。
13. 至少6个小时，你可以把它保留久一点儿，但时间不能太短。
14. 你的朋友可能会告诉你，什么是对她最好的，而医生会告诉你什么是对你最好的。女性在情感和生理上都不同，需要采用不同的避孕方法。
15. 一个女人排卵后（这时她最容易怀孕），她的体温会升高，排卵三天后，她可以“安全”做爱了。所以温度计可以帮助你发现安全期，但是如果得了流感，你的体温也会升高，这可能会引起混淆。
16. 如果你在安装节育环之前经期没有不适，那么在安装之后你也不会痛经。如果发生痛经，你应该去咨询医生。
17. 所谓安全期，就是经期开始前的八九天。遗憾的是，你虽然能知道一次经期何时结束，却无法确定下一次经期何时开始。
18. 不一定。上环和吃药都是便宜的，而且非常有效。然而最便宜的方法——安全期避孕，却没那么安全。
19. 不能。高潮时屏住呼吸，做爱之后上下跳跃，做爱之前打喷嚏，这些都没有用。有关避孕的荒唐话比什么都多。
20. 你可能要等一段时间，但很少超过20或30分钟，也不会长达9个月。
21. 这会让你在避孕问题上马虎草率。而且酒精会降低女性的抵抗力，周六晚上的几杯烈酒可能会在九个月后带来一个小孩子。
22. 不会。你怀双胞胎的概率也不会变大。
23. 无论是单身还是已婚，无论是男人还是女人，都不应认为自己在计划生育诊所会被鄙视。设立这些诊所是为了避免意外怀孕，而单身女性几乎都不想生孩子。
24. 你会很有安全感。这是宫内节育器，最安全的避孕工具之一。它看上去可能会让人不舒服，但如果你已经有孩子了，那你根本不会有不舒服的感觉。
25. 会。男人高潮时只有一小部分精子射出，结扎只是防止精子射出（输精管）。
26. 看到每年有这么多十几岁的少女怀孕，真是令人悲哀，对这些年轻女孩（或者其他任何一个人）来说，最有效的避孕方式是不做爱，如果做不到这一点，那么只能说年轻人对避孕的知识了解得越多越好。
27. 如果你不知道，请与当地卫生部门或你的家庭医生联系，在电话簿或黄页上查找“计划生育”栏，或者写信给健康教育委员会，地址是新牛津街78号，邮政编码WC1A 1AH。

健康教育委员会

午餐时间，我走进办公室，看见几乎有一半的秘书正在全神贯注围在我的插针板前。此刻我知道这则广告写得不错，街上的小贩应该也会有同感。标题引人注目，尤其能吸引年轻人的注意力，信息丰富则能呼吁人们立即行动。

What are your chances of getting pregnant tonight?

120,000 unwanted babies are born in Britain every year. The more you know about contraception, the less chance you've got of having an unwanted baby. How much do you know?

Questions

1. How many children can a woman have?
2. If 'withdrawal' has been good enough for hundreds of years, what's wrong with it now?
3. Does swallowing a whole packet of the Pill bring on an abortion?
4. Do spermicides offer protection against VD?
5. How can one woman make another pregnant?
6. What does family planning advice in a clinic cost?
7. Which is the odd one out? The Margulies Spiral, Hall Stone Ring, Golden Square, Lippes Loop.

8. Would these be safe in June?
9. Can a virgin wear a loop?
10. Does a woman need to worry about contraception after she's had the menopause?
11. Who first practised birth control? The Ancient Egyptians, The Greeks, The Romans, The Elizabethans or The Victorians?
12. What's wrong with douching to prevent pregnancy?
13. How long should you leave a cap in place after intercourse?
14. What can a family planning clinic tell you that a friend can't?

15. How can this help stop a baby?
16. Will the loop make your periods more painful?
17. Is it safer to make love before a period or after a period?
18. Are the cheap forms of contraception always the least effective?
19. Does it help to stop babies if you stand during intercourse?
20. How long do you have to wait in a family planning clinic?

21. How can alcohol make you pregnant?
22. Do you become unusually fertile when you stop taking the Pill?
23. Do all the family planning clinics welcome single girls?

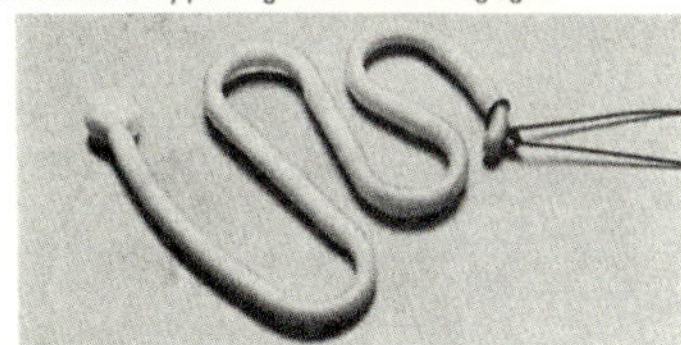

24. How would you feel with this inside you?
25. Can a man have a climax after a vasectomy?
26. Is there a special method of contraception for young girls?
27. Where is your nearest family planning clinic?

Answers

1. A healthy woman could bear a baby every year. Perhaps 20 or 25 children. Could you bear the thought?
2. The Victorians practised 'withdrawal'. In those 60 years the population of Britain rose from 18,000,000 to 37,000,000. 'Withdrawal' is chancey because a man can release sperm before he reaches orgasm. So all the willpower needed and frustration caused by withdrawing can be wasted.
3. No.
4. Not at the moment. Spermicides kill sperms, not VD germs. However scientists are working on it.
5. Just by talking to her, and giving her bad advice. Too many women would rather listen to friends about contraception than go to a family planning clinic where help is friendly, private and, above all, accurate.
6. Before April 1st it will be free in some clinics, about a couple of pounds in others. After April 1st all advice, examinations and fitting will be free at National Health Clinics. And the contraceptives, themselves will be available on prescription (20p). Much cheaper than an unwanted baby.
7. They're all names of intra-uterine devices, except, Golden Square– a famous place in London.
8. Probably. The dates stamped on French Letter packets allow a certain margin of error–but you wouldn't be wise to bank on it.
9. No. The loop is for the woman who has already had intercourse–or, better still, had a baby. And very effective, too. But a virgin can't be fitted with a loop.
10. A woman can still have a baby two years after her last period. The more recently she's had children the greater the risk.
11. Even the Ancient Egyptians, 3000 years ago, concocted strange contraceptive creams. Obviously they weren't too keen to become mummies, either.
12. It doesn't work, and it can cause infection.
13. Six hours, at least. You can leave it in longer, but not less.
14. Your friend may tell you what's best for your friend. A doctor or clinic will tell you what's best for you. Women differ both emotionally and physically, and need different contraceptives.

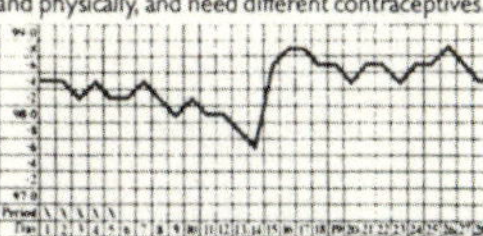

15. After a woman has ovulated (that's when she's most fertile) her temperature rises. And three days after ovulation she's 'safe' to make love. So a thermometer can help discover the 'safe' period. Unfortunately a touch of 'flu, say, can also put your temperature up, which is confusing.
16. If you have comfortable periods before you have a loop fitted, you are unlikely to develop painful periods afterwards. If you do you should consult your clinic or doctor.
17. The so-called 'safe' period is the eight or nine days before a period. Unfortunately while you know when one period ends, it is impossible to be sure when the next will start. Periods can be regular for months and then suddenly vary. So to use the 'safe' period with security could restrict your lovemaking drastically.
18. Not necessarily. The loop and sterilisation are both inexpensive, and very effective. However, the very cheapest methods, 'withdrawal' and the 'safe' period are much less safe.

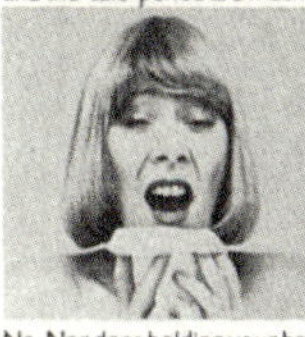

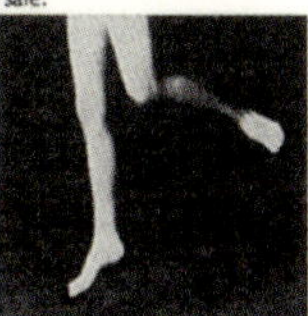

19. No. Nor does holding your breath during orgasm. Or jumping up and down after, or sneezing before, intercourse. There's more superstitious nonsense talked about birth control than anything else.
20. You might have to wait a little while. But seldom more than 20 or 30 minutes–and never as long as nine months.
21. It can make you slapdash about your contraceptive. And it can lower a girl's resistance. A few large tots on a Saturday night can mean a tiny tot nine months later.
22. No. Nor are you more likely to have twins.
23. No one, single or married, man or woman, should think they will be frowned on at a family planning clinic. These clinics are there to stop unwanted babies, and single girls seldom want babies.
24. You would feel very secure. This is an IUD, one of the safest contraceptives of all. It may not look very comfortable, but if you've already had a baby, you probably wouldn't feel it at all.
25. Yes. And he does. Sperms are only a tiny proportion of the fluid when a man has a climax. A vasectomy just stops the sperms reaching the fluid.
26. It's tragic to see the number of girls in their early teens who become pregnant every year. The most effective form of contraception for these young girls (or anyone else) is not to have sex. Failing that, one can only say the more a young person knows about contraception the better.
27. If you don't know, contact your local health department, your family doctor, look under 'Family Planning' in the telephone directory or Yellow Pages–or write to, The Health Education Council, 78 New Oxford Street, WC1A 1AH.

The Health Education Council

很遗憾，我最喜欢的迦法西柚广告找不到了。它的标题是“教你怎样选择完美的西柚”，那是一则长文案广告，还有副标题及注释分解图，但文案的每一个词都是“迦法”。一词胜过千言万语，这一点很重要，写文案时要铭记，选西柚也是。顺便一提，这则迦法西柚广告我也很喜欢。

只要捏一下，你就能分辨甜瓜是否完美。
只要闻一下，你就能分辨梨子是否完美。
只要剥一下，你就能分辨香蕉是否完美。
只要掐一下，你就能分辨李子是否完美。
只要摇一下，你就能分辨苹果是否完美。
只要看一下，你就能分辨西柚是否完美。

如果没有迦法字样，就不是迦法西柚。

为什么这是一则好广告？

1. 你注意到了。
毕竟，这是广告的第一法则，不是吗？
2. 你在阅读它。
并且，你这么做，想必是因为它或许提供了一些有用的东西，即使只是有用的信息。
3. 它提供了你一直想要的东西。
在这个阶段，你会发现，它不仅提供给你一个模糊但有用的信息，还提供了一本书。
这是一本充满启发的书，不但可以拯救你的财富，或许还能帮你赚几百万。可能吧。
4. 它告诉你如何得到它。
这本书是免费的。
你会注意到我们没有把这行信息放到标题上，没有把它标红，也没有用大号字体凸显。
因为免费并不是最重要的事。
也因为我们真的想把它送给那些认真对待好广告的人。（请看标题。）
想免费获得这本书，请致电香港 762 878，吉隆坡 298 4611，新加坡 225 8088，曼谷 223 6848 或悉尼 957 4132。请直接索要。
5. 它没有放 logo（品牌标志）。
所以，当你第一眼看到这则广告的时候，你根本不知道是谁投放的，所以它吸引你读下去。［详见（我们送的）书的第 10 页。］
这就是为什么这是一则好广告。

WHAT MAKES THIS SUCH A GOOD ADVERTISEMENT?

1. You noticed it.
This is, after all, the First Rule of Advertising, isn't it? (See page 2 of the book).

2. You're reading it.
And, presumably, you're doing so because it may offer something useful, even if it's only information. (See page 3 of the book).
What book? Wait.

3. It's offering you something you've always wanted.
At this stage, you're finding out that, not only is it offering you an intangible morsel of useful information, but a book as well.
A book full of tips that could save you fortunes, or help you make millions.
Maybe.

4. It tells you how to get it.
The book is free
You'll notice we didn't put that piece of information in the headline. Neither did we print it in red, or in a starburst, or even in big letters.
This is because the fact that it is free is not the most important thing about it.
And also because we really only want to give it away to people who are serious about good advertisements.(See headline).
To get your free book, call Hong Kong 762 878, or Kuala Lumpur 298 4611, or Singapore 225 8088, or Bangkok 223 6848, or, in Australia, Sydney 957 4132.
And just ask.

5. It does not have a logo.
So, when you first glanced at the ad, you couldn't tell who placed it. So you had to read it. (See page 10 of the Book).
That's why this is such a good ad.

这则广告是我和尼尔·法兰奇在新加坡写的，我此刻选择它是因为，好吧，是因为我喜欢它，还因为它用了重述的技巧，和街市上成功售刀的小贩所用的技巧一样。

1980 年，我和罗恩·柯林斯一起创作这则广告的时候，一瓶防晒油如果卖到 4 英镑，对大众而言算是天价。对于这个价格，最好直白地告知定价高的理由，而不是遮遮掩掩。关于佛手柑精油，同样有一个精彩的故事，这后来令它成为美容品中的一个禁忌词。这则常被别人借鉴的作品要归功于罗恩出色的艺术指导，因此我的最后一条建议是：认真听取身边每一个人的意见，包括客户经理在内。

“我没想过花 4 英镑买一瓶防晒油。”
“（从你的肤色）我能看出来！”

当你在阳光下舒展身体时，以下做法供你三选一。
不涂防晒油。涂普通防晒油。涂贝尔加索防晒油。
如果你待在比平时更强烈的阳光下，却完全不涂防晒油，那你必将以惊人的速度被晒伤。
如果你涂了普通防晒油，那它或多或少都能保护皮肤。防护程度取决于瓶身上的防晒系数。
有些防晒油可以阻挡大量的阳光，你就算在太阳下待上一整天也不会被晒伤——但你也无法晒出漂亮的小麦色。
贝尔加索与普通防晒油一样对皮肤具有防护功效。它使用的佛手柑精油兼具加速美黑的效果。
这种成分可以提高太阳刺激皮肤细胞产生黑色素的速度。
黑色素是野性肤色的“灵魂”。
因此，使用贝尔加索防晒油，跑出美黑“加速度”，随着时间的推移，你与别人的差距将越来越明显。
鉴于这种特殊配方的成本并不便宜，贝尔加索比普通防晒油昂贵许多。
不过，当你用过之后，你会发现这个价格更诱人。

贝尔加索
助你更快晒出古铜色

约翰·萨蒙
JOHN SALMON

约翰·萨蒙作为欧文·瓦齐广告公司（Erwin Wasey）的完稿员开始自己的广告职业生涯。他在 1957 年离开英国，去加拿大和纽约积累了八年的文案经验，随后加入恒美在伦敦新设的办公室。他在 1967 年加入 CDP，并在两年后成为创意总监。

从那以后，他开始深度参与 CDP 的创意产出工作；他现在是 CDP 集团董事长，主管伦敦和整个欧洲的创意产出。

● 显然，每个人愿意读完的文案数量是有限的，这取决于他们对这个主题感兴趣的程度，以及产品的故事维度。我记得霍华德·哥萨奇首先提出："人们不读文案，只读他们感兴趣的东西。"此外，我同意大卫·奥格威的说法："你说得越多，你卖得就越多。"

首先，你得吸引别人的注意，并激发他们的兴趣，这是标题和图片要承担的任务，而非内文。大量研究表明，被广告吸引的受众中，只有一小部分会继续阅读超过一半篇幅的内文。文案撰稿人的工作就是要尽量提高这个比例。传统观点认为，标题和图片应该传达出广告的主要信息，但有时一个令人好奇的标题（比如"柠檬"）会吸引大量的注意力，并引发人们非同寻常的兴趣。

容易被广告吸引的受众，是最有可能被广告打动的。因此，你能鼓动的人越多，能让他们读得越多，你的广告就越成功。

内文的第一句话和标题同样难写。它必须承接标题的思想，并吸引读者去阅读后文。标题为"柠檬"的那则广告的第一句是"这辆大众汽车错失良机"。据说，这句最初是标题。无论真假，这里都有一个启发：当你为写出职业生涯中最伟大的标题而绞尽脑汁时，请你保留所有写过的标题，因为某些或许可以应用在内文中。

你应该站在读者的立场上，设身处地地去写文案，以产品或服务的好处（实际的或感情的）为基础，形成一种能让受众产生共鸣的语调。如果你去找一些潜在的或实际的消费者交谈，你会发现这样做起来更容易，因为他们是有血有肉的人，而非匿名的消费者。

我对小组讨论持保留态度，原因是虽然它提供了受访者对事物的理解，但这种理解是基于调研人员的影响产生的，并不一定客观，而且他们通常都是私下交流的。

通过面对面的交谈，你才能发现他们与产品的关联。你会听到他们用什么语言描述产品，以及产品在他们的生活中是什么地位。他们所说的可能与品牌经理们的描述大相径庭，毕竟，对品牌经理而言，产品就是一切。

能够用消费者信赖的、能产生共鸣的语言传达产品的利益点，是一家广告公司对客户的主要价值之一，好的文案读起来应该像是一封朋友来信。

文案的视觉观感也很重要。统一的灰色版式可能符合艺术指导要求的统一感，但会让潜在受众望而却步。文案无论长短，都不应该毫无吸引力或难以阅读。多使用短词和短句，这样就能把文案分成一个个小部分，让受众的阅读无法停顿。

但另一方面，小段落容易导致分裂感，让文案读起来零散无力。所以，还是要与你的艺术指导通力合作，及时调整文字，从而打造引人入胜的版式。

有时，文案撰稿人会过度压缩内容，以免文案篇幅太长，这就需要用少数几个词去表达大量内容，这样会导致文案很难理解，也可能会导致受众放弃阅读。

各种出版物在排版和文章难度方面，对读者的要求并不相同。这是因为读者群的受教育程度和阅读水平各不相同，这使你写起文案来在这两个方面都没编辑工作那么费时费力。

世界狂野、肤浅、不负责任，邓恩公司
成功（为你）保住了一方净土

随着男装市场的激烈竞争，我们面临着变革的压力。

如果抵制变革，我们可能会被误认为墨守成规，甚至会被认为是保守派。

但是我们更愿意激流勇进，愿意去冒险。

我们倾向于继续拓展我们的业务，就像我们在过去的 80 年一直做的那样。

我们不能发牢骚，毕竟，全国已经有 180 家邓恩服装店了。

它们正在出售我们的春季系列成衣：粗毛呢大衣、加捻面料服装、粗花呢大衣、萨克森羊毛服和精纺毛料服。即便是周末休闲套装，你也可以穿去办公室，一点儿都不扎眼。

我们的价格从 11 基尼开始，然后逐渐上涨，每高一个级别大概贵 1 英镑，最高价格是 27 英镑。无论在哪个价格区间，我们都能提供远高于价格的价值。

我们的规模是一个优势，我们大量购买纺织品，这样我们就非常有成本优势。

可以毫不夸张地说，你可以用在邓恩消费的一半的钱去定做一套西装，但得不到同样质优的面料，但物美价廉并不是推荐邓恩成衣的唯一原因。

我们不要求你站在那儿，肩上比画着一块长布，试图想象出完工后的西装是否合身。

而且你不必等待数周才知道你的选择是否正确。

你可以立即感觉出来，邓恩的衣服是否适合你，以及这种风格是否适合你。

如果它适合你，你就可以把它买下来。在（试完喜欢就立刻买）这方面，我们的做法相当现代。

忍不住与时俱进。

邓恩公司

我总是专注于手头在写的文案，直到我忘记了自己写文案的这个行为。每当我重新读一遍时，我总是想修改或者删减一些内容，直到公司的流程经理把它从我手中抢走。

文案是广告的核心。内容比形式重要，一个创意在可以用语言表达出来之前，无法被称为一个创意。但这并不意味着对广告而言，视觉方面不重要。

在我看来，理想状况是将图像和文案组合在一起，然后只需要激发受众去行动就够了。比如，大众汽车的那则广告，图片是一辆大众汽车，标题是“柠檬”。在这里，广告展示了一张产品图片，却以一种不以为然的语气去描述它，由此引导受众去解开创意的谜团，这则广告也成为他们可以参与其中的作品。

它成了受众的广告。

如何战胜陆军军官选拔委员会？

一个事实：只有大约20%的候选人的申请能通过陆军军官选拔委员会的审核。尽管有些心怀不满的申请人可能会告诉你胜算很小，但是委员会并不是真的想拒人于千里之外。

恰恰相反，他们在设置一个高标准的同时，尽力帮助申请者展示他们的能力。

所以，我们会稍微向前一步，通过给你一些提示，提升你通过选拔的机会。

你足够健康吗？

首先，如果你不能一鸣惊人，那就不要急着向委员会展示自己，请先健身。

委员会使用的测试没有奥运会那么难，但都需要大量的脑力劳动，如果你被前面的障碍弄得筋疲力尽，你就无法达到思考的最佳状态。

以图示为例，趁你现在镇定的时候去研究它，你就会想到许多可能的解决思路。你可以想象你给团队下了清晰而明确的命令，他们用自己的装备顺利越过障碍。

测试不会使你站在草地上累得直不起腰，喘不过气来，否则委员会就不会有机会看到你到底有多优秀了。

另一件可以帮助你过关的事就是有操纵杆、钟摆和斜面方面的知识。如果你对这些不熟悉，那就抓紧学习吧。

你说话不必装腔作势

我们讨厌任何上过公学，认为委员会对他们有成见的人。

所以，如果你上过伊顿公学，不要浪费时间在东区附近晃荡，试图捡起原来的口音，这对你没有好处。如果你碰巧来自伦敦东区，反过来也一样。

委员会对你的演讲风格不感兴趣，但他们会对你说的内容非常感兴趣。

选拔期间，会有一位少校、一位中校和一位准将来与你面谈，可能有一位少将，肯定有一位教官。

你最好足够有料，因为和大多数人一样，他们喜欢和有阅历的人聊天。他们不想听一周电视节目的梗概，也许这是由于你人生经历有限，所以，在你拓展人生经历之前，不要随便申请。

买一个背囊，开始在全国各地工作，和你父亲游艇上的船员聊一聊任何能拓展人脉和经历的事情。

可以理解的是，军官们喜欢和候选人谈论陆军话题。因此，加入军校或大学陆军训练队值得你考虑。这些可以帮你跨入你感兴趣的军团的门槛。磨刀不误砍柴工，你甚至可以考虑买几本军事题材的书看看。

所有面试官都会寻找你对军团所怀浓厚兴趣的蛛丝马迹，他们也不会轻易被愚弄，如果你不是真的感兴趣，请不要随意打扰他们。

他们最喜欢问的一个问题是：“如果你被委员会拒绝了，你将怎么办？”想一想：你要说什么？

如果你能给其他候选人留下深刻的印象，你也会给委员会留下深刻的印象

除了与委员会成员交谈，你还将与其他候选人交谈，你会参加一个由组长领导并由其他成员观摩的关于时事的小组讨论会。

所以开始更热切地阅读报纸吧。

之后你将有机会选择科目，并有一刻钟的时间准备讲稿。

你还必须提出有说服力的论据，来支撑你对各种问题的解决方案。

所以，如果你在和一群人交谈时遇到困难，请立即采取措施，加入一个表演社团或戏剧俱乐部，去演讲角站在众人面前发言，用不了多久，你就能克服沟通问题了。如果你在学校里没有组织一群人的经验，那你应该去参加一个青年团体。

不要以为委员会希望你在他们面前表现得像是已经做好准备去指挥一个团，我们只是觉得，如果你对自己的处境有所了解，你就会表现得更好。

记住，委员会希望你能通过选拔。但你必须表现出陆军军官应有的素质，才有资格来到桑赫斯特接受训练。

如果你认为自己已经准备好面对陆军军官选拔委员会，而且你未满29岁，请写信给罗布森少校，告诉他你的教育资质和目前生活的整体情况。地址：伦敦市伯克利广场兰斯当大厦一层陆军军官招募处。邮政编码：W1X 6AA。

陆军军官

（插图）一个典型的任务指令

军官B已经向小组的一名成员A介绍了问题。（小组中的每个成员要轮流带领小组解决不同问题。）

接下来，成员A有几分钟的时间想出一个解决方案，然后向小组成员说明并让大家实施这个方案。

问题是如何让这群组员和一面沉重的鼓C从交叉杆的一侧移动到另一侧。他可以使用两根木杆D和一段绳子E。

但是如果他使用这些东西，它们就会和鼓一起到达另一边。所有组员必须通过三角形F；在起始线G和终点线J之间，任何东西和任何人都不可以接触地面；任何东西和任何人都不可以接触交叉杆的任何部分；任何人都不可以跳过去，除非他们能悬挂在杆H上。

命令任务的完成时间为10分钟，你会如何处理？

How to beat the Army Officer Selection Board.

It's a fact that only about 20% of the candidates applying to the Army Officer Selection Board pass. In spite of what some disgruntled applicants may tell you however, the Board isn't bent on keeping people out.

Quite the opposite. While setting a necessarily high standard, the Board goes out of its way to help applicants show their stuff.

So we're only going an inch or two further by giving you a few tips that could improve your chances.

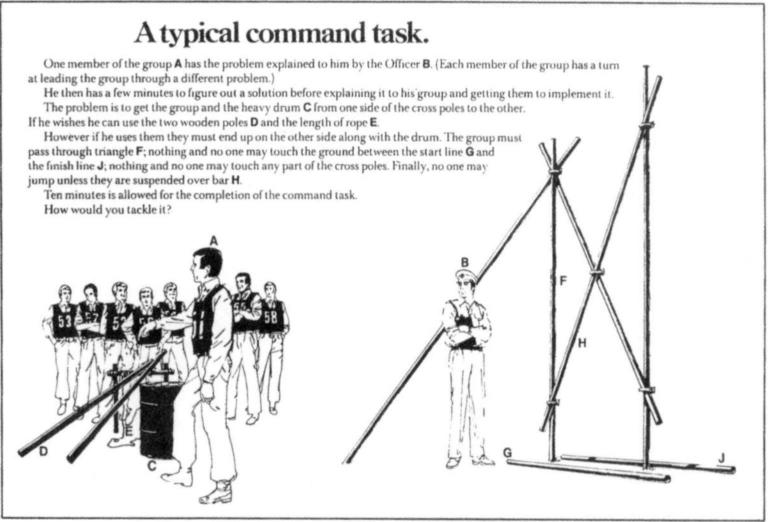

A typical command task.
One member of the group A has the problem explained to him by the Officer B. (Each member of the group has a turn at leading the group through a different problem.)
He then has a few minutes to figure out a solution before explaining it to his group and getting them to implement it.
The problem is to get the group and the heavy drum C from one side of the cross poles to the other. If he wishes he can use the two wooden poles D and the length of rope E.
However if he uses them they must end up on the other side along with the drum. The group must pass through triangle F; nothing and no one may touch the ground between the start line G and the finish line J; nothing and no one may touch any part of the cross poles. Finally, no one may jump unless they are suspended over bar H.
Ten minutes is allowed for the completion of the command task.
How would you tackle it?
A
B
C
D
E
F
G
H
J

Are you a fit person?

First off, don't be in a hurry to present yourself to the Board if you can't run up stairs without blowing like a geyser. Get fit first.

While none of the tests used by the Board demand Olympic standards, they all call for considerable mental effort. And you can't think at your best if you're exhausted by the previous obstacle.

Take the task illustrated for instance. Study it now while you're calm and collected and doubtless a number of possible solutions will occur to you. You can probably imagine yourself giving crisp, explicit orders to your team and them moving across the obstacle with their equipment in a smooth flow of action.

It won't be like that if you're jack-knifed on the grass wheezing for breath. The Board will not have the chance to see how good you really are.

Another thing that will help you over the obstacles is an understanding of levers, pendulums and inclined planes. So if you're rusty brush up.

You don't need a plum in your mouth.

We'd hate anybody who has been to a public school to get the idea that the Board is prejudiced against them.

So if you went to Eton don't waste time hanging around the East End trying to pick up the accent. It will do you no good. And the converse is equally true if you happen to come from the East End.

The Board isn't interested in your style of speech. But it will be keenly interested in what you have to say.

During the time that you spend with the Selection Board you will be interviewed by a Major, a Lieutenant-Colonel, and a Brigadier: possibly by a Major-General and certainly by an Education Officer.

You had better have plenty of material.

Like most people, they enjoy chatting to somebody who has had a bit of experience. Somebody who has been around and who has met different sorts of people.

They don't want to hear a rundown of the week's television programmes. And if this is the limit of your experience hold off your application until you've branched out a bit.

Buy a rucksack and start working your way around the country. Talk to the crew on your father's yacht. Anything to broaden your contacts.

Understandably, officers like talking to candidates about the Army. So it's worth considering joining the Cadet Force or the University Officer Training Corps. These outfits can give you access to the regiment or corps that interests you. All grist to the mill. You might even consider reading a few books on military subjects.

All the interviewers will be looking for evidence of a keen interest in the Army. And they are not easy to fool. If you aren't interested, really interested, please don't bother them.

One of their favourite questions is 'What will you do if you get turned down by the Board?' Think about it. What are you going to say?

If you can impress your fellow candidates you'll impress the Board.

Besides talking to members of the Board, you'll be talking to your fellow candidates. There will be a group discussion on current affairs which will be led by the group leader and watched by other members of the Board.

So start reading the papers a bit more avidly than you do at the moment.

Later you'll be given a choice of subjects and a quarter of an hour to prepare a lecturette.

You'll also have to present persuasive arguments in favour of your solution to a variety of problems.

So, if you have trouble talking to groups of people, take steps right away. Join a debating society or a drama club. Take a soap box to Speaker's Corner. It won't take you long to overcome the communication problem.

And if you haven't had any experience of organizing groups of people at school you should try your hand with a youth group.

Don't think from all this that the Board expects you to appear before them ready and prepared to take command of a regiment. It's just that we felt that you'll make a better showing if you have some idea of what you're in for.

Remember, the Board want to pass you. But to be worth training at Sandhurst you have to display the qualities (however latent) required of an Army Officer.

If you think you're ready to face the Army Officer Selection Board, and you're under 29, write to: Major K. S. Robson, Army Officer Entry, Dept. F1, Lansdowne House, Berkeley Square, London, W1X 6AA. Tell him about your educational qualifications and your life in general so far.

此情此景，你怎么办？

（左图）你接到一个邻居打来的电话，对方家中有人因家庭琐事吵得不可开交。等你到了那里，已经出事了。一名女子躺在地板上，邻居们挤成一团。你首先要做什么？

（右图）你一接到电话，即刻奔赴事故现场。一辆汽车在交叉路口与一辆汽油油罐车相撞。汽车上的司机和乘客浑身是血，一动不动。油罐车司机仍处于震惊状态之中。川流不息的车辆以飞快的速度从旁边驶过。路上全是汽油。一名男子点燃了一支香烟。交给你，你怎么办？

恐慌□（在此勾选） 呕吐□（在此勾选）
处理□（在此勾选） 逃跑□（在此勾选）

现在，面对这种情况，你可能感觉不知所措。

如果你来伦敦警察厅和我们共事六个月，你就可以游刃有余地处理更加棘手的问题。

我们为什么敢如此笃定？

我们对雇员精挑细选

你必须是英国人，身高至少1.77米，聪明、健康，这样我们才有可能考虑你。

此外，你必须品行端正，如果你曾作奸犯科，那么恕不接受。

我们会令你展示出自己最差的一面

你将前往亨登接受为期16周的强化训练。

你将花大量时间在教室里，学习法律知识，学习警务程序和警员权力。

你将做社会研究，学习如何出庭做证。

你还将从教官那里获得实战培训。他们都是身经百战的警员。

教官们策划的犯罪和交通事故令巴洛警长也要三思而后行。

之后他们会扮演某类令人尴尬的公众成员。你如果脾气火暴或者爱挖苦人，就会被他们发现。

你将增强压力下的自控力；了解到年轻警员易犯的错误，以及避免它们的方法。

一位资深警官将带领你展开为期一周的街头巡逻。

如果顺利通过考试，你就会被分配到伦敦警察厅下属某部门工作。在正式入职的前几周里，你将和资深警官一起外出巡逻。

然后你就明白这份工作到底是怎么一回事了

很快，你将意识到在亨登与在伦敦有什么区别。

一位假装流血致死的教官和在当地银行外头真正失血而亡的人不是一回事。

另一方面，你遇到的犯罪分子可能完全不像教官扮演的角色那样令人尴尬。

和其他任何职业一样，你得知道何时使用规则，何时运用常识。

然后，突然间你就得靠自己了。

我们保证：那时你无论遇到什么，都绝对不会惊慌、逃跑或者呕吐。（好吧，反正你就算要呕吐也不会让别人看到。）

你加入警队的前两年都算试用期。在此期间，你得学习各种各样的课程。你要学习刑事调查基础知识，可能还得学会开车。

每天上街巡逻，你都将受益匪浅。两年结束，你若通过了考试，就可以依据个人偏好申请晋升或者走上专业技能岗。

你能走多远取决于你自己

身为警察，你必须处理没完没了、各种各样的事情，新鲜感能使你在工作八年之际依旧保持着高度的热情。

许多警察将全部在职时间都用于街头执勤。他们认为警察的主战场是街头巷尾，这完全没错。

事实上，每一个不在街头执勤的警察都在帮助巡警完成工作。

维持秩序，除暴安良。

危难之际，大显身手。

只有当你走上街头，深入群众时，你才能做到这一点。坐在办公室里可不行。

没人为钱来做这份工作

薪水并不吸引人。但真要是做起来，那可比乍看上去的好得多。试用期内，你每周工作42个小时，最低年薪1 433镑。之后头六年里，年年涨薪。此外，警察薪酬将接受定期审查以追平物价。

已婚人士可以得到一套免费的房屋或者公寓，或者每周最多15.53英镑的住房津贴。很明显，单身人士得到的更少。

通过考试，获得晋升

一旦你能证明自己是一名货真价实的警察，那就没有什么能够阻挡你的晋升，只要你愿意。

你只需通过晋升考试即可。在役五年期满（某些情况下时间会更短），你就成了一名警长。

再过四年，你可以升为督察。

如果你在警长考试中表现得极其优异，你就可以申请去位于布拉姆希尔的国家警察学院学习一年。结课一年后，你几乎肯定能成为督察。（这完全有可能在你的25岁生日之前发生。）

督察以上的晋升需通过选拔。

在此过程中，你需自行决定是否走专业化路线。你可以申请调入刑事调查局或交通科、公安分局，或成为警犬训练员。或者你想成为巡河警察（也行）。

作为伦敦警察厅的一员，你将自动成为警察厅旗下所有体育和社交俱乐部的一员。无论你喜欢什么运动或者拥有怎样的爱好，它们都竭诚为你服务。我们的设施与你在其他地方看到的相比，只会更好，不会更差。

现在，你必须直面一个挑战。

可怕的应聘表。

你知道怎么填，然后把它寄给我们吗？

你肯定能行。

伦敦警察厅

男性：19~30岁，身高1.77米以上。

女性：19~35岁，身高1.65米以上。

求贤若渴！欢迎耳聪目明、身强体健的你。

请将此表寄至伦敦哈罗路6号职业信息中心MD XXX部门，招聘官（收），邮政编码W2 1XH。或致电01-725 4237，我们将寄给你一本详细说明薪酬、入职条件和在伦敦警察厅的工作前景的彩色小册子。若想与警官交流以获取更多建议，只需提出相应申请。

姓名 __________

地址 __________

16~18岁的年轻男性可作为警官学员加入。

服务800万伦敦人耗时费力。欢迎加入，助我们一臂之力。

WHAT WOULD YOU DO IN THESE SITUATIONS?

You answer a call from a neighbour who is disturbed by a domestic shouting match. When you get there the flat is wrecked, a woman is stretched out on the floor and the neighbours are crowding in. What's your first move?

You answer a call to the scene of an accident. A car has run into a petrol tanker at a junction. The driver and passenger of the car are covered in blood and are very still. The tanker driver is in a state of shock. A heavy flow of traffic is moving past at a good clip. Petrol is spreading over the road. A man is lighting a cigarette. Over to you.

PANIC ☐ TICK HERE  **VOMIT** ☐ TICK HERE  **COPE** ☐ TICK HERE  **RUN** ☐ TICK HERE

RIGHT now you may be hesitant to claim that you know how to cope with situations like these.

But after only six months with us in the Metropolitan Police you could be handling even trickier problems with confidence.

How can we be so sure?

We're careful who we take on.

You have to be British, at least 5' 8" tall, intelligent and fit before we'll consider you.

You also have to have a "good character", which means we can't take a chance on you if you've been in serious trouble with the police.

We will bring out the worst in you.

Then you go to Hendon for 16 weeks of intensive training.

Quite a bit of the time is spent in classrooms, learning about law; about police procedures and about the powers of a Police Constable.

You'll do social studies. And you'll learn how to give evidence in court.

And you get practical police training from instructors who are all very experienced police officers. They set up crime and traffic incidents that would make Chief Superintendent Barlow think twice. And then they act the part of awkward members of the public. If you've got a quick temper or a sarcastic tongue they'll find it.

You'll learn how to control yourself under stress. And you'll learn where the pitfalls are for a young Police Constable, and how to avoid them.

You'll go for one week on street duty with an experienced policeman.

Then if you pass your exam, you'll be posted to one of the Metropolitan Police divisions.

During the first few weeks at a police station, you'll go out on patrol with an experienced police officer.

Then you learn what it's really all about.

Very quickly you'll realise the difference between being at Hendon and being on the ground in London.

An instructor pretending to bleed to death isn't the same as someone actually doing so outside the local bank.

On the other hand, the criminals you meet may not be quite as awkward as some of the instructors acting the part.

Just like in any other occupation, you get to know when to apply the rules and when to use your common sense.

And then, all of a sudden you're on your own. And we guarantee that by then you won't panic, run, or vomit whatever you encounter. (Well, you won't vomit where anybody can see you anyway.)

But you are still on probation until you've been in the force for two years.

During which time you'll go on various courses. You'll learn the basics of criminal investigation and you'll probably learn to drive.

And you'll learn more every day you're on street duty.

When the two years are nearly up and you're through your exam, you're all set to apply for promotion or specialisation if that's what you've decided you want.

How far you go is up to you.

The never-ending variety of things that you have to deal with as a Police Constable will keep you involved and interested for years.

A lot of constables spend their whole time in the police on street duty. They feel, quite rightly, that this is where the main police work is done.

In fact, everybody who is in the police who isn't a constable on street duty is helping the constables on street duty, to do their job.

You help prevent people injuring one another and robbing one another.

You help them overcome all kinds of difficulties that they can't, won't or don't know how to overcome themselves.

And you can only do so if you're there on the ground, in contact with the people. You can't do it from an office.

Nobody does it just for the money.

The pay isn't sensational. But it's a lot better than it looks at first glance. You start at a minimum of £1,433 a year for a 42 hour week during your probation. Then you get a rise every year for the first six years. Besides which police pay is reviewed regularly to keep it in line with the cost of living.

If you are married you get a free house or flat or a tax paid rent allowance of up to £15.53 per week to pay for your own accommodation. Obviously if you are single you get less.

Promotion is by examination.

Once you've proved yourself as a Police Officer, there's nothing to stop you going for promotion if you want to.

You simply have to pass the promotion exam. After five years service (less in some cases) you become a Sergeant.

After another four years you may move up to Inspector.

If you do exceptionally well in your exam for Sergeant, you can apply to go to the National Police College, Bramshill, for a one year course.

A year after successfully finishing the course you'll almost certainly be an Inspector. (And this is possible before your 25th birthday.)

From an Inspector upwards promotion is by selection.

Along the way, you may decide you want to specialise. You may apply to go into the CID or the Traffic Division, the Mounted Branch or become a Dog Handler. You might fancy the River Police.

As a member of the Metropolitan Police you are automatically a member of all the many sports and social clubs run by the force. No matter what your favourite sports or hobbies are we cater for them. And our facilities are probably as good or better than you'll find anywhere.

Now, here's a challenge you've got to face right now.

The dreaded coupon.

Have you got what it takes to fill it in and send it to us?

We'd like to think we can depend on you.

LONDON'S METROPOLITAN POLICE

Men aged 19-30, 5' 8" or over and women 19-35, 5' 4" or over who are reasonably intelligent and physically fit stand a good chance of being accepted.

Send this coupon to the Appointments Officer, Dept. MD XXX, Careers Information Centre, 6 Harrow Road, London W2 1XH or give us a ring on 01-725 4237 and we will send you a full colour booklet with details of the pay, conditions of entry and your career prospects in the Metropolitan Police. If you would like a chat with one of our Police Officers to get advice you only have to ask.

Name (Mr/Mrs/Miss)__________

Address__________

Young men can join as Cadets if they are aged 16-18½ years.

LONDON'S 8,000,000 PEOPLE TAKE A LOT OF LOOKING AFTER. COME AND GIVE US A HAND.

保罗·西尔弗曼
PAUL SILVERMAN

保罗·西尔弗曼是马伦·韦纳姆·马斯广告公司（Mullen, Wenham, Mass）的首席创意官，他在20世纪70年代中期加入这家公司，那时它是一家只有3名员工的小公司，而现在它有160多名员工，客户包括添柏岚、劳斯莱斯、康帕利酒、金宾苏格兰威士忌。在此之前，他是一位小说作家和记者。在多年的广告生涯中，保罗的作品获得了戛纳广告奖及其他美国主要广告奖项。《华尔街日报》曾在其"广告传奇"系列报道中用一整版介绍了他的作品和经历。

● 所有的广告文案都源自一个关于阿拉伯王子的神话。在每篇文案中，消费者是阿拉丁，产品是神灯中的精灵。

在这篇短文中，这是我想讲述的关于文案写作的第一个观点。只有读完所有观点，你才会明白，成功并非必然，除非你学的不是阿拉伯语，而是中文。

毕竟，什么是文案创作者？一个说服者，有些类似律师。

和律师一样，广告文案也是通过放大产品好的一面，忽略产品坏的一面，为客户撰写有说服力的案例。但这和说谎不同，说谎既不道德又愚蠢，也不具备任何专业含金量。

接受挑战很重要，这就是为什么你若想把文案写到最好，就要任由时间流逝，直到闹钟像一颗定时炸弹一样响起。换言之，坚持到截稿期的最后一刻，截稿时刻是职业文案撰稿人的合法兴奋剂。

在我看来，截稿时刻会让你难以喘息，这比在公园或跑步机上跑一个小时效果更好。体育锻炼可以让你神志清醒，能量满满。适当的紧张和焦虑，反而能刺激你进入文案写作需要的“荒诞不经”的状态。

由于某些原因，我建议你们少采用所谓的“头脑风暴”，在这种会议里，十几个人聚集在一个房间，大声说出自己想到的创意，用马克笔在墙上写下一些老生常谈的想法。这是广告界20世纪50年代的老观念，也是那些平庸者的避难所。好创意通常由两个人协作完成，他们彼此都投入概念的设想，即便相隔千里，也能合作完成同一件事。

若想成为金牌文案，你首先要找一家尊重创意的公司工作。如果你在一家保守的公司上班，你也会成为一个保守的文案撰稿人，因为受众将读到的都是你们妥协了十版的文案。

一定要记住，客户不是文学评论家。通常他们买的是你的热情，而不是你的文章。直面你的客户，不要依靠传真机贩卖你的创意。

文案的写作技巧不同于小说创作。好比打棒球，有两种投手：先发投手，他们在整场比赛中不断调整节奏；替补投手，他们在危急关头一蹴而就。替补投手不能浪费任何一次投球机会，文案撰稿人也不能浪费任何一个词语。

由此可见，有效的文案写作必须比常规写作速度更快。若想做到快速写作，你就必须设想出一个被动的读者。不是那种逐字逐句伏案阅读的读者，而是坐在马桶上快速浏览书页、头脑在开小差的人。

要想打破读者这种麻木的状态，你得用一把大锤或是一个横空出世的标题。如果你已经写出来了，就不要重写一次。把你的标题看作你要说的第一句话。

写文案时，要边写边否定，直到你自己满意为止。

你要培养自己人格分裂的能力，要像演员一样学会角色扮演。想象出一个具体的读者，从头至尾保持这种想象，就像在给他写一封信。

注意段落之间的过渡，它们是你的跑道，要避免停顿和犹豫。

如今，需要谨慎使用双关，但巧妙的双关仍然很有

THERE ARE TIMES WHEN YOUR OWN SKIN ISN'T ENOUGH.

The point of our revealing photograph isn't to prove you should cover your butt with clothing when it snows.

It's to dramatize the fact that your skin does some wonderful things to keep you comfortable in extreme conditions. And so does our skin, the incomparably protective leathers we use in Timberland® boots, shoes and clothing.

Consider the four pieces of durable Timberland gear pictured in this ad.

Although each has a different use, they share a common foundation in the quality of leather used in their construction. Hide that's hand-picked for best results during the waterproofing process. And for natural coloration that weathers handsomely over time.

As its name suggests, the Iditarod™ Super Boot comes out of our many years of experimental work outfitting mushers who compete in the annual blizzard-whipped 1,049-mile sled dog race stretching from Anchorage to Nome, Alaska.

With the Iditarod as our testing lab, we've proven that the waterproof leathers and 800-gram Thinsulate® insulation in this boot can stand up to anything in North America.

And even though you wouldn't wear our Litchfield Bomber in a sled dog race, it will show you our long-standing ability to make waterproof leather as comfortable in a cloudburst as on a day when there isn't a cloud in the sky.

Likewise, our Weatherbuck Wingtips will take you to the office on a stormy day with feet as dry and warm as if you were wearing the toughest Timberland boots. In fact, the method we use to waterproof these shoes comes directly from our boot-building repertoire. Over twenty years of industry leadership. No shortcuts and no compromises.

Lastly, our name wouldn't be Timberland if our fall offering didn't include a handsewn chukka boot for rugged wear, rain or shine. You get the double comfort of genuine handsewn construction plus a waterproof system built around a Gore-Tex® fabric bootie.

It's been a good million years since the skin you were born with was forced to endure the planet's wildest extremes.

Not to worry. Use ours.

For more information about Timberland boots, shoes and clothing, call 1-800-445-5545.

BOOTS, SHOES, CLOTHING,
WIND, WATER, EARTH AND SKY.

如果广告在视觉上已经足够抓人眼球，
那么最好把标题写得朴实一些，
二者不要互相抢戏。

你自身的皮（外套）总有不够用的时候

我们在这里放一张裸露的照片并不是要证明下雪时你应该找块遮羞布。

而是为了夸大这样一个事实：为了让你在极端条件下保持舒适，皮肤会做出一些奇妙之举。添柏岚外衣也是如此。我们在靴子、鞋子和服装中使用了无与伦比的防护性皮革。

看看出现在这则广告中的四款添柏岚衣鞋吧。它们可耐穿了。

尽管每款用途不同，但皮革质量绝对有保障。为了达到最佳的防水效果，我们精挑细选。只有经得住时间考验的皮革，才会呈现最自然的色泽。

靴如其名，爱迪塔罗德超级靴正是多年实验的结晶。它也是每年从阿拉斯加安克雷奇到诺姆的狗拉雪橇比赛中，陪伴参赛者跑完 1 049 英里赛程的装备之一。

基于爱迪塔罗德的实验基础，我们已经能够证明这款靴子的防水皮革和 800 克新雪丽暖绒的保温技术无惧北美的任何考验。

即使你不会穿着我们的利奇菲尔德短夹克参加狗拉雪橇比赛，它也能向你展示我们长期以来的实力：只要穿上防水皮革，就算下倾盆大雨，你也会拥有舒适的穿着感受。

同样，我们的防风雨翼形带孔皮鞋能让你在暴风雨天双脚干燥、温暖地走进办公室，恰似你穿着最强悍的“踢不烂”靴子一样。事实上，这些鞋子的防水方法直接源自制鞋工序。二十余载，独领风骚。成功没有捷径，性能决不妥协。

最后，如果秋季新品中没有一款坚固、抗击风雨和暴晒的手工缝制高帮皮马靴，我们就不配叫添柏岚了。纯手工缝制、由戈尔特斯透气防水面料构建的防水系统为你提供双重舒适。

你的皮肤自出生起就被迫忍受地球上最极端的环境，这种情况已经持续了一百万年。

不要担心，还有我们。

欲获得更多有关添柏岚靴子、鞋子和服装的信息，请致电 1-800-445-5545。

添柏岚

靴、鞋、衣，（防）风（防）水（上）天（入）地价值。许多既定规则，都是被创新的想法颠覆的。

真遗憾，我们生活在一个视觉主导的时代，连文案撰稿人这个词听上去都有些过时。在电脑上调整文案的视觉效果，会让你觉得自己不是一个文案创作者，而是一个词语设计师，这就引出了艺术指导或者字体设计师的角色。

即便是麦迪逊大道上的莎士比亚，也可能被糟糕的排版打败。版式设计能传递感觉和营造情绪，就像口语中的声音一样。

这在中国不是什么新鲜理念，中国的书面语言由成千上万个汉字组成，每个汉字最初都是一个图像。事实上，这对各个国家（包括“野蛮”的西方国家）的文案撰稿人都有一种不言而喻的启示。

现代文案写作是电影式的，这意味着翻页形式已经演化成电影银幕。就像古代中国的文书一样，你的工作就是用文字写出画面，把它们当作摄像机中的胶片一样快速放映。

动词在传递画面方面总比形容词更快，两者之间有着鲜明的对比：A. 纸上的一道尖锐的锯齿状切口是由刀划出来的；B. 刀划破了纸。

当然，电影场景在传递信息方面又比任何词语，哪怕是动词，都更快。由于最好的广告写作都与精简（删减、删减、删减）有关，有人会说，文案撰稿人最伟大的写作就是构思出一个令人难忘的场景，这个场景里却没有任何文案。

至此，我想象着你——我的读者，若干年后坐在红色卡座上，上方挂着龙形彩灯，你品尝着燕窝，吃着烤鸭，用餐结束时，服务员端上了一块幸运曲奇。你掰开它，发现了一条古老的信息：“这个世界属于那些重视艺术指导而非字典的文案创作者。”

TURE IN PARIS, TEXAS.

a boot," your ultimate insurance of dry, comfortable feet under the worst, wettest, coldest conditions.

The boot within a boot is actually a sock constructed of waterproof Gore-Tex fabric, warm Thinsulate® insulation and smooth Cambrelle.

We take this innocent-looking sock and give it the infamous bubble test. We fill it with air, submerge it in a glass water tank, and we patiently watch. One air bubble and the sock is sacked. Period.

The Arch of Triumph

The arch of Paris, France, is a stone monument to victory. The arch of Paris, Texas, is the midsole support system in a Timberland boot. Voila.

Besides these and a multitude of other trials, we construct our boots by impermeably bonding the upper to the midsole, creating a water-tight cradle around your foot. We keep seams to a minimum, and sew each stress point with no fewer than four rows of waterproof nylon lock stitching.

So, when a size 12 guide boot says Timberland® on it, you know you can put it through anything on earth. From Paris, France, to Paris, Texas.

Because it's already been there.

BOOTS, SHOES, CLOTHING,
WIND, WATER, EARTH AND SKY.

来自得克萨斯州帕里斯的高级时装

我们对法国巴黎T台上的最新款式一无所知。

却知道今年得克萨斯州帕里斯和缅因州帕里斯将要展示什么。

它们每年展示的都一样。原始、真实的添柏岚。不知怎的，经过泥土洗礼的靴子会变得越发好看。就像一个精致的巴黎时装女模特。

相似之处到此为止。没人会像穿我们的靴子那样对待一位法国模特。在测试实验室里，我们树立了最恶劣的榜样。

严峻的考验特别折磨人，我们在几张最好的添柏岚靴皮后面放了大量的水。

然后，我们一遍遍地弯曲皮革，模拟人类的脚在无人区深处艰难地蹚过等量水时可能做出的动作。每张皮革被弯曲一万六千次后，我们只接受一个结果——零渗透。哪怕只渗透了一滴，这张皮革也要报废。不接受上诉，没有二次机会。

另一项折磨人的测试涉及所谓的“靴中靴”，当你处于最恶劣、最潮湿和最寒冷的条件下，它是让你的双脚保持干燥、舒适的最后一道防线。

“靴中靴”其实是一款由戈尔特斯透气防水面料、新雪丽暖绒和光滑的坎培拉超级里衬制成的袜子。

我们拿来一只看似无辜的袜子，用它来做臭名昭著的气泡试验。让它充满空气，把它浸在玻璃水箱里，然后耐心地观察。只要冒一个气泡，袜子就玩儿完。结束。

法国巴黎的凯旋门是一座胜利的纪念碑。

得州帕里斯的“凯旋门”是添柏岚靴子里的中底支撑系统。

瞧瞧！

除了这些和其他许多试验，我们通过将鞋面和中底以密不透水的方式粘在一起，在你脚的周围打造出一个防水托架。我们尽量减少接缝，用“不少于四排的防水尼龙锁针”缝合每个应力点。

所以，当你看到一双标明添柏岚商标的12码登山靴时，你就明白自己可以穿着它们放心大胆地走去地球上任何一个角落。比如说，从法国巴黎走到得克萨斯州帕里斯。

山就在那里，去攀登就好了。

添柏岚

靴、鞋、衣，(防)风(防)水
(上)天(入)地

你也可以在华尔街的“峡谷”找到它们

峡谷居民和公寓居民有何共同之处？从天气上说，共同点可能比你想象的多。

有谁能说，横扫华尔街走廊的东北风就比席卷峡谷的西南风更容易忍受呢？

风、水、天、地的作用塑造了美国地形。因此我们认为，在设计适合美国地形的衣服时，它们也应该发挥作用。

这就是你看到峡谷居民穿着添柏岚超轻高帮皮马靴、登山短裤、斜纹粗棉布衬衫和防风野战夹克上路的原因。在海平面以东 3 000 英里处，公寓居民穿着我们的休闲服和防风雨翼形带孔皮鞋走上街头——这是一款经典的城市鞋，其坚韧的金属片鞋底结构和超强的防水性能赋予它们城市时尚史上闻所未闻的超长寿命。

所以，如果你认为添柏岚只适合崎岖的户外，那你就大错特错了。因为无限风光在窗外。

添柏岚

靴、鞋、衣，（防）风（防）水（上）天（入）地

这三则添柏岚广告的文案创作者是同一人，但不同的视觉和字体排印设计，使得每则广告蕴含的品牌个性及商品信息大不相同，虽然其概念和文案信息基本相似。

▶ 这只鞋有 342 个洞。你要怎么让它防水？

无论你在哪里看到我们的鞋履系列，你都会发现很多洞。

你会在翼形带孔皮鞋上发现大量时髦的穿孔。

你会在手工缝制鞋上发现大量的针孔。莫卡辛软皮鞋、独木舟莫卡辛软皮鞋、帆船鞋。轻若无物，行走方便。轻便舒适的休闲鞋，助你“轻装简行”。

做工（看起来）更不防水，每个风格都有足够的开口，让暴雨进入鞋里。

但我们可是添柏岚，你得搞清楚我们是从哪里起家的。二十多年前，我们是一家专门的靴子制造商，并且是第一个成功生产出完全防水的优质皮革运动靴的。

我们当时学到的经验教训为如今制作跋山涉水的翼形带孔皮鞋和手工缝制鞋奠定了扎实的基础。

教训一：只挑选世界上顶级的皮革，然后花钱将每个孔注满硅酮，同时在转鼓里完成鞣制工序。（我们把捷径留给了竞争对手，他们只会在鞣制完成后用硅酮刷皮革表面。不幸的是，后果全部由顾客承担。）

教训二：富有创造力。要实现防水，需要不止一种技术。比如说，为了打造一款防水的翼形带孔皮鞋，我们借鉴了添柏岚旧时鞋匠手册里的经验。把鞋面与中底直接粘在一起，在脚周围形成一个不透水的密封层。

然后，我们在这些时髦的翼孔下搭建一层特殊的“伞膜”，制成实际上的“鞋中鞋”。我们使用最柔软的马鞍手套革来制作靴子内衬，因为经过硅酮防水处理，它就算遇到雨季也完全不会出问题。

手工缝制鞋采用了不同的解决方案，它也可被追溯到靴子时代。彼时，我们是 W.L. 戈尔公司的早期合作伙伴。该公司是戈尔特斯透气防水面料的创造者。

为了让手工缝制的莫卡辛软皮鞋的针孔防水，我们采用了一种独特的技术——将添柏岚马鞍手套革和戈尔特斯内靴粘在一起。一旦我们把它放在莫卡辛软皮鞋里，你就拥有了一双“收放自如”的成功之鞋。它只进空气不进水。换句话说，内外气候它都能调节。因此，尽管添柏岚防水鞋从未离开过华尔街“峡谷”，但它们将自己的个性归于那个永远都看不到人行道的世界。峡谷、苔原和沼泽地才是其诞生地。

这使得添柏岚鞋不仅防水。

还经受住了水的考验。

添柏岚

靴、鞋、衣，（防）风（防）水（上）天（入）地

This shoe has 342 holes. How do you make it waterproof?

Wherever you look in our footwear line, you find holes.

You find wingtips with scores of stylishly arranged perforations.

You find handsewns with scores of needle holes. Moccasins. Canoe moccasins. Boat shoes. Ultralights for easy walking. Lightweight comfort casuals for weightless walking.

Built by a lesser waterproofer, each of these styles has enough openings to admit a deluge.

But we're the Timberland company, and you have to understand where we got our start. Over twenty years ago, we were exclusively a boot manufacturer, and we were the first people to successfully produce fine leather sporting boots that were totally waterproof.

The lessons we learned then are why we're able, today, to build wingtips and handsewns you could go wading in.

Lesson one. Select only the cream of the world's leather crop, then spend the money to impregnate every pore with silicone at the same time the leather is being tanned in the drum. (We leave the shortcuts to our competitors, the ones who merely brush the surface with silicone after the leather is tanned. And the consequences, unfortunately, we leave to their customers.)

Lesson two. Be inventive. It takes more than one technology to stop water.

For example, to build a waterproof wingtip, we take a page right out of the old Timberland bootmaker's manual. We bond the upper directly to the midsole, creating an impermeable seal around your foot.

Then we build a special umbrella under those stylish wing perforations. It's actually a "shoe within a shoe."

A bootie lining of our softest saddle glove leather, fully waterproofed with silicone. Guaranteed to stop a monsoon.

Handsewns require a different solution, but one that also harks back to our boot days, when we became an early collaborator of the W.L. Gore Company, creators of waterproof, breathable Gore-Tex™ fabric.

To waterproof the needle holes of a handsewn moc, we use an exclusive technique in which Timberland saddle glove leather is laminated to a Gore-Tex bootie. Once we place this inside the moc, you have a shoe that's an open and shut success. Open to air and shut tight to water. Climate-controlled, in other words, both inside and out.

So even if it never leaves the canyons of Wall Street, every Timberland waterproof shoe owes its character to a world that will never see a sidewalk. The canyons, tundras and marshlands where our boots were born.

Which makes Timberland shoes more than waterproof.

They're water proven.

Boots, shoes, clothing, wind, water, earth and sky.

I'm a red hot mama,
but I'm blue for you.
I get purple with anger
at the things you do.
And I'm green with envy
when you meet a dame.
But you burn my heart up
with an orange flame.
I'm a red hot mama,
but you're white and cold.
Don't you know your mama
has a heart of gold.
Though we're in those grey
clouds, some day you'll spy
that terrific rainbow
over you and I.

Rodgers and Hart, *Pal Joey*

Unigraphic
Color Separations that Sing

我是一个潘通 185C 红色的辣妈，
但我为你变成了潘通 285C 蓝色（感到担忧）。
因为你所做的事情，
我愤怒得变成了潘通 258C 紫色。
当你遇到一个女人的时候，
我嫉妒得变成了潘通 355C 绿色。
但你用潘通 165C 橙色的火焰，
温暖了我的心。
我是一个潘通 185C 红色的辣妈，
但你是潘通 1C 白色的、冷静的。
你不了解你的妈妈吗？
她有一颗潘通 873C 金色（金子般）的心。
虽然我们身处潘通 430C 灰色的云中，
但终有一天，你会看到你我头顶
那道如潘通色谱般的绝美彩虹。

罗杰斯与哈特，《花红酒绿》

Unigraphic
色分如歌

有时，一个文案创作者最大的贡献在于把个人看法隐藏起来，尽量去为品牌发言。

有时你是写好了标题再去搭配图片，
这则广告则是标题由图片引出。

你快要被吓尿了，
幸好有防水鞋

戈尔特斯面料派上用场时，是你身在荒野或遇到暴风雨的情况下，它不仅防水，而且透气，所以能让你保持舒适。在马萨诸塞州，戈尔特斯和其他防水面料用于制造各种防水鞋和外套。但是，这些衣鞋的价格并不昂贵，所以你需要担心的就是来自户外的挑战。

马斯军用物资商店

坎布里奇马斯大道 1436 号，电话 497-1250。波士顿波伊尔斯顿街 895 号，电话 267-1559。

要想拥有真正的越野体验，
试试原始的“路虎揽胜”吧！

美国是在马背上被发现的，而这在今天仍然是发现美国最好的方式。

北岸马术中心

马萨诸塞州哈密尔顿，电话 508-468-5063。

这则广告中的马代表着文案主体，
马的图形比文字更有视觉冲击力。

一场暴风雨即将来临

暴风雨使道路上空变暗，人类的道路却不会被暴风雨冲走。安吉拉·比松内特用铁锹挖沟，保护阿巴拉契亚山脉不受坏天气的影响。添柏岚很自豪地向那些穿上靴子并改变世界的人致敬。

她不是模特，而是模范。

添柏岚

靴、鞋、衣，（防）风（防）水（上）天（入）地

添柏岚是青年服务品牌 City Year 的合作伙伴。欲了解有关 City Year 的详细信息，请致电 1-800-609-8688。

文字就像照相机镜头，
文案创作者的工作就是运用文字
在读者脑海中创造栩栩如生的画面。

这是一道滔天巨浪

波浪在海滩上高踞，人类的能量浪潮战胜了犯罪。当波士顿街头暴力事件发生时，特雷西·利特卡特用强大的意志力与暴力分子战斗，并让帮派成员放下了他们的枪。添柏岚很自豪地向那些穿上靴子并改变世界的人致敬。

他不是模特，而是模范。

添柏岚

靴、鞋、衣，（防）风（防）水（上）天（入）地

添柏岚是青年服务品牌 City Year 的合作伙伴。欲了解有关 City Year 的详细信息，请致电 1-800-609-8688。

一场龙卷风的真实照片

龙卷风席卷了一个城镇，人类的龙卷风消灭了暴力。志愿者布莱恩·基托在洛杉矶街头巡逻时，居民在他的坚实庇护下安全地行走。添柏岚很自豪地向那些穿上靴子并改变世界的人致敬。

他不是模特，而是模范。

添柏岚

靴、鞋、衣，（防）风（防）水（上）天（入）地

添柏岚是青年服务品牌 City Year 的合作伙伴。欲了解有关 City Year 的详细信息，请致电 1-800-609-8688。

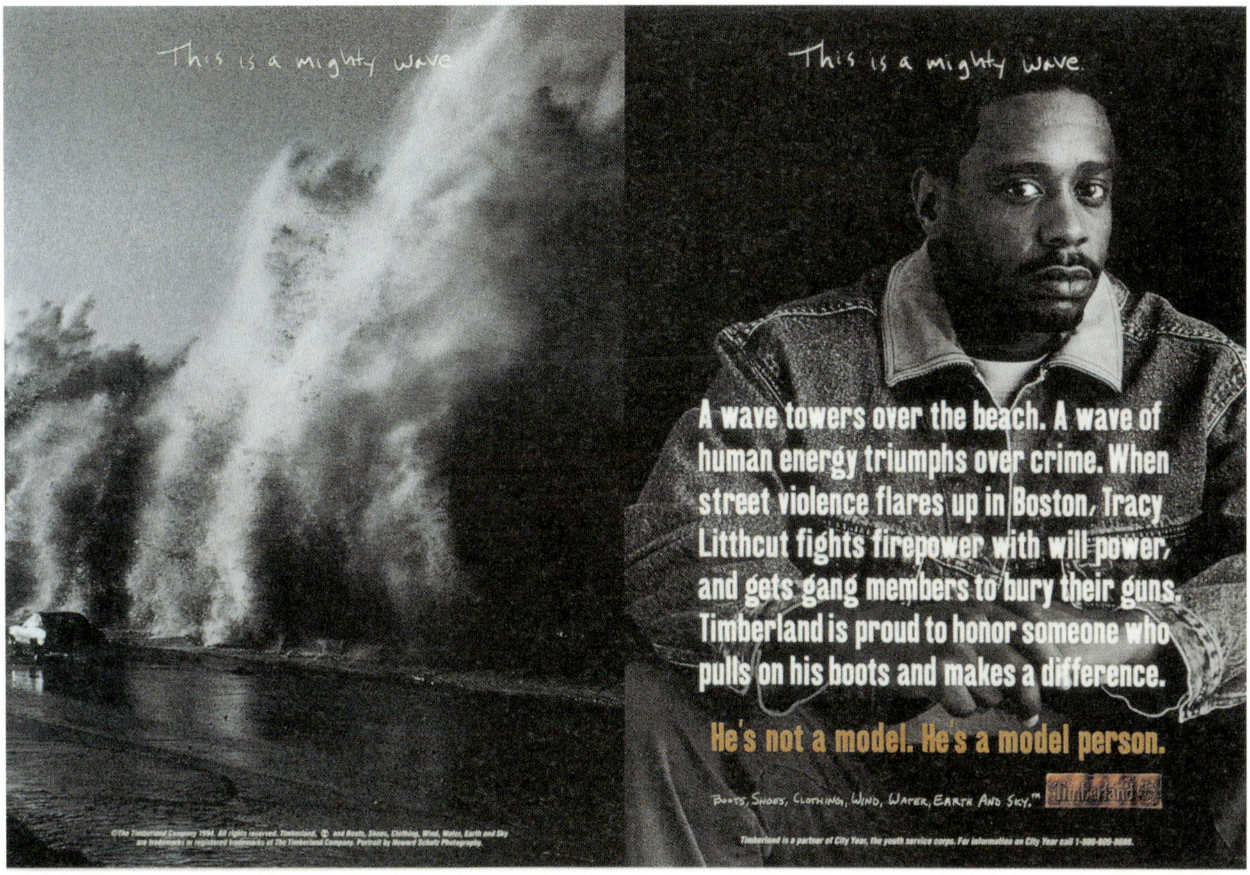

This is a mighty wave
This is a mighty wave.
A wave towers over the beach. A wave of human energy triumphs over crime. When street violence flares up in Boston, Tracy Litthcut fights firepower with will power, and gets gang members to bury their guns. Timberland is proud to honor someone who pulls on his boots and makes a difference.
He's not a model. He's a model person.
Boots, Shoes, Clothing, Wind, Water, Earth And Sky.™
Timberland
©The Timberland Company 1994. All rights reserved. Timberland, and Boots, Shoes, Clothing, Wind, Water, Earth and Sky are trademarks or registered trademarks of The Timberland Company. Portrait by Howard Schatz Photography.
Timberland is a partner of City Year, the youth service corps. For information on City Year call

actual photo of a whirlwind.
actual photo of a whirlwind.
A tornado wipes out a town. A human tornado wipes out violence. When volunteer Brian Kito patrols the L.A. streets, the elderly residents of Little Tokyo walk safely in his strong shadow. Timberland is proud to honor someone who pulls on his boots and makes a difference.
He's not a model. He's a model person.
Boots, Shoes, Clothing, Wind, Water, Earth And Sky.™
Timberland
©The Timberland Company 1994. All rights reserved. Timberland, and Boots, Shoes, Clothing, Wind, Water, Earth and Sky are trademarks or registered trademarks of The Timberland Company. Portrait by Howard Schatz Photography.
Timberland is a partner of City Year, the youth service corps. For information on City Year call

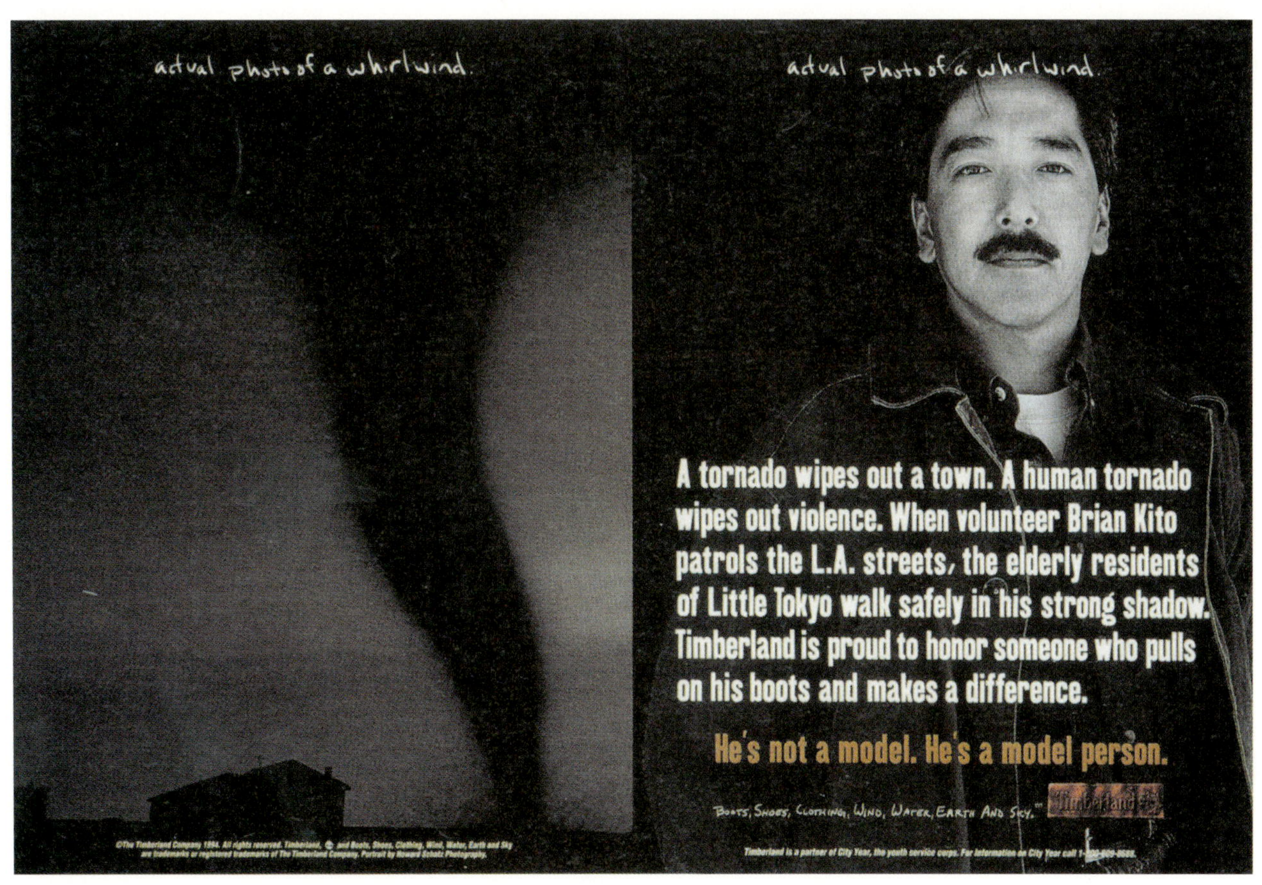

因德拉·辛哈
INDRA SINHA

1950 年，我出生于刚独立的印度，那个年代被萨尔曼·拉什迪在小说《午夜的孩子》中生动地记录了下来。我也在拉什迪上过的那所孟买学校上学。我在印度西部的雨林中狂奔，度过了快乐的、脏兮兮的童年。

梅奥学院，犹如拉贾斯坦邦沙漠中的一座由白色大理石筑成的海市蜃楼，楼顶有一座不寻常的形似洋葱的钟楼。在那里，聪明的婆罗门试图教我梵语和西塔琴。不知怎的，我最终在剑桥的彭布罗克学院研究女性、吉他、啤酒和英国文学。

我原本想拍纪录片，但是做了一段时间居无定所、身无分文的编剧之后，我在 1976 年被大卫·伯恩斯坦雇去做广告。1979 年，我花了一年时间在印度翻译婆蹉衍那编著的《爱经》的新英文版，这是该书自 1888 年理查德·伯顿版之后第一次在西方出版。

1980 年，我加入奥美，与盖瑞·赫纳合作，又一次无意中追随了萨尔曼·拉什迪的脚步。拉什迪之前也是奥美的文案撰稿人，并且与盖瑞合作过。

1984 年，我加入 CDP，并在 1986 年首次获得 D&AD 奖石墨铅笔奖（我一共获得了 6 次 D&AD 奖石墨铅笔奖），还获得 4 次 *Campaign* 杂志广告奖最佳广告文案银奖。获奖固然是喜事，但更令我欣喜的是，我的广告文案使大赦国际的传播效果达到了行业平均水平的 14 倍。我为能与世界上最好的一些艺术指导做搭档而深感荣幸，尤其是曾在 CDP 和我搭档了六年的尼尔·戈弗雷。

1991 年，我和搭档联合创立了安泰尼公司（Antennae），这是一家云集了广告、多媒体、环境和编程人才的公司。1995 年，本着求真务实的精神，我们将公司更名为凯奥斯（Chaos）。

● 在我撰写的所有文案中，我最喜欢的是《肠道疗法赞美诗》，它是我用印度英语为一个玩世不恭的开书店的朋友写的。这篇文案从未获奖，也没被载入任何广告年鉴，但是我对它偏爱有加。

这位朋友是书商什利拉姆·维迪亚提，他以捉弄顾客出名。“嗨，贾纳布，”他会对一个不爱惜书的男人说，“要把它当成你的情人，而不是老婆。”我在翻译《爱经》时，找什利拉姆订购了一些古梵文情色书，想象一下，当他穿过拥挤的书店，大喊“哦，辛哈先生！你的性爱书来了”时，我是多么想找道地缝钻进去！

什利拉姆对我从事的广告工作很感兴趣，当国防部的一位愚蠢的官员否决了一则描写圣雄甘地的陆军军官广告，理由是这则广告侮辱了印度时，没有人比什利拉姆更加愤怒，更讽刺的是，这则广告还是一位印度文案撰稿人写的。什利拉姆甚至假装自己是甘地基金会的秘书，打电话给国防部，给接电话的公务员上了关于国家文化遗俗的严肃一课。毋庸置疑，他的动机与非暴力、爱国主义和司瓦德西运动毫不相干。这个浑蛋只是想让广告在他的《印度书虫杂志》上刊登而已，这本杂志总发行量3 000册，所有文章都是他用各种笔名撰写的。

“啊，一则广告可以养活这本杂志啦。英军难道不欠我们什么吗？我们不是在两次世界大战中为这些讨厌鬼而战吗？”

出于同样的原因，他也想刊登帝国战争博物馆的广告。我去那儿参观时，被埃里克·希顿少尉在索姆河战役前夕写给父母的一封信感动。后来，在翻阅档案时，我无意地看到一张他在部队执行任务时被子弹击中的照片，这个场景始终萦绕在我的脑海中。不同的是，这则广告我先写了内文，后写了标题，在自我否定十几个标题之后，我终于写出了第一次看到这张照片时脑海中浮现的想法。

什利拉姆的杂志刊登过一则广告，是关于暴徒们怒斥伦敦警察厅的内容。实际上，原本计划是采用我用印度语写的一则广告，画面上是亚洲警察，横幅写着标语“英雄还是叛徒?”，接下来是一千字肺腑之言。什利拉姆承诺做一个聚焦于警察与种族关系的主题，制作3万份印刷品，在绍索尔与布里克巷免费分发，再将一部分空运至新德里。我发誓，他原本想不遗余力地去做这件事。问题是，警察厅宁肯出钱在光鲜的中产阶级杂志上刊登我们的《偏见》广告，也不敢与当地的少数族裔直接对话，所以广告从未刊登过，特别遗憾。我本来计划拿它申报一个广告文案奖项，作为对D&AD的那些愚蠢评审的报复。

当尼尔·戈弗雷和我接手了这项关于伦敦警察厅的活动时，我们决定进行深入调查，并将发现如实记录下来。之前听说D&AD有个评审阻止我的广告作品获奖，理由是“那些作品不是广告而是新闻”。有这样的赞赏，拿不拿奖我都无所谓了。

广告人经常说我的广告读起来不像广告，我将其当成褒奖。健力士黑啤广告借鉴了福尔摩斯的情节，故事灵感源自暗红宝石色调的“黑啤之母”，在另一个故事中，福尔摩斯依据啤酒沫上的胡须痕迹来追查凶手……这个广告项目却由于欧内斯特·桑德斯的丑闻事件而取消了。

让广告不像广告，并非易事。为此，我可以花几个小时去推敲一句文案，为一篇长文案写出二十个不同版本，也会在深更半夜蹑手蹑脚下楼把脑海中的文案敲到电脑屏幕上。在凌晨三点的灯光下，文案中的每一个瑕疵都浮现在眼前。此时，你曾经为之得意的文案也似乎显得有些过度修饰。这时，我通常会否决之前的想法，然后随意写点儿新东西。

一篇文案精彩与否，你是能感受到的。好的文案流畅如音乐，它由逻辑、理性、感性三方面组成。若想分辨哪些地方不妥，也很容易。我有一个好办法，那就是把文案打印出来放在自己面前，然后眯着眼睛进行“扫描”，那些不和谐的字眼呈现在页面上，就像下水道的堵塞物一样碍眼。

我最喜欢的两位文案撰稿人是托尼·布里纳尔和尼尔·法兰奇。他们的作品不能用聪明来形容，而是应该用智慧来描述，每一句话都包含着新鲜的创意。

有时候，想出一个恰如其分的创意很难。在撰写库尔德人被化学武器袭击的故事时，我陷入了愤怒的情绪，指责玛格丽特·撒切尔、乔治·布什和《卫报》的读者只会袖手旁观。初稿以此收尾，我拿给妻子看，她说这看起来像歇斯底里的咆哮。是的，但我非常想找到一种能平静下来的办法。两天后，我终于找到解决之道。为了让愤怒合理化，大赦国际必须自己承担责任。如果全世界都能意识到这个问题，公众舆论就有可能去阻止大屠杀。更多人需要加入，让大赦国际这个组织变得更强大，下次能让更多人听到它的呼吁。勇敢的客户硬下心来接受了这个创意，这则广告也带来了创纪录的反响。

一天下午，什利拉姆在他的法国庄园成为我的客户。那是一栋充满浪漫气息的破旧房子，之前的已知用途是被吉卜赛马商当作马厩。我们在那儿的大部分时间，都在从客厅往外叉干草，往屋顶破洞里塞满浸湿的《巴黎竞赛》画报。尽管如此，丁香盛开着，什利拉姆坐在崭新割草机上的场景还是很悦目。但他所面临的困境是，他需要想办法支付所有的费用。于是我们的谈话开始了。“你是个专业的推销员，”他说，“想一个漂亮口号帮我把书店卖掉吧。”

“兄弟，”我告诉他，“你不需要口号。广告不该是自夸的销售表单，强行与双关和俚语绑在一起。好的文案是一种对话，倾听与诉说同样重要，别写那些你宁死也不愿意说的话。你必须接受这个事实，消费者们有权拒绝你的信息，你也应该给他们这样的机会。好文案总是微妙的，其最深刻的含义不在于它讲了什么，而在于它没讲什么。决定不讲什么，以及如何不去讲，需要更长的时间和更艰苦的练习。”

“妙极了！”什利拉姆说，“让我们也运用这些聪明的策略，向《文学评论》的读者发出呼吁，让他们帮忙从庄园主管家手中拯救我吧。”（我们真的这样做了，也有许多奥伯龙·沃[1]的支持者捐了款。）

这些年来，我为各种各样的客户工作，从什利拉姆的小书店到大公司，最终总结出以下心得：生命太过短暂，不值得为不喜欢的人工作，也不值得为你自己都不相信的产品和事物付出精力和智慧；作为一名文案创作者，你的文案会影响世上数百万人及诸多事情，这是一份很大的责任；如果你只关心获奖和金钱，那么你就是在为最小的可得利益而战。我呢？因为我明白文案的力量，所以我想为最高层次而战，我想帮助世界重塑更好的未来。

[1] 奥伯龙·沃（Auberon Waugh）是《文学评论》前主编、作家。——编者注

"When our children were dying you did nothing to help. Now God help your children."

Iraqi Kurdish refugee

The Kurdish district of Garmiyan in the mountains of north-eastern Iraq used to be a pretty place.

There were wheat fields and apricot orchards. The gardens grew melons and pomegranates and grapes. Most houses had a cow tethered outside.

One April morning in 1988, the mountainsides echoed to the drone of Iraqi bombers and the flat thud of chemical bombs.

A white cloud drifted among the apricot blossom. Whoever breathed it, died.

Later that day, a group of Kurdish guerillas came across a procession of people, blistered and burned, stumbling silently from a stricken village.

Azad Abdulla was one of the guerillas. "Can you imagine," he asks, "what it's like to die this way? If it's cyanide you get dizzy and choke. If it's mustard gas your skin blisters and your lungs begin to bleed and you drown in your own blood."

Abdulla laughed when we showed him a leaflet which tells Americans in Saudi Arabia how to survive a chemical attack.

(It's reproduced here.)

It advises turning off the air-conditioning and standing under a running shower.

But the Kurdish villagers had no such luxuries.

Instead, they had to evolve their own crude methods of coping with poison gas attacks.

They would retreat into a cave after having lit a fire at its mouth. They would climb to the tops of mountains. They would wet turbans and wrap them round their faces.

On that April morning there had been no time to take even these crude measures.

Azad Abdulla and his companions found a small boy and girl clinging to each other. While running away through a wheat field they had come under attack from an Iraqi helicopter and become separated from their parents. The parents had died but the children did not know this.

They kept saying that when it grew light they would go and look for them. They thought it was night. They did not realise that they were blind.

Almost to the day (on April 12th 1988), Junior Foreign Office Minister David Mellor was forecasting that British industry would soon find "a large market in Iraq."

Was he unaware that Saddam Hussein was systematically gassing Iraq's Kurdish minority? Hardly.

Only three weeks earlier, more than 5,000 men, women and children had died horribly in an Iraqi poison gas attack on the Kurdish town of Halabja. The atrocity received worldwide TV and newspaper coverage.

"Bodies lie in the dirt streets or sprawled in rooms and courtyards of the deserted villas, preserved at the moment of death in a modern version of the disaster that struck Pompeii. A father died in the dust trying to protect his child from the white clouds of cyanide vapour. A mother lies cradling her baby alongside a minibus that lies sideways across the road, hit while trying to flee. Yards away, a mother, father and daughter lie side by side. In a cellar a family crouches together." (Washington Times, March 23rd 1988).

The world was shocked. But not shocked enough to do anything effective. While the USA condemned Iraq's use of chemical weapons, calls for sterner action were resisted.

According to James Adams, Defence Correspondent of the Sunday Times, such western impotence must have acted as an incentive to President Saddam Hussein.

The world's inaction is a subject about which we at Amnesty International find it difficult to remain polite.

For years we have been exposing atrocities committed by the Iraqi government. Nothing effective has ever been done.

On 8th September 1988, five months after Halabja, Amnesty appealed directly to the United Nations Security Council to stop the massacre of Kurdish civilians by Iraq. Nothing effective was done.

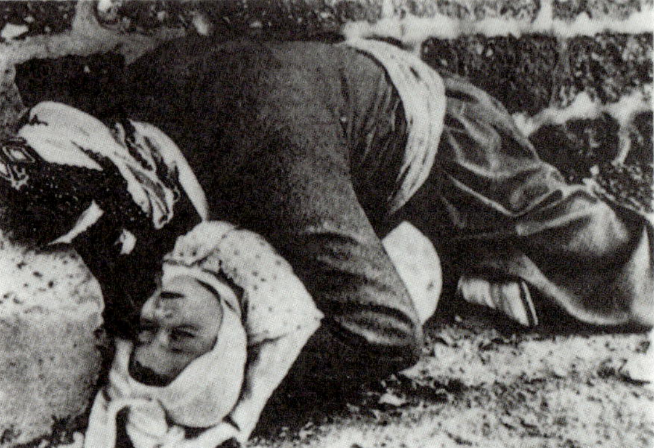

A year after Halabja, we published a report detailing how an eyewitness saw a baby seized as a hostage and deliberately deprived of milk to force its parents to divulge information.

How children as young as 5 years old had been tortured in front of their families.

We revealed that at least thirty different forms of torture were in use in Iraqi prisons, ranging from beatings to burning, electric shocks and mutilation. Torturers had gouged out the eyes of their victims, cut off their noses, ears, breasts and penises, and axed limbs. Objects were inserted into the vaginas of young women, causing the hymen to break. Some of these methods had been used on children.

The report failed to move the United Nations Commission on Human Rights which, days after its publication, voted *not* to investigate human rights violations in Iraq.

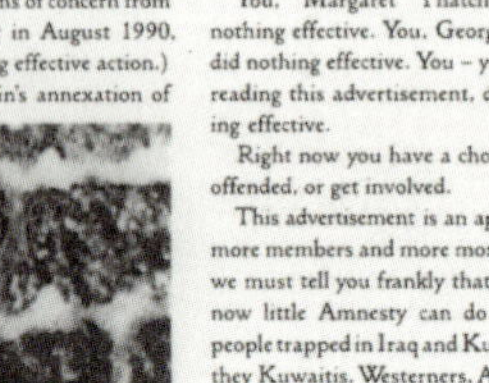

TYPES OF GAS

A. MUSTARD GAS
- TOXIC IRRITANT - BLISTERS ON SKIN, INFLAMATIONS, ETC.
- MAKES YOUR LUNGS BLEED, SLOW DEATH.
- WATER SOLUBLE, WET TOWEL ON HEAD, STAY IN SHOWER.
- LASTS 1 TO 2 HOURS

B. CYANIDE
- HIGHLY HEMOTOXIC.
- NO EXTERNAL INFLAMMATION, ETC. WORKS INSIDE.
- LOSS OF CO-ORDINATION, DIZZINESS, DIFFICULTY BREATHING, PAIN.
- WATER SOLUBLE - SAME AS ABOVE.
- LASTS UP TO ONE HOUR

C. NERVE GAS (VARIOUS TYPES)
- NEWROTOXIC
- QUICK ACTING.
- LOSS OF MOTOR COTROL, SHAKING, BLURRED VISION, ETC.
- BEST FILTERED VIA ACTIVATED CHARCOAL
- WET CLOTH MASK MAY HELP.
- DISPERSES QUICKLY, LASTS 30 MIN MAX.

GOOD LUCK.

(After expressions of concern from another UN body in August 1990, we are still awaiting effective action.)

Saddam Hussein's annexation of Kuwait seems to have taken many people by surprise. Why?

Why be surprised by the savagery of the Iraqi regime that daily tortures and kills Kuwaiti citizens?

Why be surprised that westerners trapped by the invasion are now helpless hostages?

Why be surprised that it is now young Britons who face the chemical weapons that wiped out thousands of defenceless Kurdish villagers?

Yes, we told you so. In '80, '81, '82, '83, '84, '85, '86, '87, '88 and '89. And you did nothing effective to help.

You, Margaret Thatcher, did nothing effective. You, George Bush, did nothing effective. You – yes you – reading this advertisement, did nothing effective.

Right now you have a choice. Get offended, or get involved.

This advertisement is an appeal for more members and more money. But we must tell you frankly that there is now little Amnesty can do for the people trapped in Iraq and Kuwait, be they Kuwaitis, Westerners, Asians or the 4 million Iraqi Kurds who are also living in fear.

So why should you join us?

Because we failed with Iraq. Failed to make any impact on Saddam Hussein. Failed to stir the United Nations into doing anything effective. Failed to reach enough ordinary people, like you, who were willing to channel their outrage into constructive action.

God knows how many lives this failure will yet cost.

We have got to make it impossible in future for governments to ignore the genocide of helpless women and children. It must become morally unacceptable for governments to look at photographs of dead children from places like Halabja and then carry on 'business as usual' with their murderers.

That's why you should join us and, if you can afford it, make a donation to our campaign funds. (Small donations gratefully received, business-people please think big.)

"We were screaming till we could not speak," says Azad Abdulla, "and yet no-one listened." It's you he's talking to. If you can hear what he's saying, clip the coupon.

I wish to be a member of Amnesty International. I enclose £12 Individual ☐ £15 Family ☐ £5 OAP ☐ £5 Student, Under 18, Claimant ☐ I wish to donate £100 ☐ £50 ☐ £25 ☐ £15 ☐ Other ☐

Mr/Ms.

Address

Postcode

To: Amnesty International British Section, FREEPOST, London EC1B 1HE.

AMNESTY INTERNATIONAL

PREVENTIVE MEASURES: CHEMICAL WARFARE

A. YOU ARE OUTSIDE

YOU WILL DIE. DO NOTHING.

B. YOU ARE INSIDE

1) SEAL ALL AIR LEAKS, DRYER VENT, BATHROOM CEILING VENT, PET DOOR,

2) TURN OFF A/C. IT WILL ATOMIZE/CIRCULATE ANY GAS WHICH ENTERS.

3) LOOK OUT YOUR WINDOWS:
- BIRDS DROPPING FROM TREES
- CATS/DOGS/PEOPLE DROPPING, CHOKING, ETC.
- CARS CRASHING
- GENERAL CHAOS
- VISIBLE FOG/MIST IN AIR

ALL THESE ARE SYMPTOMS, WHEN YOU SEE THEM:
- BARRICADE DOORS/WINDOWS, LET NOBODY IN OR OUT OF THE HOUSE
- YOU CANNOT MAKE IT TO YOUR CAR. DON'T EVEN TRY.

4) DRESS TO THE HILT, LONG SLEEVES, PANTS, SOCKS, GLOVES, SCARF, HAT
COVER YOUR ENTIRE HEAD WITH A WET TOWEL OR BLANKET.

这则广告的开篇略显做作，其实应该删掉。
当时我控制不住自己愤怒的情绪才会这样写，
不过后面行文时，我终于平息了怒火。

“我们的孩子快死了，你却无动于衷。愿上帝保佑你们的孩子”
伊拉克库尔德难民

位于伊拉克东北部山区加尔米扬的库尔德地区曾经是一个美丽的地方。

那里有麦田和杏园。家家户户的园子里种着甜瓜、石榴和葡萄。大多数房子外面都拴着一头牛。

1988年4月的一个早晨，山坡上回荡着伊拉克轰炸机的嗡嗡声和化学炸弹的闷响。

一朵白云在杏花间飘荡。吸入它的人都死了。

当天晚些时候，一群库尔德游击队员遇到了一拨人。他们浑身是水疱和烧伤，正默默地从一座受到侵袭的村庄里蹒跚走出。

“你能想象吗？”游击队员中一个名叫阿扎德·阿卜杜拉的人问道，“这种死法是什么感觉？如果它是氰化物，你会头晕窒息；如果是芥子气，皮肤就会起水疱，肺部开始出血，最后你会被自己的血呛死。”

我们把一张传单拿给阿卜杜拉，他笑了。传单讲述了身处沙特阿拉伯的美国人是怎样在化学武器袭击中幸存的。

（原文转录在此。）

它建议人们关掉空调，站着淋浴。但库尔德的村民无法享受这样的奢侈。

相反，他们不得不研究出应对毒气攻击的粗糙方法。

（左下方的纸条）
化学战预防措施

A. 你在户外
必死无疑。挣扎是徒劳的。

B. 你在室内
1）将所有漏气处、烘干机通风口、浴室天花板通风口和宠物门密封
2）关掉空调，它将雾化 / 循环任何进入的气体
3）望向窗外：
- 鸟从树上掉落
- 猫 / 狗 / 人跌倒、窒息等
- 汽车撞毁
- 大规模混乱
- 空气中肉眼可见的雾 / 霾
以上皆是症状，如果你看到它们：
- 堵住门窗，别让任何人进出房屋
- 你坚持不到进入自己的车子，绝对不可能
4）武装到牙齿：穿戴长袖上衣、长裤、袜子、手套、围巾和帽子，用湿毛巾或者毯子覆盖整个头部

比如说，在洞口生火后撤退到山洞里，或者爬到山顶，或者打湿包头巾，把它包裹在脸上。

可在那个4月的早晨，他们连采取这些粗糙措施的时间都没有。

阿扎德·阿卜杜拉及其同伴发现一个小男孩和一个小女孩紧紧地抱在一起。他们在逃离麦田时遭到了一架伊拉克直升机的攻击，与父母失散。双亲已不在人世，孩子们却并不知情。

两人不停地说等天亮了就去找爸爸妈妈。他们还以为此时是晚上，对自己已经瞎了的事实浑然不觉。

几乎就在同一天（1988年4月12日），英国外交部副部长大卫·梅勒预测，英国工业将很快在伊拉克找到“一片巨大的蓝海”。

难道他不知道萨达姆·侯赛因正在有组织地对伊拉克库尔德少数民族使用毒气吗？他很可能知道。仅在三周前，5 000多名男子、妇女和儿童在伊拉克对库尔德小镇哈拉布贾的毒气袭击中惨死。全世界的电视和报纸都报道了这一暴行。

“肮脏的街道上尸体横陈，废弃别墅的房间和院子里也有零星尸体散落，在现代版的庞贝古城灾难中，尸体在死神降临的那一刻被保存了下来。一位父亲为了保护孩子不受氰化物蒸汽白色云雾的伤害而死于烟尘之中。一位母亲怀抱婴儿躺在一辆面包车旁，这辆面包车斜停在马路对面，试图逃跑时被撞了。几码远的地方，父母和女儿并排躺着。还有一家人蜷缩在地窖里。（1988年3月23日《华盛顿时报》报道）

举世震惊。但震惊程度尚不足以采取任何有效措施。虽然美国谴责伊拉克使用化学武器，但要求采取更严厉行动的呼声遭到了抵制。《星期日泰晤士报》的国防记者詹姆斯·亚当斯表示，西方国家的这种无能，绝对助长了萨达姆·侯赛因总统的气焰。

对于世界上的种种不作为，我们大赦国际组织发现很难保持礼貌。多年来，我们一直在揭露伊拉克政府所犯的暴行，但西方国家从未促成任何有效措施落地。

1988年9月8日，哈拉布贾事件发生5个月后，大赦国际直接向联合国安理会呼吁，要求伊拉克停止屠杀库尔德平民。没有任何有效措施落地。

哈拉布贾事件发生一年后，我们发表了一篇报告，详细描述了目击者看到不法分子将一个婴儿劫为人质，并蓄意断奶，以迫使其父母透露信息的过程。

报告还提及年纪最小只有5岁的孩子们在家人面前受尽了折磨。

我们在报告中揭露，伊拉克监狱至少使用了30种不同形式的酷刑，包括殴打、焚烧、电击和肢解。拷打者挖出受害者的眼睛，割下他们的鼻子、耳朵、乳房和阴茎，并且砍断他们的四肢。他们往年轻女性的阴道里插入异物，导致其处女膜破裂。其中一些施虐方法也被用在了儿童身上。

这篇报告未能打动联合国人权委员会，报告发表几天后，委员会投票决定不调查伊拉克侵犯人权的行为。

（1990年8月，另一联合国机构对此表示关切，此后我们仍在等待有效的行动。）

萨达姆·侯赛因吞并科威特似乎让许多人感到意外。为什么？

你为什么会对每天折磨和杀害科威特公民的野蛮伊拉克政权感到惊讶呢？

你为什么会对受入侵围困的西方人现在反而成了无助的人质感到惊讶呢？

为什么如今的英国年轻人要面对化学武器呢？它们杀死了成千上万名手无寸铁的库尔德村民。

是的，我们这么告诉过你。我们在1980年、1981年、1982年、1983年、1984年、1985年、1986年、1987年、1988年和1989年都说过。然而你却没有提供任何有效的帮助。

你，玛格丽特·撒切尔，充耳不闻。你，乔治·布什，无所作为。是的，你看了这则广告，却无动于衷。

现在，机会来了。愤怒，或者行动。

本广告旨在招人引资。但我们必须坦诚地告诉你，如今大赦国际对于那些被困在伊拉克和科威特的百姓无能为力，无论他们是科威特人、西方人、亚洲人，还是同样生活在恐惧中的400万伊拉克库尔德人。

那么，你为什么要加入我们？

因为我们在伊拉克失败了。我们没对萨达姆·侯赛因产生任何影响。我们未促使联合国采取任何有效措施。我们没能接触像你这样愿意将愤怒转化为建设性行动的普通民众。

（右上方的纸条）
毒气类型

A. 芥子气
- 有毒刺激物 － 皮肤起水疱、炎症等
- 让你肺部流血，缓慢死亡
- 有水溶性，可通过湿毛巾包头和淋浴缓解
- 持续1~2个小时

B. 氰化物
- 高度血毒素
- 没有外部炎症等，仅在体内生效
- 丧失协调性、眩晕、呼吸困难、疼痛
- 有水溶性，缓解方式同上
- 最多持续一个小时

C. 神经毒气（各种类型）
- 毒害神经
- 快速作用
- 失去运动控制、颤抖、视力模糊等
- 最好用活性炭过滤
- 湿布口罩可能有用
- 快速扩散，最多持续30分钟

祝你好运。

天知道这次失败还将夺走多少人的生命。

未来，我们必须让各国政府正视对无助妇女和儿童的种族灭绝行径。政府看到哈拉布贾等地死亡儿童的照片，然后一如既往地对待谋杀他们的人，这在道德上肯定天理难容。

这就是你应该加入我们的原因，如果你负担得起，请为我们的行动捐款。（感谢小额捐款，商界人士请出手阔绰些。）

“我们一直大声呼吁，直到无法发声，但没人认真在听。”阿扎德·阿卜杜拉说。他在对你说话呢。如果你能听见，请剪下捐款表。

我想申请成为大赦国际组织的一员。
我随信附上：12镑 个人☐ 15镑 家庭☐ 5镑 养老金☐ 5镑 学生、未成年人、救济金领取者☐
我要捐赠：100镑☐ 50镑☐ 25镑☐ 15镑☐ 其他☐
________ 先生 / 女士
地址________
邮政编码________
寄至伦敦大赦国际组织英国分部（免费邮递），邮政编码 EC1B 1HE。

大赦国际

你能把另一边脸转过来吗？

作为一名警察，你迟早会遇到虐待、威胁、挑衅，甚至肢体暴力。注意你的反应。发脾气可能会让你丢饭碗。[唐·麦卡林（Don McCullin）摄]

你脾气挺好，是吧？好，在你大发雷霆之前，让我们看看你能坚持多久。

你在街上巡逻。一些年轻人开始嘲弄你：“哈喽，哈喽，哈喽。”保持微笑。你早就见怪不怪了，警察外号多了去了：阿 Sir、警察叔叔、条子、警探、黑警、警渣和警贼。还有一些蔑视意味更强的。管他呢。

你坐在巡逻车里，看到一辆没打灯的车在车流中穿行。你闪灯示意对方停下。对方非但没有照做，反而一脚油门加速跑开了。

警笛长鸣。目标在前，司机仍然没开车灯，在人行横道上险些撞到一个女人，然后又反方向转了一圈，这时一个年轻人从副驾驶窗口探出头来，向你投掷了一个空啤酒罐，并用两根手指向你敬礼。

汽车在另一个拐角处打滑，撞上了一堵砖墙，车里的年轻人跑了出来。你来不及熄火、关门，就跳下车去追人。你抓住司机，他满口污言秽语。

“无论受到何种挑衅，你都不能攻击对方”

还能控制住脾气吗？好吧，再看看这个。

一次示威游行正在演变成一场骚乱。你坐在公交车上，紧张不安，不知道会发生什么。太可怕了。群情激愤，民众向脆弱的警戒线涌去。

突然，一个孤独的声音开始呼喊你的警号：“EF203，EF203。”其他人也开始这么做：“EF203，EF203。”他们都盯着你，想要吓唬你。为什么是你？

情况更糟了。瓶子砸下来，街头上演“枪林弹雨”大战。石头和砖块从空中坠落，差点儿砸到头。你无法脱身。

最后，人群终于开始慢慢散去。紧张气氛逐渐消退，你看到一个男人信步上前，故意在一匹警察巡逻马的一侧掐掉了自己的香烟。这听起来有点儿夸张，但我们没做任何编造。以上叙述的每个细节都是真实发生过的。

你该如何应对？

奇怪的是，人们往往发现自己在真正紧急的情况下能够保持镇静。但压力会像静电一样在体内积聚，并在毫无征兆的情况下消失。

在类似以上的骚乱发生三天后，你也许会逮捕到一个衣冠楚楚的醉汉。“喂！注意！”他慢吞吞地说，“你知道自己在跟谁说话吗？”然后戳你的胸口。

小心。这些琐碎的烦恼可能会成为点燃所有被抑制的压力和愤怒的导火索。

如果在上述任何一种情况下，你被激怒了，那你就很有可能丢饭碗。

这似乎很不公平，不是吗？但是，警察可不是一份普通的工作。作为法律的誓死捍卫者，你是最不能违反它的人。

法律规定你不能使用超出合理范围的武力。无论受到怎样的挑衅，你都不能继续进攻。

那么，该怎么做呢？难道你应该

COULD YOU TURN

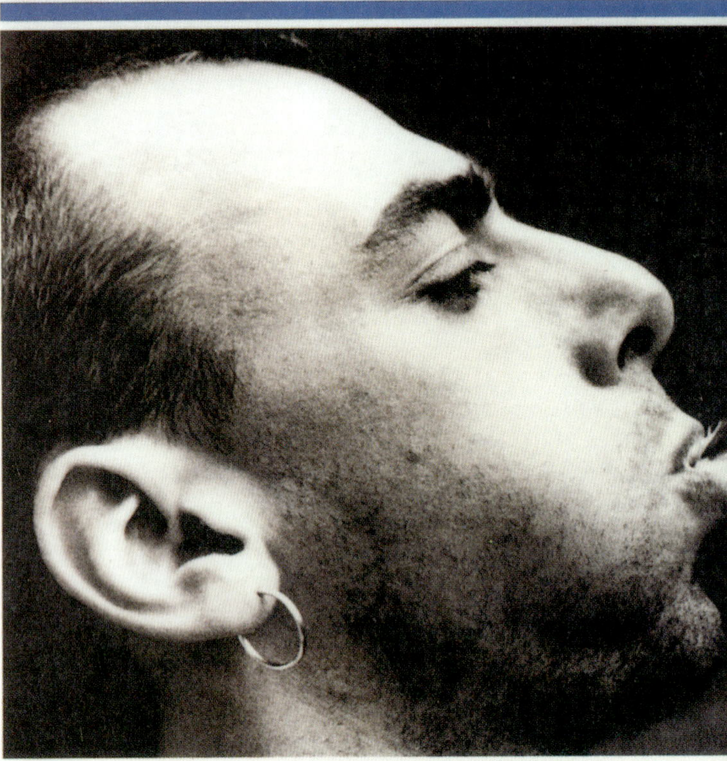

As a police officer, sooner or later you're bound to encounter abuse, th provocation, even physical violence. Be careful how you respond. your temper and you could lose your job. **Photograph by Don McC**

COOL CUSTOMER, are you? Okay, let's see how far you can get before you blow your stack.

You are walking down a street. Some youths start jeering at you: "'Ello, 'ello, 'ello." Smile. You've heard it all before, every name a copper can be called: rozzer, old bill, pig, fuzz, peeler, flatfoot, the filth. And some less complimentary. Shrug it off.

You're out in the patrol car when you see a car without lights weaving through the traffic. You flash your headlights at him to stop. Instead, he accelerates away.

Siren on. Ahead your target, still without lights, narrowly misses a woman on a pedestrian crossing and then goes the wrong way round a roundabout, while a youth leaning out of the passenger window showers you with empty beer cans and two-finger salutes.

The car skids round another corner and slides into a brick wall, but the youths inside are out and running. You chase, abandoning your car with its engine still on and door left wide open. As you grab the driver, he mouths obscenities at you.

"You can't go on the attack, whatever the provocation."

Still in control of your temper? Okay, try this.

A demonstration is turning into a riot. You're bussed in, nervous and not sure what to expect. It's frightening. The crowd, in ugly mood, surges against the frail police line.

Suddenly a lone voice calls your number "EF203, EF203." The others take it up. "EF203, EF203." They're all staring at you, trying to psyche you out. Why you?

It gets worse. Bottles are down and burst in showers of flame. Stones and half bricks drop out of the air and threaten to brain you. You cannot leave the line.

At last the crowd starts drifting away. As the tension ebbs, you see a man step forward and deliberately stub out his cigarette on the flank of a police horse.

This all sounds a bit melodramatic, but we've made none of it up. Each of the details we've described really happened.

How would you have reacted?

Strangely, people often find that in a real emergency they stay calm. But stress builds up in the body like static and can earth itself without warning.

Three days after a riot like the one above you may arrest a well dres "Look here," he drawls, "do y who you're talking to?" And in the chest.

Careful. This trivial annoy become the lightning rod for al up stress and rage.

If, in any of the situations described above, you were to temper, you might also lose yo

It doesn't seem fair, does it being a police officer is no on As someone sworn to uphold t of all people cannot break it.

And the law says that you n more than reasonable force. You the attack. No matter what the p

So what should you do? S say: "Are you going to come qu

use earplugs?" In fact, a bit of
n often defuse a potentially ugly
As can tact, restraint and good
ense.
urse, it's a strain being on best
24 hours a day. Never switching
he very highest standards to set
p to. Sometimes, all that bottled
an make us difficult to live with.
icer on motorway patrol raced
lent. A car was on fire. The heat
ous. He had to watch, helpless,
he same age as his own daughter
death before his eyes.
he got home, his wife produced
ithout a word, he picked up his
ood and flung it through the
Until then he had kept control of
ons. But that night of all nights
not face a cooked meal.
police officer you will inevitably
ur share of unpleasantness and
e to evolve your own way of
ith it.
why are we dwelling on these traumatic subjects? Isn't this supposed to be a recruitment advertisement? Are we trying to put you off?

Actually, yes.

If you're put off by an advertisement, you'd never be able to cope with the reality.

"It gets worse. Bottles arc down and burst in showers of flame."

And we need people who can cope. People who are tough, tender, sensitive, strong and disciplined, all at the same time. They aren't easy to find. At present we take only one in five applicants. We'd rather look at fewer, better candidates.

Seeing you've got this far, we'll now admit that a career in the Met isn't all grief. Few jobs are as rewarding.

Ask the much loved Streatham home beat officer who, helmet under arm, cigar stuck firmly in mouth in flagrant disregard of regulations, can tell you the name of every child in his manor.

Ask the constable who, while patiently unravelling the intricacies of gang warfare in, of all places, Southall, has been invited to six Indian weddings in the last year.

Ask the sergeant who now runs what is virtually a Bengali advice centre in Whitechapel.

We can offer 28,000 more examples. If you don't believe us, stop any police officer in the street and ask.

When you've learned what they get out of the job, ask how they got in.

They'll tell you about our twenty week basic training course at Hendon. And life on the beat at one of London's 187 police stations where, under the tutelage of a sergeant, you will learn the art of handling people. And yourself.

Right now, your next step is to fill in and post the coupon below.

We're looking for mature, fit people aged between 18½ and 45, especially from the ethnic minorities. You should be at least 172cms tall if you're a man, 162cms if you're a woman.

Ideally, you'll have some 'O' level passes or their equivalents, but we value your personal qualities more.

To find out more please telephone: 01-725 4492 (Ansaphone: 01-725 4575) or fill in the coupon or write to: The Recruiting Officer, The Metropolitan Police Selection Centre, Department MD 960, Freepost, London W2 1BR.

Name

Address

Postcode *Age*

说："是你小声点儿还是我用个耳塞？"事实上，一点儿幽默往往可以化解潜在的恶心局面。同理，机智、克制和良好的常识也能够奏效。

当然，要想一天 24 小时都保持最佳行为状态的确很有压力。这意味着你要时刻"在线"，永远以最高标准要求自己并全力以赴地实现。有时，隐藏全部压力会令我们难以忍受。

一位在高速公路上巡逻的警官赶到交通事故现场。汽车着火了，酷热难耐。他不得不无助地、眼睁睁地看着一个与女儿同龄的孩子被活活烧死。

他回到家里，妻子做好了晚饭。他一言不发地拿起盘子里的食物，把它丢到了窗外。在此之前，他一直控制着自己的情绪。但那天晚上，他完全无法面对一顿"烧"好的饭菜。

身为警察，你不可避免地要与不愉快共存，你得开发出行之有效的处理方式。

但我们为什么要纠结于这些令人恐惧的话题呢？这不是一则招聘广告吗？难道我们想把你劝退？

实际上，是的。

你如果被广告吓住了，就永远都无法应对现实。

"情况更糟了。瓶子砸下来，街头上演'枪林弹雨'大战"

我们需要能够独当一面的人，需要同时具备坚韧、温柔、敏感、坚强和自律品质的人。这可不好找。目前，入选率只有 1/5。我们精挑细选，诚觅人才。

既然你已经读到了这里，我们必须承认在伦敦警察厅工作并不全是悲伤之事。很少有工作的回报率如此惊人。

问问这位备受爱戴的斯特雷特姆本地巡逻警官吧，他胳膊下夹着头盔，嘴里紧紧地叼着雪茄，公然无视规定。他能报出管辖区域里每个孩子的名字。

问问这位警官吧，他耐心地疏解绍索尔地区六场错综复杂的帮派斗争，同时于去年受邀参加了六场印度婚礼。

问问如今在怀特查佩尔经营着一家孟加拉语咨询中心的警长吧。

我们还可以提供 28 000 个例子。如果你不相信我们，你可以在街头随意拦住一位警察问问看。

在了解他们的工作所得时，你也问问他们是怎么上岗的。

他们会告诉你，我们在亨登提供了 20 周的基础培训课程，以及在伦敦 187 个警察分局中某一个的巡逻机会。在警长的指导下，你将学会与他人和自己打交道的艺术。

现在，你要做的就是填写并邮寄以下应聘表。

我们寻觅年龄在 18 岁半至 45 岁的成熟、健康的人，少数族裔优先。如果你是男性，身高至少要达到 172 厘米；如果你是女性，身高不得低于 162 厘米。

理想情况下，你会通过一些"O"级别或者同等资质的考试，但我们更看重您的个人品质。

欲了解更多详情，请致电 01-725 4492（电话答录机：01-725 4575）或者填写应聘表，或写信至伦敦 MD960 部门伦敦警察厅选拔中心，招聘官（收），免费邮递，邮政编码 W2 1BR。

姓名 __________

地址 __________

邮政编码 __________

年龄 __________

伦敦警察厅

撰写这则广告前，我和尼尔·戈弗雷与伦敦警察厅的警察们在一起待了两个月。其间我们采访了十几个警官，去观摩持刃搏斗，去亨登警校学习开车，担惊受怕地蜷缩在飞驰的巡逻车后座，去苏格兰犯罪博物馆参观，协助警察安抚遭受家暴的妻子，参观斯特雷特姆，在绍索尔经过后花园追捕一个小偷，在怀特查佩尔的废墟度过难忘的一天——在那儿，我们还被一个猥琐肮脏的男人尾随，他称自己在拆了一半的楼里找到一份秘密文件，这份文件与"开膛手杰克"的真实身份有关……

这是我为什里拉姆·维迪亚提写的几则广告之一，这些广告成为行业期刊《书商》里的常客，什里拉姆还因此收到了来自遥远的智利和沙特阿拉伯的读者来信。那时还是没有Mac的年代，用雅达利ST电脑做一则这样的广告，大概需要花费30英镑。

In praise of bowel nosodes.

'Many of my homoeopathic colleagues, I am sad to see, do not utilise the bowel nosodes'. With these stirring words, Dr. P. Sankaran opens his classic work upon the flora and fauna of the large intestine.

It is years since I last leafed through "*The Indications and Use of Bowel Nosodes*", yet this little book is one of the staples that has kept this shop solvent through the worst recession in our, admittedly far-from-perfect, memory.

Nowadays, custom is slack. Hours can pass by without a customer darkening one's door. But, painful though this is to the bank manager, it does have its advantages.

It gives one the chance, whilst enjoying a cup of tea and snack of *aloo-puri* in the basement, to take one's seat upon piles of books and leaf idly through whatever comes to hand.

Such things await discovery! Here is a book that relives childhood Sanskrit lessons. Gurudev, a small fatuous man with a *tilak* on his forehead used to lead us children in incantations of 'The sage sits on the tiger-skin. The (two) sages sit on the tiger-skins. The (many) sages sit on the tiger-skins'.

Why did sages never park their bony behinds on anything but tiger-skins? A question as baffling as why, in France, plumes always belong to one's tante. In the book that has sparked this memory, a tiger-skin burns bright on every page. No, not real tiger hides. Intricately patterned Tibetan rugs in glowing yellows and tawny ochres.

Who would have thought there could be so many ways of tiger-striping a rug?

And what is this tome, venerably bound, shawled in dust? Spidery gold letters, handblocked in some Delhi bazaar, announce that it is the "*Mahanirvana Tantra*".

'The man who sets up the phallic emblem of Shiva,' it announces, 'acquires ten million times the merit than by giving away many acres of land filled with gold, digging wells in a waterless country, or by helping the poor and distressed.'

I must write immediately to John Major. Forget tax cuts, drought and depression. What's needed is a Ministry of Phallus Worship.

'Zinging with sports cars, crashing with hi-fi, undulating with oomph-girls, plugged with buys for wise guys, zipped up with fashions for gay blades, spattered with racy side-lights on cinema, spilled with smart angles on commercial and business deals. Loaded with love plays. Buzzing with all "what gives" in a gentleman's world'.

Thus Pandya's "*English Language in Advertising*", quoting an ad for Debonair, 'the magazine for men'.

Why do not my adverts benefit from such prose? Must we leave others to storm the frontiers of lexicography? Only imagine the Debonair copywriter unleashed on our behalf.

'Books from India, throbbing with bowel nosodes, aflame with Tibetan "touch-me" tiger rugs, erect with a million *lingams*, clued-up with the secrets of the advertising illuminati...'

We have need of such copywriting.

Hitherto our advertising has been characterised by its subtlety. It has taken pains to appear rambling and friendly while dropping tantalising titbits about this, that or the other work available only from our goodselves. Of course the whole idea is to entice you into spending enormous sums of money with us. Equally obviously, with business at an all time low, this ploy is not working.

Thank God, I say again, for Sankaran's nosodes, which frankly have given a whole new dimension to the phrase 'sh** or bust'.

Books from India

45 Museum Street, London WC1A 1LR . 071-405 7226. Fax: 071-917 9974

肠道疗法赞美诗

“我很遗憾地看到，许多从事顺势疗法的同事没有充分利用肠道顺势疗法。”P.桑卡兰博士把这些激动人心的话语用作他有关大肠“动植物群”的经典著作的开篇。

此时距离我上次翻看《肠道顺势疗法的适应症及应用》已经过去很多年了，然而在记忆中，这家书店能度过最严重的经济危机，这本小书起了不可或缺的作用。诚然，记忆并非尽善尽美。

如今，生意萧条。几个小时过去，也没什么顾客光顾。不过，这尽管对银行经理来说很痛苦，但确实也有优点。

它让人们有机会一边在地下室享受茶和点心，一边坐在成堆的书上悠闲地翻阅手边任何东西。

诸如此类之事尚待发现！这里有一本带你重温童年梵语课的书。“古儒吉”大师是一个额头上点有吉祥痣、身形瘦小的愚蠢男子，他过去常常带领我们这些孩子念“圣贤坐在虎皮上，（二位）圣贤坐在虎皮上，（许多）圣贤坐在虎皮上”的咒语。

为什么圣贤消瘦的身躯要坐在虎皮上？同样令人费解的另一个问题是：为什么在法国，某人的伯母总是拥有许多羽毛？在激发这类记忆的书中，每一页都画着熊熊燃烧的虎皮。不，那不是真正的虎皮。我们指的是闪耀着黄色和茶褐色的图案精致的西藏地毯。

谁能想到在地毯上画虎纹会有这么多种方法呢？

这本被庄重地装订起来、裹在灰尘里的大部头是什么？由作者在德里的某个集市上亲自手工印刷的金色蜘蛛状的文字，宣布这是《摩诃涅槃密宗》。

“设立湿婆生殖器标志的人，”它宣称，“获得的功德是将许多遍布黄金的土地赠予他人、在缺水的国度挖井或者向穷苦大众施以援手之人的一千万倍。”

我必须立刻给约翰·梅杰写信。忘记减税、干旱和大萧条吧。我们需要创立一个“阳具崇拜部”。

“跑车的轰鸣，高保真音响的立体声，性感女郎的‘波涛汹涌’，为聪明人提供的购物选择，为同性恋增添的时尚光彩，银幕间散布的独特侧灯，为电视广告和商业交易寻找的巧妙角度。满目皆爱情戏。绅士的世界里处处是‘给予’。”

因此，潘迪亚在《广告中的英语》一书中引用了男士杂志 *Debonair* 的一则广告。

为什么我的广告不能从这样的散文中受益呢？难道我们一定要让别人去冲击词典编纂的前沿吗？想象一下，*Debonair* 的文案为我们释放了多少能量。

“印度书店，与肠道顺势疗法一同悸动，与西藏的‘摸我’虎纹毯一同燃烧，与无数阳具一同勃起，与阐明广告的秘密一同被人了解……”

我们需要这样的文案。

迄今为止，我们的广告一直以“微妙”著称。它煞费苦心地表现出散漫、友好，同时抛出一些只有从善良的自我中才能看到的诱人“珍品”。当然，这么做的目的在于引诱你来我们这里“大出血”。同样明显的是，在商业处于最低点的情况下，这种策略根本行不通。

感谢上帝，我要再说一遍，感谢桑卡兰的“顺势疗法”，坦率地说，它为短语“全有或全无”增添了一个全新的维度。

印度书店

伦敦博物馆街45号，邮政编码WC1A 1LR。电话：071-405 7226。传真：071-917 9974。

HE'S A SHINING EXAMPLE OF WHAT EVERY ARMY OFFICER SHOULD BE.

Someone once asked Mahatma Gandhi for his views of Western civilisation. After a moment's thought he replied: "It would be a very good idea."

If you are considering a career in the Army, we would like you to think carefully about this remark.

At the time it was made, memories of Ypres, Verdun, the Somme, Passchendaele and Vimy Ridge were still fresh in people's minds.

The 'Great War for Civilisation' had been the worst slaughter humanity had ever known.

On the first day of the Somme, British casualties alone numbered 57,470 dead, wounded and missing.

By 1918, several million young Britons, Indians, French, Germans, Canadians, Anzacs and Americans lay beneath the chalky soil of Picardy.

No wonder Gandhiji was bitter. He hated war.

Which, you may think, makes him an odd choice of role model for aspiring Army Officers.

Well, consider this: a new European war would make the battles of 1914-18 look like Sunday school outings.

Even one relatively low-yield nuclear weapon would be worse than a hundred Sommes.

So if the modern Army has one overriding purpose, it is to prevent conflict.

In trouble spots throughout the world we act as peacekeepers, a task which calls for strength, yet restraint.

This attitude, strange though it may seem, has a great deal in common with Gandhiji's philosophy of non-violence.

"A non-violent person," he said, "will lay down his life in preventing quarrels."

In Europe as part of NATO, we help to keep a peace which has now lasted for nearly five decades.

But, you may ask, what credibility would our deterrent have if we sought to avoid conflict at all costs?

The answer is that if pushed to it we will fight. (Even Gandhiji told his followers, "If the only choice is between cowardice and violence, choose violence.")

We have to be prepared for war yet work for peace.

This isn't as contradictory as it sounds. "Non-violence is a weapon of the strong," Gandhi said. "A child who has not the strength to wield the club does not practise non-violence."

Nor is it ever a safe or easy option.

If you were regularly pelted with filth and insults while on peace-keeping duty, would you have the strength to grin and bear it?

If one of your men had his leg blown off by a terrorist bomb and passing civilians laughed to see his death agonies, would you be able to control your anger?

Would you be able to continue to act coolly, clearly, decisively, fairly, under circumstances which would drive most men mad with fear and rage?

To exercise such restraint takes a special kind of person.

Such a one, wrote Gandhiji, "must cultivate a habit of unremitting toil, sleepless vigilance, ceaseless self-control."

"Incorruptible, fair and square in his dealings, truthful, straightforward and utterly selfless, he must also have true humility."

Of course he himself was the most outstanding example of what he preached.

He was a man of great physical and moral courage. An inspiring leader and a brilliant tactician.

He had immense integrity, discipline, a powerful sense of service and in his personal life was a warm and loyal friend.

All of which are qualities we would be delighted to recognise in any young Army Officer.

For more information about a career as an Army Officer please telephone 0800 555 555 at any time (call free of charge).

Or post this coupon to Major John Floyd, Army Officer Entry, Freepost 4335, Dept.0112, Bristol BS1 3YX.

Full name ______

Address ______

______ Postcode ______

Date of birth ______ Nationality ______

他是每个军官都应该成为的光辉榜样

这则广告里，圣雄甘地站在唐宁街 10 号门前。他什么都没做，没有表示抗议，没有策划运动，仅仅是穿着缠腰布会见首相和女王，这个行动本身就令英国政府困窘万分。50 年过去了，他似乎仍有能力让反对者难堪，但是这则广告由于"有辱印度人"而被媒体拒载，虽然文案撰稿人本身就是印度人。

有人曾经问圣雄甘地对西方文明的看法，他想了一会儿，回答说："这是个好主意。"

如果你正在考虑在军队开启职业生涯，我们希望你仔细思考这句话。

人们对伊普尔、凡尔登、索姆河、帕斯尚尔和维米岭发生过的事还记忆犹新。

"文明大战"是人类有史以来最惨烈的屠杀。

索姆河战役的第一天，仅英军就有 57 470 人死亡、受伤或失踪。

到 1918 年，数百万年轻的英国人、印度人、法国人、德国人、加拿大人、澳新军团士兵和美国人躺在皮卡第的白垩土之下。

难怪甘地愤懑不平，他痛恨战争。

你可能会想，正因如此，他才会成为那些有抱负的军官的一个反常榜样。

好吧，想想看，一场新的欧洲战争，会让 1914—1918 年的各大战役看起来像是主日学校的郊游。

即使是一个相对低档次的核武器，也比一百场索姆河战役还要糟糕。

所以，如果现代军队有一个压倒一切的目的，那就是防止冲突。

在世界各地的动乱地区，我们作为维持和平者采取行动，这项任务需要力量，也需要克制。

这种态度虽然看起来很奇怪，但与甘地的非暴力哲学有着很大的共同点。

"一个非暴力的人，会为了防止争吵献出自己的生命。"他说。

在欧洲，作为北约的一部分，我们已经帮助它维持了近 50 年和平。

但是，你可能会问：如果我们不惜一切代价避免冲突，我们的威慑力又有什么可信度呢？

答案是，如果被逼无奈，我们会战斗（连甘地也曾告诉他的追随者，如果只能在懦弱和暴力之间做出选择，那就选择暴力吧）。

我们既要备战，又要争取和平。

这并不像听起来的那么矛盾。"非暴力是强者的武器，"甘地说，"没有力气挥舞棍棒的孩子不会主张非暴力。"

这也从来不是一个安全、容易的选择。

如果你在执行维和任务时，经常遭遇蔑视和侮辱，你还有力气笑着忍受吗？

如果你有一个手下被恐怖分子炸断了一条腿，路过的平民却笑着看他痛苦地死去，你能控制住自己愤怒的情绪吗？

你还能保持冷静、果断、公正的态度吗？在这种情况下，大多数人都会被恐惧和愤怒逼疯。

要保持这种克制，需要一种具有特殊人格的人。

甘地曾写道，这种人"必须培养一种不懈努力、不眠不休的警觉，以及不断自我控制的习惯"，他需要为人清廉、公道正派、诚实正直、大公无私，还必须有真正的谦卑。

当然，他自己本人正是他所推崇的最杰出的例子。

他是一个在行动和道德上都很勇敢的人，是一个鼓舞人心的领导者和杰出的战略家。

他非常正直，严于律己，有强烈的服务他人的意识，也是一个热情而忠诚的朋友。

这些都是我们乐于在年轻军官身上看到的品质。

如欲了解更多关于陆军军官的信息，请致电 0800 555 555，在任何时候拨打都是免费的。

或者将这张附单寄至布里斯托尔 0112 部门陆军军官招募处，约翰·弗洛伊德少校（收），邮政编码 BS1 3YX。

姓名 ________ 地址 ________

邮政编码 ________

出生日期 ________

国籍 ________

陆军军官

军队遵守《1976 年种族关系法》，对所有应聘者一视同仁

图解夏洛克·福尔摩斯的冒险
弗拉姆菲尔德红宝石之谜

某天，夏洛克·福尔摩斯对我说：“亲爱的华生，你一定还记得，我第一次是怎么根据热天欧芹陷在黄油中的深度，注意到阿伯内西家发生的那桩惨剧的。”

见我点头表示同意，他举止夸张地掏出了几页发黄的纸。“你可能会对这些感兴趣。”他说，“这是我为弗拉姆菲尔德红宝石离奇失踪事件做的笔记。恕我自卖自夸，它是侦查学里有关这类案件最完美的缩影。

“那件事发生在弗尼沃尔勋爵的一次家宴上，年轻的弗拉姆菲尔德公爵夫人把一枚贵重的红宝石戒指弄丢了。或者更确切地说，是戒指上的红宝石丢了——它有鸽子蛋那么大，曾经是一位印度偶像额间的装饰。她往下瞟了一眼，发出一声尖叫，立刻昏了过去。之后人们才发现，那枚戒指只剩下一个空的纯金底座——红宝石不翼而飞。

“当然，在场所有人都在到处寻找失踪的宝石，晚餐也就取消了。但这根本没用。宝石彻底消失了。弗尼沃尔勋爵家离贝克街很近，我接到电话，一跑过去就看到心烦意乱的主人和他的客人们聚集在中式客厅里。

“‘我们不想引发丑闻。’他说，‘如果你能帮忙找回丢失的宝石，我们宁可不报警。’

“我检查了一下餐桌，它还保留着众人刚刚离开时的样子。显然，这本该是一场其乐融融的八人亲友晚宴。从端上桌的那盘生蚝可以判断饭还没吃完，人们就已经知晓了悲剧。

“‘我很乐意效劳。’我说，‘但我看到你们之前边吃生蚝，边享用健力士啤酒。如果可以的话，我也想小酌一杯。华生，你知道的，人们都说健力士啤酒能够激发大脑的思考能力。’

“‘你想喝多少就喝多少。’勋爵说，‘但请你别忘了解决失踪宝石的问题。’

“这时，管家端着一只玻璃杯和一壶琼浆玉液过来了。当然了，华生，你知道的，倒健力士啤酒本身就是一门耗时耗力的艺术。我们必须等最初狂野汹涌的泡沫平息后，再继续轻轻地斜倒，直到形成一层厚厚的奶油状泡沫……”

“是的，是的，福尔摩斯。”我说，“我和你一样中意黑啤，不过你还是接着讲故事吧。”

“耐心点儿。”福尔摩斯说，“你可比弗尼沃尔勋爵和他的朋友们急躁多了。看着我慢条斯理地小啜，他们痛苦万分。

“渐渐地，玻璃杯中的酒变少了。你知道的，黑啤最大的魅力就在于啤酒沫，里面蕴藏着惊人的凝聚力，它能完好无损地保持到杯

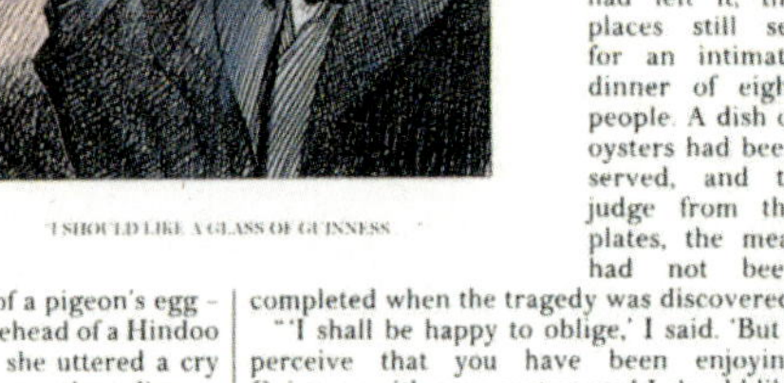

The ILLUSTRATED ADVENTURES of

SHERLOCK HOLMES

I. The MYSTERY of the

FRAMFIELD RUBY

"You will recall, my dear Watson," Sherlock Holmes said to me one day, "how the dreadful business of the Abernetty family was first brought to my attention by the depth to which the parsley had sunk into the butter on a hot day."

Upon my nodding agreement he produced with a flourish some yellowing sheets of paper. "These then may interest you," he said. "My notes on the singular affair of the Framfield Ruby. It is, if I say so myself, the most perfect miniature of its kind in the science of detection.

"It was at a dinner at Lord Furnival's, that the young Duchess of Framfield lost a valuable ruby ring. Or rather, lost the ruby – which was the size of a pigeon's egg – it had once adorned the forehead of a Hindoo idol. Upon glancing down she uttered a cry and fainted dead away. It was then discovered that of the ring all that remained was an empty gold setting – the ruby had vanished.

"Of course, dinner was abandoned as all present hunted high and low for the missing stone. But to no avail. It had utterly disappeared. Lord Furnival's house being no great distance from Baker Street, I was called and found the distraught host and his guests assembled in the Chinese drawing room.

"'We are anxious to avoid a scandal,' he said, 'and would rather not call in the police if you can help us to locate the missing stone.'

"I examined the dining table which was just as the company had left it, the places still set for an intimate dinner of eight people. A dish of oysters had been served, and to judge from the plates, the meal had not been completed when the tragedy was discovered.

"'I shall be happy to oblige,' I said. 'But I perceive that you have been enjoying Guinness with your oysters and I should like if I may to take a glass while I consider the matter.' As you know, Watson, it is widely

'I SHOULD LIKE A GLASS OF GUINNESS.'

在这则广告里，我尝试刻画出一个真正的福尔摩斯的缩影。在撰稿之前，我去了一趟柯南·道尔位于萨塞克斯郡克罗伯勒的住所，那里距离我家只有几英里，我想要穿越回一个世纪以前的视角，来看待今天的乡村景色。导游书关于那个地区的老照片给了我不少启发，我也没有忘记柯南·道尔是个唯心论者，其实也不能说是他借我之手写下了这些文字，不过那次经历确实有些奇妙。

elieved that Guinness nourishes the reflec-ive faculties.

"'You may have all the Guinness you wish,' aid his Lordship, 'only do please address ourself to the question of the missing gem.'

"The butler now appeared with a glass and jug of the admir-ble beverage. Of ourse, Watson, ou realise that he pouring of a uinness is an art which takes time. ne must allow the irst wild surges to ubside and then ontinue pouring ently until a hick, creamy head orms on the . . ."

"Yes, yes, Holmes," I said. "I am as fond of the stout as you are, but do get on with the tale."

"Your impatience," said Holmes, "is no more than that of Lord Furnival and his friends was. It was an agony for them to watch as slowly I sipped.

"Gradually, the level in the glass was lowered. The head, you know, is possessed of the most remarkable cohesive powers and remains intact to the bottom of the glass – it is one of the chief beauties of the dark stout. When at last I had finished, there was a sigh of relief, which turned to annoyance as I called for the glass to be replenished. The Duchess moaned and was again overcome with nerves.

"'Mr Holmes,' said his Lordship, 'I must ask you to curtail your enjoyment until you have enquired into this matter.'

"'Indeed,' I replied, 'there is nothing further to investigate. The case is solved.'"

"But this is astonishing, Holmes," I cried. "You had done nothing but drink Guinness."

"Precisely," he replied. "And if, Watson, you would be so kind as to pour us each a glass of that excellent beer, I shall soon furnish the solution to the mystery."

I was kept in considerable suspense as the dark liquid frothed into the glasses and we drank in silence before my friend spoke again.

"Upon examination of the table, I had noticed that of the four gentlemen present, three had drained their glasses before they were refilled. It is easy to see that the descending head leaves rings around the glass. In the case of the fourth, the Guinness had not been finished before the glass was refilled. Now such is the charm of the beer, that it is inconceivable that a man who enjoys it should not have drained his glass. It could only be because the glass contained something he did not wish to be uncovered . . ."

'I HAVE THE JEWEL IN MY HAND'

"The ruby!" I cried.

"Exactly so," replied my friend. "When the stone became loose and rolled from the lady's hand, it was unnoticed by any save one gentleman who, finding himself in possession of it, and, needing to conceal it quickly, saw that he had the perfect hiding place to hand.

"If you will raise your glass, Watson, and hold it up to the light you will see that, dark though it is, the beer contains a brilliant ruby highlight. Indeed, it is one way the connoisseur can tell Guinness from inferior stouts.

"No doubt this was in the mind of Colonel Sebastian Moran as, in those desperate seconds, he wrestled with his conscience and failed to resist temptation."

"Moran!" I cried, "that rascal!"

THE FRAMFIELD RUBY

"It was the beginning of our enmity," Holmes replied gravely. "Of course, there was no need to accuse him, since I was able to return the jewel to its grateful owner without further delay. I said that I had found it beneath a napkin. And now, Watson, there is just time for another glass before breakfast."

"Bravo Holmes," I cried, "this is pure genius." He made no reply, but I could see that he was deeply moved.

{One of a series of stories commissioned by Arthur Guinness & Son, to commemorate the Sherlock Holmes Centenery, 1887–1987}

底。终于喝光时，众人如释重负地叹了口气，可当我再次要求把酒杯斟满时，叹息变成了恼怒。公爵夫人呻吟了一声，紧张万分。

“‘福尔摩斯先生，’勋爵说，“我命令你在调查清楚这个案件之前，别高兴得太早。’

“‘真的。’我回答，“没什么可进一步调查的了。这个案子已经解决了。’”

“真是太惊人了，福尔摩斯。”我大喊道，“你什么都没做，只不过喝了健力士啤酒而已。”

“准确地说，”他回答，“华生，如果你赏脸给我们每人倒上一杯那种上等啤酒，我马上就能揭晓谜底。”黑色的液体在玻璃杯里泛起泡沫，我感到悬念丛生。在我的朋友再次开口前，我们默默地喝着啤酒。

“仔细检查完桌子，我注意到在场的四位绅士，有三位在重新斟满前已经把啤酒一饮而尽。你很容易就能看到下降的啤酒沫在玻璃杯周围留下了一圈圈圆环。第四位绅士的酒杯被重新斟满之前，他并没有把杯中的酒喝光。啤酒有这么大的魅力，一个喜爱喝酒的人居然不舍得把它喝光。这只可能是因为杯子里面装着他不想被人发现的秘密……”

“红宝石！”我脱口而出。

“没错。”我的朋友回答道，“当松动的宝石从公爵夫人手上滚出去的时候，除了一位绅士，没有任何人注意到它。绅士在拿到宝石后，需要迅速地把它藏起来，于是他找到了一个完美的藏身之地。

“华生，如果你举起酒杯，对着灯光照一照，你就会发现，尽管啤酒很黑，里面却闪烁着耀眼的红宝石光芒。事实上，这正是鉴赏家们区分健力士啤酒和劣质黑啤的方法之一。

“毫无疑问，这是塞巴斯蒂安·莫兰上校的创举。在那令人绝望的几秒里，他与自己的良心做斗争，最终还是没能抵制诱惑。”

“莫兰！”我叫道，“那个流氓！”

“这是我们宿怨的开始。”福尔摩斯严肃地回应道，“当然，我没必要指责他，因为我没有丝毫的耽搁，就把珠宝归还给了感激涕零的主人。我说我是在一张餐巾纸下面找到它的。华生，就现在，早饭前我们还有时间再喝一杯。”

“棒极了，福尔摩斯。”我叫道，“真是太天才了！”他没有回答，但我看得出他被深深地感动了。

（左图）

“我想喝一杯健力士黑啤”

（右上图）

“红宝石就在我的手里”

（右下图）

弗拉姆菲尔德红宝石

本故事是为纪念夏洛克·福尔摩斯百年诞辰（1887—1987），受阿瑟·健力士公司委托创作的系列故事之一。

在这张照片中的某处，埃里克·希顿少尉奄奄一息

凌晨4点，天刚蒙蒙亮，已经可以看见德军防线了。

河流附近，雾气缭绕，但繁茂林木覆盖的山脊清晰可见。

天空下起小雨，战壕里的人把头盔伸出来接水。他们的喉咙很干。

雨停了。万里无云，一丝风都没有。天气将会很热，这是个完美的夏日。

一团一团的黄色杂草标记着敌人战壕的位置，无人区的草地上铺满了猩红色的罂粟花。

清晨6点25分，英军向德军阵地开火。

那是1916年7月1日。索姆河战役即将打响。

轻易获胜

在长达18英里的前线上，英军步兵正在为即将到来的战斗做准备。

他们没想到会迎来一场硬仗。将军们向他们承诺，德军的战壕将被英军炮火荡平。

一位准将向部队保证，他们不需要步枪。大家可以用拐杖翻越山顶。

在过去的一个星期里，德军防线遭到了英军1 508 652枚炮弹的袭击。

英国南部的人们听到了轰炸声，猜想英吉利海峡是不是正在上演海战。

很少有人意识到远处的轰隆声是大规模攻势的开始，它将赢得“终结所有战争之战”。

上刺刀

不是每个士兵都认为这件事轻而易举。

有些人隔着护墙往外看，能看到对面完好无损的铁丝网。

随着决战时刻的到来，米德尔塞克斯连队的一名中士根本无法控制自己颤抖得越来越厉害的身体。

其他人情绪高昂。东萨里第8军的内维尔上尉给自己排里的每个人一个足球，让他们朝德军战壕踢去。

朗姆酒一分发下去，有些人就起了醉意。士兵们在欢声笑语中完成了“上刺刀”的任务。

一封家书

在博蒙特-哈默尔区的前线战壕里，米德尔塞克斯第16连队的埃里克·希顿少尉正为自己的首次行动加油打气。

他今年20岁，在法国待4个月了。战斗前夕，他给父母写信：“我无法表达今晚的感受……我最担心的是自己能否有足够的勇气和决心把我的排带好。”

埃里克·希顿有一项至关重要的任务。

清晨7点20分，大决战前10分钟，巨大的炸药坑道——一条填满了炸药的隧道，将在山楂岭的德军堡垒下爆炸。

他的手下要穿越500码的无人区，迅速占领新炸出的坑。

决战时刻

7点20分，山楂岭炸药坑道爆炸，一柱数千英尺高的白垩和泥土朝空中喷涌。

几秒钟后，冲击波袭击了埃里克·希顿及其部下等候时所在的战壕，他们摔倒在地。

德国炮兵立即向最近的英军战壕开火，弹片像冰雹一样在米德尔塞克斯第16连队上空噼啪作响。

士兵们不明白敌人的火力是从哪里来的——德国人难道不应该死光了吗？

在最后关头，时间分秒过去，希顿少尉吹响哨子，开始爬上通往无人区的梯子。

米德尔塞克斯第16连队第9排的士兵们紧随其后，被沉重的背包压得喘不过气来。

慢慢地，他们散成一条长长的队伍，开始向冒烟的山楂岭爆炸坑移动。

新战术

将军们预计德军不会有什么抵抗，于是改变了步兵进攻的常规。

英国士兵呈波浪状缓慢前进。

每道人浪必须以稳定的速度向前行进，两分钟内的行进里程不超过100码（不到2英里/时的速度）。

当领头的人浪向无人区继续前进时，他们惊动了仍然生活在长草和夏日野花丛中的野兔。

这时，德国机枪手开枪了。

“嗒-嗒-嗒”

为时已晚。很明显，德军深邃的掩体和防空壕保护了他们免受英军炮火的攻击。

一波接一波的士兵按照指令慢慢地前进，遭受机枪扫射后，他们就像多米诺骨牌一样倒下了。

一长排死者躺在了倒下的地方。

少数幸存者继续前进时，德军的榴弹炮开始轰炸无人区。

埃里克·希顿军营的一名士兵描述了当时的情景：“想象一下，你行走在雷雨之中的耕地上，被绊了一跤，炮弹爆炸，带来持续不断的炮声和火光。把这一切相乘，你就知道我们正在迈向怎样的地狱了。”

米德尔塞克斯第16连队的命运

埃里克·希顿的手下很倒霉。在山楂岭炸药坑道爆炸至开始进攻的10分钟内，德军已经占领了这个新形成的爆炸坑。

米德尔塞克斯第16连队被机枪扫射，被炮弹炸得粉身碎骨。领头的人浪几乎完全消失，只有个别幸存者依旧保持着他们稳定、有序的步伐。

接下来的人浪也遭遇了同样的命运，但总有一些幸存者，选择继续前进。

埃里克·希顿少尉最后一次活着出现是在德军前线附近炸弹爆炸的旋涡中。

“我在离德军防线不远的无人区看见过他，当时他和塔克先生在一起，看上去没问题。”（二等兵A. J. 伯德说。）这两名军官正在敦促他们的士兵努力穿越德军的铁丝网。

橘子和柠檬

敌人的铁丝网，就像他们的战壕和部队一样，本应被英军的炮火彻底摧毁。

然而在前线，从无人区大屠杀中幸存下来的士兵们在抵达德军铁丝网时，才发现它仍然完好无损。

在埃里克·希顿所在区域以北5英里的戈默库尔，发生这种情况的原因显而易见。

未爆炸的英国迫击炮像又大又圆的足球，被漆成了明亮的橘色，一颗颗地落在了铁丝网上。

用士兵们的俚语来说，它们“完蛋了”。没用。废品。

大多数试图切断或穿过德军铁丝网的人都被长长的倒刺钩住了。

他们还在那里挣扎，就一个接一个地被枪杀了。

失踪即遇难

没有人确切地知道埃里克·希顿少尉究竟遭遇了什么。

一份报告说，他被机枪打伤，后来又被炮弹炸死。但他排里的一位士兵说，他看到希顿的膝盖被击中了——几乎完全被炸掉，就认为他已经失血过多而死。

埃里克·希顿是索姆河战役首日阵亡、受伤或者失踪的57 470人中的一员。

被新闻报道遗忘的人

你在历史书上找不到埃里克·希顿少尉。他的荣耀时刻无人记录。

希顿最后的遗物是一捆信件和照片，它们就放在我们保管库的一个纸箱子里。

我们用这些材料拼凑出了他的故事。

博物馆里有成千上万个这样的故事。不只是关于索姆河战役，而是包括第一次和第二次世界大战中的每一场战役。

里面不仅有士兵、飞行员和水手的故事，还有被卷入战争的平民的故事。我们想让他们的故事重见天日。但是如果没有你的帮助，许多纸板箱将永远没有机会打开。

你愿意帮助我们吗？

帝国战争博物馆急需帮助。

我们的建筑漏水。必须更换所有管道、电线、供暖设备和排水管。

主展厅上方的玻璃屋顶已无法修复。

为游客，尤其是为残疾人提供的基础设施数量太少。

最糟糕的是，博物馆太小了，无法得体地展示藏品。

我们没多少钱。事实上，要不是刊登这则广告的报纸慷慨解囊，我们连广告都打不起。

重建计划的第一阶段将耗资900万英镑。如果我们能筹集到250万英镑，政府说它会补齐剩下的缺口。

你可以通过捐赠或立约定期捐款来帮助我们。每立约捐赠10英镑将合成14.3英镑。欲垂询有关立约捐赠详情，请将信寄至伦敦琳宝路，帝国战争博物馆馆长（收），邮政编码SE1 6HZ。支票收款人应为“帝国战争博物馆信托（重建募捐）”。感谢支持。

帝国战争博物馆呼吁
许过去一个未来

（顶部图片右上文案）

早上7点45分，米德尔塞克斯第16连队损失惨重地从山楂岭撤退。

这则广告的灵感源自博物馆里的一封信。
这次我是先写正文，再写标题的。

16th Middlesex retreating with heavy losses from Hawthorn Ridge, 7.45am.

SOMEWHERE IN THIS PICTURE, 2nd Lt. ERIC HEATON LIES DYING.

By 4am, there was enough light to see the German lines.

Near the rivers, mist still lingered, but the wooded ridges were clear.

A light rain began to fall and the men in the trenches held out their helmets to catch the water. Their throats were dry.

The rain gave way to a cloudless blue sky, without a breath of wind. It was going to be hot: a perfect summer's day.

Tangles of yellow weed marked the enemy trenches and the grassy fields of No Man's Land were covered in scarlet poppies.

At 6.25am, the British guns opened fire on the German positions.

It was July 1st 1916. The Battle of the Somme was about to begin.

A walk-over

All along the 18 mile front, British infantrymen were preparing for the coming action.

They did not expect a tough fight. Their generals had promised them that the German trenches would be empty, wiped out by the British artillery.

One Brigadier-General assured his troops they would not need rifles. They could go over the top with walking sticks.

During the previous week, the German lines had been hit by 1,508,652 British shells and mortar bombs.

People in the south of England heard the bombardment and wondered if a naval battle was being fought in the Channel.

Few realised that the far off thunder was the beginning of the Big Push which would win The War To End Wars.

Fix bayonets

Not every soldier believed it would be a walk-over.

Some men, peering out across their parapets, could see that the barbed wire entanglements opposite them were still intact.

One sergeant in the Middlesex could not stop the shaking in his body growing worse and worse as Zero Hour approached.

Others were in high spirits. Captain Neville, of the 8th East Surreys, gave each of his platoons a football to kick off towards the German trenches.

A rum ration was served and some men became tipsy. "Fix Bayonets" was carried out with much laughter.

A letter home

In his front line trench in the Beaumont-Hamel sector, 2nd Lt. Eric Heaton of the 16th Middlesex was nerving himself up for his first action.

He was 20 years old and had been in France four months. On the eve of battle he had written to his parents:

"I cannot quite express my feelings on this night . . . My greatest concern is that I may have the courage and determination necessary to lead my platoon well".

Eric Heaton had a crucial task.

At 7.20am, ten minutes before Zero Hour, a gigantic mine: a tunnel packed with explosives, would detonate beneath the German redoubt at Hawthorn Ridge.

His men were to cross 500 yards of No Man's Land and quickly occupy the newly formed crater.

Zero hour

At 7.20, the mine at Hawthorn Ridge blew, spewing a huge column of chalk and earth thousands of feet into the air.

Seconds later, shock waves rocked the trench where Eric Heaton and his platoon waited, throwing men to the ground.

German artillery immediately opened fire on the nearest British trenches and shrapnel rattled like hail above the heads of the 16th Middlesex.

The men could not understand where the enemy fire was coming from – weren't the Germans all supposed to be dead?

When the last seconds had ticked away, Lt. Heaton blew his whistle and started up the ladder to No Man's Land.

The 9th Platoon of the 16th Middlesex scrambled up after him, weighed down by their heavy packs.

Slowly, they fanned out into a long line and began to move towards the smoking Hawthorn Ridge crater.

The new tactics

Because the generals expected little German resistance, they had altered the normal rules of an infantry attack.

The British soldiers were to advance slowly in waves.

Each wave was to walk forward at a steady pace, covering no more than 100 yards in two minutes. (A speed of rather less than two miles an hour.)

As the leading waves paced farther into No Man's Land, they started hares that were still living there among the long grasses and wild summer flowers.

Then the German machine-gunners opened up.

'Tac-Tac-Tac'

Too late, it became clear that their deep shelters and dugouts had preserved the Germans from the British artillery.

The waves of soldiers, following orders, came walking slowly forward and toppled like dominoes as the machine guns swept their lines.

The dead lay in long rows where they had fallen. As the few survivors continued to advance, German howitzers began to pound No Man's Land.

A man in Eric Heaton's battalion described what it was like:

"Imagine stumbling over a ploughed field in a thunderstorm, the incessant roar of the guns and flashes as the shells exploded. Multiply all this and you have some idea of the Hell into which we were heading."

The fate of the 16th Middlesex

Eric Heaton's men were unlucky. In the ten minutes between the blowing of the Hawthorn Ridge mine and the start of the attack, the Germans had already occupied the newly formed crater.

The 16th Middlesex were swept by machine gun fire and blown apart by artillery shells. The leading wave had almost disappeared, but individual survivors kept to their steady, disciplined pace.

The following waves met the same fate, yet always a few men survived and kept going.

2nd Lt. Eric Heaton was last seen alive in the maelstrom of exploding metal near the German front line.

"I saw him in No Man's Land not far from the German lines and at that time he was quite alright in company with Mr Tuck." (Pte. A.J. Bird) The two officers were exhorting their men to push on through the German barbed wire.

Oranges and lemons

The enemy's barbed wire entanglements, like his trenches and his troops, were supposed to have been utterly destroyed by the British artillery bombardment.

Yet all along the front, men who had survived the holocaust of No Man's Land reached the German wire to find it still intact.

At Gommecourt, five miles to the north of Eric Heaton's sector, the reason for this was plain to see.

Unexploded British mortar bombs, large and round as footballs and painted bright orange, lay in drifts against the wire.

They were, in the soldiers' slang, 'napoo'. No good. Duds.

Most of those who tried to cut or thread their way through the German wire got caught on the long barbs.

One by one, as they struggled there, they were shot.

Missing believed Killed

No-one knows for certain what happened to 2nd Lt. Eric Heaton.

One report stated that he had been wounded by a machine gun and later killed by a shell. But one of his platoon said that he saw him hit in the knee – it was almost blown off – and thought that he had bled to death.

Eric Heaton was one of 57,470 men listed killed, wounded or missing on that first day of the Somme.

Unmentioned in despatches

You will not find 2nd Lt. Eric Heaton in the history books. His moment of glory went unrecorded. His last remains are a bundle of letters and photographs kept in a cardboard box in our vaults.

From them, we have pieced together his story.

Our Museum contains thousands of such stories. Not just from the Somme, but every battle of the First and Second World Wars.

Not just the stories of soldiers, airmen and sailors, but of civilians who found themselves caught up in war. We would like to tell their stories. But without your help, many of our cardboard boxes will never be opened.

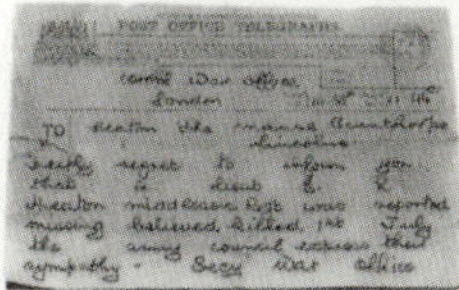

Will you help us?

The Imperial War Museum is in urgent need of help.

Our building leaks. Plumbing, wiring, heating and drains must all be completely replaced. The glass roofs above our main galleries are beyond repair.

Facilities for visitors, particularly the disabled, are poor.

Worst of all, the Museum is simply too small to display its collections properly.

We have very little money. In fact, we could not have published this advertisement but for the generosity of the newspapers in which it appears.

The first phase of our redevelopment scheme will cost £9,000,000. If we can raise £2,500,000, the Government have said that they will give us the rest.

You can help us by making a donation or a covenant. Every £10 covenanted will produce £14.30. Please address donations and enquiries about covenants to the Director, Imperial War Museum, Lambeth Rd, London SE1 6HZ. Cheques should be made payable to 'The Imperial War Museum Trust (Redevelopment Appeal)'. Thank you.

IMPERIAL WAR MUSEUM APPEAL

GIVE YOUR PAST A FUTURE

约翰·斯丁雷
JOHN STINGLEY

约翰·斯丁雷毕业于密苏里大学新闻学院。在职业生涯早期，他曾在天联明尼阿波利斯办公室工作，主要致力于推广荷美尔的产品，比如斯帕姆罐头午餐肉；在马丁·威廉斯广告公司明尼阿波利斯办公室工作时，他的主要工作内容服务于3M的产品，包括便利贴和透明胶带。之后，他在法龙·麦克利戈特广告公司工作了将近八年，他为该公司的一些蓝筹股客户制作广告，其中包括王子意大利面酱、斯科茨草坪产品和温莎加拿大威士忌等，最主要的是，他在这家公司的最后四年为保时捷在美国市场的推广创作了作品。1993年，他搬到洛杉矶夏戴，担任创意总监，专注服务日产豪华汽车品牌英菲尼迪。

● 我想说，从斯帕姆午餐肉罐头到保时捷汽车，我的作品类别跨度之大，让所有人瞠目结舌。

与表演相似，对多产的广告文案而言，跨度大是一个重要特征。很多有天赋的广告文案为他们熟悉的产品做了一两个不错的案例，然后就江郎才尽。这个行业的要点在于能够理解任何产品的问题和机遇，然后懂得如何在产品与受众之间建立关系。

在很多方面，广告创作与表演异曲同工。你必须从精神上抛弃自己的身份，你必须成为你想与之交流的人，内化他们的兴趣、恐惧、品味甚至偏见。这意味着在精神与情感上，你要成为与现实的你截然不同的另一个人。

我想，这就是为什么我遇到的每一个广告创意大师都甘当人性的研究者，他们对接触的每一种不同趋势、人格类型或者文化都充满兴趣。他们为“人类境况”着迷，他们是永不停歇的人类观察员，他们也是你所见过的最宽容的人。但广告人常常被打上偏执的标签，被认为是固执己见、恃才傲物、不肯妥协的一群人。那是因为他们需要捍卫这种独特，需要突破现代生活的同质性，以独特而强大的方式向人性说话，由此为品牌塑造某种鲜明的个性。

这种需求常会被那些只想要千人一面的客户避开或者抵制，毕竟，等级分明的企业界会本能地滋生恐惧和胆小。在保时捷广告中，我曾把企业委员会的想法比作一群小鸟，它们挤在树上抱团取暖。

这就引出了创意过程的另一个关键方面，它虽然算不上创造伟大广告过程中的一步，但是同样重要。就像你必须成为目标受众，才能写出对他们有意义的内容，如果你想向客户卖出你的创意，你就必须首先成为他们，很多创意人都栽在这一步。他们认为遵循这种公司规则，自己会变得庸俗。实际上，客户和消费者一样，都是目标受众。如果想让他们遵从你的设想，你就必须了解他们的看法、担忧和偏见。这并不意味着你要变得圆滑，而仅仅意味着你必须学会用客户的语言说话，从而让他们理解你的想法，正如你必须学会说目标受众的语言一样。当然，你无法为一个糟糕的客户创作出伟大的作品。有些公司过于谨小慎微，它们永远不会选择用一种突破性的方式去展示产品。与此同时，许多堪称伟大的创意正躺在文件柜里蒙尘，正是因为广告人无法将这个创意的潜质有效传递给客户，并且打消他们的疑虑。

这就是为什么广告如此“难产”，同时回报又如此可观。广告是架在商业世界与艺术世界之间的桥梁。要想引起人们的注意，广告必须是娱乐的、引人入胜的、以情动人的，同时必须满足基本的营销诉求。那些擅长在两个世界之间来回穿梭、长袖善舞的创意人总是不动声色，却持续创作并产出着杰出之作。

请记住这些创造伟大广告及让客户买单的基本原则，我再给出几条有用的建议：

> 仔细留意你的第一个想法。尽管它单纯、质朴，甚至有些稚嫩，但这与消费者初见你作品时的感觉有异曲同工之妙，这种单纯和质朴是无价的。
>
> 不要太快停笔。就算你最初的想法正确，也要尽可能去探索更多的表达方式。每个标题用一百种不同的方式去写。广告是艺术，每一个逗号都会影响含义和节奏。

理解人们现在对这个产品的看法。将消费者当下的看法作为出发点，将理想中的看法当作终点。通常，客户不太愿意承认当下的看法，你必须让他们明白，比赛不能在跑道的中间位置开始。

一旦你发现自己置于消费者的思维定式中，放轻松，让自己像个普通人那样思考。想创意时，不要惧怕那些愤世嫉俗或开玩笑的想法。我发现很多伟大的创意都始于一个玩笑，当你继续探究时，它们可以被转化为一个积极的观点。以这种方式得到的创意，具有一种受众所欣赏的诚实特质。

面对文化的变迁，不要只秉持接受的态度，还要去拥抱它。广告通常是社会进化的晴雨表，试着探究背后的原因是什么。

避免局限于某种固化风格。你是在用客户和消费者的语言与他们交谈，而不是将自己的想法强加于人。

人性的基本层面从来没有真正变过，这就是莎士比亚的作品直到今天仍然富有意义的原因。人性的历史几乎可以被归结为如下几个关键词：爱、性、贪婪、饥饿和不安全感。你若想写出伟大的广告，一旦“征服”了所有繁杂，就一定要回归基本常识。

幸好，夜晚每天都会到来

温莎加拿大威士忌

Frequently, our writers are people who lost their previous job.

On the eve of the 1988 presidential election two former presidents, Carter and Ford, penned letters of advice and counsel to be delivered to the winner.

But they didn't mail them. They gave them to us.

That's because they wrote the letters in response to a request from World Monitor magazine. A request to share their vision of what the new leader could expect. A vision that could come only from having held the job.

At World Monitor, we believe that to truly understand today's complex global issues, you go to the people who have been involved behind closed doors. And let them explain things in their own words.

That's why whatever the story, we search for an expert to write it. From an insider's perspective. And go wherever in the world we have to in order to find them. Be it a Chinese government official, a former KGB officer or an American schoolteacher.

It's a search for insights no journalist could ever uncover in a newsroom.

For instance, Gerald Ford foresaw that the Berlin Wall could come down in the upcoming presidency. (Remember, this was in October of 1988, even before the election.)

And that's why the people you find reading World Monitor, like the people who write for it, are leaders. Individuals trying to understand the dynamics at play; to survive and prosper in the global village we all now share.

World Monitor. Where those who have been there, and those on their way, come together. To write. To read. And to think. Bound by the notion that there is still no substitute for experience.

WORLD MONITOR

THE CHRISTIAN SCIENCE MONITOR MONTHLY

Where the people in the news report the news.

通常，我们的作者是那些
失去上一份工作的人

1988 年，美国总统大选前夕，两位前总统卡特和福特写信给选举获胜者，向他提出建议和忠告。

但是他们没有将信件邮寄出去，而是给了我们。

这是因为他们是应《世界箴言》杂志之邀才写这封信的，我们要求两位前总统分享他们对新领导人的期望，以及只有在担任总统这个职位之后才能实现的愿景。

在《世界箴言》，我们相信，要真正理解当今复杂的全球性问题，你必须找到深度介入这些问题的人，并且让他们用自己的语言来做出阐释。

这就是为什么无论是什么故事，我们都会寻找一个行业专家去撰写它。就算走到天涯海角，我们也要找到这些能提供内部视角的人。无论他曾经是克格勃官员还是美国教师，这些人能提供的真知灼见，是新闻记者们坐在新闻编辑室里无法发现的。

比如，杰拉尔德·福特预见柏林墙可能在即将到来的新世纪倒塌（记住，这是在 1988 年 10 月，是在大选之前）。

这就是为什么你发现阅读《世界箴言》的人，就像那些为它撰稿的人一样，都是行业领导者。他们每个人都在努力理解形势的当下动态，努力在我们共同拥有的地球村中生存和发展。

在《世界箴言》，那些已经聚焦于此的人和那些正在路上赶来的人齐聚在一起，去写作、去阅读、去思考，并且认可同一个观念，那就是没有任何东西可以替代经验。

《世界箴言》
《基督教科学箴言》旗下月刊
新闻人物报道新闻

汽车就像孩子，有了才会懂

生活中有些事情，对那些没有经历过的人也许无法解释，这也是一直困扰保时捷的问题之一。

1948 年，费迪南德·保时捷教授追随梦想，创造了一辆反应灵敏、个性鲜明的跑车，它栩栩如生，简直就是驾驶员自身想法和感受的完美延伸，甚至还让人有种童心未泯的感觉。经过了两代车型，我们一直试图解释这种感觉，其实，你只需要试驾一下。

1991 年款保时捷 911 卡雷拉 4 就是这个传奇而神秘的家庭最新一代车型中的一员。试驾卡雷拉 4，你可以感受到自己与汽车之间的某种关联，这种感觉也许可以表达，但又很难讲清楚。承袭经典的组件，加上错综复杂的配置，使其看起来几乎像是驾驶者四肢的延伸。

这种直接接触和控制的感觉，其实是每辆保时捷带给驾驶者的标志性感受。如今，卡雷拉 4 采用电子控制的全轮驱动模式，将你的感觉带至前所未有的高峰。

通过传感器和复杂的计算机技术，卡雷拉 4 监控车轮每一圈的牵引力，它会在 0.025 秒内将动力引导，使其更具抓地力，通常在驾驶员意识到之前就能纠正打滑问题。它不仅将汽车的一些令人难以置信的潜力发挥到了极致，还使其更加实用和可预测。

全轮驱动系统与新的悬架一起工作，包括后部的自我矫正设计，使转弯成为驾驶者和汽车之间的一种浑然天成的默契。

这款车的每个部分都体现了这一特色。保时捷的工程师说，理想的刹车应该让你感觉就像在用指尖挤压刹车盘。卡雷拉 4 使用巨大的内部通风防抱死制动系统盘式刹车，当牵引力控制车身进入如磐石的直线静止状态时，你会感觉到时间似乎瞬间静止了。

事实上，让我们进一步解释这种体验是荒谬的，40 多年来，我们还没找到这样做的方法。我们只能说，如果你是那种在别人追求刚需生活的时候寻求快乐和刺激的人，那你无疑应当去保时捷授权经销商那里试驾一下，然后我们就可以好好聊聊了。

保时捷

（图片左下文案）

1991 年款保时捷 911 卡雷拉 4 跑车

路克·苏立文
LUKE SULLIVAN

1979 年，路克·苏立文在明尼阿波利斯的博泽尔 & 雅各布斯广告公司（Bozell & Jacobs）开启了他的广告生涯。他在弗吉尼亚州里士满的马丁广告公司（The Martin Agency）工作了 5 年，自 1989 年起一直在法龙·麦克利戈特广告公司工作。

● 当我坐下来写广告时，我会试图记住下面的一些事情。

首先，简单写下你想说的一些话，然后把它们做成广告。现在就开始说吧。

要视觉化。要简单点儿。立即从你的创意系统中提取双关和所有精巧的单词，并且将那些墨守成规的构图经验删除。

不要为了与众不同而与众不同，无论广告有何不同之处，这种不同都应该来自产品本身。要赋予这个产品或者品类情感。

这一点需要不断重申：要简单点儿。要视觉化（塞尚曾说，“我要用一个苹果震惊巴黎”）。

我认为所有伟大的创意不是刻意而为，而是来自无意识。因此，伟大创意的产生并不像照料一座花园，创意就会萌芽，也不像织一匹白色麻布，一幅杰作就会在布上呈现。

我是这么做的：在大脑中准备一个空间，一块干净的、精确定义过的领地。这个空间由几个不同维度的现实状况划分，包括你要面对的市场、你的策略和预算、竞品的所作所为。这块小小的领地是空白的、无拘无束的，没有“不能做的”和“做不到的”。然后坐下来，放松，专注于眼前的小领地。广告想要说什么？不是你想说什么，是广告想说什么。闭嘴。你只需要倾听。如果你足够幸运，创意就会悄然出现。

不要在标题中使用假名字。像“小比利·汉森已经12年没吃东西了”这样的标题真的很烂。

内文里不要出现引言。标题已经发挥这个作用了，到内文部分，单刀直入即可。结尾也不要画蛇添足，直接以客户地址和电话号码结尾。仔细琢磨细节，不要忽略任何细节。

如果感到压力巨大，请记住你并非在拯救生命，你只不过在做广告，这没什么大不了的。如果你遇到瓶颈，可以去做做别的事。有时候，同一时间推进两三个项目反而是好事。

如果你的项目已经有两个非常好的创意，而第三个创意只是还不错，那就重新加工第三个创意。“还不错”是“非常好”的敌人。不要酗酒或嗑药，我曾经以为做那些事会让人更有创造力，但事实并非如此。有人曾说：“过井然有序的日常生活，才能让你在工作中充满激情和创造力。”

这些都不是既定规则，规则总是被创新颠覆。

客户：霍斯特美发沙龙。
艺术指导：卡罗尔·亨德森。

一扫垂头，只有叹服

霍斯特美发沙龙

市中心≈明尼通卡≈伊代纳≈罗斯维尔≈市郊

Imagine having your body left to science while you're still in it.

Three animals die every second in U.S. laboratories.

The monkey pictured here was surgically crippled and then forced to use his deadened arm.

Other animals, including rabbits, dogs, and cats are routinely blinded, shocked, mutilated, decapitated and force-fed poisons in tests which could easily be replaced with modern and more reliable alternative tests.

These sadistic animal tests are being conducted by the government, universities, medical associations, and profit-making corporations.

And always behind closed, locked doors. Pigs, rats, chickens, horses and other laboratory animals suffer by the millions.

The cost to U.S. taxpayers, however, is in the billions.

If you think these kinds of cruel experiments have no place in the 20th century, please join us: People for the Ethical Treatment of Animals.

PETA is America's leading animal rights organization. By working with medical and legal professionals, the media, members of Congress, and people like you, PETA has been able to stop some of the most horrifying animal experiments, including the one pictured here.

Even as you read this ad, there are thousands more lab experiments being conducted without your knowledge, *but with your tax dollars.*

So please join us today.

Yes, I want to help stop the abuse of animals in experiments.

Name ______

Address ______

City ______ State ______ Zip ______

Please accept my tax-deductible contribution of: $15 ______

$25 ______ $50 ______ $100 ______ other ______

Contributors of $15 or more receive a free copy of the book *Animal Liberation.*

People For The Ethical Treatment Of Animals

P.O. Box 42516 Washington, D.C. 20015 (202) 726-0156

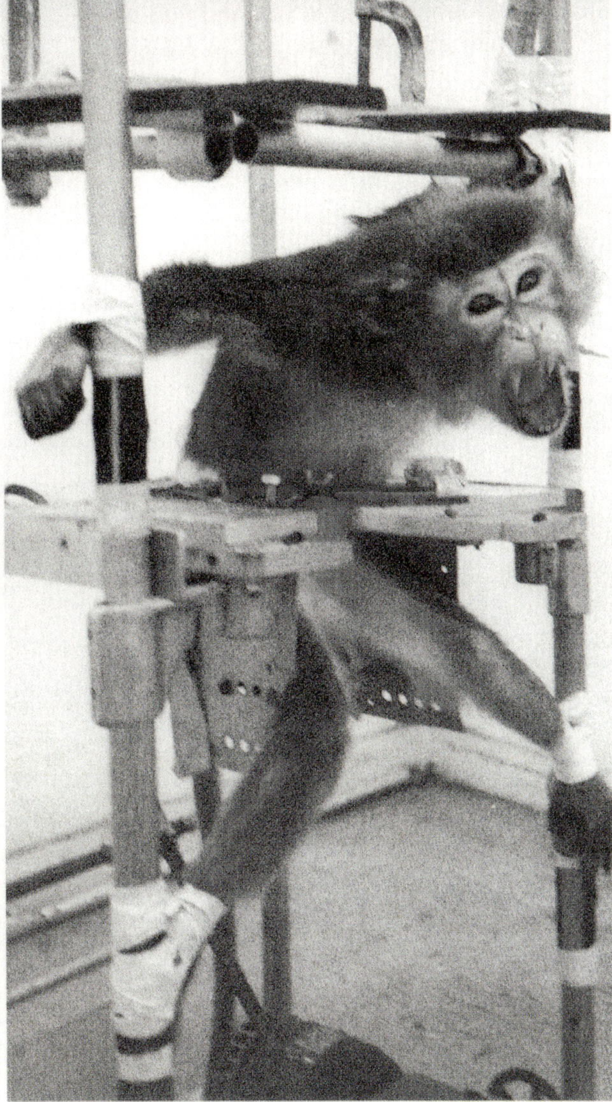

客户：
善待动物组织。
艺术指导：
韦恩 · 吉布森。

想象一下，当你还健在的时候，你就把身体献给了科学

在美国实验室，每秒钟会有三只动物死亡。

图中这只猴子，就是因外科手术致残，然后被迫使用自己的残废上肢。

其他动物，包括兔子、狗、猫，也经常在试验中被弄瞎、电击、肢解、斩首，甚至被强行喂食有毒物品。

但这些由政府、大学、医学协会和营利公司组织的虐待动物的试验，其实很容易被其他现代化和更可靠的试验替代。

在上锁、紧闭的门背后，数以百万计的猪、老鼠、鸡、马和其他实验室动物在承受这样的痛苦。

美国纳税人却每年为此支付数十亿美元。

如果你认为这种残忍的实验在 20 世纪没有存在的必要，请加入我们——善待动物组织。

善待动物组织是美国领先的动物权利保护组织，通过与医学和法律专业人士、媒体、国会议员以及像你们这样的人合作，善待动物组织已经能阻止一些最残忍的动物实验，包括图中所示的实验。

也许就在你读这则广告的时候，还有成千上万的实验在你不知情的情况下进行着，但花费着你缴纳的税费。

所以，请今天就加入我们吧。

是的，我想阻止那些在实验中虐待动物的行为。

姓名 ______

地址 ______

城市 ______ 州 ______

邮政编码 ______

请接受我的可免税捐款：

15 美元______25 美元______

50 美元______100 美元______

其他金额______

贡献 15 美元及以上者，将会免费获得动物保护证书。

善待动物组织

华盛顿，42516 号邮箱，邮政编码 20015，电话（202）726-0156。

For those of you who think Maseratis are just low-slung, high-priced sports cars made only for a handful of racing fanatics, we have some refreshing news.

You're only partially right.

Yes, it's true Maseratis are crafted for only a handful of people who are fanatical about owning special cars.

And, yes, they can be very quick and impressive automobiles.

But, no, the Maserati is not outrageously priced, and it's not the temperamental race car you think it is.

In fact, Maserati is a comparably priced, perfectly sane alternative to the Mercedes, Jaguar or BMW.

So while the Maserati has a well-deserved, larger-than-life image, it's a car for the real world, a car you can actually own.

The main reason there aren't many on the road, of course, is that there couldn't be.

Italian craftsmen painstakingly assemble each car, doing much of the work by hand. Every part of every car is made slowly.

Except, of course, the engine. Which is made fast.

How fast? Well, the muscle under the hood of the 1989 Maserati 228 pictured here is capable of rocketing its driver to 60 mph in 6.3 seconds on its way to a top speed of 140 mph.

The 2.8 litre, electronically fuel-injected, twin-turbocharged V-6 engine can actually deliver 225 horsepower at 5500 rpm.

But this power is never reckless: it's guided by power-assisted rack and pinion steering. And the power-assisted four-wheel disc brakes hold everything in check.

What's under the hood is, however, no more remarkable than what you find behind the door of the new 228.

Inside every Maserati are seats covered with Italian glove leather that's hand-sewn by old world craftsmen, not machine-sewn by robots.

The paneling, the gearshift lever and even the parking brake handle are burled walnut or burnished rosewood.

And on the dashboard of every Maserati, just above the controls for the automatic climate control system, is a Swiss-made, jewelled clock to help you appreciate every second you spend in these plush surroundings.

While we're on the subject of time, we'd like to point out that every 1989 Maserati owner in America is now protected 24 hours a day, 365 days a year.

They're protected both by our roadside assistance program and by our 3-year/36,000 mile Maserati buyer protection plan.*

These are, of course, merely the logical reasons for owning one of our exhilarating automobiles.

The best reason might be the little voice inside your head that's been beckoning you to a Maserati ever since you were a kid.

See your dealer. And do it soon. After all, only an exclusive group will be able to buy Maseratis this year.

And, as we said, they're going fast.

There are two reasons you don't pass many Maseratis on the road. There aren't many on the road. And they are, after all, Maseratis.

You only live once. Do it in a Maserati.

©1988 Maserati Automobiles Incorporated *See dealer for details of written warranties. Maserati does not condone exceeding posted speed limits.

你在路上不会看到很多玛莎拉蒂，有两个原因：首先，路上确实没有很多；其次，它们毕竟是玛莎拉蒂

很多人认为玛莎拉蒂只是一款底盘低、价格高的跑车，只有少数赛车狂热者才会给出令人耳目一新的评价。

是的，这是真的，玛莎拉蒂是专为少数对汽车有专属要求的狂热分子设计的。是的，它们可以是速度非常快、令人印象深刻的汽车。

但是，玛莎拉蒂的价格并非高得离谱，它也不是你所认为的一款很难驾驭的跑车。

事实上，玛莎拉蒂是价格区间相对合理，可以完美替代奔驰、捷豹或宝马的汽车。

虽然玛莎拉蒂有一个当之无愧的传奇形象，但它实际上是一辆属于现实世界的车，一辆你可以真正拥有的车。

路上没有很多辆玛莎拉蒂的主要原因，当然是不可能有。

每一辆玛莎拉蒂都由意大利工匠辛苦组装，并且大部分工序都是手工完成的，就连车的每一个零件都是慢慢做出来的。

当然，除了引擎，因为引擎越快越好。

有多快？1989 年款玛莎拉蒂 228，它的引擎可以在 6.3 秒内加速到 60 英里 / 时，最高时速可达 140 英里。

2.8 升电子燃油喷射、双涡轮增压的 V-6 发动机，实际上可以提供 5 500 转速的 225 马力。

然而，引擎盖下面的配置，并不比你在新玛莎拉蒂 228 的门后发现的物品更值得关注。

每辆玛莎拉蒂里面的座位都由意大利传统工匠手工缝制，而不是机器制造的。

镶板、变速杆甚至停车制动手柄，都是胡桃木或抛光红木材质。

而在每一辆玛莎拉蒂的仪表盘上，在自动控制系统的控制器上方安装了一个瑞士制造的珠宝时钟，让你享受在车里的每一秒。

既然在谈时间问题，我们想指出，现在美国的每一位 1989 年款玛莎拉蒂车主，都受到一年 365 天 24 小时的全天候守护。我们的道路援助计划和 3 年 /36 000 英里玛莎拉蒂买家计划，始终为他们提供守护。*

当然，这些只是去拥有这辆令人兴奋的汽车的理所当然的理由。

最好的理由，可能来自你内心深处的那个声音，它从你还是个孩子的时候，就一直在召唤你购买玛莎拉蒂。

请尽快与你的经销商联系，毕竟今年只有一部分人可以买到它。

正如我们所说，它们的速度很快。（卖得也很快。）

人生只有一次，开着玛莎拉蒂度过吧！

玛莎拉蒂

1988 年，版权归属玛莎拉蒂汽车公司。

* 有关书面担保的详情，请联系经销商。

玛莎拉蒂提醒你，不要超速行驶。

客户：玛莎拉蒂汽车。

艺术指导：韦恩·吉布森。

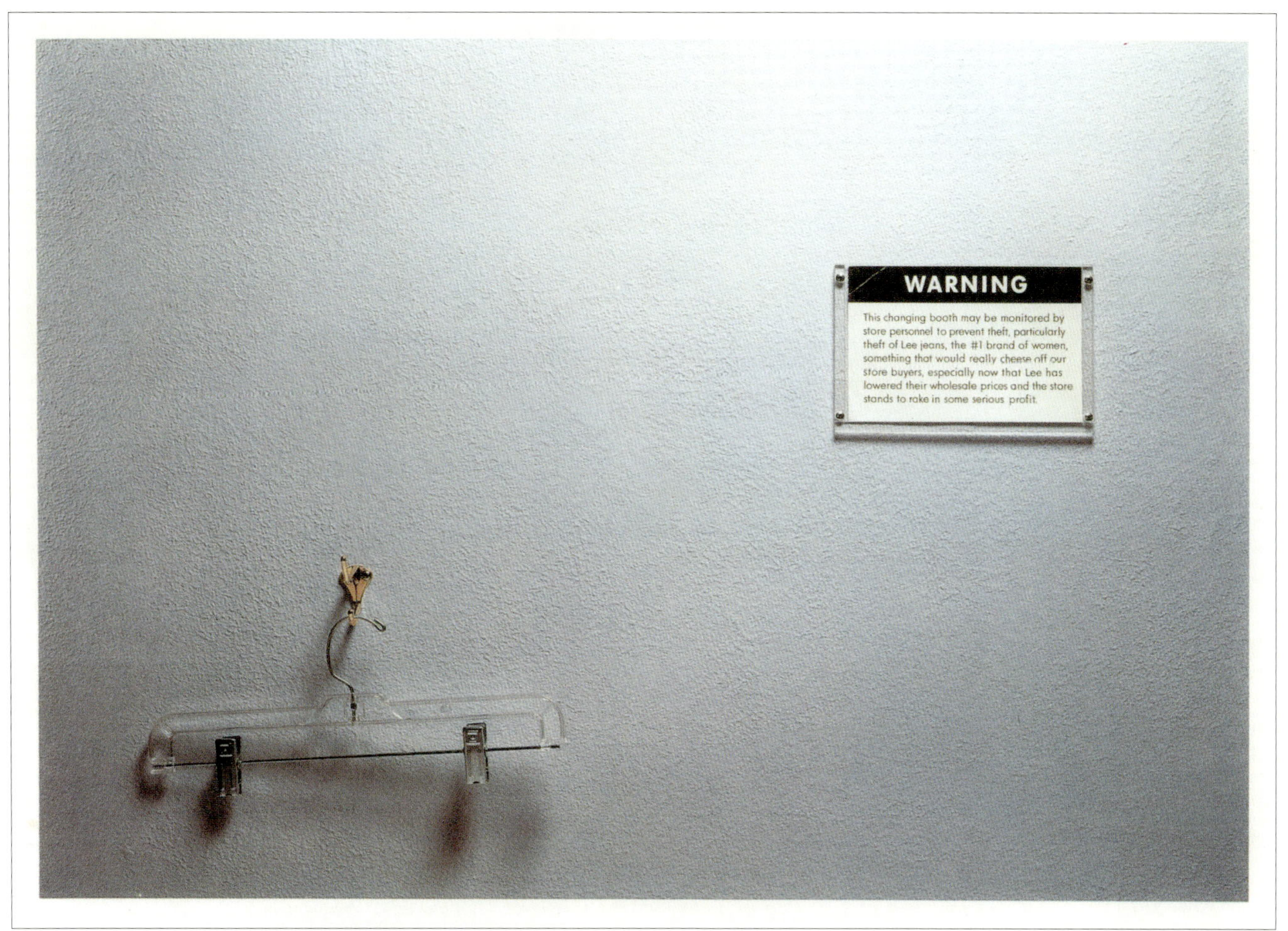

警告

为防盗，尤其是防女式牛仔第一品牌 Lee 被盗，本店试衣间可能被店员监控。这可能真会有点儿惹恼我们的买家，特别是当前 Lee 连批发价都降了，而门店却打算好好大捞一笔。

客户：Lee（李）牛仔服装。
艺术指导：阿蒂 · 坦。

想出这种东西，居然还有薪水拿

广告公司为那些想出疯狂广告创意的文案撰稿人和艺术指导支付薪水，但是广告最重要的还是想出创意十足的办法去解决真实的营销问题。在艺术中心设计学院学习 8 个学期后，你将会拥有一份出色的履历，也能为一份回报丰厚的工作做好前期准备。欲了解详情，请致电 818-584-5035，或写信寄至加利福尼亚州帕萨迪纳市利达街 1700 号，艺术中心设计学院招生处（收），邮政编码 91103。

艺术中心设计学院

客户：艺术中心设计学院。

艺术指导：乔·帕普罗基。

Penn
1
Penn
Everyone knows, yellow and blue make green.
The best-selling tennis ball plus the best-selling racquetball equals money. It's so simple, it's elementary.

众所周知，黄色加蓝色等于绿色

卖得最好的网球加上卖得最好的壁球等于金钱。[①]
很简单，这是基本常识。

---

① 美元钞票多以绿色作为主色调。——编者注

客户：Penn 网球。
艺术指导：阿蒂・坦。

汤姆·托马斯
TOM THOMAS

我在纽约曼哈顿区出生和长大，也是唯一一个在那里出生和长大，又在那里生活和工作至今的人（其他人都来自布鲁克林或更远的地方）。我的职业生涯始于为一家经营教育研讨会的公司撰写商人传记，后来又为美国领先的抽水马桶制造商撰写促销物料。

学徒期结束后，我在奥美找到一份工作，随后又工作于斯卡利·麦凯布·史洛斯广告公司、扬罗必凯广告公司、尼达姆·哈珀 & 斯蒂尔斯公司（Needham Harper & Steers）和阿米拉蒂 & 普里斯公司（Ammirati & Puris），这导致不止一位银行信贷官员纳闷儿，为什么广告人换工作如此频繁。

1985 年，在 BMP 英国的支持下，我创立了自己的广告公司——安戈蒂·托马斯·海奇公司（Angotti, Thomas, Hedge），它在 7 年内发展成了订单总额达 1 亿美元的大公司。

我在 1992 年离开自己的公司，开始以创意顾问的角色服务多家广告公司，直至在睿狮广告公司（Lowe and Partners/SMS）安顿下来。我获得过很多奖项，包括 27 次金铅笔奖。我目前是纽约美术与文案俱乐部（The One Club for Art & Copy）的副主席，也在为《广告时代》等杂志撰写创意文章。我仍在曼哈顿寻找一个舒适的住所。

● 除了客户、公司同事、文案撰稿人的另一半，没人有义务去阅读广告（也不要以为文案撰稿人的另一半就一定会看）。

毫不奇怪，大多数广告都是由这个朴素的洞见驱动的，然而这就是事实。问题是这还不够，广告面临的挑战不仅是能否被看到，还有是否会被相信。广告进入读者的生活，就像警察队伍前走过一个贼眉鼠眼的嫌疑人，没有无罪证明护身，他大概率会被戴上手铐押走，除非他能自证清白。

广告如何消除这些偏见？下面是我的一些想法。

1. 用更好的洞察力去了解读者的需求。

那些擅长理解别人的人（包括配偶或心理医生），能更容易赢得信任。广告也是如此，读者如果认为这则广告是懂自己的，或许就会稍微相信它一些。通常买家认为卖家是不可信的，上述类型的广告有助于消除他们的戒心。施乐信息检索系统的一则广告，巧妙借鉴了“墨菲定律”去表明它了解目标受众所面临的问题。广告里，一个人坐在办公室，电话里传来一个坏消息：“先生，我们搜索了您要找的信息，确定是丢了。”

2. 挑战传统价值观。

与普世价值背道而驰的观念往往更可信，这是广告人坚信的悖论之一。新观点能让读者受到震撼，产生新想法，并且可以刷新传统认知。在传媒界，有一个约定俗成的看法，衡量一本杂志的最好标准是看它的“千人成本”，即“多少广告费触及多少读者”。投资金融期刊《巴伦周刊》，其读者通常是拥有七位数存款的富豪，它对这一标准提出疑问。它认为最重要的是读者的质量，而不是数量，标题是“触达每个百万富翁的最低成本”。

3. 既然事实比宣言更可信，那就把宣言讲成事实。

在广告中，宣言通常是谎言的代名词。这种委婉的谎言很多时候是为了应付律师和审查人员而编造的。若花生数量没有经过公证计数，你就不能说花生酱里面的花生含量更多，但你可以说一旦选择了这种花生酱，她就会成为一个更好的母亲。当你被责问时，只要你学会夸大其词，所有的指控就几乎都会被撤销。上帝会宽恕那些吹牛的人。对律师和审查员而言，你只要能够自圆其说，就可以被原谅。对其他人来说，谎言依旧是谎言，并且能被人一眼看穿。所以宝马广告没有说买汽车是一项好投资，而是用宝马汽车较高的转售价格来佐证这一点。它这样做，不是将这种车与其他车做比较，而是与目标受众可能进行的其他投资项目做对照——“去年，一辆汽车跑赢了纽约证券交易所的318只股票”。

4. 给读者一些理由去相信。

人们普遍对销售员，尤其对广告持怀疑态度。但我们还是希望，如果使用了某种剃须水或者护发素，就会拥有更频繁和更高品质的性生活。不幸的是，我们的每个臆想旁边都有一名彪悍的保安把守，除非你有足够的逻辑去说服他，否则你无聊的想法就会被他轻易击碎。恒美为安飞士做的广告，不是简单地说安飞士更努力，而是说当你只是第二名时，你必须更努力，否则……

5. 从难以置信到不得不信。

这是对第4点的补充，柯勒律治有一句名言：“任何事物若自身不包含它存在的原因，就不能长久地取悦人，没有例外。”安飞士的案例，让人想起大鱼吃小鱼的生存法则。大众汽车的户外广告牌展示了引擎盖打开后的气冷发动机，配上一个无可辩驳的标题——“没有散热器，就不会有散热器带来的烦恼”。

6. 成为明智之选。

这一观点在最近的每一次创意简报中几乎都会出现。这是你的“90 年代”基本策略，尽管实际年代并非如此；它之所以有效，是因为每个人在购物时都希望自己是明智的，而不是愚蠢的，对买家而言，懊悔几乎是家常便饭。所以萨博 9000 汽车的定位是“这款运动汽车，为那些继承智慧而不是财富的人量身定制”。

7. 培养购买欲望。

如果你有冲动，你就有渴望。如果产品本身能激发你的渴望，就不需要再做广告了。它可以是一种内心低语，鼓励人们遵从欲望行事。威凤凰珍藏波旁威士忌广告，提醒人们不要为了省钱去购买低端货：“有价格更低的波旁威士忌，还有更薄的牛排和更小的汽车呢，你要吗？”

简而言之，根据定义，广告只有一半是真实的，它只是为该产品的积极方面做陈述，而竞争对手却很乐意攻击产品的消极方面，读者对每则广告的怀疑态度也在无形中帮助了竞争对手。这意味着，如果受众对你的话半信半疑，那么你在广告中讲述的关于真相的信息含量，就只剩下四分之一。

如果有一条简单的原则可以总结以上想法，那当然更好，但是这样的原则并不存在。但不管怎样，文案撰稿人应该假设受众至少和他们一样聪明，这样做的好处是，它能让你在大多数情况下陈述的内容接近事实，这也有利于成就诚实的文案撰稿人和可信的广告。

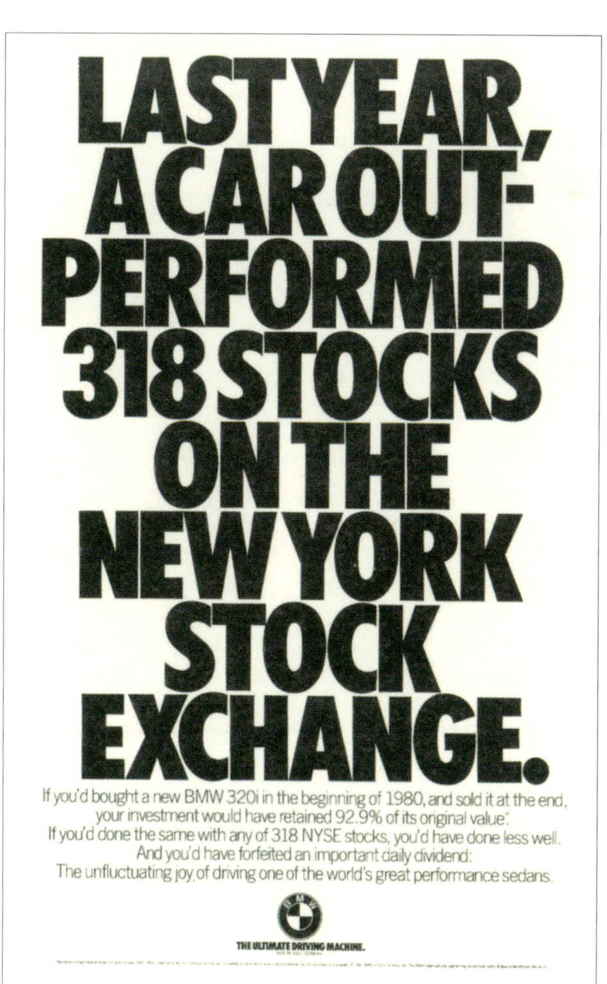

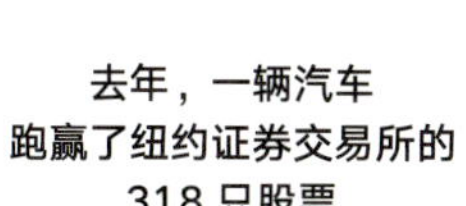

去年，一辆汽车
跑赢了纽约证券交易所的
318 只股票

如果你在 1980 年年初买了一辆宝马 320i，然后在年底卖掉它，从投资角度来看，其保值率会达到 92.9%。如果你用同样多的钱买了纽约证券交易所的 318 只股票，回报率就没有这么高了。还有重要的一点：驾驶世界上性能最棒的汽车，其带来的愉悦感是恒久的。

宝马

终极座驾

左侧高性能汽车，现在已采用右侧飞机同款刹车系统

就在此时，一架载有数百名乘客的喷气式飞机，正在以三位数的速度着陆。

跑道的表面状况可能是以下任何一种：非常干燥，结冰，或者是因雨水变得湿滑。

它将执行所有移动交通工具所执行的最重要的动作：急刹。

这一举动的重要性，丝毫不亚于驾驶载有一至五名乘客的宝马汽车。其中，除了道路与天气，还必须克服交通的险恶状况。

这就是为什么这两款交通工具，都采用了被许多人认为是自盘式制动以来最大的进步——防抱死制动系统。

同时转向和急刹

同一时间，和飞机上一样，宝马的电子传感器测量车轮的转速，并将这些数据输入计算机（计算机的功能很好，我们使用四个传感器，而竞争对手只有三个）。

然后，液压控制单元在计算机的指令下操作，施加制动压力，快速泵也在运动，以防止制动器锁定。

它的速度大于人类所能达到的最大速度，即使这个人是一名屡获大奖的赛车手，速度也不及它。一个有经验的赛车手可能一秒钟能踩 4 次刹车，而我们的防抱死制动系统能制动 10 次。

如果任何一个车轮开始锁定，计算机就会立即降低制动压力，直到重新控制住它。一个重要的事实可以防止恐慌：防抱死制动系统允许你同时转向和急刹。

防抱死制动系统是新的标准，在宝马 735i、635CSi 和 535i 上都有配置。最重要的是，它一点儿也不新鲜了，它不仅在飞机上证明了自己，在可追溯至十多年前的宝马赛车上也刷足了存在感。

一个系统，而非一个事后的想法

防抱死制动系统不是作为补充或事后的想法，而是作为一个更大系统的一部分，致力于最大限度加强你对车辆的控制。

例如，防抱死制动系统适配于宝马新的 3.5 升燃油喷射发动机且经其充分检验，后者这一狂热动力装置的加速能力与防抱死制动系统的减速能力形成了完美平衡。

它也与宝马完全独立的悬架系统完美兼容，它们共享一个出生地——高速“赛马场”，敏捷性和精确性问题在这里变得尤为急迫。

这一切使宝马与世界上其他豪华汽车区分开来，但也使其与其他高性能汽车有一些重要的共同点。

你能认识到，真正的性能不只通过车辆行驶的速度来衡量，而且通过它的制动质量——以及在两者之间的每个细节上的表现来衡量。

宝马

终极座驾

1984 年，版权归属宝马（北美）股份有限公司。宝马商标和 logo 已注册在案。

这款运动汽车，为那些继承智慧而不是财富的人量身定制

基本上有两种方式来购买一辆运动轿车。你可以用钱买，或者用智慧买。

我们向那些宁愿动脑思考也不愿花钱的人推荐萨博 9000S。

萨博 9000S 是一款运动轿车，但是它创造了一个罕见的类别：它是一辆完美的汽车。

首先，这是一辆驾驶员专属的汽车，专为那些谨慎驾驶的人设计，并在这些方面做到极致。它由萨博制造的最大的引擎驱动，并配备高灵敏度转向系统。

但与某些偏向为驾驶员设计的车不同，9000S 不会亏待乘客。这是唯一一款空间大到被美国环境保护署评级为“大车”的进口车。

它的实用性也不亚于旅行车，折叠后排座椅，就会有足够的货物空间（56.5 立方英尺），甚至可以容纳一个 6 英尺宽的沙发。掀背式设计有利于装载大件物品。

事实上，你可以仅仅因实用性而选择购买 9000S，但是这样的话你可能会忽略它对标准配置的全面补充，包括皮革座套、电动天窗、加热座椅、驾驶员侧安全气囊和防抱死刹车。

根据高速公路损失数据研究所的研究，这款车是同类车中最安全的车型之一，并拥有同级别车中最长的保修期：6 年或 80 000 英里。**

现在，花 26 995 美元就可以拥有这辆运动汽车。*

如果你继承了智慧，而不是财富，对其最好的利用方式就是与萨博的经销商聊聊，在那儿，萨博 9000S 等你来试驾。

萨博

我们决不妥协，我们制造萨博

萨博 900 系列售价：18 295~33 295 美元。*

萨博 900 系列售价：22 895~33 995 美元。*

欲知更多详情，请致电 1-800-582-SAAB。

* 制造商建议零售价，不含税费、许可证费、运费、经销商手续费和期权。

** 有限质保包含发动机、变速器和其他系统的主要部件。关于完整细节，请当面向你的经销商咨询。1996 年，版权归属萨博汽车（美国）股份有限公司。

"We've tracked down the information you've been looking for, sir. It's definitely lost."

Of all the pieces of information that might get lost, the one that does will probably be the one you need.

Of all the times it might turn up missing, the time it does will be the worst possible time.

These Axioms of Business Life are brought to you by Xerox. For the purpose of adding our own:

Of all the ways to deal with the problem of lost information, the best is to prevent it from getting lost in the first place.

Which is why we offer electronic typing systems that let you store and retrieve documents as they're typed.

Computer services that let you retrieve information with the efficiency of a computer, but without having to own the computer.

Even telecopier transceivers that let you send copies of documents cross-country without ever having the original leave the office.

At Xerox, our interest in all this is simple. Our business is helping businesses manage information.

Which brings us to our final axiom: You have to find it before you can manage it.

"先生，我们搜索了您要找的信息，确定是丢了"

所有可能丢失的信息中，真正丢失的可能正是你要的。

所有可能丢失的时间里，丢失可能发生在最糟糕的时刻。

这些商业世界的公理，是由施乐带来的。当然目的也是增加我们的存在感：我们想尽办法去应对信息丢失问题，最好的办法是在第一时间防止它丢失。这也是为什么我们提供电子打字系统，让你存储和检索文件。

我们提供的计算机服务，让你可以快速高效地检索信息，但是你并不需要真的拥有这台计算机。

你能通过复印机收发器把文件副本远程发送到不同国家，而文件原件甚至不用离开办公室。

在施乐，我们的兴趣是让这一切变得简单。我们的理念是帮助商业管理实现信息化。

这就引出我们的最后一条公理：你必须先找到信息，然后才能管理它。

施乐

（图片左上文案）

XEROX® 是施乐集团的注册商标。

当你在一个橡木桶里闷了 2 922 天之后，一旦重见天日，你就会非常活跃

威凤凰
8 年珍藏，101 标准酒精度，肯塔基原产。

有价格更低的波旁威士忌，还有更薄的牛排和更小的汽车呢，你要吗？

威凤凰
8 年珍藏，101 标准酒精度，肯塔基原产。

触达每个百万富翁的最低成本

像这样的广告，通常以千人成本为标准，来显示自家杂志比其他杂志更优质。

《巴伦周刊》总体的千人成本，远远低于《时代周刊》、《福布斯》或《财富》。

但我们现在想向你指出一组更能揭示真相的数字，它们并非出现在媒体计划中，而是关乎个人的净资产报表。

《巴伦周刊》有将近1/3（31%）的读者来自净资产超过100万美元的家庭*，这一比例远远大于其他杂志。

算起来，通过《巴伦周刊》触达一个百万富翁的媒体成本只需要2.5美分多一点儿，这比其他杂志低多了。

所以，如果你想触达高端受众，没有其他杂志会像《巴伦周刊》这样有效且实惠。

《巴伦周刊》

聪明钱是怎么赚来的？

*数据来源：成年人与富裕市场调查，1985年，门德尔松媒体研究有限公司。

千人成本基于所有1英寸×10英寸规格的黑白出版物。

1986年，版权归属道琼斯公司。

Lowest cost per millionaire.

Ads like this usually congratulate themselves on their alluring cost-per-thousand figures.

And ours are more alluring than most: Barron's has a lower overall CPM than Business Week, Forbes or Fortune. Period.

But we point you now to a more revealing set of numbers—the sort that show up not on media plans but on personal statements of net worth.

Almost one third (31%) of Barron's readers come from households with a net worth of $1 million or more.* Which is substantially more than the competition.

That works out to a little more than two and a half cents a millionaire. Which is substantially *less* than the competition.

So if you're looking to reach an upscale audience, no one will take you to the top of that scale as effectively as Barron's.

And no one charges as little for the trip.

BARRON'S
HOW THE SMART MONEY GETS THAT WAY.

*Source: *Survey of Adults and Markets of Affluence*, 1985, Mendelsohn Media Research, Inc.
CPM's are based on 7" x 10" black and white units for all publications.

关于 D&AD

D&AD 是代表广告及设计群体的专业协会及非营利机构。它成立于 1962 年，目的是为商业领域的优秀创意作品设立标准、提供支持，并教育和启发新一代的创意人才。

D&AD 的活动之一是举办业界规模最大、最受国际赞誉的奖项评选活动，即俗称的“黄铅笔奖”，每年都有来自世界各地的 14 000 多份作品慕名参赛。此外，该奖相关的《D&AD 获奖作品年鉴》还能售出 13 000 本，为举办从纽约到墨尔本的世界巡回展览打下了基础。

协会高度重视教育，为广告和设计专业的学生举办了一系列的活动。“D&AD 学生奖”自 1979 年设立以来成为教育计划的中心，吸引了欧洲各院校超过 1 000 名学生参赛。D&AD 的学院会员制度以其优秀的资源而备受推崇，《卫报》学生作品展则为会员院校提供了展出其最佳作品的机会。每季度一次的大师讲习班是最受欢迎的活动，吸引数百人争夺 20 个名额。入选者将受邀会见顶尖广告公司的年轻创意团队并与之共事。

D&AD 每年举办“佳作庆典”，以表彰当年的最佳创意作品。展览、会议及各种活动吸引了成千上万人来参加，也为客户公司及广告从业者提供了一个重要的场所。“佳作庆典”由英国工业联合会、英国设计委员会和广告从业者协会等机构赞助举办。

D&AD 另一个广受欢迎的活动是主席系列讲座。讲座对所有人开放，已取得了巨大的成功。演讲者包括一些世界上最受尊敬的创意人，比如索尔·巴斯（Saul Bass)、彼得·布莱克（Peter Blake)、托尼·布里纳尔、蒂伯·卡尔曼（Tibor Kalman)、弗兰克·劳和丹·威登。

D&AD 由个人及公司捐资运作，已经拥有逾 1 300 位顶级专家会员。

咨询详情请联系：
D&AD
格拉法特广场 9 号
伦敦沃克斯霍尔路
邮政编码 SE11 5EE
电话：0171 582 6487
传真：0171 582 7784

关于 NPA

报纸出版商协会（The Newspaper Publishers Association，缩写为 NPA）是英国全国性的报纸行业协会，为会员提供了共同提升英国全国媒体利益之场所。

NPA 的主要目标之一是发展独立、多元的媒体，使其能自由发表体面、合法、诚信、真实的社论和广告。

NPA 主张将平面媒体用作广告的载体，并在英国各家报纸投放了戏剧性且颇具挑衅意味的广告，展现了平面广告的价值和效用。此外，“全国报纸广告宣传奖”也为平面广告的创造性提供了基准，该奖项的设立旨在表彰各广告公司精巧优秀的平面广告。

NPA 与广告群体——不同的行业组织和广告代理机构——鼓励优秀的实践方法，并保证英国报纸与代理机构之间的商业往来有良好的基础，其工作进一步强化了全国平面媒体广告的作用。

报业格外重视环境问题，而 NPA 则推动了环保法案的制定，包括促进并鼓励回收利用新闻用纸，支持研究活动以寻找新闻废纸的不同用途。

NPA 密切监督着英国国内及欧洲可能影响出版业或广告业的立法行为，并支持行业向英国、海外政府及其他有舆论影响力的组织为自己的利益申诉。

同时，NPA 资助高质量的行业研究并主动参与其中，为其成员及广告行业提供帮助。

英国全国媒体是个卓有成效的平台，在英国的政治、社会、商业、文化方面起着关键的作用——使报纸和阅读融入约 4 000 万人的日常生活。英国媒体共有 11 种全国性的日报及 9 种周日报纸，是任何国家都无法企及的精粹，给读者和广告人带来了巨大的机遇。

通过 NPA，英国的报纸将继续密切关注新法案和新活动，以确保英国媒体未来能成为一个强大的沟通媒介。

欲知有关 NPA 的更多详情，请联系：
报纸出版商协会
伦敦萨瑟克桥路 34 号
邮政编码 SE1 9EU
电话：0171 928 6928
传真：0171 928 2067

英文版致谢

D&AD 希望在此感谢所有慷慨为本书贡献文章、插图及照片的广告文案，并特别鸣谢劳·霍华德－斯平克广告公司、戴维·克里斯坦森、马克·库克、特雷莎·当西、贾斯维尔·辛格·加尔查、阿尔弗雷多·马尔坎托尼奥、伊恩·怀特，以及报纸出版商协会的全体成员，他们的不懈努力使得阿拉斯泰尔·克朗普顿的妙想成为现实。

阿拉斯泰尔·克朗普顿（Alastair Crompton）
组稿编辑

伊恩·怀特（Ian White）
编辑

贾斯维尔·辛格·加尔查（Jasvir Singh Garcha）
设计师

戴维·克里斯坦森（David Christensen）
艺术指导

特雷莎·当西（Theresa Dauncey）
项目统筹

马克·库克（Mark Cooke）
制作经理

迈克尔·布鲁克斯（Michael Brooks）
艺术统筹

达伦·萨格鲁（Darren Sugrue）
插图经理

伦纳德·居里（Leonard Currie）
封面题字

亚历克斯·白金汉（Alex Buckingham）
封面图片

视觉网络（Visual Network）
图像处理

戴维·凯斯特（David Kester）
D&AD 总监

安东尼·西蒙兹－古丁（Antony Simonds-Gooding）
D&AD 前主席

中文版致谢

本书编辑组特此感谢以下十位资深广告人，你们的解读赋予了这本书新的价值。

感谢特约策划鬼鬼老师为本书建言献策。

小丰

《小丰现代汉语广告语法辞典》作者

志玲姐姐 & 菲哥

蛋壳文化创始人

陈小日

随时关张创始人

周华安

胜加广告首席创意官

张卢克

上海 N3 广告创始人

罗超群

平凡信仰创始人

丁剑

众成就传媒创意总经理、红星二锅头系列经典文案主创

丁和珍

不只广告创始人、《创意 72 变》作者

魏宇琨

群玉山创意总监

鬼鬼

广告常识创始人

图书在版编目（CIP）数据

文案之道：全球32位顶尖广告人亲述文案创作心法 /（瑞士）阿拉斯泰尔·克朗普顿编著；彭相珍，吕颜婉倩，祝士伟译. -- 北京：中信出版社，2023.1

书名原文：The Copy Book : How 32 of the World's Best Advertising Writers Write Their Advertising

ISBN 978-7-5217-4959-5

Ⅰ.①文… Ⅱ.①阿… ②彭… ③吕… ④祝… Ⅲ.①广告文案 Ⅳ.① F713.812

中国版本图书馆 CIP 数据核字（2022）第 210777 号

文案之道——全球32位顶尖广告人亲述文案创作心法

编著者：［瑞士］阿拉斯泰尔·克朗普顿

译者：彭相珍　吕颜婉倩　祝士伟

出版发行：中信出版集团股份有限公司

（北京市朝阳区惠新东街甲 4 号富盛大厦 2 座　邮编　100029）

承印者：北京利丰雅高长城印刷有限公司

开本：787mm×1092mm 1/16　　印张：22　　字数：563 千字

版次：2023 年 1 月第 1 版　　印次：2023 年 1 月第 1 次印刷

京权图字：01-2012-1067　　书号：ISBN 978-7-5217-4959-5

定价：198.00 元

服务热线：400-600-8099

投稿邮箱：author@citicpub.com